国家社会科学基金（教育学）重大招标项目
"经济转型升级中的创新创业教育研究"
（项目编号：VIA150002）结项成果

国家社会科学基金重大招标项目成果
"高校创新创业教育研究"丛书

丛书主编◎黄兆信

岗位创业教育论

黄兆信 等◎著

中国社会科学出版社

图书在版编目(CIP)数据

岗位创业教育论/黄兆信等著. —北京：中国社会科学出版社，2020.12
ISBN 978-7-5203-7245-9

Ⅰ.①岗… Ⅱ.①黄… Ⅲ.①大学生—创业—研究 Ⅳ.①G647.38

中国版本图书馆 CIP 数据核字(2020)第 175614 号

出 版 人	赵剑英
责任编辑	王　曦
责任校对	李斯佳
责任印制	戴　宽

出　　版	中国社会科学出版社
社　　址	北京鼓楼西大街甲158号
邮　　编	100720
网　　址	http://www.csspw.cn
发 行 部	010-84083685
门 市 部	010-84029450
经　　销	新华书店及其他书店
印刷装订	北京君升印刷有限公司
版　　次	2020年12月第1版
印　　次	2020年12月第1次印刷
开　　本	710×1000　1/16
印　　张	22.75
插　　页	2
字　　数	349 千字
定　　价	128.00 元

凡购买中国社会科学出版社图书，如有质量问题请与本社营销中心联系调换
电话：010-84083683
版权所有　侵权必究

总　　序

受邀为黄兆信教授团队的"高校创新创业教育研究"丛书作序，我十分高兴。这套丛书的出版对推进中国高校创新创业教育理论探索和实践尝试都具有关键价值。黄教授是创新创业教育领域的长江学者特聘教授，专攻创新创业教育的实践探索和理论研究，率先提出岗位创业教育新理念，曾为此荣获教育部"高等学校科学研究优秀成果奖（人文社会科学）"一等奖，并负责牵头起草制定了我国高校创新创业教育质量评价标准。回应全球发展的百年未有之大变局和新冠肺炎疫情对人类社会发展的系统性、复杂性影响，黄教授团队再出佳作，在此表示祝贺。

2002 年，我在一篇文章中针对高校毕业生就业难问题，提出高等学校要加强对大学生进行创业教育。我当时就认为，应该在学校里就向学生进行创业教育。所谓创业教育，就是教育学生不是消极地等待单位招聘就业，而是在没有就业机会的情况下勇于自己创业。后来，随着国际和国内整体形势的变化以及教育社会化程度的加深，我又提出学校不仅要对学生进行生涯教育，指导学生设计职业生涯，同时还要加强创业教育。在这里面，有一个关键点就是，学校应与社会各界联手，为学生创业创造一个良好的氛围。这样做的目的就是，为学生创造条件和环境，帮助他们创业。

2019 年，我在《创新创业教育研究：国际视角》一书中讨论了全球创新创业教育的发展，从国际比较视角分析了创新创业教育为回应和引领社会发展所作的贡献及可改善的空间。我当时就提出，教育的深化改革需要尽早开始培养学生的创新思维和创业能力，高校是创新创业的基地。创新创业教育的升级转型中，我们不仅要提高对创新创业的认识，以提高人才培养的质量为核心，以创新人才培养机制为重点；还要把理论研究和实际应用结合起来，推动创新和创业相结合。我们在关注创新创业实践发展的同时，还应当重视基础理论研究。

2020年，我国仅高校毕业生总数已近900万，学生就业变成了时下民生的热点和急需解决的重点问题。与此同时，中国特色社会主义的建设及"脱贫攻坚"工作的开展，也激发我们对教育功能的思考。毫无疑问，疫情将对大学生就业、创业产生持续性的影响，我们需要一段时间来适应新的发展形势。创新创业教育注重人才培养质量，关注社会问题的多样性、复杂性和变化性，直接回应了当前我国高等教育内涵式发展中对质量和效率的追求。然而我们也应该注意到，由于长期以来在我国教育领域中存在的唯分数、唯升学等观念障碍和行为弊病，导致创新创业教育的先进理念和模式虽然早就被黄教授等学者提出来并得到广泛认同，但在学校"培养具有创新创业意识和能力的人才"中却成效不彰。令我们感到振奋的是，2020年10月中共中央、国务院印发了《深化新时代教育评价改革总体方案》。这一方案的出台不仅是贯彻落实习近平总书记关于教育的重要论述和全国教育大会精神、深化教育综合改革以及释放教育系统深层活力的重大举措，也对新时代做好学校的创新创业教育具有十分重要的指导、牵引和规范作用。

我之所以这样讲，是因为这一总体方案对各级各类学校、教育教学工作，对学生、教师的评价都提出了不同要求。比如坚持把立德树人成效作为根本评价标准，不得向学校下达升学指标，要坚决改变以往简单以考分排名评价老师、以考试成绩评价学生、以升学率评价学校的导向和做法。这样做，显然有利于创新创业教育能真正融入到国民教育体系中，融入到各级各类学校的人才培养体系中，融入到课程体系和教师平时的教学工作实践中。在当前我国大力推进教育改革的今天，创新创业教育一定会在我国的学校教育中结出硕果，对此，我是满怀信心的。

黄兆信教授所开展的创新创业教育研究始终站在时代最前沿，不断探索解决社会发展问题的办法。这套丛书在岗位创业教育理念的基础上进一步深化，形成了系统性的成果，主题还扩展至创新创业教育的社会性与教育性，并尝试以质量评价引导高校创新创业教育的内涵式发展。这一系列研究既放眼全球发展新形势和创新创业教育国际实践，又立足于中国社会的实际和特色，立论基础扎实，调查全面，分析深入。他们所做的工作，不仅有利于创新创业教育研究的进一步深化，而且有助于我国学校创新创业活动的开展。

2020 年 11 月 30 日

目 录

第一章 新时代下的大学生创业教育 …………………………（1）
 第一节 高校创业教育的历史变迁与发展瓶颈 …………………（1）
 第二节 高校创业教育的现实困惑 ………………………………（10）
 第三节 新时代大学生创业教育的突围 …………………………（13）

第二章 高校人才培养中的岗位创业教育 …………………（42）
 第一节 高校创业教育的核心构念 ………………………………（42）
 第二节 高校创业教育的本质与逻辑 ……………………………（47）
 第三节 高校创业教育的人才培养功能 …………………………（53）
 第四节 高校创业教育中的岗位创业人培养 ……………………（65）

第三章 大学生岗位创业教育的理论渊源 …………………（69）
 第一节 内创业理论与岗位创业教育 ……………………………（69）
 第二节 创新发展理论与岗位创业教育 …………………………（85）
 第三节 社会资本理论与岗位创业教育 …………………………（100）

第四章 大学生岗位创业教育的操作体系 …………………（113）
 第一节 岗位创业教育操作的导向与逻辑 ………………………（113）
 第二节 岗位创业教育的课程体系 ………………………………（116）
 第三节 岗位创业教育的组织实施 ………………………………（120）

第五章　大学生岗位胜任力的培养 (129)
第一节　大学生岗位胜任力及其培养 (129)
第二节　大学生岗位胜任力培养的效用 (135)
第三节　大学生岗位胜任力培养的实施策略 (138)

第六章　大学生岗位创业教育的院校探索 (144)
第一节　岗位创业教育的体系构建 (144)
第二节　岗位创业教育的特色形成 (151)
第三节　岗位创业教育的具体成效 (157)

第七章　大学生社会岗位创业的具体实践 (166)
第一节　社会创业的历史与发展 (166)
第二节　大学生社会创业现状 (173)
第三节　大学生社会创业影响因素 (182)
第四节　大学生社会创业扶持 (186)
第五节　大学生社会创业国际经验 (190)
第六节　大学生社会创业案例 (195)

第八章　大学生"村官"岗位创业的具体实践 (203)
第一节　大学生"村官"创业背景与现状 (203)
第二节　大学生"村官"创业整体状况调查 (210)
第三节　大学生"村官"创业社会支持资源状况调查 (222)
第四节　大学生"村官"创业的保障体系 (229)

第九章　大学生"网创"岗位创业的具体实践 (241)
第一节　网络教育与"网创人才"培养 (241)
第二节　大学生网店创业透析 (247)
第三节　大学生"网创"支持系统的构建 (254)

第十章 研究结论与启示 …………………………………………（259）
　　第一节　研究结论和发现 ……………………………………（259）
　　第二节　启示与政策建议 ……………………………………（264）

参考文献 ………………………………………………………（275）

附录 ……………………………………………………………（315）

第一章 新时代下的大学生创业教育

自从我国"素质教育"与"面向21世纪教育振兴计划"战略实施以来,大学生创业教育的重要性得以凸显。进入21世纪,政府在国家层面相继出台一系列重大政策,在高校开展一批创业教育高校试点、本科院校教学质量改革等专项建设,开展创新创业教育的高校数量更是增长迅速。开展大学生创业教育与国家推动"大众创业、万众创新"的国家战略是相适应的,高校也相应地将开发创业教育课程、创办二级创业学院等作为重要的办学实践。在新时代背景下,面对"众创"时代的战略需求,如何思考和开展大学生的创业教育,既是一个重要的理论问题,也是一个亟待解决的实践问题。

第一节 高校创业教育的历史变迁与发展瓶颈

党的十九大的胜利召开,表明中国特色社会主义进入了新时代,这是我国发展新的历史方位。新时代的到来以及我国社会主要矛盾的转化势必伴随着广泛深刻的变革。面对不断变化的环境,新思维、新技术、新模式等层出不穷,中国高校创业教育要想更好地发展,自身也必须不断进行变革与突破。在国家政策的引导和支持下,我国高校用20多年(1997年至今)的时间追赶国外高校70多年(1947年至今)的创业教育历程,取得了巨大的成功,但这种跨越式发展也难免存在一些不足。因此,无论是新时代变革的呼唤还是创业教育自身的历史演进,中国高校创业教育要想更好更快地发展,就必须有效把握新时代高校创业教育的瓶颈和突破策略。

一 高校创业教育的历史变迁

(一)国外高校创业教育的历史演进轨迹

1. 萌芽阶段(1947—1970年)

1947年哈佛大学首次由迈尔斯·梅斯(Myles Mace)在商学院开设创业教育课程,1953年纽约大学开设由彼得·德鲁克主讲的创业教育讲座,1968年百森商学院第一次引入创业教育学士学位,是这一阶段的关键性标志事件。

2. 发展阶段(1970—2000年)

这个阶段创业教育逐渐从美国的商学院、工学院等扩展到各大学与学院。提供与创业有关的课程的学院或大学的数量,也从20世纪70年代的少数几所院校发展到2005年的1600多所[1]。与此同时,一些重要的创业学术期刊也相继出现。如《小企业管理期刊》(*The Journal of Small Business Management*)、《创业理论与实践》(*Entrepreneurship Theory and Practice*)等。

3. 逐渐成熟阶段(2000年至今)

这个阶段主要有三个标志:(1)创业教育师资或课程项目高速增长,如美国管理学会大力推进创业学博士项目,由考夫曼基金会(Kauffman Foundation)举办的"创业教育者终身学习计划"来加强高校创业教育师资队伍建设等;(2)社会关注度日益增加,各种报纸新闻报道,各种创业相关排行榜相继出现,如美国大学校友创业排行榜、USNews美国大学创业学专业排名等,以及各种学术团体发布的创业监测报告,如GEM等;(3)创业相关研究百家争鸣,如表1-1所示,根据全球创业研究奖展示了2000年以来国外创业研究的代表学者和获奖理由,很多知名学者为创业教育的发展做出了巨大贡献。

---

[1] Galvão, A., Ferreira, J. J., Marques, C., "Entrepreneurship Education and Training as Facilitators of Regional Development: A Systematic Literature Review", *Journal of Small Business & Enterprise Development*, No. 2, 2017, pp. 7-35.

表1-1　　2000—2017年全球创业研究奖获得者及获奖理由

年度/获奖者	国籍	获奖理由
2017/Hernando de Soto（埃尔南多·德·索托）	秘鲁	建立一种新的认识，支持非正规经济的体制，以及产权和企业家精神在非正式经济中的作用
2016/Philippe Aghion（阿吉翁）	法国	对企业层面的创新、进入和退出与生产力和增长关系的杰出研究
2015/Sidney G. Winter（西德尼·G. 温特）	美国	深入研究了解熊彼特的动态竞争的过程，以及企业的动态能力
2014/Shaker A. Zahra（夏尔克·A. 扎拉）	美国	关于企业创业在知识创造、吸收和转化方面作用的研究
2013/Maryann P. Feldman（马里恩·P. 费尔德曼）	美国	对创新地理学和创业活动在区域产业集群形成中作用的研究
2012/Kathleen M. Eisenhardt（凯瑟琳·M. 艾森哈特）	美国	在快速变化和高度竞争的市场上，在战略组织、战略决策和创新方面的工作
2011/Steven Klepper（史蒂芬·克莱伯）	美国	在理解新公司在创新和经济增长中的作用方面做出重要贡献
2010/Josh Lerner（乔什·勒纳）	美国	对风险投资（VC）和风投支持创业的开创性研究。他最重要的贡献之一是以财务融资的形式综合金融和创业领域。他也在企业创新领域作出了重要贡献，涉及联盟、专利和开放源码项目开发等问题
2009/Scott A. Shane（史科特·A. 肖恩）	美国	出版重要作品，表现出卓越的概念敏锐性，以及经验和方法的复杂性。他的研究几乎涵盖了创业现象的所有主要方面：个人、机会、组织背景、环境和创业过程
2008/Bengt Johannisson（本特·约翰逊）	瑞典	加深对企业家在区域背景下的社会网络的重要性的理解，以及在欧洲创业和小企业研究传统发展中的关键作用
2007/The Diana Group（戴安娜集团）	5位女性成员均来自美国	调查女企业家的风险投资供需面。通过研究想发展自己事业的女企业家，展示女性创业的积极潜力
2006/Israel M. Kirzner（伊斯·M. 基茨纳）	美国	发展经济理论，强调企业家对经济增长和资本主义进程运作的重要性
2005/William B. Gartner（威廉·B. 加特纳）	美国	对新创企业和创业行为的研究，结合了实证和解释学传统的最佳部分
2004/Paul D. Reynolds（保罗·D. 雷诺兹）	美国	组织若干创新性和大规模的关于创业本质及其在经济发展中作用的实证调查

续表

年度/获奖者	国籍	获奖理由
2003/William J. Baumol（威廉·J. 鲍莫尔）	美国	坚持不懈地努力使企业家在主流经济理论中发挥关键作用，对企业家精神的性质进行了理论和实证研究
2002/Giacomo Becattini & Charles F. Sabel（贾科莫·贝卡蒂尼和查尔斯·F. 萨贝尔）	意大利和美国	工业区的专业小企业地域集聚竞争优势研究
2001/Zoltan J. Acs & David B. Audretsch（佐尔坦克·J. 艾斯和戴维·B. 奥德雷奇）	均来自美国	研究小企业在经济中的作用，特别是小企业在创新中的作用
2000/Howard E. Aldrich（霍华德·E. 奥德里奇）	美国	在更广泛的社会学研究背景下整合研究新公司和小公司的形成和发展

注：自 1996 设立以来，全球创业研究奖已成为全球最杰出的创业研究奖。这个奖项每年颁发一次，雕像"上帝之手"，由瑞典雕塑家米勒斯创建，并得到 100000 欧元的奖金。

资料来源：本书作者整理自全球创业研究奖网站，https://www.e-award.org/，2018-02-17.

（二）国内高校创业教育的历史演进轨迹（1997 年至今）

中国高校的创业教育始于 1997 年，以清华大学创业计划大赛作为标志性事件，之后经历了四个发展阶段：高校自发探索阶段（1997—2002 年），多元探索阶段（2002—2010 年），全面推进阶段（2010—2015 年），以及国家统一领导下的深入推进阶段（2015 年至今）。① 尤其是 2015 年国家提出的"大众创业、万众创新"（即"双创"战略），将创新创业视为中国经济增长的新引擎，之后相关部门又陆续发布文件，推进深化改革，中国高校创业教育用 20 多年的时间进入了历史发展新机遇。百森商学院（美国）和伦敦商学院（英国）等联合发起的项目全球创业监测报告（2015—2016 年）显示，在全球 60 多个经济体中，中国的政府政策支持（government policies: support and relevance）指标高居第 2 位（为 5.8 分，与韩国并列，排名第一的为比利时 6.5 分）。学校创业教育指标（entrepreneurial education at school stage）在 2015 年排名第 43 位（为 2.6 分），但在

---

① 王占仁：《中国创业教育的演进历程与发展趋势研究》，《华东师范大学学报》（教育科学版）2016 年第 2 期。

2017—2018 年的报告中，该指标已升至第 24 位，在政府的努力下表现出强劲的后发优势。

回顾历史，有助于把握高校创业教育新时代的阶段特征。我国经济已由高速增长阶段转向高质量发展阶段，正处在转变发展方式、优化经济结构、转换增长动力的攻关期，同时当前群众在就业、教育、医疗、居住、养老等方面面临不少难题，社会文明水平尚需提高，社会矛盾和问题交织叠加等。实践证明，全球创业教育的兴起与世界经济的转型密切相关，而创业教育的发展又必将成为大学知识转化、财富创造、产业升级和经济发展的内在驱动力。高校创业教育在培养各类创新创业型人才，解决上述难题无疑有着不可替代的催化助力作用。那么问题是，新时代我国高校创业教育的瓶颈主要是什么？

二 高校创业教育的发展瓶颈

2015 年国家"双创"战略提出后，处在我国东部、经济较为发达的浙江省的创新创业教育实践走在全国高校的前列，可以说是探索新时代我国高校创业教育发展非常有效的样本。因此，本书借助 2016—2017 年浙江省高校样本数据（所受调查高校含独立学院、高职等），实证探索新时代我国高校创业教育所面临的发展瓶颈。

创业教育专家徐小洲等指出，创业教育的国际趋势是战略化、全球化、终身化、全民化和系统化，但观念滞后却成为制约创业教育可持续发展的瓶颈。[①] 杨晓慧在 2017 年中国创业教育联盟会议上指出，当前中国高校创新创业教育已进入生态系统阶段，并存在思想认识不清，理论建设不足，要素发展不均衡、不充分等问题。王占仁则认为，高校创业教育存在育人合力尚未形成、运行机制尚未成熟、学科体系亟待建立等问题。[②] 黄兆信等认为当前是我国高校创业教育的高峰阶段，而创业教育生态系统的

---

① 徐小洲、倪好、吴静超：《创业教育国际发展趋势与我国创业教育观念转型》，《中国高教研究》2017 年第 4 期。

② 王占仁：《中国创业教育的演进历程与发展趋势研究》，《华东师范大学学报》（教育科学版）2016 年第 2 期。

构建是变革的重要方向。① 结合样本数据，本书认为当前我国高校创业教育发展主要存在以下瓶颈。

(一) 创业教育体现强劲后发优势，但创业新理念仍需进一步革新

如上所述，在学校创业教育指标上我国体现出强劲的后发优势。在欧美国家，创业教育不再限于高校学生群体，成为面向全体社会成员开放、任何人在生命各阶段都可以接受的教育形式。如 2013 年欧盟委员会制定的"创业 2020 行动计划"(entrepreneurship 2020 Action Plan)，就强调公民从幼儿园到大学均要接受创业教育。GEM 报告显示，就离校后创业教育指标(entrepreneurial Education at Post School Stage) 来讲，我国在 2015 年得分 5.0 分，排名 16 位；在 2017 年得分 5.1 分，排名 17 位。根据浙江省的调查数据，省内平均每所学校约有 3464 名学生接受了创业教育必修课或模块选修课的学习，约占平均全体在校生 (9841 名) 的 35.2%，在线学习创业教育课程的学生平均数为 1758 名，两者合计占比约 53.1%，虽呈高速增长态势，但与欧美国家高校的普及化、专业化仍有一定的差距。

进一步深入访谈分析后发现，不少人对创业教育理念的理解太过狭隘，认为创业就是创办企业，学生参与创业积极性不高 (35.7%)，不少学生提到"我将来当医生、公务员，不创业"。Heinonen 和 Poikkijoki 指出创业教育至少有三层目标：教授学生理解创业；以创业精神行事；成为一名创业者。② 一些高校师生认为，创业教育就是把学生培养成创办企业的自主创业者 (数据显示受调查高校学生自主创业平均比例约为 2.9%)，这导致当前的创业教育过度偏重大学生创业实践能力的培养，对学生创业精神的培养不够重视，尤其是忽视了大学生创建新事业的意识和能力培养，也忽略了对高校整体创业文化的培育。

(二) 优秀创业教育师资不断涌现，但师资短缺仍是首要瓶颈

2015 年 5 月 4 日，国务院办公厅印发了《关于深化高等学校创新创业

---

① 黄兆信、王志强：《高校创业教育生态系统构建路径研究》，《教育研究》2017 年第 4 期。
② Heinonen, J., and Poikkijoki, S., "An Entrepreneurial-directed Approach to Entrepreneurship Education: Mission Impossible?", *Journal of Management Development*, No. 25, 2006, pp. 80-94.

教育改革的实施意见》，提出了9项改革，随后教育部推出30余条具体举措，力争到2020年建立和健全高校创新创业教育体系。2016年教育部推出的全国万名优秀创新创业导师人才库建设等活动，也培养了一批具有较高理论水平和实践经验的高校创业教育师资。但即便如此，未来几年，专业创业师资短缺仍将成为阻碍我国高校创业教育发展的"瓶颈"，这也一定程度上间接导致了创业教育的普及度仍不高。2016—2017年浙江省内高校样本数据也显示师资短缺仍是首要制约因素（见表1-2）。

表1-2　样本学校在创业教育开展过程中遇到的主要障碍（排序前五）

序号	遇到的主要障碍	百分比（降序）
1	缺乏专业的创业教育师资	91.4
2	缺乏完善的创业教学计划	51.4
3	缺少创业教育教材	44.3
4	学生参与创业教育的积极性不高	35.7
5	缺乏相关政策支持	35.7

（三）创业教育成果增长显著，但本土化研究成果及教材建设仍显不足

王志强等用知识图谱分析2000—2016年教育学文献后发现，创业教育成果增长显著，但缺乏本土理论创建。[①] 本土化理论建设不足也导致了优秀创业教育教材（51.4%）和师资（91.4%）的匮乏。数据显示，浙江省高校开发创新创业教育优质课堂教学课程数平均为2.48门，开发创新创业教育优质视频教学课程数平均为1.18门，编写创新创业教育教材数平均为1.47门，相关课程和教材建设不足。平均约有61.8%的高校设有创业教育和创业教学专项研究项目，高校公开发表创新创业教育相关论文、著作等研究成果数平均为46.78篇。不少学者均提出，实证类、调查类的创业教育研究成果在数量和质量上都有待进一步提高。

进一步实证分析后发现，以样本高校（N=81）"创新创业经验和做法

---

① 王志强、杨庆梅：《我国创业教育研究的知识图谱——2000—2016年教育学CSSCI期刊的文献计量学分析》，《教育研究》2017年第6期。

受到上级部门的奖励或荣誉数量"（简称荣誉 Y，以此代表样本高校创业教育较成功）为研究变量，与是否有系统的创新创业教育发展规划（X1）、是否有创业教育必修课或模块选修课（X2）、创新创业教育优质课堂教学课程数量（X3）、创新创业教育优质视频教学课程数量（X4）、发表创新创业教育相关论文或著作等研究成果数量（X5）、大学生创业企业成活三年及以上的数量（X6）、编写创新创业教育教材数量（X7）7 个变量进行 spearman 相关分析得出荣誉（Y）与 X3、X4、X5、X6、X7 显著相关，尤其是 X5 相关性最高，相关系数为 0.691，X7 次之，相关系数为 0.620，实证说明创业教育本土化理论建设的重要性（见表 1 – 3）。

表 1 – 3　　　　　　　　样本高校变量间 spearman 相关分析

Y \ X	X1	X2	X3	X4	X5	X6	X7
Y　相关系数	-0.120	0.198	0.596**	0.467**	0.691**	0.532**	0.620**
P　Sig.（双侧）	0.422	0.183	0.000	0.001	0.000	0.001	0.000

注：*表示在置信度（双侧）为 0.05 时相关性是显著的；**表示在置信度（双侧）为 0.01 时相关性是显著的。

（四）创业教育飞跃式发展，尚缺多样、多维、与专业融合的质量评估体系

"大众创业、万众创新"，使我国创新创业教育得到了飞跃式的发展。2016 年，教育部也提出了要把创新创业教育质量作为衡量高校办学水平、考核领导班子的重要指标。据中国政府网 2017 年数据显示，中国成为拥有"独角兽"第二多的国家，并缩小了与第一名美国的差距。在"全球创新指数"上中国已经跻身全球创新领导者行列。

美国创业专家 Scott Shane 的调查数据显示，大量典型的初创公司（指一家注册资金约 25000 美元，以创始人的储蓄为主的，零售或个人经营服务的公司；或者指创始人希望在未来五年产生大约 100000 美元收入的公司）所产生的就业岗位及经济贡献总和比不上少量的高成长的初创公司。[①]

---

① 黄扬杰、邹晓东：《学科组织学术创业力与组织绩效关系研究》，《教育研究》2015 年第 11 期。

而培育这些高成长潜力的公司离不开高校创业教育与专业教育（专业能力）的深度融合，离不开对创业教育质量全面科学的评价。浙江省调查数据显示，大学生创业企业成活三年及以上的数量平均约为42.55个（表1-3中其与荣誉Y的显著相关系数为0.532，说明了重视创业教育质量的重要性），大学生创业企业成活三年及以上的比例平均约为37.4%，77.5%的高校将教师指导学生创业实践和创业项目等纳入教师业绩考核，只有69.1%的高校开展多种形式的创新创业教育改革模式，创业教育质量有待进一步提升。

长期以来，高校对创业教育质量的评价也存在认知上的偏差，往往将大学生自主创业率、创业项目数量、科技创新获奖数量及层次等作为评价的重要指标。而且现有创业教育质量评价研究存在不少不足之处：创业教育评价体系缺乏宏观层面的研究，尚未形成科学合理的指标体系；创业教育评价体系的研究存在研究者专业性不足、研究样本覆盖范围较小、研究结论缺乏说服力等问题，既有的研究成果大多以定性研究为主，缺乏基于数据分析、综合利用多种模型分析方法的实证研究。

（五）创业如火如荼开展，但作为二级生态系统的创业教育生态系统有待完善

大学的创业教育并非上几门课就能够解决，重要的是要构建一个创业教育的良好生态系统。而创业教育生态系统作为二级生态系统，离不开创业生态系统（一级）的成长和支持。在中国，据不完全统计，仅2015年一年就诞生了75万家创业企业，平均每7分钟就有一家创业企业诞生。但是这75万家创业企业中有50%已经消失。如果全社会不对这些每年诞生的创业企业和那些有创业意愿的人进行指导和引导，将是对社会资源非常大的浪费。① 而这都离不开理想的创业生态系统。

近几年，国外关于创业生态系统理论的相关研究逐渐增长，Cohen认为创业生态系统是指在某个地理区域内一组相互依赖的行动者，通过各子

---

① 徐小洲、倪好、吴静超：《创业教育国际发展趋势与我国创业教育观念转型》，《中国高教研究》2017年第4期。

系统一系列相互依赖的演化，相互作用，随着时间的推移产生新的企业或影响区域经济的一个整体。① Zahra 和 Nambisan 认为创业生态系统的特征是高能力（high capacity）和高创新意愿②，但仍有不少学者认为创业生态系统理论仍需要深入开发③。Bischoff 基于利益相关者理论，通过欧洲高等教育机构的跨案例分析创业教育生态系统，指出欧洲大学的利益相关者参与创业教育总体上是相当强大和广泛的，企业家和公司代表是最经常参与的外部利益相关者群体。④

国内创业教育学者近年来也大力呼吁完善创业教育生态系统，提出创业教育生态系统是"创业性"与"教育性"的融合，但如何构建还需更多的理论和实践研究。浙江省调查数据显示，平均约有 3 家政府部门（最大值为 10 家）参与学校的创业学院建设，同时平均约有 28.9 家企业参与学校创业学院的建设。因此，创业教育生态系统的建设仍需更多利益相关者的共同努力。现有创业生态系统研究，经常是从系统视角和区域经济的视角出发，而创业教育生态系统的相关文献更多关注高等教育机构，忽视其他利益相关者以及与创业生态系统的相关性。两者有待进一步融合。

第二节　高校创业教育的现实困惑

目前，开展创业教育俨然成为一种国际潮流，被许多国家及其政府寄予了很高的希望。然而，创业教育在经过一个快速的发展阶段后，却面临着一些无法回避的问题和困惑，这在开展创业教育比较成熟的欧美发达国

---

① Cohen, B., "Sustainable Valley Entrepreneurial Ecosystems", *Business Strategy and the Environment*, No. 15, 2006, pp. 1 – 14.

② Zahra, S., and Nambisan, S., "Entrepreneurship in Global Innovation Ecosystems", *AMS Review*, No. 1, 2011, pp. 4 – 17.

③ 《创业教育成全球高等教育的热点在于构建生态系统》，2018 年 3 月 18 日，http://www.xinhuanet.com/info/2016 – 07/29/c_ 135548752.htm.

④ Cohen, B., "Sustainable Valley Entrepreneurial Ecosystems", *Business Strategy and the Environment*, No. 15, 2006, pp. 1 – 14.

家同样如此。如创业教育与现实中的创业真正密切相关吗？创业教育如何才能照顾到来自不同种族、民族、家庭背景、性别以及学科专业的学生？不断增设的创业教育课程是否挤占了专业教育的发展空间？等等。

一 创业教育与创业问题

创业教育与现实中的创业真正密切相关吗？如果是那样的话，为什么社会上有那么多成功的创业者却反而没有接受过所谓的创业教育？

目前，一些很少但却很严密的研究证实了这种困惑的确存在。如 Finnie 等学者对加拿大高校毕业生近期选择自主创业的情况进行了一次纵向比对，他们发现，男生在接受创业教育培训前及毕业 5 年后愿意选择自主创业的比例，只是从 9.9% 增加到 11.1%，女生则从 5.3% 增加到 6.7%，并且实际参与创业的比例更低。研究还发现，高校毕业生是否选择自主创业，往往跟劳动力市场结构和工作的高收入诱惑高度相关。这个结论推翻了先前被人们所坚信的"接受创业教育课程训练越多，参加自主创业的意愿越强"的结论。现实中的一些例证也很能说明这种状况，如被认为在开展创业教育比较成功的美国高校，其参与创业教育项目的学校数和学生数、开设的创业课程数都处在世界前列，但同样也面临着许多尴尬，如创业教育项目不能吸引学生，也不能长期保持学生的兴趣。更让人难堪的是，许多成功的创业者并没有接受过系统的创业培训，而大量受过良好创业培训的学生创业反倒没有成功，这些都无疑大大降低了创业教育的吸引力。[1]

这是不是就意味着创业教育是无效的或其作用被夸大了呢？美国学者 Charney 和 Libecap 通过对美国亚利桑那州立大学 2500 名男校友的调查发现，接受过伯杰创业项目培训（Berger Entrepreneurship Program）的毕业生更愿意在高技术公司工作、更愿意参与新产品的开发以及为公司的发展谋划。这项研究还发现，雇用有创业教育经历的毕业生的小企业的产品销售量要高于那些没有雇用这种毕业生的同类企业。该调查最后得出的结论是，创业教育无论对毕业生还是对企业都是大有裨益的，只不过是它的效

---

[1] W. J. Baumol, "Entrepreneurship and Small Business: toward a Program of Research", *Foundations and Trends in Entrepreneurship*, No. 3, 2009, p. 155.

用不是体现在如何促进学生创办一个企业上,而是体现在其职业生涯中的进取心和创造性上。① 再如,德国学者 Haase 和 Lautenschläger 近期进行了一次名为"创业教学中的两难处境"的科研调查,得出的结论是,高校毕业生是否选择创业以及创业能否成功,往往取决于其个人是否具有整合资源、提出新的愿景的能力以及积极性、创新性、风险承担意愿等特质,而不是他们是否接受了专业化的创业教育。②

这些调查发现或许能化解创业教育所面临的"难堪":是否选择创业以及创业是否成功,也许与他们是否接受过创业教育并不存在直接相关,但却与他们在创业教育中所获得的某种素质相关。

二 创业教育与学科问题

创业教育是否某些经济类学科的专利?如果是那样的话,创新产品和各种商品的创意为什么更多地来自技术、艺术或其他学科?

现在,人们普遍认为,教育应该公平地面向所有的受教育者,创业教育自然也不应该例外。但从一些欧美发达国家目前的实际情况来看,创业教育课程虽然被认为在一些教育机构里被大量而广泛地开设,但还是过多地集中在少数几个专业,大多数学生并没有机会接受创业教育。甚至在美国这样被认为是"创业教育领头羊"的国家,目前也只有16%的大学生能够真正接受创业教育,并且多限于经济学专业的学生。③ 英国国内的创业教育目前也存在类似的情况。据2007年英国高等教育创业调查显示,在高校开展的各种创业教育活动中,经济专业的创业教育活动占总数的61%,工程专业占9%,艺术与设计专业占8%,而自然科学专业只占4%,语言与文学专业甚至没有。④ 可见,经济专业接受创业教育的大学生要远远多于其他专业。

---

① Charney Alberta & Libecap Gary D., "Impact of Entrepreneurship Education", *Kauffman Center for Entrepreneurial Learning*, 2000.

② Haase, H. and Lautenschläger, A., "The 'Teachability Dilemma' of Entrepreneurship", *International Entrepreneurship and Management Journal*, No. 2, 2011, pp. 145–162.

③ 黄扬杰、黄蕾蕾、李立国:《高校创业教育教师的创业能力:内涵、特征与提升机制》,《教育研究》2017年第2期。

④ 徐小洲、张敏:《创业教育的观念变革与战略选择》,《教育研究》2012年第5期。

许多教育管理者认为,造成以上这种状况的原因是创业教育最早起源于经济类学科,与经济类学科有天然的联系。但这种解释显然无法让人满意,还引起越来越多人的质疑,那就是,从事经济类学科教育的商学院是不是实施创业教育的最理想场所?如果答案是肯定的话,那么为什么现实中创新产品和各种商品的创意却更多地来自艺术、技术或其他学科?[1] 针对这一疑惑,许多教育界人士认为,加强非商业专业的创业教育是非常必要的,创业教育应该为所有的受教育者所享有。关于这一点,美国考夫曼基金会主席 Carl Schramm 先生的一句话很值得人们深思:"假如十个美国人中仅仅有一个人准备创办自己的企业,那么本书难道不去帮助其他九个人为其未来的成功做好准备吗?"[2] 与此相呼应,美国学者 Kourilsky 和 Walstad 通过对一些高科技创业者的调查研究发现:"创业教育不应该依靠现有商学院或者创业课程体系,某一个学科的教育方式可能并不能够培养出符合现实要求的合格创业者,因此,创业教育需要依靠整个大学的课程体系,比较宽泛的课程内容反而更有利于创业者的培养。"[3]

这也就是说,创业教育如何才能做到"全覆盖",如何才能纳入整个课程体系,从而照顾到来自不同种族、民族、家庭背景、性别以及学科专业的学生。但即便是做到了这些,也同样面临着一些让教育界担心的问题:不断增设的创业教育课程是否也增添了学生的学习负担?是否也挤占了专业教育的发展空间?等等。

第三节 新时代大学生创业教育的突围

若以 1999 年教育部制定、国务院批转发布的《面向 21 世纪教育振兴行动计划》第 27 条提出的关于"加强对教师和学生的创业教育"的

---

[1] 邹晓东、陈汉聪:《创业型大学:概念内涵、组织特征与实践路径》,《高等工程教育研究》2011 年第 3 期。
[2] 徐小洲、张敏:《创业教育的观念变革与战略选择》,《教育研究》2012 年第 5 期。
[3] Kourilsky, M. L. & Walstad, W. B., "The Early Environment and Schooling Experience of High-Tech Entrepreneurs: Insights for Entrepreneurship Education", *International Journal of Entrepreneurship*, No. 15 (3), 2002, pp. 56 – 77.

政策要求为计时元年，我国的高校创业教育至今已走过20年。20年间，高校创业教育以极大的影响力在全国范围内迅速推进；20年是一个坎，高校创业教育过程中暴露的诸多问题使其必须进行新的选择；20年也是一个节点，是重新思考高校创业教育以实现突围的适时阶段。本部分将在论述大学生创业教育诸要素关系的基础上，论述创业教育突围发展的核心问题，并从几个方面提出新时代背景下大学生创业教育的全面突围之路。

一 大学生创业教育突围发展的核心问题

基于对中国高校创业教育发展的现状及转型判断，创业教育面临着五个核心的问题：(1) 创业教育与专业教育的融合；(2) 高校创业文化的培育；(3) 创业教育课程体系的构建；(4) 创业教育转型发展的保障机制；(5) 创业教育师资队伍的培养。可以说，这五个问题构成了高校创业教育转型过程中理论研究与实践发展无法回避的核心问题。

（一）核心问题一：创业教育与专业教育的融合

从1947年美国哈佛大学首次在商学院开设创业教育课程，到1953年纽约大学开设由彼得·德鲁克任主讲的创业教育讲座，再到1968年百森学院第一次引入创业教育学士学位，创业教育已经从商学院、工程学院扩展到了大学的各个领域。今天，创业教育不仅成为欧美大学商学院课程体系中的重要组成部分，也开始延伸到大学的其他学院（系）。

创业教育与专业教育的融合趋势越发明显，如何将创业教育有效地融入专业教育过程之中，在培养大学生专业知识的同时融入创业的理念、知识与技能，使大学生成为既懂专业知识又有一定创业能力的复合型创新人才，已经是今天欧美大学本科课程改革中增长趋势最为明显的主题。美国的大学在过去30年中，正式的创业教育项目已经从1975年的104个增加到了2012年的超过600个。在这一过程中，大学内部也改变了对于创业教育的传统认知，特别是自20世纪80年代《拜杜法案》通过之后，美国的大学鼓励教师和学生以技术转移的形式，将各种创新性的研究成果转化为实际价值。创业教育的开展不仅有效地改变了大学生对于创业的传统认知，更重要的是，那些选修至少两门创业类课程的学生与未选修此类课程的学生相比，具有更加强烈的创业意愿，也具有较高的创业成功率。

通识教育和专业教育是各国大学教育中最为重要的组成部分。前者关注学生作为一个有责任的人和公民的生活需要，后者则给予学生某种专业领域的知识或某种职业能力的训练。对于通识教育来讲，创业教育的跨学科性有利于学生接触、理解、吸收和转化不同学科领域的知识。创业教育为大学的通识教育提供了一种可以将理论学习与实践探索相结合的路径，不同学科的一般性知识与文化价值、社会体系、经济政策、法律制度以及塑造人类行为的各种活动紧密地联系在一起。以美国创业教育课程的基本设计为例，大部分创业教育课程设计的初衷是面向大学的所有学生，通过创业教育来探索和解释当代核心文化价值是如何在人类行为的广阔领域中得到释放或表达，这些文化、经济、法律、制度等多个领域所存在的多元性与差异性又是如何综合起来构成了人类社会的复杂行为。从这个意义上来讲，大学创业教育完全可以以一种更加有效、更容易被学生接受的方式促进通识教育的发展。

大学专业教育的细分及其培养目标的专一性最初来源于西方工业化时代"标准化、可复制、大批量生产、质量控制"等特征在教育领域的反映。在今天，社会经济发展的驱动力已经不再依靠生产要素的数量增加，而是大量的富有创造力、更具个性表达的个体。大学的专业教育需要更多地考虑每一个学生的个性特征与学习需求，学生在针对某一个特定学科或领域的学习过程中，也将融入其他相近学科的知识，专业教育也需要增强对不断变化的外部环境的反应，培养目标、课程体系、教学方式、评价方式也需要通过变革以适应知识经济时代对创新人才的定义。创业教育的跨学科性与实践性恰恰可以整合上述离散的专业知识和学科领域。创业教育与专业教育的融合使学生在针对某一专业领域的知识学习和技能掌握过程中，形成了更为广阔领域的教育经验。批判性思维、逻辑思考能力、领导力、团队合作精神、信息素养、必要的金融知识等在这个时代生存所必需的能力都可以通过专业教育和创业教育之间的融合而得以加强，这种贯穿大学四年的教育方式会使学生在未来的生活和职业发展中受益匪浅①。

作为一种"生成性教育",创业教育与历史、社会、人文等其他学科的区别在于它在实践过程中创造了自身的教育目标、教育内容和教育方式,参与创业教育的主体在这一过程中进一步丰富和完善了创业教育。综观欧美各国高校的创业教育模式,很难找到放之四海而皆准的范式,每一所高校创业教育的开展都与这所学校的历史、文化、教育理念、所在区域的社会经济发展水平等多种因素相适应。

(二) 核心问题二:高校创业文化的培育

创业与管理之间具有较大的差异,甚至在某种程度上来讲,二者是一种分离的关系。对于创业来讲,更多的是基于驱动,是考验创业者追寻机遇和把握机遇的能力;而管理的过程更多的是强调资源的整合与利用,是一种资源驱动的过程。二者本质上的差异决定了创业教育的哲学与传统商学院管理课程的哲学迥然不同。Rice 对美国的一些创业教育领先大学的研究表明,现存创业教育的课程首先需要将创业教育的哲学与创业的哲学相对应,创业教育需要的是培养大学生对各种潜在机遇的敏感性和把握能力。

Solomon 和 Duffy 在 2002 年的研究也证实了 Rice 的观点。创业教育的核心目标与传统的商业管理的教育是截然不同的。个体创业的行为与管理一个企业的行为之间存在着巨大的差异:创业教育必须包括协调、领导力、新产品开发、创造性思维、技术创新的扩散等多种技能;但更为重要的是具备以下品质:将创业作为职业生涯的首选、寻找风险资本的能力、时刻不停的新创意和新想法、成功的野心、富有个性的表达。显而易见,上述品质才是区分创业者与管理者最主要的指标,而创业教育的目标毫无疑问应当通过各种手段激发每一名大学生的这些潜在品质。

从创业教育的教学方式来讲,它更注重多样性和实践性。创业计划书、在校期间的创业实践、与有经验的创业者之间的交流与咨询、模拟运营、案例讨论与分析、创业论坛等都是创业教育的教学方式所应该关注

---

① Per blenker, "Entrepreneur Education-the New Challenges Facing the Universities", 2006.02, http://pure.au.dk/portal/files/32345606/2006-02_ENG.pdf.

的。在辐射模式之下，创业教育的教学更加需要考虑跨学科项目的形式，利用教师和学生背景的多元性形成有效的教学，创业教育中的跨学科项目对于培养非商学院学生的创业意识和创业能力来讲，具有更加显著的作用。

作为一门多学科的教育过程，高校创业教育面临的主要挑战是：（1）教学范式需要从提供指令转向提供学习，强调学生必须全程参与教学过程并激活学习的环境，将各种有效信息通过合作与建构的方式传递给学生；（2）创业教育的内容涉及经济学、社会学、管理学、心理学等多学科知识，如何在实施过程中将传统的社会科学的不同观点糅合在一起；（3）创业教育所需要弘扬的是富含冒险精神与探索精神的创业文化，这种文化如何与大学传统的思辨的、形而上的、偏重理论和规范性较强的文化相融合；（4）创业教育是基于每一个个体为中心的模式，结果是现有的战略目标是给个体传授一般的教育使其知道如何成为创业者而忽略了其他必要的知识与技能元素的培养。

因此，变革的路径首先应该加速创业教育从教学范式向学习范式转型，大学需要转变其角色，成为学生创业的孵化器，通过提供资源和建立起与产业部门之间的合作关系网络，为学生提供真实世界的经验；其次，大学的知识学习需要继续变革，从"生产""绩效"转向"停顿""反思"。大学需要为学生提供足够的空间和时间，使学生能够从自身获得的经验中，对自己的专业和知识的身份进行反思，这种反思必须是持续的和有意义的；再次，大学需要引入"探索—所有权—问责"的轨道，从大学一年级开始，学生就需要探索属于他们自身的知识，依据兴趣来选择创新创业活动。

许多高校从学科结构、课程设置和教师资源等方面考虑，往往将商学院看作实施创业教育的理想基地。但实际上，传统商学院并不利于创业教育的开展，有学者研究发现，不在少数的商学院所传授给学生的恰好是创业的反面。他们教你去华尔街工作、教你必要的知识和技能——但是所有的这些努力都是在将你从成为一名创业者的道路上向相反方向推动。实际上，商学院教你的是如何为某个人或某个组织工作，而不是为自己工作。

因此，高校创业教育应当是在全校范围内首先进行创业文化的培育和激励，利用不同的政策体系激励全校的创业活动，培育每个学生的金融素养、对商业的理解和进行人格养成，通过间接的政策而非直接的政策来培育这种文化。美国很多高校设立了跨学科的创业中心，鼓励不同学科的学生参与进来，吸引工程专业、计算机专业、人文、艺术和其他社会学科的学生组成不同的创业小组。相应的评价方式也要发生变化，高校要适应跨学科领域的发展，要求持续的和频繁的调整，大学要发展出建立学习型组织的政策。在管理方面，大学应该更加灵活，包括创业实践教席、客座教授、利益相关者群体的参与等多种形式。

创业教育的教学中有三个问题始终需要处理和解决：第一，其他学科的教师如何教授创业？第二，传统商业形态的工作是否向学生展示了创业？第三，教师对创业本质的理解和认知是如何影响他们的教学范式的？对于第一个问题来讲，传统的大学教育更加注重理论的教学，大部分创业教育主导的教学方式是案例分析、模拟经营、项目参与，这些内容与传统教育是不一样的。教师应该以学习为中心传授创业，也就是发展学生解决问题和把握机遇的能力。更进一步来讲，传授创业知识的一条途径是通过非传统方式，让学生大量参与其中，学生可以在实践过程中通过反馈、冲突、差异、协调、合作学会创业。此外，学生与教师、学生与学生、学生与教学内容之间的互动也是支持创业教育的重要手段。

（三）核心问题三：创业教育课程体系的构建

截至2014年，我国高校已经具有十多年开设创业教育的"创业经验"了。创业教育课程的开设也受到了大学生的欢迎。但是创业教育的课程在理念层面和设计层面存在着"先天的"不足，高校创业教育的课程设计缺乏系统性，大部分的创业类课程强调对学生创业知识的传授而忽视了通过大量情境性的、互动性强的实践类课程教会学生创业的技能。只有通过在真实场景中的创业，才能够真正提升学生对创业的理解和认知。

此外，很多高校对创业教育的课程重视不足，甚至将其列入大学生的第二课堂等实践活动之中。从创业教育所需教材的角度来看，我国高校创业教育经过了20多年的发展，却依然没有编写出具有较高质量的、能够被教师和学生所喜爱的创业类教材。很多教材的理念和方法基本来自国外，部分内容与我国创业教育的背景存在巨大差异。因此，亟须根据中国创业教育的背景特征，研发并编写出具有本土特色的创业教材。

本书认为，积极的课程体系应该是由合理的课程目标、科学的内容以及系统的结构进行支撑和构建的。因此，构建高校创业教育课程又需要解决以下五个关键问题。

1. 定位目标问题

课程体系的构建主要围绕着培养人才的标准、培养人才的途径以及培养人才的目标而展开。因此，高校人才培养目标也是创业教育课程体系的基本依据和最终目的。结合泰勒的"目标源"理论以及对创业教育目标的理解，本书将从共性目标和个性目标两个方面对创业教育课程体系进行定位。

（1）共性目标。创业教育课程体系的构建要面向全体学生，将培养创业意识和创业心理品质、提高大学生的整体素质作为创业教育的共性目标。这主要表现在强化创业意识、丰富创业知识、培养创业心理品质以及提高创业技能等方面，是大学生适应不断变化发展的时代需要。

（2）个性目标。构建创业教育体系的个性目标与创业教育课程体系"一视同仁"的共性目标不同，创业教育的个性课程目标主要是培养学生的创业能力。这主要包括经营能力、综合性能力以及职业能力等创业实践能力。当然，创业课程体系的个性目标面对的学生群体也主要是本身具有强烈的创业欲望或者实力的学生。

2. 内容整合问题

课程目标的实现主要依赖于课程内容的有效确立。依据现代课程的划分标准，结合创业教育的发展现状，本书将创业教育课程划分为隐性课与显性课、基础课与专业课、理论课程与实践课程。在课程的设计过程中，要注意课程内容的整合性和完整性。

（1）隐性课程与显性课程的有机整合。隐性课程主要表现在学校文化的影响力，是间接的、内隐的社会存在，潜移默化地影响着学生的身心发展。而显性课程则具有直接性、外显性。一般以课程设置的方式向学生传授专业知识。加强隐性课程与显性课程的融合，能在学习创业知识的同时，树立创新创业的价值观，并养成良好的创业行为习惯。

（2）基础课程与专业课程的有机整合。创业教育的基础课程主要指面向全体学生开设的培养学生创业意识、拓宽创业知识的普及类课程，而专业课程则是指不同学院学科开设的培养学生专业技能、传授专业知识的课程。将创业教育的基础课程融入其他专业课的教学过程中，有利于大学生利用自身的专业知识，发现创业机会、开拓创业途径和创业领域。

（3）理论课程与实践课程的有机整合。创业教育的理论课程是为学生传授必要的创业知识而设立的，实践课程则是为了通过实践加强对理论知识的掌握和运用，提高创业技能。部分高校重视知识传授忽视实践的教学行为，或者直接以创业大赛等实践活动的形式取代理论教学的行为都是有待纠正的，都是创业教育课程发展不成熟的表现。

3. 结构优化问题

从系统论的观点看，创业教育课程体系的构建，不仅要有它赖以存在的形式和条件，而且还应该具有科学的结构，只有这样，才能优化创业教育课程体系，并将创业教育的功能发挥至最大。首先，立足于形式构成，增加"创业教育模块"，与"人文社科模块"和"自然科学模块"并列为通识教育三大模块。其中，公选类创业课程和专业类创业类课程分别立足于各自的学生群体，满足不同学生的学习需求。其次，合理安排创业必修课与创业选修课的比例。目前，创业教育课程在我国高校开展只有十余年，创业教育课程设置还不成熟，尚未被列入必修课的行列。因而，合理的选修课与必修课的比例设置才是推行创业教育的关键。必修课包括创业管理入门课、职业指导课、创业技能课以及创业实务课程等，以教授专门的创业专业知识和专业技能为主要目标。而选修课则包括企业文化和企业精神的培育、市场营销、企业管理以及创意策划等，旨在培养全体学生的创业意识和创业心理品质。

4. 总体设计问题

创业教育的课程体系要遵循几个基本的原则，主要包括创业课程的目标导向原则、综合能力拓展原则和实践互动原则。在具体的创业教育课程体系构建过程中，所有的课程都应该保持愿景的高度一致，即为了提升每一个学生的创业意识和创业能力，继而在这个意义上去规划并实施创业课程；同时，创业教育的课程还应该以提升学生的综合能力为目标，将大学生专业知识和技能与创业相融合，促进学生在专业和创业两个领域中的协调发展；从具体的实施层面来看，借鉴发达国家创业教育课程的特点，我国高校创业教育应该更加强调真实情境、问题解决、互动合作为主的实践性课程。

（1）目标性原则。高校人才培养目标是创业教育课程体系的基本依据和最终目的。在具体的实施过程中，还要注意创业教育课程自身目标定位的层次性。共性目标是培养大学生的基本创业素质，而个性目标则是挖掘和培养具有开创型个性的人才。创业教育课程体系的建设要紧紧围绕已设定的目标进行组织和开展，取消"边缘化"课程，注重增设有利于实现创业教育培养目标的课程。此外，创业教育课程体系还必须具有时代性，高校要及时调整课程内容和培养目标，以适应当前知识经济社会的发展要求。

（2）综合性原则。创业教育课程内容在设置时要体现综合性的特征，注重对学生的全面培养，在响应国家素质教育政策的基础上，推进课程建设的融合发展。

（3）实践性原则。我国伟大的教育学家陶行知说："耳闻之不如目见之，目见之不如足践之，足践之不如手辨之。"这要求我们要注重培养受教育者的实践能力。高校创业教育课程建设要注重实践性原则，突出课程的实践性特征。如开设以创业大赛、职业生涯规划赛等创业模拟活动为主的模拟课程。除此以外，开启校企合作模式的创业实践课程，校企合作模式比起模拟实践课程，更接近于市场运作，更能提高学生的系统创业能力。

5. **实施策略问题**

为了实现创业教育课程体系功效的最大化，挖掘和培养具有创业素质的自主创业者的目标，需要从教材、专业、师资以及校企合作平台着手实施，推进创业教育发展。

（1）教材建设。与欧美成熟系统的高校创业教育课程建设相比，当前我国高校创业教材多是引进和翻译的，教材建设缺乏中国特色。因此，有必要在"取国外教材之精华"的基础上，编写具有权威性的本土化教材，以适应我国经济发展形势与学生特点。

（2）专业教育与学科渗透。创业教育专业课程的开设是进行创业教育的基础，是创业教育的源头活水。然而与国外成熟的创业教育发展相比，我国很多高校在创业教育课程建设方面条件还不够成熟，无法设置专业课程。那么，采用学科渗透的方法来进行创业教育，成为当前高校推行创业教育的选择。如果将这两种模式双管齐下，高校创业教育将会收到意想不到的效果。

（3）专兼职相结合的师资队伍建设。专兼职教师队伍是在目前创业教育师资队伍缺乏的状况下，较合理的教师队伍搭配，能够同时满足大学生对研究型师资和经验型师资的要求，更好地促进创业教育的发展。除此以外，校企合作的实践平台，也是创业教育课程发展必不可少的。实践性是创业教育的突出特征，构建校企合作的联动机制，加强学校与企业的联系，形成校企创业联盟。一方面能够更好地整合教学资源，为学生寻求创业机会创设便利条件；另一方面也有助于创业教育在社会领域的推广宣传，增强社会对创业的认同感和支持度。

（四）核心问题四：创业教育转型发展的保障机制

与欧美等发达国家的创业教育有所不同，中国高校创业教育的发展始终离不开学校内部"自上而下"的支持和推动，这种学校领导层对于创业教育的认同和支持以及由此带来的在资源分配、政策倾斜等方面的差异，很大程度上造成了我国创业教育发展不均衡的现状。经过多年的探索，创业教育已从高校工作的幕后走到台前，成为高等教育创新人才培养的重要途径，从未来的发展趋势看，高校创业教育亟须建立起覆盖宏观层面的规划机制以及微观层面的执行机制，这一整套的组织保障对于创业教育的发展具有极大的推动作用。

1. 宏观层面

宏观层面的创业教育领导机构将负责对高校创业教育的整体工作进行统一领导与顶层设计，制定全校层面的创业教育改革与发展规划。这一领导机构的成员将由学校领导者、主管教学工作的教务长、各学院的负责人以及相关职能部门的负责人构成。它将发挥统筹规划、总体布局的功能，对高校创业教育在一定时期内的发展战略与发展目标进行厘定。

同时，为了有效成立创业教育专家指导委员会，成员由学校主要领导、各学院主要负责人、创业学院、教务处、团委、就业处组成,该委员会作为常设机构主要负责全校创业教育融入专业教育的一系列问题。进一步完善各学院在创业人才培养过程中的主导职能,发挥学院(系)在深化创业教育教学改革与大学生自主创业互动中的作用;增强创业教育工作中的组织实施与沟通协调职能;设立"创业教育发展论坛""创业教育院长圆桌会议",为学校各学院(系)之间创业教育改革思路、改革举措的交流提供平台,增强各个学院(系)在创业教育发展过程中的协同创新意识。

2. 微观层面

在创业教育改革与发展的微观层面上,鼓励专业教师利用课题研究和企业合作研究进行相关创业活动,吸收学生参与教师的创业活动;转变专业教师对创业教育的认知,鼓励和引导教师开展创业教育的相关研究,探索新理论、研讨新方法,不断提高教师在各类课程中重视创业意识和创业能力的培养。一方面,高校需要建立完善的政策机制,鼓励专业教师参与学生的创业实践项目,增强专业教师对创业的理解和认知,甚至鼓励专业教师利用自身的知识和经验进行创业,将学生纳入自己的创业团队之中。

另一方面,则是鼓励创业类教师到企业参与实践,赴国内外创业教育较为发达的国家或地区进行培训,提升自己的专业知识和能力。促进创业教育教师教育国际合作,不断提高教师教学研究与指导学生创新创业实践的水平。健全创业实习导师制度,进一步明确创业实习导师的工作目标和工作任务,理顺创业实习导师的组成和聘任工作,建立一套操作性强的创业导师考核制度及奖励制度,并积极引荐校外师资充实队伍。围绕创业教育的转型发展,高校可以出台完善一系列相关配套政策、管理办法和实施细则,确保创业教育教学改革、师资队伍建设、课外拓展平台建设、孵化平台建设、实验区建设等改革举措健康可持续推进,确保创业教育与专业教育深度有机融合,确保创业教育办学特色不断得以凸显,创业型人才培养质量不断提高,大学生自主创业能力不断提升,为学校教学改革和内涵式发展注入新的活力与动力。

（五）核心问题五：创业教育师资队伍的培养

我国高校创业教育发展过程中面临的最大"短板"就是创业师资匮乏。由于创业教育在我国高等教育领域中较为边缘化，有些高校甚至对创业教育存在偏见，认为创业教育的开展偏离了高校教育目标，是舍本逐末的行为。因此，关于创业教育的理论研究和人才培养工作远不如其他领域那么用力。特别是在创业教育师资的培养方面，我国与美国高校的差距仍十分巨大。

目前，美国创业教育已经形成了从本科到研究生阶段的完整的人才培养体系，大量接受了创业教育的教师在进入大学之后，一方面承担起创业教育的理论研究工作，另一方面则发展和完善创业教育的教学方式。除了专业的创业教育师资之外，美国高校创业师资的泛学科性也有力地促进了其发展。来自商学院、工学院、医学院、理学院等不同学科的教师都可以参与创业课程的教学工作，用跨学科、跨专业的方式进行创业人才的培养。

迄今为止，我国专门培养创业教育师资的高校还不多。因此，专业类创业师资的缺失将是一个长期的问题。在这样的现实状况之下，地方高校创业师资的补充需要借鉴发达国家的经验，将创业教育与专业教育深度融合，培养专业教师对创业教育的认同感和支持度，引导他们自觉地在专业课程和教学实践环节渗透创业教育的理念、知识和技能。

但是，专业教师对创业教育的支持并不是内源性的，与他们自身的专业相比，他们对创业还缺乏了解和参与的热情，尤其是对于一些人文学科的教师来讲，甚至内心还存在着对于创业教育的误解与抵触。他们能否参与专业类课程的创新或在专业授课过程中融合创业内容，就需要地方高校采取一系列激励性的措施和整体创业文化的感染。除此以外，在社会的各个工作领域，培养本土化的兼职类创业师资也是扩大高校创业师资队伍的重要途径。当前地方高校开展创业教育的途径除了开设选修类的创业教育课程，就是聘请企业家进行创业讲座。这些企业家作为外聘创业导师，相比学校专业教师来说，企业家工作经验充足，了解企业面对困境的解决途径、岗位创业的现状以及存在的问题等，弥补了专业教师缺乏企业工作经验的缺陷，能够极大地提高学生了解和参与创业的兴趣。而兼职创业导师的本土化，有利于结合本土实际情况，且为结合实践进行创业教学提供了便利条件。结合系统论的观点来看,创建一支优秀的创业师资队伍,还要注重师资队伍的及时完善和补充新鲜血液。创业师资队伍是一个动态的、开放的、不断发展的队伍。不仅要注重对师资队伍建设的前期规划和培养,还要定期对创业师资队伍进行调研和评估。及时的评估、反馈,能够帮助发现师资队伍在建设过程中的问题,从而制定相关的政策完善队伍建设。

除此以外,还要注重师资建设的时代性和长远性。目前创业教育在我国处于初级发展阶段,各方面建设还不成熟,在建设和发展过程中,要符合时代的要求,定期对创业师资队伍进行培训,包括外派到其他院校进行学习交流、补充企业实践经验以及创业心理辅导知识等,提高教师的知识水平和实践能力。

2010 年,教育部颁布的《国家中长期教育改革和发展规划纲要(2010—2020 年)》,把全面提高高等教育质量、提高人才培养质量作为未来十年的重要任务。高校未来创业教育的发展,也必然要围绕创新人才培养的基本内涵和目标,将创业教育的实施贯穿于创新型人才培养的全部框架之中,并将其作为提升高等教育办学质量的战略选择。创业教育的实施离不开教师的支持,作为一种旨在培养人的创业素质和能力的教育理念,形成专业教师内源性支持的引导性设计,将有利于创业教育与专业教育的深度融合,也有利于创业教育目标的达成。

此外,教师的教育观念和教学行为在一定程度上影响着学生的学习思想和未来规划。创业型师资队伍的建设,便于教师在实际教学过程中,潜移默化地传授创新创业的思想观念,帮助学生开拓就业视野,形成自主择业和创新创业的意识。创业师资队伍建设,在一定程度上能够帮助改善当前 KAB 课程的不成熟现象,加强对 KAB 课程的本土化研究,从而更好地完成创业教育本土化的目标。

二 大学生创业教育突围发展的策略

(一)欧美国家大学生创业教育的发展趋势

面对大学生创业教育在经过一个快速发展阶段后所面临的一些问题和困惑,欧美一些发达国家的政府和高校在思考和践行创业教育时日趋理性,既不再用急功近利的态度来看待创业教育,也不再追求创业教育在形式上的"全覆盖",而是其发展趋势开始倾向于采取全面"嵌入式"的创业教育,具体表现在以下三个方面。

第一,立足长远,把创业教育纳入发展规划。欧美一些发达国家认为,创业人才并不能被学校直接生产出来,创业教育的成功也不是仅仅依靠开设几门创业教育课程、进行短期的创业培训和社会扶持就可以成功的,而是一个长期培育的过程。为了体现这一点,他们不再把创业教育看成临时添加在学校的、解决就业问题的一个即时性任务,而是把创业教育纳入政府以及学校的长期教育发展规划中。如在创业教育的支持体系建设方面,强调创业教育的政策要"前移",即不再仅仅关注大学生毕业后是否创办企业以及创业成功率的高低,而是立足长远,突出包括小学、中学甚至幼儿园在内的所有教育机构在创业活动中的重要地位,从培养学生的创业素质入手花心思、下功夫,并着力促进创业文化的形成。

因为,在他们看来,影响创业活动的重要因素之一是个人的感知变量,如对机会的警觉、对失败的害怕以及对自己技能的自信等,而这些变量是难以在短期内培育或改变的,因此就需要一个较长的时间过程。再者,无论是突破创业活动系统性(行政的、法律的和管制的)壁垒还是建立制度性的(融资、服务、培训、教育)支持系统,都是一个耗费时间的渐进过程。如德国研究创业及创业教育的著名学者 Anders Lundström 和 Lois Stevenson 通过对欧盟 13 个发达国家近期创业教育政策的调查和文本分析,发现芬兰、荷兰以及英国这三个国家达成了一个最基本的共识就是,应该把创业教育纳入国家长期的教育发展规划,立足长远,搞好有关创业教育的课程、师资、教学方法的开发与运用。[①]

第二,加强创业教育与专业教学的渗透与融合。欧美一些发达国家认为,创业教育的主要任务是开发大学生未来适合创业的潜质,为他们未来的创业做好素质上的准备,而不是让他们在学习期间创业或一毕业就进行创业,更不是完成教人如何创办企业的培训任务。关于这一点,欧洲委员会对创业教育的开展所做的描述就比较贴切:"创业教育不应仅仅看作是

[①] Anders Lundström & Lois Stevenson, "Entrepreneurship Policy: Theory and Practice", *International Studies in Entrepreneurship*, No. 1, 2005, p. 72.

自己开公司,事实上,创业是每个公民日常生活和职业生涯取得成功所应具备的一种普遍素质。"① 为了体现这一点,一些国家的政府开始鼓励教育机构改造已有的专业课程,并拿出专门资金给予扶持。与此同时,一些高校不再把关注点放在学校已经开设了多少门创业课程,而是在整个人才培养体系框架内来思考创业教育。

具体来说,一是对现有的课程进行综合性改革,在开设的课程中挖掘、开发、增强和融入创业教育的内容,而不再盲目开设或增添创业教育课程。如美国北德克萨斯州大学(North Texas University)音乐学院就把创业教育课程与本专业课程进行融合,开设了"音乐创业与营销""音乐创业导引"等课程,讲授关于音乐类企业的创新、管理和营销等内容。② 爱荷华大学(The University of Iowa)表演艺术系与创业中心合作,开设了表演艺术创业课程。③ 康奈尔大学则以跨学科教育作为培养创业人才的主要方法,开设了"创业精神与化学企业""设计者的创业精神""小型企业与法律"等课程,并允许学生跨学院、跨专业选课④。二是注重对学生个人创业潜能的开发。如欧美一些高校已开始有意识地在其专业课程及其教学过程中融入能激发学生创业潜能的内容,启发学生将创新创业与所学专业有机结合起来。三是不再因为过于强调实践操作而忽视课堂教学,而把它作为开展创业教育的主阵地。要求教师在课堂教学中,有目的地创设创业教学情境,以激发学生的创业激情,让学生自己去感知、领悟创业的知识和过程,从而成为真正自由独立、情知合一、实践创新的"完整的人"⑤。

第三,力争使每一个学生都能受到创业教育的熏陶。目前,在欧美发达国家已初步形成的一个共识就是,与解决人的现实问题相比,为他们的

---

① 刘敏:《法国创业教育研究及启示》,《比较教育研究》2010年第10期。
② University of North Texas, "Courses of Graduate Catalog in University of North Texas", 2010. 11. 21, http://www.unt.edu/catalog/grad/music.htmmugc.
③ The University of Iowa, "Entrepreneurship Performing Arts Course Require-ments", 2010. 11. 25, http://performingarts.uiowa.edu/paec/courses.htmlnew_ventures.
④ Schlough, Charles, Streeter, Deborah H., "Cornell University's Entrepreneurship Education & Outreach Program", 2010. 11. 29, http://ideas.repec.org/p/ags/cudawp/7223html#download.
⑤ Peter, S. Sherman, et al., "Experiential Entrepreneurship in the Classroom: Effects of Teaching Methods on Entrepreneurial Career Choice Intention", *Journal of Entrepreneurship Education*, No. 2008, pp. 29 – 42.

未来生活做好准备更为重要。大学生毕业后，社会并不需要他们个个都去创办新企业，但他们却会在各自的职业生涯中面临如何开拓自己事业的问题。所以，创业教育不再被看成以往针对资本家子弟开设的精英教育，也不是单为商学院学生准备的商业教育，而应是面向所有在校学生的教育，这就如同芬兰、荷兰等国家的创业教育政策所强调的那样，创业教育应该适应所有年级水平的学生，培养他们广泛的创业精神和素质，促使他们毕业后无论是升学还是就业，都能不断地寻求各种有效的方法去实现自己的目标，在社会生活的任何方面、任何行业都能够快速适应并且成功展现自己的特有才能。① 法国高等教育与研究部部长贝克莱斯也强调指出：创业教育不应仅仅局限于某些学校或某些专业，而应成为整个高等教育的一部分，成为所有大学生的选择。②

基于这一理念，欧美一些国家正积极采取措施，扶持高校充分利用已有的教育资源，采用普及化的创业教育模式，把以往追求创业教育形式上的"全覆盖"转向实质性的全面融入，重在培养所有在校学生的内在创业素质。如加拿大，目前开设有创业教育课程的 53 所高校中，有 12 所所有年级的大学生都能接受到较为广泛的创业教育。③ 美国考夫曼基金会也准备拿出 2500 万美元支持本国的 8 所高校的创业教育普及工作，力争使每一个学科专业领域中的每一个学生都能受到创业教育的熏陶。④ 2009 年丹麦新政府执政后，制定了"创业教育与培训战略"。该战略中的一项重要政策就是要求国内教育系统必须为远比现在更多的师生提供创业教育服务。⑤

---

① Anders Lundström & Lois Stevenson, "Entrepreneurship Policy: Theory and Practice", *International Studies in Entrepreneurship*, No. 1, 2005, pp. 72 – 78.

② Loucks, K. E., Menzies, T., and Gasse, Y., "The Evolution of Canadian University Entrepreneurship Education Curriculum over Two Decades", 2010.11.21, http://www.intent-conference.de/DWD/_621/upload/media_1284.pdf.

③ 刘敏：《法国创业教育研究及启示》，《比较教育研究》2010 年第 10 期。

④ Simatupang, T. M., Schwab, A. & Lantu, D. C., "Building sustainable entrepreneurship ecosystems", *International Journal of Entrepreneurship and Small Business*, No. 26, 2015, pp. 389 – 398.

⑤ Ministry of Science, "Technology and Innovation, Ministry of Culture & Ministry of Education etl. Strategy for Education and Training in Entrepreneurship", 2011.06.30, http://www.eng.uvm.dk/-/media/Files/English/PDF/100622-Strategy for Entrepreneurship-UK-web.ash.

(二) 大学创业教育的突围发展策略

现行的创业教育在指导理念上几乎都是以培养"自主创业者"为主，其前提假设就是认为创业教育的核心在于鼓励绝大多数学生掌握创业的技能并进行创业活动。但是根据相关调查，我国大学毕业生创业的成功率仅为2%—3%，即使是实施创业教育极为成熟的发达国家，大学生创业的平均成功率也仅为10%。因此，现有的创业教育理念存在一定的误区。创业教育的重心应该从培养自主创业者为主转向培养岗位创业者为主，即重在培养学生的创业意识、创业精神、创新思维和创业技能，使之在工作岗位中发挥自己的创业精神和革新能力，以各种创新的方式推动新事物和新思想的产生，从而为自己的岗位创造价值。

2013年我国有699万名大学应届毕业生，加上2012年未找到工作的210万名大学毕业生，2013年高校就业人数达909万。岗位创业，是指个体在自己的工作岗位中发挥其知识和技能并承担相应的责任，同时时刻保持着创业的心态，用持续的、高绩效表现的工作，为企业创造更大的价值，从而获得更高的回报。有研究者将创业教育目标分为三个层次：第一层次是培养具有良好创业素质的社会公民；第二层次是自我工作岗位的创造者（内创业者）；第三层次是新企业的创办者。当下高校创业教育普遍的人才培养目标为新企业的创办者。本书认为，未来十年，创业型人才培养目标应将重心转到第二层次上，即以培养岗位创业者为主。

岗位创业者的培养要求高校创业教育的指导理念，必须从关注少部分学生的创业实践转变为培育大多数学生的创业意识和创业精神，在创业教育的内容方面，内创业者的培养则要求高校通过实践性课程、探究性学习、小组团队学习等多种创新性的教学和学习方式，拓宽学生的知识构成，将通识教育与专业教育相融合，在培养学生创业技能的同时，更注重人的教育。总之，以内创业者为基础的创业教育旨在培养每一名学生积极豁达的人生处世观，敢于冒险和开拓进取的价值创造观，将个人的生命意义与社会发展需求有机结合的社会互动观，最终使各具天赋、各有所长的学生可以通过创业教育获得自身的成长。

三 新时代大学生创业教育的突围路径

那么,新时代大学生创业教育如何突围发展?结合当前创业教育存在的问题,本书将具体从大学生创业教育的六个突围路径展开论述。

(一)变革大学生创业教育的理念

1. 继续强化创业教育新理念,鼓励大学生成为创业型公民

瑞典大约在20世纪90年代中期引进了创业教育的概念,特别强调教育瑞典人成为创业型公民(entrepreneurial citizens)。创业型公民是指为自己的人生轨迹负责、拥有不断学习的意志和愿望,从而能够适应不断变化的未来的公民,其创业与一般生活紧密相连,而不仅仅是为了获得工作而需要的技能,因此其生活本身也变成了创业型。在之后的20多年,创业型公民的观点成为主流,这些教育政策和创业课程作为瑞典新自由主义福利改革的一部分,强调个人自主和自由选择的责任,起到了较好的效果。[①] 根据GEM 2017—2018年的报告显示,瑞典的学校创业教育得分值为4.1分,排名第8,比美国(得分4.0分)高一位。[②]

在全球创业教育终身化、全民化趋势下,岗位创业教育、广谱式创业教育等新理念越来越受到高校认可。如果高校仍然采取"精英式"创业教育模式,以少数大学生创业实践的成功来评价学校整体创业教育的成效,这种做法把重心放在"创业"(创办企业)而不是注重成为"创业型"的人才,显然是有失偏颇的。大学生是创新创业的主力军,2017年8月,习近平总书记给"青春红色筑梦之旅"的大学生回信勉励他们扎根中国大地了解国情民情,在创新创业中增长智慧才干,在艰苦奋斗中锤炼意志品质,在亿万人民为实现中国梦而进行的伟大奋斗中实现人生价值。总书记办成了许多过去想办但没有办成的大事,无疑与他优秀的意志品格和敢于担当的精神气概密不可分。新时代我国高校的创业教育应特别注重大学生

---

① Dahlstedt, M., Fejes, A., "Shaping Entrepreneurial Citizens: A Genealogy of Entrepreneurship Education in Sweden", *Critical Studies in Education*, No. 2017, 2017, pp. 1 – 15.

② 黄扬杰、黄蕾蕾、李立国:《高校创业教育教师的创业能力:内涵、特征与提升机制》,《教育研究》2017年第2期。

艰苦奋斗精神的培养，鼓励成为创业型公民，把创业与人的终身发展联系起来，与中国国情民情联系起来，"常思奋不顾身，而殉国家之急"，面向全体学生开展持续性的"创业观"教育，全面培养国际化创业人才、区域本土创业人才、女性创业人才等各类国家需要的人才。

2. 传统的大学生创业教育以培养自主创业者为主

我国高校的创新创业教育主要经历了两个阶段。第一个阶段是高校自主探索阶段。这一阶段的主要特征是，高校创业教育通过创业计划大赛、科技创新活动等形式在小范围内摸索前进。第二个阶段是试点探索阶段。由教育部牵头的9所大学作为创业教育试点高校，在政策的引导下有计划、有步骤地进行了长期实践，并于2008年将试点高校扩大为30个，进一步加大了探索的范围和力度，使高校创业教育在全国范围内广泛铺开。在探索的模式和效果上，经过20多年的实践，我国高校创业教育已经形成了一些较为稳定和特色化的创业教育模式。如清华大学的"创新环"模式、东北师范大学的"广谱式"创业教育模式、黑龙江大学创业教育的"三创"人才培养模式、温州大学的"以岗位创业为导向"的创业教育模式等。

从传统的理解和最直观的感觉来讲，人们一提到创业教育必然会将其与如何"教会学生创办企业"联系在一起，而这也正是当下中国实施创业教育的绝大多数高校所秉持的理念。创业教育不仅被赋予了促进人的全面发展的功能，同时也被寄予了提升大学生的研究能力和勇于创新、乐于创业的丰富内涵。中国创业教育的基本理念总体以培养"自主创业者"为主，即创业教育的目的、内容、形式等都在鼓励大部分学生掌握扎实的专业基础知识的同时，具备强烈的创业意愿和一定的创业能力。关于这一点，可以从许多高校所提出的培养"科技创业型人才""创新创业人才""工程类创业人才"等口号中窥见一斑。那么，高校创业教育的使命是否一定要培养各类"创业人才"呢？这恰恰是我国高校在推动创业教育工作时应当首先思考的问题。

3. 以岗位创业为导向的大学生创业教育新理念

一般来讲，岗位创业是指在岗位工作的同时，利用自身专业技能知识以及所掌握的资源进行创新创业活动。以岗位创业为导向的创业教育新理念，在培养自主创业者的同时，使创业教育更多的以培养岗位创业者为主。传统创业教育更多的是以培养"自主创业者"为主要目标,鼓励大学生毕业后自己当老板。然而,对于刚跨出大学校门的大学生而言,存在资源、经验等诸多条件的限制,大学毕业生自主创业的比例还很低。

因此,高校要突破传统创业教育的瓶颈,以培养"岗位创业者"为主,建立创业教育发展新理念,将创业教育与人的终身发展联系起来,与个人事业的成长联系起来,与大学生的职业生涯联系起来,面向全体学生开展持续性的"创业观"教育,提升创业教育的内涵和层次,丰富创业教育的形式和内容,进而在大学厚植大众创业、万众创新的土壤。

(二) 打造高品质大学生创业教育生态系统

1. 大学生创业教育生态系统的理论与实践发展

创业教育的生态系统观是以组织生态学为理论依据,将创业教育实施过程中的各种因子看作彼此具有一定关联性的有机整体,强调高校的创业教育生态系统需要在系统内部各因子之间、系统与外界环境之间进行稳定的能量交换,这些能量在生态系统中不断循环,以促进系统内部的自我发展。① 高校创业教育生态系统的萌芽最初来源于外部环境的压力,引致高等教育体系内部发生的种种变革诉求。在一系列旨在提高大学生就业率、缓解大学毕业生就业困难的政策推动之下,创业教育在世界各国的高等教育机构中占据了愈加重要的位置。

从美国创业教育的历程看,20 世纪 80 年代以来,高等教育市场化发展的需求迫使美国大学面临向"创业型大学"的转型,随着大学创业教育的进一步演化,大学开始注重与外部环境之间建立稳定长期的创业合作关系,从外部环境中汲取必要的有形或无形资源。并且有意识地从战略层面重新思考创业的本质,将创业教育与学生的全面发展融合在一起,创业也真正内化为大学的精神,成为大学创新人才培养的主要途径,从而建立起大学与外部生态系统的良性循环机制。创业教育生态系统是一个由内源性要素、发展性要素、支持性要素等组成的复杂系统。在它自然形成与发展

---

① Luísa Carvalho, "Creating An Entrepreneurship Ecosystem in Higher Education", 2015.09.25, http://www.prweb.com/releases/prwebCurveballLtd2012/CyprusEntrepreneurship/prweb10132564.htm.

的每一个阶段，无论是大学内部的学术机构之间抑或是学术机构与行政力量之间，甚至包括高校与以产业部门、研究机构、政府机构、社会组织等为代表的外部要素之间，都存在着相互依存、开放合作、共生演进的密切联系。培育个体创新创业能力、发展区域创业型经济的目标成为该系统内不同因子之间的共同使命。

在此背景之下，大学与外部环境建立起了全面的合作，大学创业教育的生态系统如同生物体一般，不断从外部汲取知识、信息、资源等要素，丰富并扩展了大学的创业教育与创业活动，而生态系统内的其他因子也通过高校这一知识中心获取了自身成长所需要的营养，彼此之间的良性互动促使生态系统有序健康地运行，最终使得创业教育的生态系统循环发展。

如位于北京的中关村经过 20 年的发展，已经成为我国最具活力的创新创业中心。其主要呈现两大特征：一是创新创业主体多元化，二是创新创业新趋势。总结中关村创新发展成功的根本原因，就在于始终坚持强化市场配置资源的决定性作用，不断打破妨碍创新创业的体制机制束缚，持续构建并初步形成了有利于创新创业的由行业领军企业、高校院所、高端人才、天使投资和创业金融、以创新型孵化器为特色的创新创业服务业及创新文化六大要素组成的生态系统。① 再如麻省理工学院倡导的"创业生态系统"将创业活动与创业教育良好地结合起来，能够为我国高校创业教育培养模式提供借鉴。研究发现，该创业生态系统由众多功能互补且密切联系的项目与中心、学生团体和创业课程等诸多要素共同组成。其中创业活动、学生团体和创业教育这三股力量交互作用，成为推动该生态系统不断演化的主要动力。②

2. 围绕"人"这个关键要素，促进大学生创业教育系统良性循环

第一个关键要素是大学生自身。

李克强总理指出：大学生是实施创新驱动发展战略和推进大众创业、万众创新的生力军，既要认真扎实学习、掌握更多知识，也要投身创新创业、提高实践能力。各地区、各有关部门及全国高校要加强规划、配套政

---

① 《完善创新创业生态系统》，http://cppcc.people.com.cn/n/2014/1201/c34948-26121600.html。
② 刘林青等：《创业型大学的创业生态系统初探——以麻省理工学院为例》，《高等教育研究》2009 年第 3 期。

策、协调指导，形成创新创业教育改革的强大合力，让支持大学生创新创业在全社会蔚然成风。尽管当前就业和创业教育工作已经上升为国家战略，但事实上我国大学生的自主创业成功率仍然较低。高校对于创业教育的认识还缺乏统一性，目标与效果差别甚大。在"大众创业、万众创新"背后，真正的支持因素就是"互联网+"。"互联网+"的意图也是希望互联网和传统行业相结合，能够产生新的供需关系和实业，给中国经济带来新的增长。大学生在创业初期需要各方面非常大的支持，包括审批、税收、投资、法律、银行、财务等服务，众创时代，大学生创业除了互联网技术的支撑，高校亦要联合政府、产业界、金融界，搭建起一系列相互支撑和融合的创业生态系统。

第二个关键要素是教师。

未来几年，高质量创业师资短缺将成为阻碍我国高校创业教育发展的主要瓶颈。教育部文件提出要"明确全体教师的创新创业教育责任""配齐配强创新创业专职教师"。普及型的创业教育对师资需求十分巨大，而高校创业教育教师的创业能力又普遍较弱，矛盾突出。现今高校创业教育的教师主要是以有着企业管理或战略管理理论背景的教师或从事思想政治、就业指导、团委等工作的教师初步转型而来，因此构建专业化的、强创业能力的高校创业型师资队伍是促进创业教育系统良性循环的另一关键要素。

(三) 构建分层分类的大学生创业教育体系

1. 构建分层的创业教育新体系，扩大创业教育的受益面

多年来，我国部分高校积累了一些独特的创业教育发展路径，如实践型课堂教育模式、创业型企业实习模式、体验型创业实战模式；有的高校以大学科技园为基地，借助园校联动方式将创业教育嵌入人才培养环节；有的高校则以"大学生创业设计大赛"为平台，在校园文化中着力营造浓郁的创业氛围；有的高校与本地企业联系搭建大学生创业实践基地，为大学生开启创业之门。一些高校也积极组织学生参与国内、国际相关活动，如通过中国青少年发展服务中心、全国青年彩虹工程实施指导办公室主办的"彩虹工程"——大学生创业实践试点工作，为在校大学生提供创业实

践机会和相关专业培训；通过参与国际组织主导的创业教育模式，打造"大学生 KAB 创业教育基地"。这些实践经验为高校推进创业教育提供了有效的范本。但在追求特色化、分层化办学的高等教育改革和发展的背景下，高校应对接自身人才培养定位、学校办学特色和地方社会经济发展需求，确定相应的创业教育发展思路，设计相应的创业教育课程和训练体系，从而全方位推进创业教育。并且最大限度地使创业教育面向全体学生，扩大创业教育的受益面。具体而言，一是要通过通识教育、创业文化传播培育全体学生的创业意识与创业精神；二是通过创业苗圃、众创空间等挖掘兴趣学生的创业潜能；三是通过创业课程、特色班级等发展意向学生的创业技能；四是通过孵化区、园区、实训营等提升创业学生的创业实务。

2. 构建分类的创业教育新体系，实现创业教育的个性化与精细化

首先，要以新兴产业创业为导向，设计分层分类的创业教育课程和创业活动，形成设计、影像技术、"互联网＋"、新媒体、文创、电商、公益、综合等多类别的创业项目布局。在此基础上，完善创业教育支持体系，建立实体运行的创业学院。其主要职责是统筹全校的创业资源，统一制定并实施全校运行的创业实施方案、规划课程、管理制度和评价机制，完善创业教育师资队伍建设、创新创业实践等领域的改革等，从而成为高校对学生开展创新创业教育的重要载体和实施机构。

其次，要满足不同的学习需求，还需要形成专业教师内源性支持的引导性设计。我国高校特别是在创业师资的培养方面，与美国高校的差距还十分巨大。

政府应鼓励不同类型的高校，如研究型大学和地方高校创业教育的侧重点应有所不同。尤其是一些高水平研究型大学应面向未来技术着重高端、高层次的创业，因为多国的数据显示大量典型的初创公司（typical start-ups）所产生的就业岗位及经济贡献总和比不上少量高成长的初创公司（high-growth start-ups）。[1] 在厚植"大众创业、万众创新"土壤的基础上，要着重培育、支持一些可能有高成长潜力的公司。

---

[1] Shane, S., "Why Encouraging More People to Become Entrepreneurs is Bad Public Policy", *Small Business Economics*, No. 33, 2010, pp. 141–149.

总的来说，我国高校创业教育体系呈现出"立足校情、服务地方、特色鲜明、系统推进"的实践特征，不同地域、不同类型的高校立足于本地区经济社会转型发展的趋势和历史文化的积淀，创造性地发展出了适合自身办学特色和人才培养理念的创业教育发展理念。如清华大学作为国内最早从事创业教育的高校，依托其强大的科技创新和综合优势，非常注重对学生职业素养、就业竞争力和创新创业能力的培养，从而使创业教育成为职业指导体系的重要组成部分。中央财经大学则依托创业先锋班的改革，在课程设置、教学方式等方面进行了卓有成效的探索，发展出了财经类高校创业教育开展的新思路。

再如，黑龙江大学的"融入式"创业教育模式就举全校之力构建了"面向全体、给予专业、分类指导、强化实践"的创业教育体系，重视在专业教育过程中融入创业教育，重视对全体学生开展创业教育，提升其创业实践能力；温州大学则充分利用地域文化中对创业活动的普遍认同，汲取区域创业文化中的优秀因子，在持续探索创业教育地方特色发展模式的同时，发展出了以岗位创业为导向的创业教育新体系；上海理工大学则充分发挥地处国际化大都市的区位优势，在其优势专业中尝试融入创业教育，探索出了一种以技术创新创业为主的创业教育发展模式。随着中国以创新驱动为主的经济社会转型进程的加快，创业教育必然会更加紧密地与高校人才培养理念相结合，未来地方高校创业教育的发展模式将呈现更加多元化、本土化、综合化的特点，创业教育也将成为推动地方高校创新创业人才培养、促进区域经济社会发展的推动力。

（四）大力引进和培养创业教育师资

国外高校创业教育发展史证明创业教育逐渐走向成熟的一个必要条件是拥有大量专业化的创业教育师资。除了创新灵活的用人机制大力引进企业界的创业教育师资外，关键是要做到大力培养创业教育师资：（1）既需要更多相关高校开设创业学学士—硕士—博士系统的培养体系，也需要各类创业教育教师的终身学习计划；（2）更多高质量的关于创业类的学术期刊为教师提供学术成果发表和交流的平台；（3）社会媒体更多地报道创业教育教师典型榜样、先进事迹；（4）类似全球创业研究奖，设立我国的创业研究奖；（5）各高校根据动机激励理论，基于物质、兴趣、声誉、自我实现等需求全方位激励各类教师参与学术创业。

浙江省调查数据显示，有82.1%的高校将创业教育专职教师纳入教师编制队伍，每所高校平均约有14人参加省级创业导师培训，77.5%的高校将教师指导学生创业实践和创业项目等纳入教师业绩考核。其中有竞争力的薪酬、良好的晋升通道（如在企业界的实践等同于在大学的经历等）、大量培训学习机会、科学公平的绩效考核是多数受访创业教育教师谈及频次较多的关注点。因此，对高校创业教育教师既要有"宏观上让教师有创业的活力、中观上让教师有创业的动力、微观上让教师有创业的能力"的保障机制，又要有根据教师多样化、自主式发展目标，结合其不同类型、不同专业发展阶段制定针对性帮扶机制[①]。

（五）完善大学生创业教育的支撑机制

大学生创业教育的要旨并非被动地缓解就业，而是通过创业教育激发大学生的创业热情和创造精神，它与一般创业活动的最大不同在于前者是以人才培养为导向，而后者则是以价值创造为导向。因此，创业教育生态系统的内涵、要素、结构及其功能边界具有自身独特的逻辑。从构成要素来讲，创业教育的生态系统涵盖了高校、研究机构、政府、企业、风险投资机构等多种因子，但是又以高校作为其中的核心因子；从功能结构来讲，高校创业教育的生态系统更加强调创业文化的培育及大学生创业技能的提升，承载着大学生个体成长与高等教育培养目标之间有机融合的功能；从运行机制来讲，创业教育生态系统的内部和外部因素都对创业教育起着激励、制约、调控等作用，影响着创业教育的内循环系统。而完善高校创业教育支持机制，对于高校创业教育生态系统的运行起着至关重要的作用。

1. 构建递进、立体式结构大学生创业教育管理机制

要摆脱当前高校机构设置中创业教育专业职能部门缺位的现状，组织成立实体运作的集教学、管理、科研于一体创业人才培养学院，以统筹校

---

① 黄扬杰、黄蕾蕾、李立国：《高校创业教育教师的创业能力：内涵、特征与提升机制》，《教育研究》2017年第2期。

内外资源，负责全校创业教育工作，并构建"学校层面—院系层面—试点班层面"创业教育的管理机制。从人才培养模式顶层设计开始，使大部分学生通过大学阶段的学习，接受系统的创业课程训练和多渠道创业实践的锻炼，激发他们的创新意识，提升其岗位竞争力，以适应区域经济社会的发展对高素质复合型应用人才的需求。首先，在学校层面，加强顶层设计，合理规划人才培养目标，建立政策、机制、组织、资源保障，营造良好的创业氛围和众创空间；其次，在院系层面，要进一步加强创新创业教育课程体系建设，实现创业教育与文化教育、专业教育、职业教育的三大融合，建立"通识教育＋专业教育＋创业实践"的创业教育课程体系，培养大学生从"想创业"到"能创业"的转变；再次，在试点班层面，要创建创业教育改革试点工程，将"岗位创业认知、岗位创业训练、岗位创业实习"交叉渗入，以点带面，构成连续性创业实践体系，辐射创业教育的整体实践。

2. 构建"众创空间＋创业文化"的双保障机制

众创空间是顺应创新 2.0 时代用户创新、大众创新、开放创新趋势，把握互联网环境下创新创业特点和需求，通过市场化机制、专业化服务和资本化途径构建的低成本、便利化、全要素、开放式的新型创业服务平台的统称[①]。众创空间在高校具有独特和持久性的开发效能，它直接催生了大学"创客"的产生。高校纷纷出现了热衷创意、设计、制造，具有创造禀赋的"创客"群体。高校作为社会创业活动的基础性力量以及"创客"生成的主阵地，应选择面向全体学生，激发与培育他们的创新意识和创新精神，通过构建良好的众创空间，有计划、有规模、有重点地开展"创客"运动，积极奖励、扶持，树立典型，以点带面，拓展"创客空间"，积极推动"创客时代"的来临。

"创客"运动，将成为众创教育时代高校创业教育的主要改革方向。国际创客典型如美国 ASU 的天空之歌（sky song）开放式社区、斯坦福硅谷，英国 IC 的帝国创新集团，德国 TUM 的 Unternehmer TUM 等为中国高校创业教育实践开发提供了宽广的思路。[②] 创客有望给中国创新带来三种东

---

① http：//www.gov.cn/xinwen/2015－03/11/content_ 2832629.htm.

② 黄扬杰、邹晓东：《"新美国大学"框架下的 ASU 创业实践》，《高等工程教育研究》2011年第 6 期。

西：潜力无穷的产品、致力创新的精神、开放共享的态度，这正是高校创业教育的灵魂和支点，在 2015 年的全国两会上，全国政协委员左晔如此评价。

在创业文化建设方面，各高校可依托当地产业特征、文化资源打造不同区域风格与特点的创业文化。将各地创新创业文化作为大学文化建设的重要内容，结合各高校的学科优势和资源优势，设立一批有特色的"大学生文化创业园"，并给予资金和政策上的扶持，整合校外创业资源，加强与属地政府、民间资本合作共建，集聚创业优惠政策和服务，打造高校创业文化精品。同时，有重点、分层次地开展各种创业文化活动（讲座、培训、竞赛等），加大创新创业价值宣传，发掘树立创新创业先进典型，营造"创专融合、学优而创"的文化氛围。

3. 创设创业教育与专业教育深度融合机制

政府可分步骤、分层次、分阶段在全国范围内选择试点高校，探索建立一批国家级/省部级创业教育与专业教育深度融合实验区。在实验区内遴选一批实践性和学科交叉性较强的专业，以促进创业教育与专业教育深度融合为导向，从多个环节入手实施改革，从而推动高校创业教育进入深水区。高校还可以对已有的学科专业与课程体系进行结构调整，挖掘并充实各类专业课程的创新创业教育资源，建设依次递进、有机衔接、机制灵活的创新创业教育课程模块组合，从而将创业教育与专业教育有机融合。专业教育是学生创业意识、创新精神与创业能力培养的重要载体。通过实验区的建设鼓励各高校探索创业教育与专业教育深度融合，吸引大批专业教师参与其中，通过各种专业类创业课程的学习和多渠道创业实践的锻炼培养大学生专业创业的基本素养和能力。

4. 建立基于专业能力的高校创业教育质量评估体系

自 1947 年创业教育提出至今，高校创业教育一直被认为是创新型国家建设的重大战略举措、培养学生创新精神和实践能力的重要途径。但作为一门学科，创业教育仍然处于早期发展阶段，学者们对于如何教授创业仍然意见纷呈。

Huq 等通过案例研究发现运用设计思维，比如整合正义与公平、建构主义、幽默和角色扮演等作为创业教育学的学习原则能显著提高学生的满意度和学习成绩。这种设计的关键是减少学生和教师之间的障碍，创建了师生共同的创业教育学习之旅。不少学者也赞同创业者的思考和行动在某种程度上更像是设计师,因为设计师需要识别可能的机会或问题,设计思维也是从根本上关心人的需要,它不是一个"基于线性、里程碑的过程"。相反,它是三个空间之间的相互作用:灵感、构思和实施,所以在创业教育中运用设计思维往往有较好的教学效果。①

Nabi 则通过创业教育的四种教学方法和教学影响的五层级模型对应研究表明,四种教学方法(供给、需求、胜任力、混合)对学生的创业态度(1 层)和意图(2 层)都有积极的影响。然而,基于胜任力的教学方法更适合发展更高层次的影响。他指出更深、更多的体验式教学方法适合在更高水平的影响,注重培养学生解决现实生活中的创业问题并发展实践能力。②

另外,在创业教育快速发展和培养模式多样化的形势下,如果不在创业教育的质量评价方面进行引导和规范,就会严重影响我国创业教育实践的健康发展。比如国内创业教育文献大多是从创业教育的必要性、实现路径、发展模式、国际与区域比较、实践方法等维度进行探讨,对于创业教育评价体系等方面的研究则十分匮乏,仅见运用模糊评价、BSC、数据包络分析等方法对创业教育质量进行评价。创业教育评价体系的研究缺乏理论深度,对创业教育评价体系的内涵、理论模型、指标体系、评价方法等关键性问题关注不足。创业教育质量更多地也应体现在结合专业培养大学生创新创业意识和创业能力。因此新时代我国亟须建立起多样化、多维度、基于专业能力角度的高校创业教育质量评估体系,以更为全面和开阔的视角促进创业教育的发展,并以衡量高校创业教育的各项工作是否以唤醒和激发大学生的创业意识、是否有效培养大学生的创业理论基础和实践能力、是否营造了鼓励创业的高校文化为关键的评价标准。以此为核心构建起分层多维的指标体系,并通过"计划—实施—反馈—改进"的

---

① Huq, Afreen Gilbert, David, "All the World's a Stage: Transforming Entrepreneurship Education through Design Thinking", *Education & Training*, No. 59, 2017, pp. 155 – 170.
② Nabi, G., Linan, F., Krueger, N., et al., "The Impact of Entrepreneurship Education in Higher Education: A Systematic Review and Research Agenda", *Academy of Management Learning & Education*, No. 16, 2016, pp. 277 – 299.

质量控制循环系统持续推动高校创业教育工作的完善。

（六）深入开展创业教育本土化研究

创业教育作为一项强有力的战略和区域发展的工具，其重要性不言而喻。国外学者Galvão通过文献综述指出当前创业教育促进区域发展的研究分为三大主流：创业型大学、创业精神、公司创造的过程。首先，关于创业型大学，国内已有不少学者展开研究，如宣勇等提出创业型大学呈现出学术导向与市场导向兼顾的二元价值取向[①]，邹晓东等提出"变革式"和"引领式"两种不同创业型大学的概念内涵。[②] 后续的本土化研究可多关注创业型大学在不同区域的角色或变量差异等。

其次，关于创业精神的研究，徐小洲教授等提出创业精神是创业教育的核心，创业技能是创业竞争力的基础。[③] 后续的本土化研究可更关注企业家的行为与特征，如企业家的态度、创造力、创新、领导力和自主性以及创业教育影响创业意向的方式等，亦需更多关注创业精神、创业意愿如何有效转化为创业行动，创业教育的影响研究等。

最后，关于公司创造的过程，后续的本土化研究可更关注大学和利益相关者在企业设立过程中的作用，创业教育生态系统在建立企业过程中的重要性，等等。

---

① 宣勇、张鹏：《论创业型大学的价值取向》，《教育研究》2012年第4期。
② 邹晓东、陈汉聪：《创业型大学：概念内涵、组织特征与实践路径》，《高等工程教育研究》2011年第3期。
③ 徐小洲、张敏：《创业教育的观念变革与战略选择》，《教育研究》2012年第5期。

第二章　高校人才培养中的岗位创业教育

本章将从分析高校创业教育的本质与逻辑入手，提出并分析创业教育领域中的一种新理念、新思路——岗位创业教育。

第一节　高校创业教育的核心构念

本节将重点解析和论述创业与创新、创业教育与创新人才这四个核心构念以及它们两两之间的关系，以图为接下来论证岗位创业教育与人才培养的关系奠定理论上的基础。

一　创业与创新

奥地利经济学家约瑟夫·熊彼特在《经济发展理论》一书中首次对"创新"这一概念进行解释并开创了针对创新的理论研究。他认为"创新"就是"生产函数的建立"，是"生产手段的新组合"（new combinations of productiveness）。同时，熊彼特也将社会经济活动中的创新划分为五种类型：（1）采用一种新的产品——也就是消费者还不熟悉的产品——或一种产品的新特性；（2）采用一种新的生产方法，即在有关制造部门中尚未通过经验鉴定的方法，这种新的方法不需要建立在一种科学新发现的基础之上；（3）开辟一个新的市场，也就是有关国家的某一制造部门以前不曾进入的市场，不管这个市场以前是否存在过；（4）掠取或控制原材料或半制成品的一种新的供应来源，不管这种来源是已经存在的还是第一次创造出来的；(5) 实现任何一种工业的新的组织，比如，造成一种垄断地位（如"托拉斯化"），或者是打破一种垄断地位①。

无论是熊彼特最初关于创新的定义与解释，还是几十年来创新领域的最新研究成果，众多学者并没有单纯地将"创新"等同于"创造""发明""革新"等社会经济行为。创新是促成社会经济发展的关键性要素之一，同时也是最根本的内生性要素。从动力的来源来讲，创新的驱动力来自一大批拥有企业家精神的创业者，他们也随之成为创新过程的主体。

创业者是指那些把实现新的生产方法组合作为自己的职责，并实际履行生产手段新组合的人。创业者必须具有以下特点。

第一，创业者应当富有创造性和远见性。熊彼特认为创业者不同于传统社会生活中所存在的"管理者"或"技术型专家"。后者的功能只是在社会和经济运行的静态循环过程以及严格的科层制结构中利用自身所掌握的专业化技能"例行公事"，而创业者则绝对不会墨守成规，他们常常会创造性地变更其行为模式并总是将实现生产要素的新组合作为自己的职责。

第二，创业者不同于技术上的发明者或创造者。技术专家是从事发明创造的人，而创业者则是将技术发明运用于现实的经济生活中，从而创造新的价值。

第三，创业者善于发现并及时利用各种新的机遇。他们善于在不确定性中及时发现和抓住机会。他们对于未来社会经济发展的趋势具有一种"敏锐的嗅觉与洞察力"，并能吸引其他的跟随者进入和引领这种变革的趋势。

第四，创业者具有丰富的专业知识、超强的克服困难的意志力②。除此以外，创业者仅有专业技能还不能保证他们的成功，由于"创新"往往伴随着高风险，因此创业者在进行"创新"时常常会遇到一系列困难，诸如新环境的挑战，心理的、个人的障碍和社会的障碍等，这就要求创业者具有坚韧的意志力，以克服创新过程中所遇到的各种困难，最终实现创新。

---

① [美]熊彼特：《经济发展理论：对于利润、资本、信贷、利息和经济周期的考察》，何畏译，商务印书馆1990年版，第69页。
② 陈其广：《创新是经济发展的重要推动力——论熊彼特创新理论的合理性》，《中国社会科学院研究生院学报》1987年第4期。

创业这一词语早在数百年前就已出现在经济学文献中，但迄今为止学术界对于创业的本质与概念依然未能达成一致。英语中通常采用 entrepreneurship 一词来表示这一专业研究术语。创业研究的兴起最早出现于 20 世纪 60 年代末的美国。在过去几十年里，一大批来自管理学、经济学、社会学、心理学等领域的学者对创业的本质、内涵、边界、创业活动对经济的绩效、创业者的人格特质、创业者的社会网络结构等话题进行了持续性研究。关于创业的概念，较有代表性的是 Cartner 和 Morris[1] 分别在 1990 年和 1998 年的研究，他们通过对欧美地区创业类核心期刊和教科书中出现的 77 个定义进行词频分析，将创业的内涵总结为：开创新业务，组建新组织；利用创新这一工具实现各种资源的新组合；通过对潜在机会的挖掘而创造价值。[2]

我国学者对于创业概念的认知大体上分为三个层次：狭义的创业概念、次广义的创业概念和广义的创业概念。狭义的创业概念是"创建一个新企业的过程"，次广义的创业概念是"通过企业创造事业的过程"，广义的创业概念则是"创造新的事业的过程"。本书认同 Cartner 和 Morris 关于创业概念的界定，同时也认为，创业的本质就是创新，是创新在实践层面的体现。

从以上分析可以看出，创新的概念范畴涵盖了推动社会经济发展的所有技术的、组织的、方法的、系统的变革及其最终价值的实现过程。而创业则是为了推动创新的实现、由一大批拥有企业家精神的创业者所进行的动态过程。与创新相比，创业更加强调愿景形成与价值实现的有机统一，它要求人们必须具有将创新精神、创新意识和创造力转化为成功的社会实践过程。这不仅包含了个人创新能力的培养，也要求人们必须具备发现变革趋势并把握机遇的能力、组建有效的创业团队并整合各类资源的能力、打造可持续的创业计划的能力以及抵御风险、解决应激性问题的能力。可

---

[1] Michael H. Morris, Mary L. Joyce, "On the Measurement of Entrepreneurial Behavior in Not-For-Profit Organizations: Implications for Social Marketing", *Social Marketing Quarterly*, 1998, No. 4, pp. 93-104.

[2] Cartnert, W. B., "What are We Talking about when We Talk about Entrepreneurship?", *Entrepreneurship Theory & Practice*, No. 18, 1990, pp. 15-18.

以说，与创新这个更为宏观的、注重系统分析的词语相比，创业是一种更加注重实践性、个体性、多样性的过程。

尽管全社会已经意识到了创新和创业的重要性，但是长期以来依旧缺乏对创业及创业教育的正确认识。人们通常会狭隘地将创业理解为"开办自己的企业或事业"，创业的范围也仅仅局限于自主创业，由此造成的一个实践误区就是在高校中蓬勃开展的创业教育几乎千篇一律地将培养自主创业者作为主要目的。创业教育起源于商学院与工程学院，这是事实，但不是全部。文化、社会价值观、经济政策、个体行为之间复杂的交互作用塑造着创业的内涵、功能与边界。对于高校中的创业教育和相应的创业活动来讲，它必须体现的是所在社会关于当今世界发展趋势、人类行为复杂性的认知、区域文化差异性的理解。

因此，创业并非简单地开办属于自己的企业或从事某种冒险性的行为，它要求的是知识、想象力、洞察力、创造力、实践能力、对未知事物的探索热情、对不确定性环境的适应等一系列能力的综合运用。可以说，创业是一种自我实现与自我超越的行为。

二 创业教育与创新人才

创业教育的含义也有狭义和广义之分。从狭义上来说，创业教育是指进行创办企业所需要的创业意识、创业知识、创业精神、创业能力及相应的实践活动的教育。联合国教科文组织提出了创业教育的定义："培养具有开创性的个人，它对于拿薪水的人同样重要，因为用人机构或个人除了要求雇佣者在事业上有所成就外，正在越来越正视受雇者的首创、冒险精神，创业和独立工作能力以及技术、社交和管理技能。"①

然而，社会各界学者对创业教育概念内涵的认识仍然存在着分歧与争论，创业教育与其他学科的边界模糊不清，创业教育不仅是教育领域的术语，也是政治和经济领域的术语，创业教育因文化而异且包含了个体与公众不同的价值判断。因此，创业教育的含义也是一个不断演化与进步的过

---

① 中华人民共和国教育部高等教育司组编：《创业教育在中国——试点与实践》，高等教育出版社2006年版。

程，它的特征主要体现在以下几个方面：目标的多重性与前瞻性，对象的广泛性，学科边界的模糊性和融合性，教育教学方法的实践性，发展的时代性与开放性，等等。本书将创业教育界定为：由高等教育机构实施的、旨在培养在校大学生创业意识和创业精神，传授创业知识和创业技能，锻炼创业实践能力的系统性、开放性教育体系。

早在1919年，著名教育学家陶行知先生就已经将"创造"引入教育领域。他在《第一流的教育家》一文中提出要培养具有"创造精神"和"开辟精神"的人才，这对于"国家富强和民族兴旺具有重要意义"[①]。时至今日，随着知识经济社会的到来，培养创新人才、建设一流大学、提升高等教育对区域社会经济发展的知识基础作用已然成为各国政府的共识。我国先后出台了科教兴国战略、"985"工程、"211"工程、《国家中长期教育改革和发展规划纲要（2010—2020年）》等一系列旨在促进创新人才培养的发展战略，深刻影响了高等教育的变革。

从国内学者关于创新能力培养的理解来看，其内涵基本划分为三种观点：首先，创新能力是个体运用一切已知信息，包括已有的知识和经验等，产生某种独特、新颖、有社会或个人价值的产品的能力；其次，创新能力表现为相互关联的两部分，一部分是对已有知识的获取、改组和运用，另一部分则是对新思想、新技术、新产品的研究与发明；再次，创新能力应当以一定的知识结构为基础。总体来看，大学生的创新能力主要包括四个方面：（1）学习的能力，即对主要已有知识及知识源的接触、筛选、吸收、消化；（2）发现问题的能力，即对已有知识框架结构的漏洞或盲点的发掘以及对知识框架结构的完善，对已有知识框架结构合理性的质疑和重建；（3）提出解决问题方案的能力；（4）实践其方案的能力。

从创新人才的角度来看，创业教育毫无疑问是实现上述目的的最佳路径。正如前文所述，创业教育的本质就是以更加实践性、个体性、多样性的方式实现创新人才培养这一目标。1988年，柯林·博尔提出创业教育应成为第三本"教育护照"；1989年，联合国教科文组织在北京召开的"面向21世纪教育国际研讨会"上提出创业教育要强调培养学生的事业心和

---

① 张民生：《陶行知的教育思想与实践》，上海音乐出版社2000年版。

开拓技能；2002年，在"创业教育"试点工作座谈会上与会专家一致认为创业教育是素质教育的一个重要方面；而近两年的有关研究更是明确指出，高校创业教育的核心在于培养学生的创新思维、创新意识、创新能力。部分学者和知名企业家认为创业只能是一个自我探索的过程，无法通过教育的方式施加影响。但正如彼得·德鲁克所言，"创业不是魔法，也不是神秘。它与基因没有任何关系。创业是一种训练（discipline），而就像任何训练一样，人们可以通过学习掌握它"[1]。部分学者更是直截了当地指出，每个学生身上都在某种程度上存在着可以培养成为创业者的天赋[2]。

首先，创业教育要培养大学生对创业的基本认知，这种认知本身就是一种知识结构，可以作为大学生知识体系的一部分。在一个创新驱动的社会中，创业知识的内容可以体现当今社会主流和日常的各种创新模式，以及社会态度、经济政策和法律制度对创造力、冒险精神和创业行为的支持等。因此，创业知识具有综合性的特点。其次，创业不仅是一种商业行为，作为思维、推理和行动的独特模式，创业需要想象力、洞察力及创造性和整合资源的能力。因此，从更广泛意义上来讲，创业教育是体现创新教育的最佳实践路径。对于大学生优化知识结构、适应未来不断创新的社会并实现自我发展具有重要作用。

第二节 高校创业教育的本质与逻辑

高校创业教育的本质与逻辑，是回答"高校创业教育是什么""如何开展高校创业教育"这类最基本的理论性问题。弄清这类问题，对接下来理解和把握大学生岗位创业教育具有重要的基础性作用。

---

[1] Drucker, P. F., *Innovation and Entrepreneurship*, New York: Harper & Row, 1985.
[2] Gibb, A. A., "Enterprise Culture and Education: Understanding Enterprise Education and its Links with Small Business, Entrepreneurship and Wider Educational Goals", *International Small Business Journal*, No. 11, 1993.

一 高校创业教育的本质

高校创业教育的本质是关于"高校创业教育是什么"的问题，也是研究和实践高校创业教育最本原的问题。但是，由于创业教育的诞生既复杂又特殊，再加之在实践过程中往往与商业教育、就业培训等概念混同在一起，所以并没有形成严格意义上的创业教育理论，以致现今学术界对创业教育本质这一最基本的理论问题都难以达成共识。

我国学术界一般从广义和狭义两个方面来理解创业教育或高校创业教育。有学者认为广义的创业教育就是培养具有开创性的个人的教育，而狭义的创业教育则是与就业培训结合在一起的，为受教育者提供急需的技能、技巧和资源的教育，使他们能够自食其力。[①] 此外，还有学者把创业教育理解成职业教育，认为创业教育是指对受教育者进行职业培训以满足自谋职业或创业致富需要的教育活动。[②] 本书认为，作为一种新的教育理念和模式，高校创业教育的本质是其能与其他事物区别开来的一种质的规定性，应该是明确的、一元的，而不能把它与人们的不同价值诉求混同起来。在它的本质属性中，既有与其他教育理念和模式相同的属性，也有其自身与众不同的属性。基于此，要弄清高校创业教育的本质，最先需要做的就是找到它的"源头"，即明确它的类本质，也就是教育的本质。

高校创业教育，一方面，是一种针对大学生这个主要教育对象的高层次教育，即高等教育，也是培养高素质的人的教育，即培养人才的教育；另一方面，又是知识经济时代背景中个人发展面临一系列挑战的情况下提出的一种新的教育理念和模式，它需要在整合原有人才培养模式基础上融入对学生开拓性素质的培养，只有这样，才能符合个人发展及社会发展的需求，才是有质量的。从这个意义上讲，高校创业教育其实可以说是教育培养人这一本质的进一步拓展和深化，就是在培养人的基本素质的基础上，增添了时代的新要求、新要素，即开拓性素质。为此，本书认为高校创业教育的本质，就是培养具有开拓性素质的人才，具体来说，就是指在

---

① 彭钢：《创业教育学》，江苏教育出版社 1995 年版，第 27 页。
② 熊礼杭：《大学生创业教育体系的探索与实践》，《教育探索》2007 年第 11 期。

高校中实施的、旨在培养大学生现在或未来开拓事业所需素质的一种教育活动。这些素质包括丰富的社会知识、捕捉市场机遇的能力、敢为天下先的胆略等。

高校创业教育"培养具有开拓性素质的人才"这一本质，意味着创业教育的开展绝不仅仅是简单开设几门与创业相关的课程，更不是专注于培养"大学生老板、企业家"的商业教育或创业培训，而是要站在人的发展的起点上，着眼于大学生综合素质的培养，在高校整个人才培养体系的框架内思考创业教育并求得创业教育目标结果的发展和分步实现。

（一）创业教育是基于大学生综合素质培养的教育

创业作为一种创造性事业，源于人的开拓性素质的迸发。而开拓性素质主要应是人的综合素质的全面提高。开拓性素质体现为人的知识、能力和优良品质等素养的总和，而创业则是一种需要这些素养的艰辛的探索性劳动。正因为如此，创业教育有别于单纯的知识教育、能力培养和思想教育，而是一种基于综合素质培养的开拓性素质的发掘与提升。为此，高校创业教育的开展就要着眼于对人的综合素质的培养。具体来说，就是要强调对大学生的各种潜能的发掘，注重激发和调动他们积极进取、自觉追求、勇于探索的创造意识和创造精神，注重对他们优秀的心理品质、积极健康的思想情感和高尚的精神境界的培养。而不是急功近利，只是开设几门与创业有关的课程。

（二）创业教育是融入高校整个人才培养体系中的教育

高校开展创业教育，培养具有开拓性素质的人才，就必须贯穿于高校整个人才培养的体系框架中并以此为载体，必须紧紧围绕人才培养的基本要义来进行，否则创业教育就会成为无源之水、无本之木，就会迷失方向，最终为创业教育所做的努力也会付之东流。也就是说，创业教育绝不是临时添加在高校身上的政治任务，也不是高校面对大学生就业压力而做出的无奈的、被动的选择，而是高校基于时代发展需要与学生个人发展需求而做出的人才培养观念与模式的转变。高校应该把创业教育作为高校人才培养体系中的一个有机组成部分，即把创业教育融入自身的教育教学过程之中。如在创业课程的设置方面，除了有针对性地设置一些跟创业有关的课程之外，更重要的是挖掘学生所修专业应有的创新性、创造性教育内容，在专业教学中融入或渗透有关创业教育的理念，启发大学生将创业与所学专业有机结合起来，并引导大学生基于自身的专业知识背景去寻找创业途径和机会。

二　高校创业教育的逻辑

高校创业教育的逻辑实际上是高校创业教育本质的具体化，是"培养具有开拓性素质的人才"这一本质要求的实现轨迹和路径依赖，也是事关高校在思考和践行创业教育时的出发点和落脚点的问题。高校在开展创业教育时，必须按照高校创业教育的本质要求，在思想上厘清创业教育的逻辑顺序，否则就会本末倒置，降低创业教育的实践成效。

（一）"现实的人"：高校创业教育的逻辑起点

高校创业教育的对象——大学生就是"现实的人"，他们不是抽象化、知性化的存在，而是各方面因素"整合"起来的现实整体，是以具体的形象呈现在我们面前的。这主要体现在三个方面：其一，他们是各种内外因交互作用或影响的结果，是自然人与社会人的综合体；其二，他们是一定品质、知识、能力等素质的综合体，他们的发展是其个人综合素质的全面提高；其三，他们的任何行为都是其个人作为活动主体，在具体的、特定的实践情境中全身心地投入，做出判断、选择与践行的过程。

近年来，在思考和践行创业教育时往往是"见物不见人"，注重的是创业教育的产出和结果，如创业教育可以缓解大学生就业问题、促进经济增长和社会和谐等。这种逻辑上的倒置在高校创业教育实践中体现为急功近利办创业教育，把创业教育办成商业教育、企业家培训班，把创业教育看成培养"大学生老板、企业家"，仅仅以大学生毕业后从事创业人数的多少作为衡量高校创业教育成效的标准，而忽视的恰恰是对人的培养。为此，高校在思考和践行创业教育时，应该以创业教育的本质为基点，以促进大学生的开拓性素质培养为创业教育的逻辑起点。而要做到这一点，首要的是，站在"如何促进人的发展"这一起点上，以人为本，研究大学生这一高校创业教育的教育对象，力争对他们作为一种"现实的人"的本质属性有一个完整的认知。如要了解大学生已拥有的社会资源条件、家庭背景、现有知识水平、能力水平、所具有的个性，洞察他们的发展需求，等等。在此基础上，高校创业教育的开展才能有的放矢，才能有所作为。

（二）"发展的人"：高校创业教育的逻辑终点

高校创业教育的逻辑终点其实就是创业教育这一逻辑过程的结果。高校创业教育"培养具有开拓性素质的人才"这一本质要求，并不是为了"开拓性素质"而培养"开拓性素质"，而是看其所培养的这些素质能否促进大学生现在以及未来的发展。也就是说，衡量高校创业教育的成效，就是看高校能不能通过自己的教育，把大学生由"现实的人"转化为有发展潜力的人，即"发展的人"。基于高校创业教育的本质，大学生这种"发展的人"主要体现在以下几个方面。

第一，是生存与发展相统一的"发展的人"。个人的生存是发展的前提、基础和推动力，没有基本的生存保证，个人的发展也就无从谈起。但是人只有不断发展，才能更好地生存。所以，生存与发展是个人生命活动不可分割的两个方面，生存是发展着的生存，而发展是生存的历史延续和超越。因此，从这个意义上讲，个人发展的根本要义是创造最适宜自身生存的环境和条件，从而不断提高自身的生存质量。对高校创业教育来说，就是不能好高骛远，把目光紧盯在"培养大学生老板、企业家"身上，而是要面向全体大学生，首要的是培养他们在激烈的市场环境和强竞争力的社会中有自谋职业、自食其力的生存能力，在此基础上培养他们谋取进一步发展所需的素质。

第二，是一种"适应"基础上的"发展的人"。"现实的人"要想获取发展，就要考虑社会现实条件并受到其一定程度的制约。一方面，创业教育强调培养的人才要适应时代的发展潮流以及当时社会发展的形势。创业教育发挥功能的过程，正是高校保持开放，随着社会条件、局势的变化相应地调整内容和方式的过程。对大学生来说，则是不断自我更新、改造，以适应社会需要和发展的过程，也是不断提升自身社会适应性的过程。创业教育要求大学生在规划其发展道路时，结合自身条件，并善于整合自己所能利用的一切人、物、钱、时间、信息等资源，主动迎合社会发展的需要，在"适应"中创造价值，实现自己的人生理想。另一方面，创业教育绝不是教育学生被动地、单纯地适应社会，而是教育学生能够在适应社会的同时，把握主动，面向未来的"发展"。就是培养学生在已有发展的基础上不墨守成规、敢为人先、勇于为先、勇于进取的创造意识、精神和能力。换言之，高校培养的人才，不仅要满足个人的现实生活需要和社会需要，而且要有不断满足"明天的需要"的潜力，只有这样，才是符合高校创业教育的本质要求的。

第三，是推动社会整体发展的"发展的人"。个人的发展是首要的、基础性的，是一切发展的基础，可以促进社会的发展。对高校创业教育来说，大学生作为"现实的人"，一定要有其自身的发展，其个人的发展需求也必须予以确认并得到观照。这是因为，大学生的个人发展需求满足了，社会才能有发展的根基。但在近几年我国高校的创业教育中，坚持"创业教育满足社会发展的现实需要和促进人的发展"两者之间的辩证统一，在实践中却演变成了"社会发展需要包括人的发展需要，人的发展需要服从于社会发展需要"。这显然是对马克思主义关于人的全面发展学说的误读。为此，高校创业教育要立足于大学生个人的发展需要，而个人发展需要的满足则又可成为满足社会需要、推动社会进步的源泉。

人的本性在于渴求发展，发展需求是人的一种本质要求。[①] 目前，我国高校在开展创业教育时过多地因应社会政治和经济的需要，人的发展的实现也过多地依赖于特定机构的"认证"。这种做法不仅违背了高校创业教育的本质，也最终与人才培养的规律与现实社会的要求相背离。为此，高校创业教育必须创设一定的外部环境条件，培养大学生未来开拓事业所需的素质，使他们最终成为有发展潜力的"发展的人"，而这又恰恰是目前个人生存发展、社会经济结构调整和知识经济时代所迫切需要的。

（三）"开拓性素质培养"：高校创业教育的逻辑节点

高校创业教育要实现从"现实的人"到"发展的人"的转变，从而体

---

① 陈太福：《从"理性经济人"到人的全面发展——马克思主义理论中的一个根本观点》，《改革与战略》2000 年第 2 期。

现高校创业教育本质的要求，就必须在思想上为其运行逻辑的起点与终点确定一个"联结"，这个"联结"就是高校创业教育的逻辑节点。基于高校创业教育的本质，这个联结起点与终点的逻辑节点其实就是不断培养学生现在或未来开拓事业所需的素质，即开拓性素质。只有高校所培养的人才具备了这一素质，才能促使他们不断地由"现实的人"向"发展的人"转变。

开拓性素质的培养不能自发地在高校创业教育的运行逻辑链条中生成，而必须处在高校整个人才培养体系中并细化为具体的实施框架。这一实施框架依照本书的理解，可以由四个环节组成，分别是感性发动、知识传授、实训模拟和政策辅助。这四个环节相互连接、相互促进，形成相辅相成的合力，共同聚焦于创业教育的逻辑节点——开拓性素质培养。以上这种时间上延续和逻辑上递进的高校创业教育实现框架，往复循环，不断"生成"大学生的开拓型素质，从而促使大学生不断从"现实的人"转变为"发展的人"。

第三节　高校创业教育的人才培养功能[①]

如本章第一节所述，创业教育的本质是培养人的开拓性素质，其功能的体现，自然也就是人的这种素质能否通过创业教育的开展来实现。创业教育的功能就是养成或形成学生的开拓性素质，而开拓性素质又是人才培养质量的核心要素，代表着学校人才培养质量的高低。基于此，本书认为，要论述创业教育的功能，实质上就是分析创业教育与人才培养的关系、创业教育是如何提升人才培养质量的及其具体表现。本节就以高校这一实施创业教育的主体为例，分别从这三个方面论述这一问题。

---

① 本节内容主要来自黄兆信所著的《众创时代大学生创业教育研究》，中国社会科学出版社2016年版及罗志敏主要负责完成的书稿《大学与创业教育》第一篇的部分内容，该书主编为薛明扬，高等教育出版社2013年版。

一 创业教育与人才培养

高校开展创业教育，必须贯穿于大学整个人才培养的体系结构中并以此为载体，必须紧紧围绕人才培养的基本要义来进行。否则创业教育就会成为无源之水、无本之木，就会迷失方向，最终，为创业教育所做的努力也会付之东流。从这个意义上讲，高校创业教育与人才培养既有内在的高度统一性，又有外在的关联性。

（一）创业教育与人才培养具有内在统一性

"人才是指具有一定的专业知识或专门技能，进行创造性劳动并对社会作出贡献的人，是人力资源中能力和素质较高的劳动者。"① 而人才培养就是通过教育或培训，使潜在的人才转变成现实的人才的过程。

人才培养是学校办学的中心工作，关系到"培养成什么样的人"以及"如何培养人"的问题，不同的历史发展时期、不同的国家甚或不同的培养机构，对这一问题的看法是不同的，一般有自己解决问题的独特思路。就现阶段我国的高校来说，人才培养主要是面向全体大学生，全面提高大学生的基本素质。这些基本素质包括能使大学生现在和将来会学习、会应用、会创造、会共同生活所需的知识和个性品质。从这个意义上讲，人才培养就是对大学生的素质的培养，人才培养过程就是形成大学生综合素质的过程。

创业教育是在传统工资性就业岗位不能满足人们就业需要、知识经济的发展不断对人们的素质提出新要求、失业问题日益严重的情况下提出的。高校创业教育就是要培育大学生现在或将来创业所需的基本素质，包括有关创业的知识以及学生的首创、冒险精神、创业能力、独立工作能力以及技术、社交和管理技能等。从这个意义上讲，高校的创业教育也是对大学生素质的培养，创业教育过程就是形成大学生综合素质的过程。

从以上分析来看，高校创业教育及人才培养主体是高校，对象是大学

---

① 《国家中长期人才发展规划纲要（2010—2020年）》，2010年6月6日，新华网，http://www.gov.cn/jrzg/2010-06/06/content_ 1621777.htm。

生，目标是培养大学生现在以及未来生活所需的基本素质。也就说，两者主体同一、目标同向、内容同质、功能同效、殊途同归，具有内在的统一性。为此，高校在人才培养过程中，必须加强对当代大学生的创新意识、创业精神和创业能力的培养，使其在竞争日益激烈的就业市场中不仅能够自谋职业、灵活就业，并且能够积极自主创业，创造出新的工作岗位。

（二）创业教育与人才培养具有外在关联性

高校创业教育是人才培养体系中的重要组成部分，是高校人才培养工作开展的深入和具体化，是建立在素质教育基础上的新型人才培养模式。但高校创业教育作为一个在当时社会形势下形成的教育理念，自然具有它独特的理论内涵和意义边界。从这个意义上讲，高校的创业教育与人才培养还具有一定的外在关联性。

第一，目的与手段的关系。创业教育是手段，人才培养是目的。高校人才培养的根本目的是提升大学生的综合素质，而创业需要具有综合素质，特别是高素质的人才。高校创业教育要想取得成效，必须通过一系列途径和措施，使这些综合素质灌注在所培养的大学生身上，以达到培养创业型人才的目标。所以，人才培养是高校实施创业教育的最终目的，而创业教育则是高校为实现人才培养目标在动态、复杂环境下具体实施的手段或方法。

第二，整体与部分的关系。人才培养是整体，创业教育是人才培养的一部分。高校的人才培养以培养大学生的综合素养为目标，是国民教育的最终目标，是提升国家竞争力的重要途径。高校人才培养的性质和战略地位已经提高到国家实施科教兴国和可持续发展的战略高度。而创业教育只是高校人才培养体系中的一部分，人才培养应该由众多内容和形式构成。从这个角度来讲，创业教育必须服务于高校人才培养的整体目标，即以培养大学生的综合素养为根本目标，这也是评价高校创业教育绩效的重要参考标准之一。与此同时，开展创业教育又是当下社会环境下高校人才培养的重点与核心。

以上对创业教育与人才培养二者之间的内、外在关系分析，给本书的一个重要启示就是，对以培养人才为第一办学要务的高校来讲，创业教育绝不是一个添加在高校身上的临时任务（add-on activity），而是高校人才培养的题中应有之义。高校开展创业教育,必须贯穿于大学整个人才培养的体系结构中并以此为载体,使创业教育与人才培养相协调、相统一,即必须紧紧围绕人才培养的基本要义来进行。否则创业教育就会成为无源之水,无本之木,就会迷失方向,最终为创业教育所做的努力也会付之东流。与此同时,创业教育在高校人才培养过程中的融入和有效开展,也给高校转变人才培养模式、提升人才培养质量提供了一个难得的契机。

二 创业教育与人才培养质量

"高等教育发展进入大众化阶段以后,如果质量不能得到社会的基本认可,高等学校所授予的资格和技术不能满足社会的要求时,社会将拒绝制度化教育所产生的成果。"[①] 因此,"大众化过程中和大众化之后,随着数量的扩张,教育质量是高等教育自身发展十分关键的,也是社会各界最为关注的问题"[②]。而创业教育作为新形势下教育界中一个国际化理念和趋势,它注重给受教育对象带来知识、观念以及经历上的变化,必将带来人们对"教育内在价值的关注"[③],带动人们对高校人才培养质量的新审视,也有利于彻底革除传统人才培养中的诸多弊端,推动和引导我国高校人才培养质量的提升。

第一,创业教育使人才培养质量由抽象的学科知识走向可以看得见的经济效益。科学知识被人掌握,并恰当地运用于社会实践,就会物化为实实在在的生产力。创业教育就是一种实用化的素质教育,它通过培养大批具有创新精神和创造能力的人才,运用他们掌握的知识和技术开创自己的事业,直接提高了科学知识向生产实践的转化率。因此,从这个意义上来讲,创业教育是一种新的生产力。美国的斯坦福大学就是一个很好的例证。创新教育虽然是20世纪七八十年代才提出的一个新的教育理念,但斯坦福大学却在一百多年前就有过很成功的实践。斯坦福大学从创建之初就

---

① 联合国教科文组织:《21世纪高等教育展望和行动》,《世界高等教育会议资料》1998年第5—9卷。

② A. Smith, F. Webster, *The Postmodem University Contest Visions of Higher Education in Society*, Buckingham University Press, 1997, p. 36.

③ Lomas Laurie, "Does the Development of Mass Education Necessarily Mean the End of Quality", *Quality in Higher Education*, No. 9, 2002, pp. 71 – 79.

确立了其独有的"实用教育"理念。"实用教育"往往被误认为是资本主义式的"功利教育"而遭受批判。其实，在今天看来，斯坦福大学的"实用教育"实际上就是一种创业教育。正是这种在传统中创新的"实用"与"高尚"有机结合的"实用教育"理念，指引着斯坦福大学走出了自己独特的人才培养之路，使斯坦福大学一方面摆脱了旧的教派学院与新兴工农学院的缺点，另一方面克服了通俗实用主义的急功近利。

第二，创业教育使衡量人才标准的"人才培养质量"变得更加具体而实在。为了改变我国传统高等教育在人才培养中的弊端，也使人才培养的质量有一个可以衡量的标准，20世纪末以来，我国教育界经过了几次大的反思和探索，相继提出了素质教育、创新教育这些具有革命性的教育思想。素质教育、创新教育思想的提出及实践，可以说为我国各个层次、类别的教育进行了一次洗礼，促进了各教育机构的改革以及人才培养观念的变革。但是近些年的教育实践表明，素质教育、创新教育在办学实践中却遇到了诸多障碍，如"升学"与"就业"的矛盾，"创新"与"实践"的矛盾等，其"带来以人才培养质量为核心的办学质量的提高"也并没有在全民中取得共识。原因虽很复杂，但有一点是不可否认的，被认为内涵丰富的素质教育、创新教育理念，也带来了概念上的抽象、理解上的混乱以及人们在实践中的无所适从。而创业教育从某种角度来讲也可以说是一种生存教育，它让学生了解和学会创业必备的知识和能力，培育他们一种新的、积极的人生态度，并且引导他们去开拓一种新的生存理念和生存模式来改变原有的生活方式，以提高自身可持续的生存能力。

事实上，创业教育与素质教育、创新教育这三者在内容和本质上是相通的。素质教育是以提高学生的多方面素质、促进学生全面发展为宗旨的教育，创新教育是以培养学生创新精神和创新能力为基本价值取向的教育，而创业教育则是培养学生创业精神、提高其开拓能力的教育。从这个意义上讲，创业教育与素质教育、创新教育的目标取向是一致的，都是要培养具有某种素质和实践能力的人。虽然素质教育、创新教育是创业教育的基础，但创业教育却融入了素质教育、创新教育的要求，是素质教育、创新教育进一步的延伸和实用化，素质教育、创新教育的质量可以通过创业教育的质量来衡量。

第三，创业教育使人才培养质量变得更具现实针对性。高校人才培养质量的实现是培养目标和培养过程的统一。站在高校的角度，就是要培养国家、社会所需要的人才，而创业教育的提出则使这一目标更加明确具体。高校创业教育根据人才培养目标和计划，有针对性地创设、组织和开展具体的、实践的教育活动，由大学生根据自身的创业兴趣以及为实现创业所具备的素质主动参与这些活动。其目的就是通过这些活动来帮助大学生树立正确的人生观、价值观，掌握将来开拓事业所需的知识和能力。

与此同时，在这种具体化、现实化的创业教育实践活动中，使人才培养这一高校办学中心任务的开展更加具体现实，并在这些具体现实的实践活动过程中使人才培养质量更具现实针对性。此外，高校通过为大学生提供丰富多彩、真实有力的教育内容（如创业典型教育），为大学生个性的绽放、潜能的激发提供了实现的条件和契机。其目标不仅仅是使大学生能谋取一份职业或是创建一份事业，更重要的是，培养他们善于理性思考、敢为人先、勇于承担责任、追求卓越等稳定而积极的心理品质。而这些，正是创业教育提升高校人才培养质量具体而生动的体现。

第四，创业教育促进人才培养质量由单一走向多元。创业教育理念的提出及其在我国高校人才培养过程中的实践，必将为高校多元化、灵活化的人才培养模式改革提供价值依据，从而促进高校人才培养质量由单一走向多元。一是创业教育突破了单一教育模式所带来的人才培养质量的片面性。创业教育的实践，将带动素质教育、职业生涯教育、终身教育、创新教育等不同教育理念和形式的有效整合。这种整合在一定程度上突破了现实教育的单一片面性，从各自不同的角度深化与发展了人的素质培养问题。为人才培养质量的多元化提供了重要的保障。二是创业教育带来了人才培养质量评价的多元化。人才培养质量评价的多元化表现为其评价目标及方式的多层次和多形式，从而促进高校的人才培养工作与多元化市场的有机结合，促进大学生个性的张扬和潜能的发挥，进而促进人才培养质量的多层次、多形式提高。因为在创业教育看来，不管是研究型大学培养的大学生还是一般本科院校培养的大学生，抑或是高职高专培养的大学生，只要他们具有未来开拓事业所需要的意识、精神品质和能力，那么这所高校的人才培养质量就是合格的、就是高的。

总之，作为一种国际化的教育理念和教育发展趋势，创业教育顺应了时代发展的需求以及国家战略经济结构调整和个人发展的需要，它不仅反映了人们对教育本质及其人才培养规律认识的不断深化，而且必将带动高校人才培养质量及其标准及观念向更加积极的方向转变。这种转变将有利于革除传统人才培养中的诸多弊端，推动和引导我国高校人才培养质量迈上一个新台阶。

三 创业教育的人才培养质量体现

质量是一个非常抽象的概念，它必须针对社会现实中的某一具体的人或物，在实践的对比中才能得到完整而清晰的体现。站在高校人才培养的对象——大学生的角度，本书通过对比我国高校办学实践过程中经历过的"就业教育"式的人才培养模式和"择业教育"式的人才培养模式，认为创业教育对高校人才培养质量的提升主要表现在以下三个方面：一是提升了大学生的主体性，二是提升了大学生的需求层次，三是提升了大学生的人力资本量。

（一）提升了大学生的主体性

主体性是人的本质属性，也是社会发展进步的原动力，人创新创造的内在潜质就存在于人的主体性当中。只有当人的主体性得到充分发挥时，知识才能在运动中发挥创造性的巨大能量。创业教育在高校人才培养过程中的实践，则无疑进一步地提升了大学生的主体性。

从20世纪50年代一直到90年代，我国一直实行"统包统分"的大学毕业生就业政策。这种就业政策及其所形成的就业环境，使高校在办学实践上采取了与国家计划对接的"就业教育"式的人才培养模式。这种人才培养模式以满足国家需要为目的，以知识为本位，把教学锁定在体系化的学科知识单向传授上。这种类似于"订单式"的人才培养模式，不可避免地将学校的培养目标、课程设置、教学内容局限在"订单"的范围之内，高校成了工作岗位适应性的培训场。在这种人才培养模式下，人才培养质量体现为一种消极的、被动适应性的"角色"安排，大学生个人的主体性很难发挥出来，创造、创新性素质培养更是无从谈起。

"就业教育"式的人才培养模式在1994年国家就业制度改革、1999年高校"大扩招"以及21世纪伊始形成的日趋严重的就业压力中受到挑战，引发了人们对素质教育的呼唤。于是，高校"就业教育"式的人才培养模式逐渐让位于突出个体自主选择性的"择业教育"式的人才培养模式。在"择业教育"式的人才培养模式下，高校开始重视给大学生提供一个有较大选择空间的知识体系，培养学生在就业岗位稀缺的条件下，如何根据自身的优势与特点，进行自主性岗位的选择与竞争。虽然这个时期的高等教育仍然受到"就业教育"式的人才培养模式带来的不良影响，但"择业教育"式的人才培养模式可以说是增强了大学生自我选择的主体意识，有力地实践了素质教育的理念，自然也提升了人才培养的质量。

但是，不管是"就业教育"式的人才培养模式还是"择业教育"式的人才培养模式，其成立的一个逻辑前提都是"有业可就"。但随着国家经济结构的转型以及高等教育受教育人数的持续增加，"有业可就"这一逻辑前提不再成立，高校又到了转换人才培养模式的时候了。

创业教育的引入及其在我国高校人才培养过程中的实践，正是回应了时代的这一需求。创业教育与素质教育、创新教育一样，实质上都是以人为本的教育观。创业教育注重大学生传统知识结构的改善和创新、创造品质与能力的培养，开发个人的智慧潜能，并主动创造自己的新事业来赢得社会认可。在创业教育中，人的主体性是贯穿于始终的一种内在尺度。创业教育突出了大学生在教育活动中的主体地位，最大限度地激发大学生的积极性、能动性和创造性，培养大学生对知识、问题主动思考的质疑态度和批判精神，并运用所学的知识，解决实际问题，使大学生掌握创业规律和特点，以及创业者所具有的基本素质，使其将来能更好地立足社会，创新创业。也就是说，高校创业教育所生成的文化底蕴旨在倡导大学生在物质财富的基础上追求富有个性的生活方式和精神的充实感，这不仅能使大学生自觉地把握自身，而且能自由地把握认识对象。

但需要强调的是，创业教育是实践主体（大学生）在社会生活和社会实践过程中自主进行的、具有较强独立性和超前性质的、为塑造自己新的行为模式以适应今天和未来社会发展的学习活动。从这个意义上讲，创业教育具有十分强烈的自主意识和超前特征，进一步提升了大学生个人的主体性。正如恩格斯所预言的那样:"人终于成为自己的社会结合的主人,从而也就成为自然界的主人,成为自身的主人——自由的人。"①

(二) 提升了大学生的需求层次

"渴望自己的潜能能够得到充分的发挥,希望自己越来越成为所希望的人物,完成与自己能力相称的一切行动。"② 这是美国心理学家马斯洛(Abraham H. Maslow,1908—1970)对人的最高层次需要——"自我实现需要"(self-actualization need)的精彩描述。创业教育就是能激发人的潜能、帮助人成为所希望的人的教育。换句话说,创业教育在高校人才培养过程的成功实践,必将带来大学生需求层次的提升。

在"就业教育"式的人才培养模式下,高校的整个教育过程都围绕胜任"等待着的"就业岗位所需要的知识、能力、素质来组织和实施,其终极目标是实现毕业生与就业岗位一一对应的"填充性"匹配。在这种教育环境下"熏陶"出的大学生把毕业后初次就业看作一生的选择,把就业岗位看作社会地位和荣誉的体现。也就是说,他们把自身需要的层次限定在特定的就业岗位上,满足于对局部生产资料的固定性、排他性的占有和使用,这自然容易造成人的惰性和依赖心理,影响了人的创造力的发挥和创新精神的培养。

诞生于社会经济市场环境下的"择业教育"式的人才培养模式则在一定程度上提升了大学生的需求层次。这种人才培养模式推动了我国高校教学、科研、社会服务等环节的改革,提高了大学生的自主意识和竞争意识,很多大学生已不再满足于"有业可就",而开始追求能够促其发展成才的工作环境、工作条件和工作报酬。

这种人才培养模式相比"就业教育"式的人才培养模式来说是一次大的进步,但也存在一些难以克服的缺陷。如"就业率的高低"成为衡量高校办学质量的硬指标,其教育教学工作围绕如何提高"就业率"展开,当时很多大学毕业生抱怨自己"被就业"就是一个很好的例证。在这种人才

---

① 《马克思恩格斯选集》第三卷,人民出版社1995年版,第760页。
② 《心理学基础》,教育科学出版社2007年版,第58页。

培养模式下，衡量人才培养质量的标准依然侧重于评价教学传授知识的专业性和实用性，个人需求的层次往往限于满足"求生"的现实需要，而无暇顾及个人"乐生"的未来需要。"评判大学教学质量，不仅看它向学生传授科学知识和各种技能，更应该评判其帮助学生不断自我实现的成效，促使其将促进学生的发展作为最高目的。"① 而"浓于生存，淡于发展"的"择业教育"式的人才培养模式显然忽视了这一点。

与知识经济、创新型社会相适应的创业教育理念的提出，不仅可以提高高校的人才培养质量，可以说为大学生个人需求层次的进一步提升带来了希望。早在20世纪30年代，教育家陶行知就主张"行动"是教育的开始，"创造"是教育的完成，并提出"人生志在创业"的口号。② 学者高恒天也坚定地认为，"唯有创造才能体现人的本质力量，也唯有创造才能给精神以最高享受"。③ 创业教育就是培养人生志在创业的教育，就是构建合理人生的教育，或者说是提高人生质量的教育。一方面，创业教育是一种潜能教育。马斯洛认为，一种潜能即一种价值。潜能的实现即价值的实现。高校创业教育的目的就是要激发大学生的潜能。个人潜能的发挥，是人的最高需要，是个人价值实现的最高境界。另一方面，创业教育是一种超越教育。人的幸福来自对自身的不断超越。"幸福在某种程度上也是一种超越，人的内在尺度与人的本质力量决定了人类那些已经获得的幸福很快成为背景而消失在人们的视野之外……人类必须超越已有的幸福才能获得当下以及将来的幸福，超越已经有的幸福才能有新的可持续的幸福感。"④

总之，以创业教育为理念指导的高校人才培养模式让教育复归其本真的一面，秉持"符合人的近期需求"与"促进人的发展"相结合的质量观，强调对大学生潜能的发掘，注重对大学生多次选择与适应能力的培养，引导大学生对自我发展的价值认同，把创造"明天的现实"当作教育的最高目的。这些必然会驱使大学生个人价值的自我实现。

---

① 郑家茂：《适应与发展：建构多维视角下的当代本科人才培养质量观》，《中国大学教学》2008年第6期。
② 《陶行知全集》第5卷，四川教育出版社2005年版，第949页。
③ 高恒天：《道德与人的幸福》，中国社会科学出版社2004年版，第60页。
④ 同上。

(三) 提升大学生的人力资本量

按照贝克尔和舒尔茨的论述,人力资本(human capital)就是指体现在个人身上的资本,具体表现为个人所拥有的知识、能力及其所表现出来的品质等。教育是人力资本形成的重要途径。人力资本具有生产能力和配置能力,它不仅会给拥有者带来经济上的回报,而且会带来整个社会经济的增长。[①]

从人力资本理论的角度看,创业就是指在一定的外部环境下,个人首先积累一定量的人力资本以获得"创业者资格",之后通过资本市场和产品市场以实现自身人力资本价值的综合过程。从这个意义上讲,个人的人力资本量应至少包括两个方面:一是人力资本存量,表现为个人所拥有的知识、能力和品质;二是人力资本价值,表现为个人的收益和整个社会的经济增长。一般来讲,人力资本存量是人力资本价值实现的基础。在一定的内在、外在条件下,个人的人力资本存量越大,个人的人力资本所体现的价值就越大。

相对于其他社会群体,受过集中、正规高等教育的大学生是一个拥有较高人力资本存量的群体。创业教育在高校人才培养的成功实践,则可以在已有的基础上增加个人的人力资本存量。因为在人力资本理论看来,当出现有利的机会时,人力资本存量高的个人能先觉察到。那么,本书也可以由此认为,在创业过程中,人力资本存量相对较高的个人能更好地把握市场上的创业机会并获得成功。如国外学者就整合创业过程方法与社会系统方法后形成的理论模型,推导出创业就是一个识别机会(opportunity recognition)、为机会做准备(opportunity preparation)、进而实现机会(opportunity exploitation)的过程。[②]

[①] 参见[美]西奥多·W. 舒尔茨《论人力资本投资》,吴珠华等译,北京经济学院出版社1990年版,第22页;[美]加里·S. 贝克尔《人力资本》,陈耿宣等译,北京大学出版社1987年版,第1页。

[②] Veen, M., van der, Wakkee, I., "Understanding the entrepreneurial process, Arpent, Brussels", *European Foundation for Management Development*, Vol. 2, 2004, pp. 114–152; Groen, A. J., "Knowledge intensive entrepreneurship in networks: towards a multi-level, multi-dimensional approach", *Journal of Enterprising Culture*, No. 13, 2005, pp. 69–88.

尽管个人所拥有的一些先天性特质有助于他们成为创业者,但是个人要想成为创业者必须进行必要的人力资本积累。

对未进入社会职业市场的在校大学生来说,其人力资本实际上还是潜在的,主要表现为大学生通过学习和经验积累所具备的知识、能力和品质。而知识、能力和品质在人力资本理论看来,可以帮助个人提高认知能力,从而帮助个人更好地提高生产性行为的效率。创业教育就是通过给大学生装备合理的知识结构、锤炼过硬的能力以及培育优良的品质来达到提升其个人人力资本存量的目的。

在"就业教育"式的人才培养模式下,大学生知识结构单一,缺乏与经济社会紧密接轨的能力与品质,其自身的人力资本存量自然也不高。更重要的是,在"温室"中成长的他们往往缺乏进一步提升自身人力资本存量的动力,更缺乏提升自身人力资本存量以及实现人力资本价值的潜力。"择业教育"式的人才培养模式虽然提高了大学生个人的潜在人力资本存量,但其人力资本的价值量却难以提高。从人力资本角度来看,大学生作为富含人力资本群体,其人力资本的价值主要体现在单个个体所拥有的知识和技能的发挥程度上。由于大学生"择业"仍然属于"工资性就业",有时在激烈的择业竞争中会"自降身价"去挤占对人力资本存量要求低的工作岗位,甚至"被就业",其个人经济价值的体现也就很容易转化成短视的、急功近利的活动,同时也丧失了其对个人和社会的引领作用。

以上说明,在我国高等教育的办学实践中,不论是"就业教育"式的还是"择业教育"式的人才培养模式,其对大学生人力资本的贡献都不大。而创业教育的价值就是教育人不再满足于选择到一个适合的工作岗位,而是要根据自身个性特点、兴趣爱好、知识结构和能力素质,不拘于当前资源条件去识别、利用和开发机会,到社会创业并创造价值。如印度管理学院为了在校内培育创业文化,所提的口号就是"追逐你的梦想,而不是一份工作"。① 总之,创业教育会促使大学生主动把个人发展与社会需要紧密结合起来,积极培育自己的"后发优势",这不仅会增

---

① [印度]阿莎·古达:《建立创业型大学:印度的回应》,《教育发展研究》2007年第11期。

加个人的人力资本存量,而且会以此为媒介促使个人资本价值的实现。

第四节　高校创业教育中的岗位创业人培养①

"大众创业、万众创新"的时代背景,对大学生创新创业所具备能力的要求达到前所未有的高度。联合国教科文组织对创业教育有这样的阐述:培养具有开创性的个人,它对于拿薪水的人同样重要。因为用人机构或个人除了要求雇佣者在事业上有所成就以外,正在越来越重视受雇者的首创、冒险精神,创业和独立工作能力以及技术、社交和管理技能②。可见,创业教育既要培养自主创业的人才,又要培养选择岗位就业的创业创新人才。为此,高校培养以岗位创业为特质的人才,既是高校落实国家创新驱动发展战略、服务创新型国家建设的重要途径,也是高校创业教育发展的新趋势。

一　岗位创业与岗位创业人才

（一）创业与岗位创业

创业分为自主创业和岗位创业,相应地,创业人才也分为自主创业人才和岗位创业人才。相对于自主创业者,内创业者拥有独具特色的创业环境,一般具备一定的创新精神、自主工作和持续学习的能力、相关岗位的专业特长以及强烈的成就动机③。这些被称为"内创业"的,即指"岗位创业"。在诸多研究文献中,类似概念还有"公司创业"等。基于高校创业教育视角,"岗位创业"一词更能明确体现创业教育的目标取向④。

---

① 屠霁霞、王中对、谢志远:《高校岗位创业型创新人才培养的研究》,《黑龙江高教研究》2018年第4期。
② 黄兆信、王志强:《地方高校创业教育转型发展研究》,浙江大学出版社2013年版,第125页。
③ 黄兆信等:《内创业者及其特质对我国高校创业教育的启示》,《高等教育研究》2011年第9期。
④ 黄兆信等:《以岗位创业为导向:高校创业教育转型发展的战略选择》,《教育研究》2012年第12期。

（二）岗位创业人才

对创新型创业人才与创业型创新人才来说，创新型创业人才首先是创业人才，具备作为一般意义的创业者的共同特点。这类创业人才深谙和善于创新，即通过创新来实现不同于一般意义上的创业者。创业型创新人才可以从三个方面来认识：一是这类人才属于创新人才，是创新人才的重要组成部分，这是前提；二是这类人才具有创业意愿、创业意识和创业能力，这是与一般创业人才的根本区别；三是创业型创新人才以推动科研成果（创意）商业化价值实现为基本特征，主要行为包括组织相关要素和资源、提供创新产品和创新服务等①。

至于岗位创业人才，它是在阐述创业、岗位创业等概念的基础上形成的一个复合性概念。岗位创业型创新人才可以从三个方面来理解。第一，岗位创业型创新人才属于创业型的创新人才。纳德逊（Knudson）等认为，创业型创新者是熟练的创新者，同时也是创业者，先考虑创新再考虑创业。第二，岗位创业型创新人才，具备一定的创新意识、创业精神、创新创业能力和岗位相关的专业特长、持续学习的能力以及强烈的成就动机。第三，岗位创业型创新人才主要是在现存企业中发挥自己的创新创业能力，促成企业新事物产生，从而使企业获得利益的人才②。

二 高校培养岗位创业人才的必要性

（一）创新型国家建设需要一大批岗位创业人才

党的十八大以来，我国实施创新驱动发展战略，并于2015年3月颁布《中共中央 国务院关于深化体制机制改革加快实施创新驱动发展战略的若干意见》，创新人才培养已经成为国家对高等教育改革发展的迫切期待，这种期待包含国家急切改变"高等教育培养拔尖创新人才能力不足，高等教育与经济社会文化发展结合不够紧密，学生创新精神、创业意识和创新

---

① 谢志远：《高职院校培养新技术应用创业型创新人才的研究》，《教育研究》2016年第11期。
② 同上。

创业能力薄弱"的强烈愿望①。我国对高等教育的需要比以往任何时候都更加迫切，对科学知识和卓越人才的渴望比以往任何时候都更加强烈。我国高校如何落实国家创新驱动发展战略，服务创新型国家建设，进一步深化创业教育，走出创业教育的片面认识误区，实现创业教育功能最大化，是必然要做出回应的时代命题。

(二) 社会经济文化的发展需要一大批岗位创业人才

创新人才被看作社会经济发展最富活力和创造性的因素，是先进生产力和先进文化的代表，能否培养和造就出一大批创新人才，特别是高科技创新人才，事关国家的发展和民族的前途②。人力资本理论产生以后，人们认识到物力资本与人力资本的高度互补性，许多国家把创新人才培养纳入国家经济、社会发展战略目标，以及经济发展规划或计划。综观当今世界，国家综合国力的竞争，不管是经济、科技、军事等硬实力的竞争还是文化软实力的竞争，实际上是创新人才的竞争。中国走过的历程，中国人民和中华民族走过的历程，是中国共产党和中国人民用鲜血、汗水、泪水写就的，我们不会忘记落后挨打的教训。我国在全面建成小康社会、实现中华民族伟大复兴中国梦的历史进程中，比以往任何时候都更需要创新人才，特别是立足就业岗位的高科技创新人才，高校创新人才培养任重而道远。

(三) 岗位创业人才培养是高校创业教育的基本要义

高等教育不仅要传播知识、保存知识，还要发现知识、创造知识，营造一种氛围和环境，全面发挥每位学生的创造潜能和创造欲望。高校创业教育不仅要培养为数不多的自主创业者，还要培养一大批立足就业岗位创业的创新者。2012年，欧洲各国从创业意向、创业能力、个人就业能力、对经济社会的影响四个维度对创业教育所进行的调查表明，与没有接受过创业教育的被调查对象相比，接受过创业教育的学生完成学业后更容易找

---

① 薛成龙、卢彩晨、李端淼：《"十二五"期间高校创新创业教育的回顾与思考——基于〈高等教育第三方评估报告〉的分析》，《中国高教研究》2016年第2期。
② 余远富、陈景春：《试论创新人才培养与研究生教育体系改革》，《研究生教育研究》2013年第1期。

到满意的工作①。另有调查表明，大学生对创业教育的需求，只有 11.1% 的被调查对象是为了自己以后创办企业，而 77.8% 的被调查对象是为了提高综合素质，增强就业竞争力②。所以，高校要把创业教育深度融入专业教育，面向全体学生，围绕素质教育主题，创新人才培养模式，着力培养岗位创业人才。

概言之，大学生岗位创业是指大学毕业生在岗位工作的同时，利用自身专业技能知识以及所掌握的资源进行创新创业活动。对高校来讲，就是面向全体大学生，将创业教育理念与内容融入人才培养全过程，提升全体在校大学生的创新意识、创业精神和创业能力，其核心是培养区域经济社会发展需要的既懂专业又善创业的高素质复合型应用人才；对大学生来讲，就是在校期间结合所修专业培养"创业的心态、创新的思维"，毕业后不一定开公司、办企业，但可选择在工作岗位上创建事业。

---

① European Commission, "Effects and Impact of Entrepreneurship Programmes in Higher Education", *Brussels*, 2012（3）.

② 孙大雁：《创业教育：就业竞争力的助推器》，《文教资料》2008 年第 25 期。

第三章　大学生岗位创业教育的理论渊源

内创业理论、创新发展理论、社会资本理论和岗位创业教育有着密切的联系，每个理论对大学生岗位创业教育也提供了重要的启示，因此本章将分别从这三个理论视角进行剖析。

第一节　内创业理论与岗位创业教育

内创业理论的本质是研究如何在已有的组织内进行创业活动。岗位创业是指在岗位工作的同时，利用自身专业技能知识以及所掌握的资源进行创新创业活动。因此本部分通过分析内创业理论的内涵、特征和内创业者的特质以及如何养成策略，以期有助于更有效地进行大学生岗位创业教育活动。

一　内创业理论

在回答什么是内创业之前，需要先弄清什么是创业。"创业"是一个复杂的、多层面的概念，其内涵随着社会、经济、科学技术的发展而不断深化。自熊彼特（Schumpeter）于1934年提出创业概念以来，国内外众多学者从不同视角阐释了创业的内涵。他认为创业的过程就是创新的过程，而创新者就是创业者，创业者通过创新使自由市场经济的内在矛盾得以克服，从而促使经济得以增长。张健等指出：创业是一个跨越多个学科领域的复杂现象,不同学科都从其独特的研究视角进行观察和研究,这些学科包括经济学、心理学、社会学、人类学、管理学等,而在各个学科领域又衍生出不同的创业研究方向。[1] Kuratko 认为,创业是一个建立远景、制造变革和发挥创造性的动态过程,它要运用充沛的精力和饱满的激情,来把握和实施创意并创造性地解决问题。[2]

而内创业理论（intrapreneurship）最早是由美国学者 Pinchot 在其 1985 年出版的《创新者与企业革命》中提出的,其核心是研究如何在大的、已建立的组织内进行创业活动。该理论把内创业者定义为能够在现行公司体制内,发挥创业精神和革新能力,敢冒风险来促成公司新事物的产生,从而使公司获得利益的管理者。这里的管理者并不仅仅指企业创立者本人,更多的是指企业的中层管理人员,他们是企业革新的中坚力量。内创业理论一经提出,即在学术界引起广泛讨论,学者们对此有不同的界定。本书认为内创业内涵研究主要有三种不同的视角。

（一）资源论视角

有学者从资源约束的角度给出内创业的定义：Vesper 指出：内创业就是在企业内部打破常规约束,寻求机会做新的项目[3]；Stevenson 和 Jarillo 指出：内创业是指组织内部成员不顾当前控制的资源而去努力追求创业机会的过程。[4] 内创业是利用部分资源（往往是以前没有以适当方式使用的资源）来提高组织的经济性能。[5]

（二）创业精神视角

另有学者认为内创业是目标驱动下去创造新事物的过程,是公司创业

---

[1] 张健、姜彦福、林强：《创业理论研究与发展动态》,《经济学动态》2003 年第 5 期。
[2] Kuratko, D. F. & Hodgetts, R. M., *Entrepreneurship: Theory, Process, and Practice*, Mason, OH: South-Western College Publishers, 2004, p. 30.
[3] 转引自袁登华《内创业者及其培育》,《商业研究》2003 年第 12 期。
[4] Stevenson, H. H., Jarillo, J. C., "A Paradigm of Entrepreneurship: Entrepreneurial Management", *Strategy Management Journal*, No. 11, 1990, pp. 17 – 27.
[5] Maier, V., Zenovia, C. P., "Entrepreneurship Versus Intrapreneurship", *Review of International Comparative Management*, No. 12, 2011, pp. 971 – 976.

精神的一种体现①②。企业创业精神、企业冒险精神和企业内部创业精神等词语也常与内创业联系在一起。Antoncic 和 Hisrich（2001）将内创业定义为现有组织内的创业。③ 内创业取决于企业的创新环境。④

（三）内创业活动视角

国内有学者将内创业定义分为广义和狭义两种。广义内创业指企业内部的各种创造和创新活动。狭义内创业主要指新业务新产品的创造。⑤ 内创业是为了获得创新性的成果而得到组织授权和资源保证的创业活动。内创业是一个多维的现象，是个人、组织和环境的结合体，内创业有四个维度：风险创业、创新、自我变革、行动领先。⑥

内创业活动往往能激发企业内的创新活力，使企业具有高度竞争力。日本松下公司是实施内创业活动的典范。该公司自 2000 年起就开始建立员工创业的激励机制，拿出 100 亿日元成立"松下创业基金"（Panasonic Spin Up Fund），每年进行三次员工创业计划征集活动，激励员工尝试创新活动。同时，该项计划更是鼓励员工创建与松下业务相关的独立公司，由松下公司持股 51% 以上。如果以后事业进展顺利，可通过股票上市或者从松下公司购回股份获得回报。即使创业失败，松下公司也允许其 5 年内再回公司工作。这一举措是松下公司得以长期保持高度创新活力的重要因素。内创业活动能帮助陷入发展瓶颈的企业脱离困境。中国巨人网络有限公司是一家网络游戏企业。但由于运营游戏单一，公司在经历飞跃式发展后，于 2008 年遇到了发展瓶颈。公司果断做出战略调整：新游戏的开发决

---

① Carrier, C., "Intrapreneurship in Large Firms and SMEs: A Comparative Study", *International Small Business Journal*, No. 12, 1994, pp. 54 – 61.

② Herriot, P., Manning, W. E. G., KIDD, J. M., "The Content of the Psychological Contract", *British Journal of Management*, No. 8, 1997, pp. 151 – 162.

③ Antoncic, B., Hisrich, R. D., "Intrapreneurship: Construct Refinement and Cross-cultural Validation", *Journal of Business Venturing*, No. 16, 2001, pp. 495 – 527.

④ Uslu, T., Eryiğit, N., Çubuk, D., "Individual and Organizational Effects of the Corporate Practices with the Mediating Role of Lean Intrapreneurship: Differences between Public and Private Sector in Turkey", *Procedia-Social and Behavioral Sciences*, No. 210, 2015, pp. 301 – 309.

⑤ 阚兴辉：《从"自主创业"到"内创业"：创业教育理念的嬗变》，《黑龙江教育学院学报》2014 年第 8 期。

⑥ 吴道友：《创业研究新视角：内创业及其关键维度分析》，《商业研究》2006 年第 11 期。

策不再"由上自下"推行，而是鼓励基层团队提出开发新游戏的方案，由公司对其提供资金、技术和运营推广支持。同时承诺盈利团队可获得最高20%的利润分成。若运营良好，可将该新项目拆分为新公司，由母公司入股51%—80%，该团队可技术入股。这一鼓励企业员工进行内创业活动的决策，在2年内就获得了巨大回报，巨人公司的主营游戏从原来的2个增加到5个，另有5个游戏正在筹备上线，公司的营业收入增长率也恢复到了其黄金时期的水平。

本书更倾向于强调内创业活动是公司内部创业意识和创新精神的一种释放，它不仅促使企业内新业务领域的产生，而且包括其他创新活动或导向，如新产品、服务、技术、管理技能的开发、新战略的形成等，这些内创业活动的成功实施，能对企业发展起到强有力的推动作用。

综上所述，内创业可概括为五大特征：一是内创业总是在现有的组织内部进行，组织属性、体制机制等对内创业有着重要影响；二是内创业是一种创业精神导向，反映了组织可能产生创新产品、服务、工艺流程、组织结构等的新思想、新创造等的倾向；三是内创业也是一种资源以及行动（活动）导向，它把当前组织的产品、创新、服务、技术、交流、结构等往新的方向延伸或创新；四是内创业者个体特征对内创业行为和组织绩效会产生重要影响；五是内创业是一个多维度的概念，除了组织、个体特征，它还受到环境的影响（如法律法规、科学技术、经济发展等）。

二 内创业者

众多的理论研究和实践经验表明，内创业活动对企业发展乃至社会经济的增长能起到相当有效的推动作用。但若要对内创业活动有更深入的理解，必须先深入了解内创业活动实施的主体——内创业者的特质。

创业者往往为追求利润机会而对消费者的需求进行创新性的满足，在此过程中不断寻求资源，并加以合理利用。因此，创业者的思维通常是：根据机会寻找资源，并将创新性贯穿于该过程之中。

而管理者的思维方式通常是：如果我拥有什么资源，将能干成什么事？因此，相对于创业者的机会驱动型而言，管理者更多的是资源驱动型，他们的目标是将手头有限资源的利用率最大化。换个角度讲，创业者是在企业外部形成的,而管理者是在已经创立的企业中才拥有的。

内创业者既具有创业者的特质,也具有一般管理者的特质。"管理学之父"彼得·德鲁克(Peter F. Drucker)在其《创新与企业家精神》一书中把企业内部具有创新意识和创新精神的管理者称为企业家型的管理者,即本书所说的内创业者。表3-1对内创业者、创业者和一般管理者的部分特征进行了比较,以便能进一步了解内创业者的特质。

表3-1　　　　内创业者、创业者和一般管理者的部分特征比较

特征	一般管理者	创业者	内创业者
主要目标	维持良好的企业秩序,保持正常的运转	创造新的机会,创立企业,获得利润	利用企业内的资源,从事创新活动,获得奖励和晋升机会
组织结构	依赖于企业的组织结构和规章制度	创立自己的企业结构和规范	建立在企业内部,一定程度上受到组织和规章的约束
关注焦点	主要是企业内部的事件	主要是技术和市场定位	兼顾企业内外的事情:向企业传递市场的要求,并关注顾客的要求
行动方式	根据授权实施行动,大量精力用于监管和报告	直接行动	在授权的基础上行动,注重创新性
技能	通常受过商学院教育;使用抽象的管理工具、人员管理和政治技巧	具有比管理或政治技能更大的商务洞察力,具有较好的统筹能力	统筹能力要求低于创业者,但往往在某方面具有技术专长
风险承受	风险较小	承受极大的风险,一旦失败,很难东山再起	有一定的风险,由企业与其一同承担

从表3-1可以看出,内创业者的活动是建立在既有组织内部,并在一定程度上受到政策、行业规则以及企业规章等制度的限定。内创业者不能像创业者那样享有充分的自主决策权,其创新行为要取得所在企业的认可;另外,由于是企业内部的革新者,其创新行为可能会挑战企业现存的组织秩序,这将阻碍内创业者能力的施展。虽然内创业者在进行创新活动中会有以上困难,但相对于创业者来说,其优势也是明显的。首先,内创业者的资源基础是坚实的,通过合理利用资源,能将把握住的机会较为便利地转换为现实,其成功的可能性更高;其次,内创业者所承担的风险较小,其冒险行为会在企业所能承受的范围内进行,即使失败,大部分风险也由企业与其共同承担;最后,内创业者的专注性要高于创业者,创业者

要兼顾企业创立的各种事项,而内创业者不用面面俱到,只要将所设定的创新目标完成即可,在此过程中,还可以调用各种既有资源。

(一) 创新精神

组织的诞生,是创业者创新精神的集中体现。组织的生存和发展依赖于组织内部的创新活动。而在同一组织内,创业者先于管理者而存在:创业者先将自主性和创新性相结合,在发挥创新精神的基础上,抓住有利机会,实现自主创业;管理者在创业者实现创业之后,着眼组织内部现有资源,发挥管理方面的优势,确保组织的存在和发展。内创业者作为组织内部创新活动的载体,在创业之初便综合了创业者和管理者的不同职责,将自身的创新精神外化为组织的创新行为,将创业行为和管理行为相结合,实现创业和管理的同步,并将两者贯穿于自己的内创业活动当中。内创业者不愿墨守成规,对待事物具有批判精神,并在批判的基础上进行创新活动。即使当前从事的是简单的、机械式的重复劳动,他们也会想尽办法进行创新,将其变成富有挑战性的高效率工作,并把攻克难关当成一种乐趣。①

(二) 自主工作和持续学习的能力

内创业者一般拥有鲜明的个性,有自己的观点和工作方式,具有较强的独立工作能力,能够设法解决工作中碰到的难题。同时,他们不愿受到刻板的工作形式和物化条件的约束,强调工作中的自我引导,倾向于拥有自主的工作环境以及宽松的组织氛围。此外,随着企业的发展、知识的进步,内创业者所掌握的知识会在激烈的竞争中逐渐老化。为了确保其所从事的创新活动成功,内创业者必须有持续、迅速学习各种新知识的能力。

(三) 相应的专业特长

只有拥有一技之长,企业的基层员工才能拥有核心竞争力,才有较大可能进入企业的管理层,成为一名内创业者。因此,内创业者不仅仅是简

---

① 蔡春驰:《开展内创业教育:重视内创业者的培养——高校大学生创业教育发展趋向研究》,《中国高教研究》2012 年第 1 期。

单的管理者，其内涵必须是某一方面的专业人才，并在此基础上进行创新活动。

（四）强烈的成就动机

内创业者的创业动机大部分来自对事业成功的强烈追求，这正是他们不满足于一般管理工作的原因。具有强烈成就动机的人更愿意承担富有开创性的工作，敢于在工作中做出自己的决策。[①] 内创业者的强烈成就动机，使其甘冒事业失败的风险，去接受富有挑战和创造性的工作，旨在从促进企业的成长中实现自我价值，并期望得到社会认可。

（五）风险承受能力

创业必定面临各种风险。内创业者离不开风险承受能力，要具备面对挫折仍能奋勇向前的素质。如张京等的研究发现，科研人员的创业能力、资源获得能力、风险承受力，以及良好的政策环境、投融资环境、营销支持体系、创业教育支持体系，均与科研人员的创业意愿正相关。[②] 木志荣提出创业素质维度的结构要素主要包括社会经验与人际能力、创业激情与创造力、团队意识与风险承受力、心理素质与知识结构等。[③]

（六）统筹管理能力

从管理特质上看，创业者具有宏观的统筹能力，其管理作用的发挥更多地体现在组织自身资源与外部机遇的有效结合上；与创业者的宏观统筹相比，管理者更加专注于组织内部的管理。内创业者的内创业活动，起到了联系创业者宏观发展和管理者对内经营的纽带作用，实现了宏观把握和部门管理的平衡：一方面，内创业者需要独到的眼光，识别组织内部的创业机会，并与组织现有资源实现融合，以保证组织内部创新活动的持续

[①] ［美］彼得·德鲁克：《创新与企业家精神》，张炜译，上海人民出版社2002年版。
[②] 张京、杜娜、杜鹤丽：《科技企业创业主体及其创业意愿影响因素分析》，《科技进步与对策》2016年第2期。
[③] 木志荣：《创业困境及胜任力研究——基于大学生创业群体的考察》，《厦门大学学报》（哲学社会科学版）2008年第1期。

性；另一方面，内创业者作为"组织内部的一种正式管理的角色"，必须具有管理技能，能够协调组织内外关系，促使组织内部各方通力合作，共同完成组织的发展目标。①

当然，我们应该清楚地认识到，拥有以上特质的人员仅是成为内创业者的必要条件而非充分条件，内创业者的培养是一个双向的、长期的过程，除了具备以上的个人特质外，其成功与否还受到外界因素的影响，诸如企业的规章制度，奖励机制、创新氛围等。

三 内创业者的养成

对于内创业者如何养成的研究，学者们主要从内创业者的特质及其形成的影响因素出发。因此本书主要从内创业者的特质、内创业的影响因素以及不同类型的内创业者培养策略三个角度进行分析。

（一）关于内创业者的特质研究

Pinchot 将内部创业者定义为梦想家，许多大公司都在组织结构上进行了改变，比如扁平化的等级制度，把权力下放给运营单位等措施来培养内创业者。② Alipour 等提出内创业者是公司里的一名企业家，他能够在公司中激活他们的新想法或新方法来提高企业管理绩效。③ 阚兴辉提出内创业者主要有四大特质：创新能力、学习能力、关系能力和行动领先能力。④ 黄淑颖提出创新意识、冒险倾向和挫折容忍、综合管理水平、商务觉察、沟通构成了内创业者的素质，内创业能力体系则包含战略执行、管理、关系、机会、创新、学习六项能力。⑤ 郭美兰等提出内创业员工作为企业二

---

① 蔡春驰：《开展内创业教育：重视内创业者的培养——高校大学生创业教育发展趋向研究》，《中国高教研究》2012 年第 1 期。

② Pinchot, G., *Intrapreneuring*: *Why You do not have to Leave the Corporation to Become an Entrepreneur*, New York: Harper & Row, 1985.

③ Alipour, F., Idris, K., Ismail, I. A., et al., "Intrapreneurship in Learning Organizations: Moderating Role of Organizational Factors", *Journal of American Science*, No. 7 (11), 2011, pp. 141 – 150.

④ 阚兴辉：《从"自主创业"到"内创业"：创业教育理念的嬗变》，《黑龙江教育学院学报》2014 年第 8 期。

⑤ 黄淑颖：《企业内创业者的素质结构和能力体系探讨》，《金华职业技术学院学报》2010 年第 5 期。

次创业的重要推动者,对于企业持续获得竞争力至关重要。但内创业员工作为创业者与企业员工的结合体,在创业特征上与独立创业者有所区别。运用 Logit 回归模型,发现内创业员工学历层次越高越有可能选择收入相对稳定的内创业活动;相对于独立创业者而言,内创业者普遍认为,自身创业知识、技能与经验存在不足;在风险承担方面,内创业者风险承担能力显著低于独立创业者。①

(二) 关于内创业的影响因素研究

Serinkan 等提出内创业者的形成离不开学习型组织,在学习型组织中,对所有成员的学习都是有帮助的。它不断地改变自身、鼓励学习,在这个过程中,学习可以促进和改变组织的目标,并促进在商业、技术和社会上的人员和组织之间的参与和创新的发展。② Dess 等认为传统层级结构其森严的规章和体系不利于内创业者迸发创业构想、从事创业活动,而无边界或泛边界化的组织结构更能促进员工从事内创业。③

杜辉等提出学术界对内创业者的研究经历了四个阶段:对内创业者个性的研究、对内创业者能力的研究、对内创业者如何整合资源的研究、对内创业者认知的研究。④ Macmillan 将公司内创业过程描述为构想新业务、选择新业务、启动新业务、监控新业务、推进新业务、总结提升新业务六个阶段。Shane 对内创业过程展开研究,提出社会文化价值取向对四种创新倡导者作用发挥的影响。Marcus 提出内创业计划对组织绩效有显著影响。⑤

---

① 郭美兰、汤勇、孙倩:《内创业员工与独立创业者创业特质比较》,《城市问题》2015 年第 4 期。
② Serinkan, C., Kaymakçi, K., Arat, G., et al., "An Empirical Study on Intrapreneurship: In A Service Sector in Turkey", *Procedia-Social and Behavioral Sciences*, No. 89, 2013, pp. 715 – 719.
③ Dess, G. G., Pinkham, B. C., Yang, H., "Entrepreneurial Orientation: Assessing the Construct's Validity and Addressing Some of Its Implications for Research in the Areas of Family Business and Organizational Learning", *Entrepreneurship Theory and Practice*, No. 35 (5), 2011, pp. 1077 – 1090.
④ 杜辉、何勤等:《内创业概念、内涵演变及内创业者研究综述》,《管理现代化》2017 年第 3 期。
⑤ Marcus, M. H. & Zimmerer, T. W., "A Longitudinal Study of the Impact of Intrapreneurial Programs in Fortune 500 Firms", *Journal of Management Research*, No. 3 (1), 2003, pp. 11 – 22.

颜士梅提出并购式内创业维度的假设，认为内创业包含业务风险、产品及技术创新、组织更新和战略先动四个维度。① 陈龙等提出从企业内创业机制来看，其架构主要包括了内创业精神培育、配套制度建立、创业团队三个层面的内容。②

（三）关于不同类型的内创业者培养策略研究

王国颖分析了三家著名公司的内创业激励措施。第一家：盛大游戏2010年建立了完整的创新体系鼓励公司内创业："创新办"负责组织、执行和协调；通过微博、圈子、创意论坛以及公司内部聊天工具和邮件等的无缝接合，推出"推新"平台发布创意；定期开展"创新沙龙"筛选完善创意；预算达千万元级别的"创新基金"支持孵化创意。第二家：巨人网络公司的特点是将项目公司化、合同化，形成独立于巨人网络之外全面自主管理的分公司。公司还专门成立了战略发展中心、项目孵化机构和策划研究院，对内创业过程进行全方位管理，其他职能部门也为创业团队提供资源上的支持，并承担所有的风险。此外，公司所有研发资源和知识分享计划都无条件向创业团队和项目制公司全面开放，在团队与管理、研发与技术、推广及运营等多方面给予扶持。第三家：谷歌的工程师都有20%的时间任由其发明或研究自己的新构思。他们可以选择开发自己的项目，也可以参与任何感兴趣的项目，甚至可以同时参与多个项目。正是这种鼓励创新的内部自由生态，使得谷歌在创新速度和创新数量上一直保持领先，成为制造点子的"梦工厂"。有工程师表示"如果我离开了谷歌，就可能不再拥有这个20%自由时间了"。这20%自由时间成了强有力的吸引、留住员工的激励措施。最后王国颖提出要培养内创业者离不开高层重视、构建有利于内创业的组织机制、给予内创业者充分的工作自主权、设计促进内创业的奖励机制。③

李先军提出，中小企业可根据不同发展阶段选择从混沌式创新、迭代式创新、微创新到反思式创新的组合；按照"目标—行为—结果"的基本

---

① 颜士梅：《并购式内创业中的人力资源整合研究》，博士学位论文，浙江大学，2005年。
② 陈龙、梁锷：《企业内创业的内涵及其机制》，《企业改革与管理》2010年第9期。
③ 王国颖：《公司内创业：激励中层管理者的新思路》，《中国人力资源开发》2011年第12期。

逻辑，中小企业可以形成目标演化、行为演化和结果演化三条基本路径融合的内创业路径。① 葛宝山等基于亚泰集团的案例研究，分析了并购式内创业中高层管理支持、政策与环境、新业务自主程度等因素对并购式内创业过程的影响。② 蔡春驰提出学校作为内创业者培养的主阵地，应从内创业者所必需的创新精神、专业技能、统筹管理能力、自身价值的追求和强烈的成就动机等方面入手，制定相应的培养目标和培养方案。具体有三点措施：培养创新精神，提高内创业者成就动机；创业教育与专业学习相契合，培养具有专业特长的新型内创业者；优化师资结构，加强师资队伍的创新意识建设。③

四 内创业理论对岗位创业教育的启示

岗位创业是指在岗位工作的同时，利用自身专业技能知识以及所掌握的资源进行创新创业活动。以培养岗位创业者为导向的创业教育新体系的本质是将创业教育理念与内容融入人才培养全过程，提升全体在校生的创新意识、创业精神和创业能力；核心是培养区域经济社会发展需要的既懂专业又善创业管理的高素质复合型应用人才。因此岗位创业的本质是内创业。

（一）内创业者的培养需要岗位创业教育

内创业者对企业的发展具有举足轻重的作用，员工的创新活力已成为当代企业竞争力的一个决定性因素。④ 企业要不断超越、发展，很大程度上必须依靠其自身源源不断的创新能力。然而企业的创新不仅仅是企业家的事。同样，一个社会生产力的进步也不能仅指望有源源不断的创业者去

---

① 李先军：《供给侧结构性改革背景下中小企业内创业研究：模式选择与路径设计》，《商业研究》2017年第10期。
② 葛宝山、王一、马鸿佳：《基于动态能力视角的并购式内创业机理研究》，《科研管理》2017年第5期。
③ 蔡春驰：《开展内创业教育：重视内创业者的培养——高校大学生创业教育发展趋向研究》，《中国高教研究》2012年第1期。
④ 戚振江、赵映振：《公司创业的要素、形式、策略及研究趋势》，《科学研究》2003年第12期。

创办新企业来实现。德鲁克曾明确指出：把创新和企业家精神的焦点局限在创业者身上就过分狭窄了，如果创办新企业是创新的主要或唯一中心，那么社会就不可能持续发展。在产业饱和度较高的社会中，让现存企业保持充沛的活力和良好的发展势头，在某种意义上比创造更多新的企业更加重要。因此，为既存的企业培育和输送内创业者就具有深远的意义。

（二）高校创业教育在培养内创业者方面大有可为

高校的创业教育是培养创新型人才的重要途径，对社会发展起着不可估量的作用。然而，如果高校创业教育的人才培养目标是以经济管理领域的创业者为指向，旨在培养出能够创造更多工作岗位的企业家，使他们成为自谋职业、创业致富的社会成员，这就过于狭隘，也是不切实际的。内创业者的培养为高校的创业教育提供了一条新思路：高校应着重培养学生的创业意识和创新精神，让学生先尝试以"就业者"的身份融入企业，凭借自身过硬的专业技能和创新意识，在几年的时间内逐渐进入企业的管理层，进而在企业内部率领团队进行创新改革，成为企业不可或缺的一部分。这样的人，往往是企业内部创业意识和创新精神的最佳体现者，将来还可能是企业重要部门的领导者甚至是 CEO 最佳人选，成为企业可持续发展的一支重要力量。[①] 要培养内创业者，高校的创业教育应从以下几个方面着手。

1. 高校高层领导重视，全面鼓励师生内创业

内创业是一个多维度的概念，受组织特征、个体特征、环境特征多因素的影响。高校高层领导应加强重视，全面鼓励学校师生进行内创业。内创业是为了获得创新性的成果而得到组织授权和资源保证的创业活动，这里高层的授权、内创业战略是否先行将起决定作用，也将对其他内创业者起榜样示范和激励作用。如李先军的研究也指出企业主作为中小企业内创业活动最为活跃的因素，需要在内创业过程中发挥主导作用并促进内创业活动的组织化，以实现基于个人特质的创新向基于组织特质的创新

[①] Brazeal, D. V., "Managing an Entrepreneurial Organization Environment", *Journal of Business Research*, No. 35, 1996, pp. 55 – 67.

转变。

2. 紧紧围绕内创业者特质，注重培养大学生创新精神和自主学习能力

高校的创业教育是建立在素质教育和创新教育基础上的一种新的教学模式，其教学目标不是对大学生创业实训技能进行锻炼，而是重在培养大学生的创业意识和创新精神。内创业者的培养思路提醒我们，不能把实施创业教育作为解决高校毕业生就业问题的权宜之计，创业教育应成为当前高校创新型人才培养的重要突破口，必须定位在提升高校毕业生就业层次的战略高度。

3. 将创业教育融入专业教育，重点培养有一技之长的内创业者

内创业者的特质要求其必须是具有一技之长的创新型人才。这一特点提醒高校的创业教育应当走与专业学科相融合的路线，这有助于科学、工程等专业的学生在自身专业领域中锻炼创新意识和领导才能，在当前快速变化的社会环境和激烈的竞争中获得成功。① 美国的许多高校在近几年已经开始这样的尝试，在非商学专业，如农业、机械、环境科学、艺术等专业中整合创业课程。②

创业教育融入专业教育，并不是简单地将某些管理学、经济学类的课程移植到其他专业院系，而是要结合专业特色，从面到点，有针对性地进行创业教育的引导。值得一提的是，在进行此类的课程改革时，要避免盲目地将创业教育与任何专业都进行融合。应该根据高校自身情况，有选择性地开展，特别是选择具有一定技术背景的专业（譬如电子信息、机械、建筑等应用性较强的工科类专业）进行先期试点，从点到面逐渐展开。

长期以来，国内高校大部分专业课程从结构到内容，是通过公式化的模仿和改造而来的，多数院校专业课具有类似的课程安排和教授形式，而千篇一律的教学内容必然会带来课程认知上的局限性。学生在学习这些专业课时，也难免变成被动接受、一味模仿，缺乏主动思考与创新。长此以往，结果是学生基础知识扎实，但知识面相对较窄，专业应用能力较低，

---

① Merrifield, D. B., "Intrapreneurial Corporate Renewal", *Journal of Business Venturing*, No. 8, 1993, pp. 383-389.

② 黄兆信:《高校创业教育如何实现跨越式发展》,《中国教育报》2011年3月15日。

解决实际问题的能力、创新能力、沟通能力等综合能力差,多数成为平凡的就业者,在人才市场上缺乏竞争力。

因此,要培养有竞争力的创新型人才,必须对固有的专业培养模式进行改革,突出专业培养特色,以增强学生获取知识的能力、解决问题的能力及创新能力为核心,精心设计和构建培养创新人才所需要的"能力主导型"课程体系。新课程可以"X + 创业""X + 创业管理"等形式命名,一般由院系专业教师单独授课,或由专业教师与商科教师合作授课。该路径不是简单地对商科的创业课程进行移植,而是在结合院系各类专业人才培养目标的基础上,开发相应的创业课程体系。创业教育与专业教育的渗透和融合是一个互相促进的过程。就创业教育而言,创业教育不但不排斥知识教育和专业教育,而且必须更深地依赖后者。

创新能力的培养不应是"另起炉灶"、自成一套,游离于学科课程之外,而应依托对学科教学过程的"重构"。国外的大学已经有这方面的尝试并取得了一定的成功,如美国康奈尔大学以跨学科教育为培养创新型人才的主要方法,成立了"创业精神和个人创业项目"(EPE),统一协调和指导全校的创业教育活动,在此过程中尤其注重创业课程与专业的紧密结合,开设了诸如"创业精神与化学工程""设计者的创业精神"等课程。[1] 爱荷华大学的表演艺术系与创业中心合作,开设了表演艺术创业班,要求学生至少修满20个学时的艺术创业类课程。[2] 在国内,作为 R&D 活动的主要承担者,研究型大学非常注重产学研结合,对学生的教导中也凸显教育—研究—经济一体化的特点,以大学科技园、孵化器为载体,培养学生与高水平科研能力相结合的创新实践、企业管理能力,以期能产生一批成果转化型的创业大学生群体。作为培养应用型人才的生力军,部分地方高校也已经开始将创业教育融入专业课程的教学改革。

以温州大学为例,该校的电子信息专业,除了专业知识的教学外,尝试将与低压电器行业有关的创新课程引入高年级的课程中(温州低压电器

---

[1] 黄兆信、曾尔雷、施永川:《美国创业教育中的合作:理念、模式及其启示》,《高等教育研究》2010 年第 4 期。

[2] Katz, J. A., "The Chronology and Intellectual Trajectory of American Entrepreneurship Education", *Journal of Business Venturing*, No. 18, 2003, pp. 283 – 300.

行业占有全国约60%的市场份额），结合当前低压电器的行业情况，将该行业的管理模式、营销方法和技术创新方向以专业选修课的方式对学生进行开放，使学生谙熟企业之道。此类教学改革给学生传递了一个明确的信息，即在一个行业发展已相当成熟的情况下，作为大学生创业者，可以就业者的身份加入已存在的企业中，并期望在一段时间后以管理者的身份在企业中进行创新活动，甚至可以在积累丰富经验后再出来创业。这种教学改革，是培养内创业者的一种积极探索。

4. 注重对专业教师创新创业意识的引导，提升高校创业教育教师的创业能力

当前国内大多数高校已意识到创业教育师资培养的重要性。创业教育师资培养的初衷源于完成创业教育基础课程的教学任务[①]，此类师资一般参加过创业教育师资培训班，如国际劳工组织和团中央共同举办的"大学生 KAB 创业基础师资培训班"、教育部和劳动保障部举办的"高校教师 SYB 师资培训班"、教育部举办的"全国高校创业教育骨干教师培训班"等，通过培训使创业教育教师初步具备了一定的理论知识和创新创业意识，能通过互动式教学在一定程度上引导学生的创新创业意识从而达到该层次创业教育的教学目标，不足之处在于缺乏相关的专业背景、实际创业或企业管理经验。

内创业者的培养则对师资架构提出了更高要求：它需要高校建设一支既具有专业背景，能从事学术研究，又具有创新创业意识，能够将创业元素融入专业实践和专业研究的"双师型"师资队伍。学校应该积极创造条件鼓励专业教师参加相关行业的企业咨询、企业管理以及各种行业内创新创业的研究活动，丰富其管理实践经验，使专业教师对本专业领域内的创业创新情况、发展趋势以及社会需求变化有良好的洞察和融合能力，提高其在专业授课中对学生创新意识和创业能力的引导和教学作用。

同时内创业理论也提醒高校需要提升创业教育教师的创业能力，可通过建设"让教师有创业的活力、让教师有创业的动力、最后微观上让教师

---

① 梅伟惠：《美国高校创业教育模式研究》，《比较教育研究》2008 年第 5 期。

有创业的能力"的保障机制和"根据教师多样化、自主式发展目标，结合其不同类型特点制定针对性帮扶机制"来提升。①

5. 创业教育课程建设，需要根据大学生学习阶段的变化而不断调整

高校的创业教育是建立在素质教育和创新教育基础上的一种新的教学模式，其教学目标不是对大学生创业实训技能进行锻炼，而是重在培养大学生的创业意识和创新精神。内创业者的培养思路也提醒我们，不能把实施创业教育作为解决高校毕业生就业问题的权宜之计，创业教育应成为当前高校创新型人才培养的重要突破口，必须定位在提升高校毕业生就业层次的战略高度。

基于此，本书认为创业教育课程的建设应该是根据大学生学习阶段的变化而不断调整、进阶的过程。创新创业意识的养成应从大学一年级就开始进行引导，一些发掘学生创业意识和创新精神的课程（如《大学生 KAB 创业基础》），是当前较为合适的选择。这个时期的创业教育基础课程应该在面上铺开，让全校学生都能接触。在高年级的创业教育课程中，要减少讲授型课程的教学，增加学生自身主导的探索型课程，注重对其自主学习能力、全局化视野的培养和提升。可以考虑从专业领域内的企业生命周期视角出发，讨论企业在成长和成熟过程中的创新需求，使学生从企业的内部识别创新机会。课程可结合案例分析、分组模拟、专题讲座、企业考察等多种形式。值得注意的是，这些课程的设置，不应过多地站在成功企业家、创业者的角度，以免让学生产生疏远感，要更多地站在企业中层管理人员的立场，以中层管理人员如何在企业中从事创新活动为切入点，辅以务实的操作经验介绍，让学生有更加深刻的理解和共鸣。

在条件允许时，高校甚至可以根据专业岗位创业的特点，为大学生制定本专业领域的终身学习计划，强化其终身学习、持续学习的能力。此类计划一般应与有企业创新经验的管理者联合开发，并提供创业教育实践课程平台，使创业教育从理论到实践形成一个完整的课程体系。

---

① 黄扬杰、黄蕾蕾、李立国：《高校创业教育教师的创业能力：内涵、特征与提升机制》，《教育研究》2017 年第 2 期。

6. 构建有利于内创业的激励机制,建立学习型组织

高校还需积极创设良好的环境激励专业师资参与创业教育教学。一方面,出台相关政策鼓励和引导专业师资对创业教育教学的支持,促使教师和研究人员站在创业教育的角度重新审视本学科的研究、教学视角和方法,并能以创业教育为平台开展不同学科之间的交流和合作。例如美国的"考夫曼校园计划"鼓励专业教师去引导学生将创业精神融入大学生活,并提供数额不菲的资金资助;美国康奈尔大学设立了"克拉克教授奖金",每年都对在创业教育方面做出重大贡献的教师进行奖励。另一方面,完善硬件设施,搭建专业创业实践平台,帮助专业教师将创新意识和激情付诸实践。如可以建立教师研究室、专业实验室和创业实践基地三角架构,分别模拟企业的研发中心、测试中心和营销中心,其管理机制也可参照企业化运作模式,从而帮助学生更早体验企业管理的角色,更好地将创新创业意识融入其中,而专业教师也能在教学中不断探索企业运作模式,开阔视野、更新观念。

当然,高校也可以借鉴创业教育发展较为成熟的欧美名校的做法,聘请一些既有实际管理工作经验又有一定管理理论的企业家、中层管理者、风险投资人或政府工作人员等,与本校教师合作开设专业创业课程,并形成长期的合作关系,在此基础上建立学习型组织。这种形式可以让学生得到深入指导,其教学方式也比单一的"一课一师"更为有效和全面,能对创业教育教学水平起到明显提升作用;更有意义的是,高校能够通过这种资源整合方式,有效缓解创业师资不足的现状,提升高校创业教育教师的创业能力。

第二节 创新发展理论与岗位创业教育

一 创新的内涵

在《经济发展理论》一书中,熊彼特虽然提出了"创新"的概念并借此展开研究,但他并没有对"创新"做出精确的定义。他只是通过描述性的话语指出,"创新"就是"生产函数的建立",是"生产手段的新的组

合"（new combinations of productiveness）①。

熊彼特对于创新内涵的解释，使世人对创新的理解有了新的认识。但是有一点却是熊彼特所极力反对的，那就是将"创新"简单地理解为"技术创新"。虽然与创新有关的大量经济活动往往表现出新技术的出现和繁荣，但是熊彼特提出的仅是一个经济学领域内的"创新"理论，他并没有在"创新"（innovation）前面加上"技术"（technology）一词。在熊彼特所提出的创新五种类型中，只有前两种，即"新产品"和"新的生产方法"涉及技术的因素。而实际上，作为经济学家的熊彼特在其一系列著作中，都没有将焦点集中在如何改进生产方法或工艺流程从而推动创新的问题。创新理论中所提到的"新产品""新的生产方法"都只不过是熊彼特为了分析经济活动中供应—需求之间的关系而采取的一个路径而已。熊彼特始终站在一个经济学家的立场上，用经济学的逻辑来判断经济活动中的技术因素如何满足某种需求或是降低生产的成本，从而造成经济发展过程中"均衡"态势的打破。实际上，熊彼特不仅没有在其创新理论中突出"技术"的因素，反而尽力区分技术与创新的关系。

熊彼特认为技术的因素相对于经济活动来讲是"独立的"。经济活动中的生产被熊彼特划分为"技术生产"和"经济生产"两大类。前者"有自己的问题和逻辑"，而技术"只是为所需要的商品去发展生产的某种方法或程序"②，针对技术的研究可以不去考虑经济活动中的现实因素和其他障碍。而"经济生产"则纯粹是为了促进人们的消费并通过消费满足每个人的需求。因此，经济生产"必须同生产的纯粹技术问题相区分"③。熊彼特强调，"经济生产"与"技术生产"所遵循的逻辑不同，"技术生产"所追求的是如何促使生产的工具更加完善。但是，这种对技术的追求并非企业的主要任务。企业是人类经济活动的产物，而不是技术活动的产物。对企业而言，外部经济的状况决定了它需要生产出能够被消费的产品就可

---

① ［美］熊彼特：《经济发展理论：对于利润、资本、信贷、利息和经济周期的考察》，何畏译，商务印书馆1990年版，第17页。
② 同上书，第83页。
③ 同上书，第26页。

以了，而不用追求这种产品本身有多完美，生产工艺有多先进。由此便证明了在企业中"经济逻辑是胜过技术逻辑的"①。因此，生产过程中起作用的主要是"经济生产"而并非"技术生产"，这也就避免了人们过度看重经济发展中的技术因素。至此，熊彼特的观点已经大致清楚了："创新"不等于"发明"，"创新"也不仅仅指的是"技术创新"。熊彼特本人谈论的只是经济学中的创新理论，其中包括了技术产品的引入对经济活动产生影响的讨论，但作为一种经济理论的创新理论，本身不包含任何技术的内容，更不是什么工艺学上的研发活动。

事实上，熊彼特更喜欢用"生产工具的新组合"来表述"创新"。他讨论的是经济生活中的发展问题，经济之所以发展是由于有变化发生，而创新正是促成变化的三要素之一，且是最根本的内生性要素。他从生产函数出发，研究生产要素和生产条件变化的新组合，坚持经济过程中发展的观点，并一再强调实现创新的新组合是通过小步骤地、从不断调整的旧组合中产生的。创新是一个过程，是一个创新者、模仿者、改进者互相竞争和蚕食的过程，这个过程是创新发展和成熟的过程。熊彼特在经济学领域对创新理论的研究，将创新和企业生产联系在一起，强调企业家的重要作用，建立了创新经济学理论的最初体系，为后人继续研究提供了成熟的理论基础。也正是从熊彼特开始，关于"企业家"与"创新"之间的关系，成为经济学研究中的一个热点话题。

熊彼特认为，创新的动力来自两个方面：一个是对利润的追逐，另一个则是企业家精神。与此同时，具备了"企业家精神"的企业家，也就成了创新过程中的主体。

（一）利润

熊彼特认为，所谓"利润"，就是一种超过成本的余额，即一个企业的收入与支出之间的差额。而收入和支出则分别代表了企业家从事创新的全部收益和生产中造成的直接或间接支付，如企业家自身劳动所获得的工资、企业家自己拥有的各种收益及额外酬金等。熊彼特认为利润是企业家

---

① 计海庆：《"创新"与"发明"的哲学分野》，《理论界》2008年第6期。

进行创新活动的必然产物，没有创新就没有利润。

熊彼特认为利润具有如下特征。(1) 暂时性。熊彼特认为，"利润只是一个暂时性的，而不是永久性的商品流动的问题"，熊彼特指出，在静态经济中，产品价格受生产费用法则的支配，生产者既无利润，也无损失，其收入等于管理者的工资。但在经济发展中，由于企业家实行生产要素的新组合，新产品的价格与原产品的价格之间存在差额，这个差额就是利润。实行创新的企业家在没有其他竞争对手的情况下获得了这个利润，但随着其他企业纷纷模仿，竞争使新产品价格下降，当价格跌到与生产费用相等时，利润等于零。因此，利润是暂时的。(2) 非剥削性。熊彼特认为，利润乃是企业家对生产所做的贡献的价值表现，恰如工资是工人"产出"的价值表现。利润同工资一样，并非剥削。(3) 垄断性。熊彼特指出，在新产品刚出现的时候，企业家没有竞争对手，新产品的价格完全按照垄断价格的原则确定，因此，在资本主义经济内，利润含有垄断成分[①]。

(二) 企业家与企业家精神

熊彼特所说的企业家是指那些把实现新的生产方法组合作为自己的职责，并实际履行生产手段新组合的人。企业家必须具有以下特点。第一，企业家应当富有创造性和远见性。熊彼特认为企业家不同于产业部门中的"经理人"或"管理者"。后者的功能只是在经济运行的静态循环过程和严格的科层制结构中利用自身所掌握的专业化技能"例行公事"，而企业家则绝对不会墨守成规，他常常会创造性地变更其行为模式，企业家总是将实现生产要素的新组合作为自己的职能。第二，企业家也不同于技术上的发明或创造者，技术专家是从事发明创造的人，而企业家则是将技术发明运用于现实的经济生活中，从而创造新的价值。第三，企业家善于发现并及时利用各种新的机遇。熊彼特认为企业家具有在不确定性中及时发现和抓住机会的能力。他们对于潜在的市场机遇具有一种"天生的、敏锐的嗅觉与洞察力"，并能吸引其他的跟随者进入他所发现的市场之中。第四，

---

① Bob Macteer, "Schumpeter in his own words", *Economic Insights*, Vol. 6, 2010. 10. 21, http://www.dallasfed.org/research/ei/ei0103.pdf.

企业家具有丰富的专业知识、超强的克服困难的意志力①。同时，熊彼特也认为，仅有专业技能还不能保证企业家成功，由于"创新"往往伴随着高度的风险，因此企业家在实施"创新"时常常会遇到一系列的困难，诸如新环境的挑战，心理的、个人的障碍和社会的障碍等，这就要求企业家具有坚韧的意志力，以克服创新过程中所遇到的各种困难，最终实现创新。

在对企业家精神做出描述时，熊彼特说："首先，有一种建立一个私人王国的梦想和愿望；其次，有征服的意志：战斗的冲动，证明自己比别人强的冲动，为成功本身而不是成功的结果而追求成功的冲动；最后，有创造、完成工作、或只是施展一个人的能力和才能的乐趣这一类型的人（企业家）寻找困难，为了改变而改变，以冒险为乐……获得金钱上的收益确实是成功的一种准确的表现……至于说还可以提供其他哪些激励，怎样才会使它们像'资本主义'的激励一样起作用，这些问题超出了我们的主题。"②

随着时间的流逝，熊彼特关于创新主体的论述也发生了改变。在1942年的《资本主义、社会主义与民主》一书中，熊彼特就认为垄断企业在创新中发挥着巨大作用，指出"完全竞争不仅是不可能的，而且是低劣的，它没有权力被树立为理想效率的模范"。事实上，大企业"已经成为经济进步的有力发动机，尤其是成为总量长期扩张最有力的发动机"③。而"企业家已经失去了绝对重要性，并且在未来的经济过程中，即使企业家是整个经济过程的主要推动者，但是这种失去重要性的趋势必然会加速。因为，现在的世界与以前的世界相比，对于外部常规性事物的依赖明显更加严重了——创新活动本身会减少到成为一种常规而并非偶发性的事件。技术的进步与扩散也正在成为经受过专业训练的专家及其所组成的大型组织的日常工作——而这些工作，都是在可预见的方式下进行的"④。

由于创新不仅给创新者及其企业带来获利机会，而且也给其他企业开

---

① 陈其广：《创新是经济发展的重要推动力——论熊彼特创新理论的合理性》，《中国社会科学院研究生院学报》1987年第4期。
② [美]熊彼特：《经济发展理论：对于利润、资本、信贷、利息和经济周期的考察》，何畏译，商务印书馆1990年版，第81页。
③ 黄燕：《创新理论的演进及其近期研究进展》，《江汉论坛》2001年第12期。
④ Joseph Schumpeter, *Capitalism, Socialism and Democracy*, Harper and Row, New York, 1942, p. 142.

辟了发展的道路，所以，创新不仅促进资本主义的生产，还成为推动资本主义发展的内在动力。并且由于创新的产生、扩散、衰落以及新一轮创新的开始，于是就有了资本主义的经济的周期性波动（长周期、中周期和短周期变化）。在对企业家在创新过程中的作用进行论述之后，熊彼特又将注意力放在了用创新理论来解释资本主义经济的周期性波动。

以大卫·李嘉图、亚当·斯密、瓦尔拉斯等为代表的古典经济学派认为，经济发展是一个连续的、渐进的过程，具有和谐、无冲突的特征。（1）经济发展是连续的、平稳的过程，即经济增长不是突然的，而是通过边际调节来推进的。（2）经济发展是和谐的、累积的，是以均衡机制为基础的，从而在发展过程中、在冲突中会产生秩序。这种自动均衡机制会保证各个收入群体从经济发展中普遍得益，而价格机制则是保证经济发展的最好机制。（3）经济发展的利益是会自动地、逐步地扩散到全社会各个阶层的。在维也纳大学的学习经历，使熊彼特深深地受到了古典经济学派，尤其是瓦尔拉斯的影响。熊彼特所描述的古典经济中，供给通常创造需求，也被称为循环流转（circular flow），即所有的商品会自动找到市场，而生产者和消费者仅仅是达至此目标的通道[1]。但是，熊彼特认为经济发展的过程，就其本质而言，是保持动态的，这与传统的古典理论中的均衡学说相异。

但是，与他同时代的另一名经济学家凯恩斯不同，熊彼特不打算彻底地站在古典经济学的对立面，而是试图通过对经济周期的分析对古典经济学的均衡理论加以补充。他本人就对这一点作出了明确的解释："瓦尔拉斯……曾经讲到过，'经济活动就其本质上来讲是消极的，并且仅仅将其自身适应于自然以及社会施加于它的影响，以至于静止过程的理论构成了整个经济学的理论框架。同时作为经济理论学家，我们无法更多的讨论这些解释历史变革的因素，而是必须简单的符合它……'，我非常强烈地感觉到这是错误的，在经济系统的内部有一股力量源泉，这股力量会破坏可能维系其存在的静态平衡。如果是这样的话，那么就必须有一种纯

---

[1] Jacob Rubaek Holm, "Schumpeter's Models of Competition and Evolution", 2010.11.17, http://dimetic.dime-eu.org/dimetic_files/Holm.pdf.

粹的经济理论来对经济中变革——不仅仅是由外部因素推动经济系统从一个静态平衡走向另一个静态平衡——进行研究。而这就是我所试图建立的理论……"①

从上述这段话中可以看出,熊彼特并没有拒绝古典经济理论中关于均衡的观点,而是为他自己的动态均衡的经济演化理论所用。熊彼特试图发展出一种关于经济演化的理论作为由瓦尔拉斯及其他经济学家所发展出的静态均衡理论的有效补充(而并非完全替代)。关于经济的演化,熊彼特所指的是通过创新所带来的质量上的经济变革,就是由创新所带来的经济过程中的变革,与经济活动本身的效果结合在一起,并且包括了经济系统及其他外部系统对此过程的反应,我们可以将其概括为"经济的演化"(economic evolution)。为了推动经济的发展,熊彼特认为这个世界中的静态平衡(循环流转)必须被破坏。而这一破坏的主要推动者则是企业家和支持企业家的人或组织(一般指的是发达的银行和完善的信用市场)。因此,熊彼特经济发展模式的基本结构具有两个截然不同的方面:一方面,它是一个静态系统;但另一方面,它又是由企业家及其他推动创新的组织利用各种方法在此静态平衡的经济系统中产生变革的动态过程②。

熊彼特以创新理论为依据,提出了他的经济周期理论。他明确指出创新是经济发展的本质。创新的过程就是一种不断打破经济均衡的过程。他认为,创新是经济周期出现的根本原因。创新的出现,造成了对生产资料和银行的扩大需求,并进而引起了经济的繁荣;当创新由一个企业扩散到统一产业的其他企业并进而扩散到整个经济体之后,企业获利的机会就会减少,对生产资料和银行的需求也将减少,从而导致经济的萎缩;经济的衰退又会促使企业家进行新的创新以寻找盈利机会,并催生下一轮的经济发展、繁荣、收缩。这种循环往复的创新—发展—繁荣—衰退—调整—恢复的波浪式运动被熊彼特称为经济的"循环演化"。此外,由于经济领域所涉及的广泛性与复杂性,创新并不是单一存在的。不同领域的创新因其

---

① Jan Fagerberg, "A Layman's Guide to Evolutionary Economics", 2010.11.17, http://www.duo.uio.no/publ/tik/2003/13936/WPnr17_ Fagerbergs_ Laymans_ Guide.pdf.
② Aubrey Poon, "A Comparison of the Theories of Joseph Alois Schumpeter and John Maynard Keynes", 2010.10.21, http://www.mannkal.org/downloads/scholars/schumpeter-keynes.pdf.

时间、效果、传播速度与效率的差异而导致了经济周期的不稳定性，呈现出长周期和短周期的差别。因此，资本主义经济的繁荣和发展往往是以周期性的波动形式表现出来的。

熊彼特被认为是目前为止演化经济学中最有影响力的一位。他结合了广泛的演化观点，关注于技术、组织和制度的共同演化。他对演化经济学的贡献主要是他所发展的创新理论，对创新——这一社会现象如何影响经济的演化进行了研究。从20世纪初到50年代的半个世纪里，熊彼特是当时世界上第一个在演化理论中从创新的视角来看待长期经济发展规律及其波动的经济学家。他认为经济系统的均衡只是一种理想状态，在实际的经济生活中是永远不可能达到的。因此，经济发展应该理解为一种变化，造成经济发展或经济变化的动因，"是流量系统自发的和不连续的变化，是对均衡的扰动，永远改变和替代不了先前存在的均衡状态"[①]。这些极具开创性和前瞻性的论断在20世纪70年代重新得到认识和推崇，并由此促成了演化经济学的形成。

二 创新类型及其影响

为了对创新进行测度并理解其对国家、社会、企业、个人所具有的重要性，我们首先要做的是对创新进行分类。创新分类研究始终伴随着创新理论的发展。每当创新理论发展到一定阶段的时候，它必然要求新的创新分类能够推动理论与实证的研究，而这也在很大程度上使得创新测度有了突破性的进展，为创新指标体系的建立提供了更为有效的工具。埃德奎斯特（Edquist）则建议将流程创新进一步划分为"技术流程创新"和"组织流程创新"，前者是指产生新兴的产业，后者指应用新的方法去组织工作[②]。作为世界上最早也是最系统的研究创新理论的机构，英国苏赛克斯大学（Sussex）的科学政策研究所（Science Policy Research Unite，SPRU）则将创新分为渐进性创新（incremental innovation）、根本型创新（radical

---

① [美] 熊彼特：《经济发展理论：对于利润、资本、信贷、利息和经济周期的考察》，何畏译，商务印书馆1990年版，第135页。

② [挪] 詹·法格博格、[美] 戴维·莫里：《牛津创新手册》，柳卸林、郑刚、蔺雷译，知识产权出版社2009年版，第74—75页。

innovation)、技术系统创新（change of technology system）和技术—经济范式的变更（change of technology-economic paradigm）[①]。此外，根据不同的划分标准，创新也可以被划分为其他类型，如根据创新所依赖的价值网络的不同，运用"破坏性"和"延续性"来对创新进行分类；根据创新性的大小，加西亚（Garcia）和罗格·卡兰托尼（Roger Calantone）则将创新分为渐进创新、根本创新和适度创新；亨德森（Henderson）和克拉克（Clark）则认为创新活动所运用的新知识可能强化现有知识也可能摧毁现有知识。因此，他们从知识管理的角度出发并采用元件知识（component knowledge）与建构知识（architectural knowledge）两个变量，依据创新对于现有知识破坏和强化的程度将创新活动分为渐进型创新、建构型创新、模组型创新和根本型创新四类[②]。按照创新的规模，也可以将创新活动分为四个层次：全球性的创新、国家和地区层面的创新、产业部门的创新以及企业内部的创新。

随着人们对创新研究的不断深入，技术创新论以及创新的线性模式已经受到了广泛质疑。特别是伦德瓦尔提出国家创新系统的概念之后，学术界开始利用系统方法来研究创新过程中诸要素之间存在的各种耦合关系，重视创新过程的动态化及开放式、交互式的特征，强调创新中的非技术要素。因此，新的创新分类也开始注重将技术创新与非技术创新加以区别，明确彼此之间的界限，从而有利于对创新测度进行指导并作为设计测度的指标体系及其相应指标的指南。目前，国际上广为认可的、已经成为创新分类和测度方面最权威的文件是 OECD 于 2005 年公布的《奥斯陆手册》（第三版）。在这一版本中，创新按照其各个环节及性质的不同被分为产品创新（product innovation）、流程创新（process innovation）、营销创新（marketing innovation）、组织创新（organizational innovation）四种类型[③]。它最大限度地保持了第二版中技术取向强烈的产品创新和流程创新的分

[①] 甘德安：《知识经济创新论》，华中理工大学出版社1998年版，第106—107页。

[②] 吴晓波、胡松翠、章威：《创新分类研究综述》，《重庆大学学报》（社会科学版）2007年第5期。

[③] OECD, "Olso Manual, Guidelines for Collecting and Interpreting Innovation Data", 2010. 5. 15, http://www.oecd.org/document/33/0,3343,en_2649_34451_35595607_1_1_1_1,00&en-USS_01DBC.html.

类,同时引入了营销创新和组织创新两种新的类别,从而丰富并拓宽了创新活动的复杂性和多样性。

三 创新与大学的变革

从1088年意大利博洛尼亚建立的波隆那大学算起,由教师和学生构成的知识联合体形式的大学,已经有了近千年的历史。与大学漫长的历史和古老的传统相比,强调研究与教学相结合、重视推动社会进步和经济增长的"研究型大学"的出现,也不过200年的时间。尽管如此,最近60年里大学所具备的研究使命的发展和变化却比教学使命重要得多。现代大学随时间的流逝对于创新系统结构的演进过程具有非常重要的影响。在很多情况下,大学形态和功能的演进与产业部门的变迁及社会技术的变化表现出了某种"共生演进"的特点(对此的讨论见 Engerman and Sokiloff, 2003),如美国和德国大学制度的变革以及英国大学结构的调整就是这种共生演进的例子。

在19世纪末期,技术应用与扩散模式的变革相应地造成了产业结构的调整。正是在这个自由市场经济向垄断资本主义过渡的时期,大规模、垂直整合的大型垄断企业开始在德国和美国出现。这些大型企业整合了专业化的研发部门与实验室,它们拥有庞大的技术、资本、智力资源并倾向于以技术创新获取维系其地位的持续竞争力。与早期自由资本主义阶段相比,一个明显的区别是,这类企业中的研发活动通常会由一个研究团队完成,并且非常依赖它与教育系统(特别是大学)之间形成的科学交流网络。

德国大学引领了19世纪"研究型大学"的发展,其中大学研究的核心任务是对高级人才进行培训。此外,德国于19世纪30年代成立的各类理工学院,到19世纪70年代纷纷转变为技术型大学,它们在培训化学和电气设备行业的工程师和技术人员方面发挥了关键作用。到19世纪70年代,德国在有机化学方面已经拥有近30所研究型大学和技术型大学,以及7所主要的有机化学研究和教学中心[①]。与德国相比,这一时期的英国大学

---

① Edwin Mansfield, "Jeong-Yeon Lee, The Modern University: Contributor to Industrial Innovation and Recipient of Industrial R&D Support", *Research Policy*, No. 25, 1996, pp. 1047-1058.

在促进产业发展中所扮演的角色存在显著的差异。英国大学接受的公共资金资助相对较少，对技术教育的支持也明显不足。同样，英国的大学与国内化工企业的联系也不如 19 世纪 80 年代德国的那么紧密。从与化工专业有关的招生数量来看，英国大学的招生数量在 1900—1913 年增长了 20%，远低于同一时期德国大学招生数量 60% 的增长率[①]。根据以上分析，我们并不难得出结论，即 19 世纪末期英德两国大学与产业结构调整之间"共生演进"的不一致是导致这一时期德国超越英国的主要因素，但可以肯定的是，德国大学的变革确实对其产业和经济的发展起到了积极的推动作用。

美国在第二次世界大战后新兴产业的出现也显示出该国所具有的资源与技术创新的关系发生了根本性的变革。美国在 1900—1945 年的经济增长以及随之衍生出的各种创新活动主要是对该国丰富的自然资源进行开发的结果，这遵循了资源密集型的创新轨道。然而，在 1945 年后，一系列因素使得美国的创新开始从自然资源密集型路径向更为注重科学家和工程师禀赋的路径转变。第二次世界大战之后美国制度性基础设施（institutional infrastructure）的初步形成，使得该国有能力培养大量的电子工程师、物理学家、冶金学家、化学家、生物学家和医生，以及其他能够使用相关技术并展开研发活动的专家。大学、政府以及大量私人企业中的基础研究实验室成为创新发展的"孵化器"，许多学者走出去创办了私人企业并实施技术的商业化。对美国的 11 个产业——这 11 个产业在特征和技术上都不同，但都是在 20 世纪 90 年代复苏的——评估显示，每个部门在新产品和新工艺的发展进程中，都对外来研发资源，尤其是大学、联合体和政府实验室产生越来越严重的依赖[②]。

大学在现代工业化国家和正在工业化进程中的国家中发挥着日趋重要的作用：它是"基于知识的经济"中创新活动的源泉，是大量接受了高等教育且富有创造性的"知识劳动力"的提供者，同时也是基础研究或应用研究中各种创新成果的思想和方法来源。从对历史的分析来看，正是凭借

[①] ［挪］詹·法格博格、［美］戴维·莫利：《牛津创新手册》，柳卸林、郑刚、蔺雷译，知识产权出版社 2009 年版，第 214 页。

[②] Irwin Feller, "Impacts of Research Universities on Technological Innovation in Industry: Evidence from Engineering Centers", *Research Policy*, No. 31, 2002, pp. 457–474.

着先进的大学理念和制度，德国研究型大学在19世纪后期成为世界科学技术的领导者和国际学术与高等教育的中心，美国研究型大学则在20世纪以后使美国的科学技术和学术研究走在世界前列。自20世纪80年代以来，发达国家为回应世界范围内日益激烈的经济竞争，迫切希望研究型大学在科技创新与技术转化方面承担起更重要的作用，以斯坦福大学、麻省理工学院等为代表的美国研究型大学也在这一背景下拓展了自身的功能和领域，通过建立大学研究区、加强与产业部门的合作、鼓励内部员工的知识创新等方式提升大学的创新能力，这不仅缩小了基础研究与应用研究之间的距离，而且引领了新一轮科技革命的浪潮，不少研究型大学更在此过程中形成了创业型大学（entrepreneurial university）的新模式。

知识经济的出现要求大学在推动经济发展方面发挥比过去更为重要的作用。大学的很多部门和领域也在知识与人力资源的输出方面取得了巨大的成功。社会一直将大学视为提供接受高等教育劳动力的基地以及通过新发明、新创造而进行创新的源泉。大学的这一功能在过去几十年里表现得日益明显。同时，大学自身在技术转让方面所具有的优势不仅加速了创新的扩散，同时也提升了大学自身的研究能力。大学不仅可以支持并推动知识进步，更重要的贡献在于新发明和创新。大学内部所进行的创新活动不仅关注技术，更注重从根本上改变解决问题的方式，产生根本性的突破。而这一点，也正是从事长期性基础研究的大学有别于社会部门中其他创新主体最关键的地方。

四 创新发展理论对岗位创业教育的启示

通过创办新公司以及开辟新的商业领域的创新性行为被看作促进公司、区域以及国家层面经济发展的重要因素（Malecki, 1997; Reynolds et al., 2001）。在这一过程中，一个至关重要或制约性因素就是个体需要具备项目管理或创业的能力。换句话说，培养企业家以及项目领导者是创新驱动发展的关键所在。正因为如此，大学的功能与作用更加凸显。大学可以激发其毕业生的创业动机以及提升其毕业生的项目管理能力——这样的毕业生是创新与创业活动中的生力军（Rasmussen, 2006）。伴随着创新驱动发展大背景下的大学作用的凸显，高校创业教育的目标也更加明晰，那就是，培养创新与创业人才。由此也可以理解，正是在这样一个国际大背景下，即创新与创业是不同组织层面经济发展的重要引擎，我国的相关政策与研究直接将"创新与创业"合并简化为"创新创业"、"创新创业教育"以及"创新创业能力"。

从国际趋势来看，除传统的教学与科研之外，大学正被全社会赋予新的角色期待，因而也正在履行第三种职能或使命，那就是，通过创新促进经济发展（Etzkowitz，2002）。就发挥大学在创新驱动发展中的作用而言，在过去几十年里，美国许多大学显然是这样做的，目前在欧洲，大学也日益被激发积极参与创新驱动发展的战略之中。具体到如何将创新与岗位创业教育紧密联系起来这一问题，其答案显然不是简单地贴上"创新创业教育"这一标签，而是在创业教育中始终对准"创新"这一最终目标，致力于培养企业家与优秀的项目管理者。从具体实施来看，目前发达国家成功经验之一就是"在做中学"（learning-by-doing）。杜威在《民主主义与教育》中提出了"在做中学"，认为"所有的学习都是行动的副产品"。这一"在做中学"的宝贵思想不仅深刻影响了现代美国教育，而且至今对全世界范围的活动与实践教学都发挥着重要的影响作用。

岗位创业教育在具体实践中可分为两种方式：一种是把创业作为特有的现象进行研究与学习；另一种是着眼于培养企业家或创业者，让学生学习有用的创业技能（能力）（Klofsten，2000）。后者更偏重实践活动，因而也就更吻合杜威提出的"在做中学"思想。不过，在具体实施策略中需要考虑的是，高校如何提升学生创业能力，以培养未来的企业家。依据Klofsten（2000）的研究，高校可以通过三种基本的活动形式以培养未来的企业家：一是活动旨在全校范围内营造和维持创业文化，将所有的课程与研究，都与外部的活动整合起来，为激发学生创业服务；二是为学生专门开设系统的有关创业的课程；三是为有意向开办新公司和创业的学生"开小灶"，提供一对一的创业课程与辅导。这三种活动形式并非割裂的，即高校可根据自己的情况选择其中一种，也可以三种同时开展。

（一）发挥高校在"创新型国家"中的重要知识主体作用

"创新型国家"强调创新过程中的原创知识生成、扩散与转化作用，是组合和调动各创新要素的基本方式，直接影响着国家创新能力的发挥和创新成果的出现。第一，高校作为创新过程中的重要主体，具有非常强的原创知识生成能力及扩散能力，是创新活动中最为重要的因素。从国家创新系统的角度出发，高校需要和知识密集型企业、产业联合体、科研机构等其他创新主体组建网络化的创新平台，充分发挥高校在知识创新方面的优势，为企业的应用创新提供源源不断的原创知识。因此，我国高校应该更加开放与主动，从聚合创新主体、整合创新资源的角度实现基础设施、人力资源、知识储备、创新平台等多领域的协同合作。通过构建联合创新平台，建立起以高校为核心的区域性创新网络。要打破行政体制对高校教师队伍的约束，发挥市场在资源配置过程中的决定性作用，实现创新主体资源的自由流动和组合，允许企业科研人员进入高校、科研机构进行科研合作，进一步建立起推动高校教师科研人员与产业部门全方位合作的长效机制。特别是要探索建立各种柔性方式的区域间高校—企业—科研机构创新合作网络，通过项目委托、项目合作、讲座教席等形式，推动高校与产业部门合作的长效机制。

（二）形成创新主体的自由研究与协同合作机制

一是建立创新主体自由研究制度。创新力量的发挥离不开各主体的自由自主探索，各主体根据自己的兴趣、研究特长及优势从事力所能及的创新研究，将会促进创新研究的多样化，实现创新的繁荣。美国、日本等国家之所以创新能力非常突出，就在于建立了非常自由的研究制度，高校教授可以根据自己的研究兴趣开展研究，各个成员之间可以自由组织科研联盟。实现创新主体从事创新研究的自由制度建设，首先，要保证评价制度的开放性、多样性、长期性，创新主体的任何创新活动都能得到承认和认可，创新主体的创新活动都能得到相应的评价和奖励，能够鼓励创新者的创新活动持续、深入，避免评价制度给创新者带来急功近利的短期效应。

其次，减少制度的约束作用，让创新主体能够自由自主地从事创新活动，减少对创新行为的约束、减少对创新活动支持资源和服务提供的约束，让创新者能够积极自主地从事创新，什么时间进行创新、组建什么样的团队，从事什么内容的创新等，都应该让创新主体自行决策。还要建立自由探索的资源支持和奖励制度，只要从事科研创新活动就应该提供相应的经费支持，改善科研创新活动资源不足的问题，对自由探索的科研创新成果也要进行相应奖励，从物质和精神方面支持和鼓励自由创新活动。

再次，完善产学研转化制度。产学研转化制度是将知识直接转化为经济效益并取得收益的最重要方式之一，是激励高校与其他主体积极创新的重要因素。完善的产学研制度将会把企业生产需求和生产能力、高校及科研机构的研究能力及研究成果有机联系，将使高校及其科研机构的知识创新获得经济收益，企业获得自己需要且能够直接转化为社会需要的技术。完善的产学研转化制度是促进社会创新能力提升的重要保障，是促进高校和其他创新主体密切联系的重要纽带。

我国在完善产学研制度建设的过程中，首先要改变对高校科研工作者的传统管理思维，不能把高校科研工作者限制在高校校园，要让高校科技工作者走出校园、深入社会实践、深入企业内部，了解社会真正的发展需求，建立高校科技工作者与其他创新主体的灵活流动机制，促进高校科技工作者与其他创新主体积极互动。其次，要把高校的科研设施设备向其他创新主体开放，建立租赁、共用等基于经济补偿制度的公共设施设备运用机制，实现科研设施设备的充分利用。加强科技转化市场建设，积极培育和发展一批中介组织，例如创新供给与需求协调组织、科技创新成果认定组织、科技创新成果转化组织、科技创新成果产权诉讼组织等，积极创造条件，让各种类型的中介组织投入科技转化市场服务之中，在高校和其他创新主体之间架起有效协作的桥梁。

（三）建立以高校为核心的创新平台及多节点的运行机制

在高校创新平台的建构中，政府通过制定有利于科技创新的政策和法律、法规，为科技创新提供一个良好的创新环境。企业不仅是科技创新的主体、创新成果的主要享有者，更是技术创新的主要投资者和执行者。企业在高校创新平台中的技术参与以及资金支持，极大地提高了创新成功的概率，降低了失败的风险，从而节约了创新成本。高校的创新体系是一个由各个参与主体相互交织形成的成熟的互动网络，这个网络中的各个主体相辅相成、相互作用，形成了一个能够高效运转的有机整体，促进了创新工程的顺利进行，降低了失败的风险，从而节约了创新成本。因此，优化高校创新平台建设，降低创新成本，既是培养创新人才的需要，又是促进创新型高校长远发展的需要。

创新平台的构建以及系统运行并不是单一主体能够统筹协调的，其受益主体也并不局限于实施主体。因此，在创新平台的构建和发展过程中必须按照"政府引导、市场化运作、企业化管理、专业化服务"的指导方针，有针对性地扶持创新平台的专项政策，进一步创造和优化平台的发展环境。根据上述指导方针，我国的高校创新平台应该按照"企业为主体、政府为引导、高校和科研机构为基础、市场为导向"的建设思路，建设成一个网络结构平台。构建高校创新平台多元的参与主体，并不是简单地聚集各行为主体，而是建立一个高校和科研机构为基础、企业为主体、政府为引导、市场为导向各方积极参与、紧密合作的研发战略联盟，是产、学、研合作的一种高级形式。

通过创新平台这一载体，参与平台的各方建立战略联盟，彼此之间通过加强合作，将分散到不同组织的资源和核心能力进行整合，避免各个主体在人力、财力和物力方面的重复投入，降低组织之间的交易成本，发挥整体科研协同优势。同时，多方的参与合作也能够加快创新研发速度，及时攻坚克难，提高创新工程的科学性、合理性，提高创新成果转化率，进而降低创新运营成本。

第三节　社会资本理论与岗位创业教育

发现、评估和利用组织内的资源提升现有的岗位技能、增强创新意识以及在工作岗位中形成创业的理念，对于岗位创业者来说是必不可少的，但是无论岗位创业者的原有知识多么渊博、社会经验多么丰富，其在进入新的组织后一定时期内所能直接掌握的信息和资源总是有限的，凭借这些有限的资源，岗位创业者往往较难迅速有效地掌握创新和创业机会。因此，岗位创业者需要更广泛地营造组织内关系良好、沟通顺畅、信息交换通达的社会关系网络。只有通过不断的社会资本积累，岗位创业者才能够迅速、高效地了解组织内资源状况并实现岗位创业。本节通过对社会资本的学科缘起、实践缘起以及内涵分析来讨论社会资本对组织内成员的影响、组织内资源的利用以及组织成员之间的关系，进而对岗位创业教育有所启示。

一 社会资本的学科缘起

（一）社会学的渊源

社会学中的整体学派是社会思维一个独立的个体而非各个成员组合而成的整体，因为"人们构成整体后的思考方式和行为方式与之前隔绝于社会之外的模式是完全不一样的，如果本书先分别研究作为个体的人，那么就无法了解他们所组成的组织究竟会发生什么事情"[①]。以涂尔干为代表的整体学派倾向于先研究整个社会，进而将社会中各组织中的成员的行为视为依附于社会的变量，并由此衍生出强调组织内各种价值与道德规范等仪式即为促成社会资源或者经济资源交换驱动因素的"价值内化"的概念。人们所有的行为都是基于同一组织内共有的规范和准则要求，因此具有权威的服从性。

个体学派基于个人的社会行动，认为可以从个体所拥有的价值观中去推导人的行为，所有研究的方法论也是基于个体行为。[②] "所有的社会现象，尤其是所有社会制度的运作都应该被视为许多个人行为及主张集合的结果……从集体现象的角度所得到的解释永远无法令人满意。"[③] 这种方法论中体现的个人主义与古典经济学对于社会资本的阐述几乎如出一辙，将个人主义与利益最大化相联系使得社会学研究与经济学研究产生了交叉。

20世纪50年代以来，社会学与经济学交叉产生的社会交换理论对传统的社会学研究形成了方法论方面的挑战，理性选择社会学开始基于以经济理性为中心的资源交易理论为社会交易行为的研究重点，并向传统的人类学研究扩展，将关系理性纳入社会交易的分析。因此，涉及多个学科概念的社会交易指维系和提升社会关系的方式，并因此创造社会信用、社会

[①] E. Durkheim, *The Role of General Sociology*, London: Palgrave, 1982, pp. 255–258.
[②] ［德］马克斯·韦伯:《马克斯·韦伯社会学文集》，阎克文译，人民出版社2010年版，第237—252页。
[③] Karl Popper, *The Open Society and Its Enemies*, London: Routledge, 1945, pp. 78–84.

负债和社会认可。① 社会资本也被赋予由社会交易所产生的利得的属性。

源自社会经济学"集体行动问题"的研究也对社会资本在社会学方面的研究起到了推进作用。Mancur Olson 从经济学视角质疑具有相同利益的个人所组成的组织是否能够尽力"增加"或"扩大"其共同利益，并且提出"除非一个组织中的成员数量很少，或者内部有强制力和特殊的制度设计，否则理性驱使追求实力的本性是不会让个体去主动追求达成组织利益最大化的共识"。② 也就是说，Olson 的观点是从人性自私的假设出发，只要个人能够享有集体的利益或者好处，个体就会有强烈的愿望去免费享受而不必承担应有的责任或者义务。而基于信任的研究发现，如果把信任置于集体行动或者社会交换领域中，它会为集体行动带来正面驱动的力量而被视为合作的润滑剂或者感情基础。③ 信任的存在能够免除不必要的契约进而降低组织内的教育成本，并且能够解决不信任导致集体行动面临的困难。假设集体任务中每一个成员都相信其他成员能够尽最大努力完成自己的本职工作，那么大家都愿意尽力完成各自分内的工作并愿意去帮助别人。

社会网络分析，也被称为结构分析理论，对组织内成员之间的互动进行研究并观察互动模式如何自发地形成特定的结构，将个体置于组织外部与外部成员和组织产生更为复杂的关系。④ 社会网络分析研究假设组织内成员及其行为之间存在着强依赖关系；成员之间的关系促进组织内的资源转换以及流动；组织网络结构本身对成员个体而言既是机会也是限制；组织网络结构本身也被看作成员之间长期稳定的关系。在此假设下，社会资源理论应运而生，由于社会资源具有组织网络内生性的特点，因此认为特定的组织结构蕴含了相应的社会资源，在特定的组织中，人与人之间形成

---

① N. Lin, *Social Capital: A Theory of Social Structure and Action*, London: Cambridge University Press, 2001, pp. 73 – 78.

② Mancur Olson, *The Logic of Collective Action: Public Goods and The Theory of Groups*, Cambridge, Massachusetts: Harvard University Press, 1965, pp. 47 – 53.

③ Diego Gambetta, *Trust: Making and Breaking Cooperative Relation*, New York: B. Blackwell, 1988, pp. 97 – 103.

④ S. Wasserman and K. Faust, *Social Network Analysis: Methods and Application*, New York: Cambridge University Press, 1994, pp. 322 – 343.

的稳定关系和社会结构衍生了社会资源。社会资源产生于其所形成的结构洞与网络封闭环境，这两种网络结构虽然具有很大的差异，但都能够产生社会资本。① 结构洞是指整个社会网络中个体、群体之间存在的弱联系，这种弱联系导致了关系网络中各群体之间信息传播的保留性、控制性与彼此组织之间相互协调和参与的被动性，但是这种弱联系能够使不同群体内的成员利用自组织内的优势，发掘创新点，从而为自己带来更多的资源和更大的竞争优势。网络封闭性则是强调了组织内部的网络对于外部来说是不开放的，一方面这种封闭性最大限度上保护了组织内部的信息，使得外部组织不能充分获得其他组织的信息和资源；另一方面，这种封闭性能够促使人们在网络内部形成较为紧密的联系，实现组织内成员的充分信任。

（二）经济学的渊源

虽然"资本"一词在各个研究领域被广泛使用，最初是指作为交易支出用的金钱。18 世纪之后，资本的定义逐渐模糊，主要是因为当时的经济学家把资本的概念扩展到财物资源以外任何能够被用来产生未来价值的资源。② 马克思认为，资本是商品生产和交换过程中所产生的声誉价值，即从资本家的角度来看，资本也是一种以生产商品为目的的投资，其目的在于当商品出售后能够获得更多的剩余价值。③

对资本理论的研究从 20 世纪 60 年代以人力资本理论的研究为标志进入了新的阶段，打破了古典资本理论将劳动力当作常数的假设，而将工人看作能够自行投资的企业家，通过工作提升自身的专业知识及技术，增加自身劳动力的价值，产生溢价，同时人力资本的提升也带动了经济的发展。自此以后，人力资本被看作劳动市场上增加价值的个体属性，并由此衍生了文化资本、语言资本、制度资本。总体而言，这些"新"

---

① R. S. Burt, "Structural Holes: The Social Structure of Competition", *Economic Journal*, No. 42, 1995, pp. 7060 – 7066.

② Martin Albrow, *Sociology: The Basics*, London: Routledge, 1999, pp. 56 – 59.

③ Nan, Lin, *Social Capital: A Theory of Social Structure and Action*, London: Cambridge University Press, 2001, pp. 73 – 78.

资本概念的共同特点在于抓住了资本是着眼于市场投资以期获得利润的核心要义，只是它们有各自的市场和理论界定，并对于利润有不同的解释。

从某种角度进行分析，社会资本与文化资本有重叠的部分，因为一个社会的教育机构不仅仅传授知识与技能，同时也包含了传播文化价值的功能，要将个人的人力资本与文化资本彻底分开是非常困难的。由此可见，社会资本与文化资本也有着千丝万缕的联系，基本上这两种资本都提供了个体生存的资源，社会资本提供个体在社会市场交易的"资金"，文化资本则成为个体进入社会市场的"敲门砖"，拥有较多文化资本的人体更容易进入其所在领域更高层次的组织，进而增加其社会资本，两种资本对个体或者相关组织利益的获得具有相辅相成的作用。

社会资本的产生源于促使合作行动的规范、网络结构和信任机制。这种观点认为社会资本产生于资源组成的组织内部个体之间的互动，这种组织是基于成员共同爱好自发形成的社交网络或者社群，在这种组织中，社会资本的产生源于信任和成员之间的合作。① 这种观点借鉴了经济学中的囚徒困境和博弈论的基本观点，即偶发性的囚徒困境游戏不会造成合作关系的产生，因为面对个人利益最大化并且假设对方不实现个人利益的前提成为纳什均衡出现的条件，而当游戏重复多次的时候，一方利益最大化的偶然性和不确定性使得双方开始思考如何实现彼此的利益最大化，即形成短暂的合作体系，进行合作。但是这种社会资本的产生是基于私利无法最大化的条件下不得不与其他人结成暂时的合作，通过相互妥协退而求其次以实现组织内里利益最大化，从而使个人的损失降到最低。

二 社会资本的实践缘起

社会分工和科技发展成为推动社会经济发展的关键因素之后，个人、组织、区域、国家之间的合作成为社会各界关注的重要问题。社会成为内部各角色相互依赖的组织，但是随着合作与依赖关系的加深，组织内成员

---

① ［英］保罗·F. 怀特利：《社会资本的起源》，李惠斌、杨雪冬译，社会科学文献出版社2000年版，第88—94页。

利益受到侵害的可能性也越大。如何解决这一问题,以使组织行为的参与者更好地实现彼此的价值以达到共同的组织目标成为学术界亟待解决的问题。并且西方国家自20世纪60年代以来经历的以"无拘束的个人主义"为核心的社会运动不仅导致了社会共有价值的破坏,也使得社区概念名存实亡,整个社会的犯罪率、离婚率激增,亲子关系以及邻里关系也陷于僵化的状态。

这种情况使得学者、政治家开始寻求将社会资本理论与当前社会问题相结合的解决之道,"新制度主义"学派在此背景下产生。该学派强调面对组织行动困境时,个人基于过得更好的目标愿意为当前困境寻求解决办法。"新制度主义"学派认为制度本身能够迫使个人考虑其行为的社会成本和获得的利益,也就是制度具备潜在的强制力以及能够对个人不正当的行为进行制裁,最终目的是使成员个人利益与组织目标趋同。[①] 但是个人偏好的不确定性、社会组织结构内部的变动性、社区的不稳定性等因素被新制度主义学派的研究者严重低估,忽视了这些因素影响组织行为和个人行为的能量,为了弥补这一缺陷,人与人的信任、社会网络以及社会规则逐渐被学者引入研究中。

20世纪70年代福利国家政策的失败导致了80年代"新保守主义"的兴起,"国家""市场""社会"交互主导社会经济发展也成为"社会资本"概念出现的引导性因素,媒体结构、志愿者组织、第三方部门等中立机构已逐渐成为协助或者某些领域取代政府执行公共政策或者以监督者的身份促进社会问题的解决[②]。以"公民社会"为中心的政治和社会潮流与80年代末第三次兴起的民主化运动相结合,最终形成"社会资本"出现的社会驱动力。

三 社会资本内涵

社会资本一词最早代表个人或者家庭在日常行为中所表达的情绪或者

[①] Bate and H. Robert,"Contra Contractarianism: Some Reflections on the New Institutionalism", *Politics & Society*, No. 16, 1988, pp. 387 – 401.

[②] Peter Hall,"Social Capital in Britain", *British Journal of Political Science*, No. 29, 1999, pp. 417 – 461.

感情，包括善意、友谊、同情心。① 20 世纪 90 年代以来，社会资本作为从新经济社会学演化出来的最具价值和影响力的理论概念，成为诸多学科关注和着重分析的起点，社会资本将影响社会发展的制度因素、价值判断、文化影响等要素纳入经济学研究和分析的框架。② 构成了经济运行与管理结构中的重要因素，同时又对当前社会发展起着关键作用。

资本最初来源于经济学的研究范畴，指代被生产出来或者自然的生产要素储备，这种要素储备被认为在未来的某个特定时刻或者时期能够产生效益。③ 社会资本是将资本在经济学研究范畴内向社会学进一步进行扩展，将非经济的社会关系对人们产生具有价值的效益进行概括和界定。

法国社会学家皮埃尔·布尔迪厄第一次将资本的概念引入社会学领域，并将资本分为经济资本、文化资本和社会资本。他指出，相对于经济资本和文化资本，社会资本的变动性更强，是实际的以及潜在的资源的集合，这些资源存在于由默认的或者公开承认的相对稳定的关系网络中，而这些关系则普遍存在于相应的组织中，具有制度化的特点。④ 布尔迪厄认为资本有多种存在形式，如经济资本、文化资本、社会资本等。他认为，经济资本是以金钱为标志，以产权为基础实现制度化形式；文化资本以著作、作品、学术头衔、职称为表现形式，通过各级学位的授予实现制度化形式；社会资本则以社会声誉、社会地位、社会资源实现外化，以社会组织规章制度为制度化形式。同时布尔迪厄也将"场域"与社会资本相结合，认为在个人和团体服从社会制度所要求的行为规范时，也建立了一个活动的场域，这个场域的范围可能是学校、社区，也可能是一个企业，甚至扩展到更大的范围，将相同或者相似的文化进行融合。

在这个活动的场域内，个人和组织都以既定的社会规范和制度作为衡

---

① Lyda Judson Hanifan, *The Community Center*, Boston: Silver, Burdette, and Co. 1920, pp. 68 – 79.

② 张其仔：《社会资本论：社会资本与经济增长》，社会科学文献出版社 1997 年版，第 19—20 页。

③ Nan, Lin, *Social Capital: A Theory of Social Structure and Action*, London: Cambridge University Press, 2001, pp. 4 – 8.

④ P. Bourdieu, *The Forms of Capital*, New York: Greenwood, 1985, pp. 241 – 258.

量行为或者行动的准则，在制度的规范下，组织内的成员自动将既有资源形成共有的社会资本。因此，布尔迪厄定义下的社会资本是一种制度化的社会网络关系中存在的资源，这种资源存在于持续性的工作关系、群体关系和组织关系中。正是由于这种关系的存在，社会资本的获得需要并且能够得到经济资本和文化资本的长期投入。

科尔曼则认为"社会资本是生产型的，存在于人际关系的结构中，通过人与人之间的义务与期望、存在于社会关系内部的信息网络、组织内的规范和有效的惩罚、权威关系以及多功能社会组织和有意创建的社会组织表现出来"。[1] 布尔迪厄和科尔曼在定义社会资本时，都提到社会资本需要在社会网络中才能发挥作用，而社会网络是依托组织进行有序的构建，在组织中，"个人通过他们的成员资格在各自形成的有组织、有秩序的关系网络中或者向外拓展形成的社会层级机构中获取其缺乏的资源，这些资源以及网络中所能带给成员有益的东西就是社会资本。而获取社会资本的能力不是个人所固有的，而是个人在与组织内的其他成员交往过程中形成的独特优势，利用这种优势形成的交换关系所产生的资产"。[2]

从创新和资源挖掘角度分析，企业的社会资本则对于研究岗位创业者的动机和行为更具有理论借鉴意义。企业的社会资本是企业内部的行动者通过社会关系获取的有形资源和无形资源，这些资源有利于行动者个人目标和企业目标的实现。[3] 岗位创业研究指向的企业社会资本，更具有目标指向性。企业社会资本的目标性赋予社会资本以现实目标的动态性，企业组织内网络以及个人在企业内的网络中为明确的目标而行动。[4] 岗位创业者受到这种目标的激励和引领，能够更好地完成创新创业

---

[1] Jamse S. Coleman, and J. M. Whitmeyer, *Foundation of Social Theory*, Cambridge: Harvard University Press, 1992, pp. 45–47.

[2] Nan Lin, "Building a Network Theory of Social Capital", *Connections*, No. 22, 1999, pp. 28–51.

[3] [美] 简·弗泰恩、[美] 罗伯特·阿特金森：《创新、社会资本和新经济——美国联邦政府出台新政策，支持合作研究》，李惠斌、杨雪冬译，社会科学文献出版社2000年版，第209—227页。

[4] 周小虎：《企业社会资本与战略管理——基于网络结构观点的研究》，人民出版社2005年版，第145—157页。

目标。

在企业社会资本网络联系中,各个节点的关系存在弱联系和强联系。如果组织内网络成员之间的关系是相对固定、重复性、持续性的,他们之间的关系就是强关系,反之则为弱关系。强关系能够帮助网络内部成员更好地应对不确定性因素的冲击,获取更多、更可靠、更有价值的资源。同时创新精神的传递和经验型知识的转移通常发生在高度信任的组织成员之间,有利于企业内部利用式创新。弱关系之间的主体在理念和行为上存在较大的差异,如果能够相互协调、吸收融合,则有利于企业探索式创新。①

基于国内外学者对社会资本的研究能够发现,对于个人层面和组织层面,社会资本有不同的含义。从个人层面出发,社会资本指个体能够协调和利用的,为其创造经济及个人价值、提升需求层次的一切社会资源,包括个人在组织内的地位、职位、权利、被认可度等以及个人或者家庭所拥有的社会关系网络的总和,包括能够协助个体获得提升或者带来经济和社会效益的亲属、同学、同事、朋友等。从组织层面分析,社会资本指的是组织拥有的或者可以协调和调动的能够为其创造经济价值以及促进组织进一步发展的一切社会资源,包括现有的荣誉、组织规模、行业地位、资金筹措渠道和能力,以及组织内部各个成员愿意并且能够为组织带来效益的社会关系网络总和,例如团队协作能力、项目进展、客户资源等。

社会资本观视角的岗位创业行动正是以组织内部的网络关系为基础、以资源分配的既定性和职业资源的可扩展性为依托,以个人社会资本和组织社会资本相互协调,通过自我意识的提升实现创新,同时为岗位职能的改进以及改善组织内的现有关系留下发展空间的行为和实践。岗位创业者能够合理地利用组织内的关系网络获取相关的信息,从而识别和把握内生性的创新和创业机会。尤其是具备创新精神和创业意识的人,对于稀缺资源获取和协调的判断优于组织中的其他成员。

---

① 蔡宁、潘松挺:《网络关系强度与企业技术创新模式的耦合性及其协同演化——以海正药业技术创新网络为例》,《中国工业经济》2008年第4期。

从社会责任角度进行分析，教育的主要任务是通过制度化、体系化、组织化的运作，促使人力资本、文化资本和社会资本在教育机构内进行融合。同样，高等教育人才培养、科学研究、社会服务以及文化传承的职能，也能通过资本化来进行解释。人才培养即人力资本的发展；文化传承实现了文化资本的发展，也就是高等教育机构和组织活动所产生的价值，包括教学活动、学术活动、社会服务活动产生的价值，这种价值具有相对性，是人为产生的；社会资本则体现了人与人之间、人与组织之间的互动与交往、资源互换。从教育制度和组织来说，学校承担了人才培养的基础职能，通过对学生的培养，使其走出校门之后拥有人力资本、文化资本和相应的社会资本。

四 社会资本理论对岗位创业教育的启示

岗位创业涉及创业者、组织关系、创业环境、信任机制、创业机会等方面的交叉与协调，其中创业者、组织关系和创业机会是三大关键因素，只有这三种要素相互促进，岗位创业者的创业活动才能对组织内部的创新起到推动作用。社会资本理论对岗位创业教育产生的影响主要体现在以下三个方面。

（一）加强对岗位创业者进行自我定位方面的专业教育与实践

无论是在一般性商业企业还是在社会企业、高校等其他组织机构中进行的岗位创业，岗位所涵盖的专业知识、技术方式、目标细分对象、所提供产品涉及的专业知识和服务以及该岗位的发展趋势等都是岗位创业者需要掌握和关注的。具体而言，岗位创业者需要具备敏锐的内部资源掌握与运用能力，并能将这些资源转化为提升技能和创业能力、辅助创业行为，甚至是成为创新成果的有机部分。

首先，岗位创业者需要能够剖析自己的创业能力和技能，增强以创业意识提升本职工作的信心。因此，岗位创业者面对复杂的环境及工作时，需要具备领导特质和决断力，尤其是团队管理能力，增强工作中的决策效能；其次，岗位创业者因为要对本职工作进行创新，因此需要具备一定的风险承担能力，培养在环境变化、岗位压力中有效工作的能力并能够面对工作中的错误和挫折；再次，岗位创业者必须具有清晰的自我定位，将自己与企业内部资源进行匹配，以充分利用资源实现创业愿景。高校在实施岗位创业教育的过程中，应强化对学生的管理专业知识和心理学知识的教育力度，将管理学以及心理学自我认知模块与当前岗位创业实践有机结合，使学生在创业实践、创业竞赛项目中，将自我分析、自我认知与创业项目相结合，使其在未来的岗位创业过程中能够更快地与岗位资源进行匹配进而实现创新与创业。

（二）增强对岗位创业者创业治理以及相关要素判定方面的教育与实践

岗位创业与非岗位创业的最大区别在于创业资源的来源，岗位创业所依托的资源主要来自企业或者组织内部。更进一步细化，是与创业者所在岗位相关的资源，因此相对非岗位创业的外扩性和开放性而言，岗位创业更具内敛性和保护性。对于岗位创业者来说，在利用岗位资源以及技术进行创新的过程中，需要有宏观的创业治理理念，即对企业组织内部的利益相关者的关系及其对创业影响进行设计和构建，形成岗位创业的内部组织关系网，利用内部网络关系判断资源的可利用性、稀缺性、可输入性、内部转换等，这需要岗位创业者能够迅速建立起与组织内部各个相关团体或个人的信任机制或者合作秩序，具备整合企业内部相关资源的能力，在整合资源的过程中判断创业的机会和前景。

企业社会资本与企业家社会资本是知识的重要来源，与组织内成员的交流和沟通，实质上是对知识和信息的获取，构建组织网络的行为本身就是学习的过程。因此，是否能够充分而有效地利用组织内的关系网络决定了岗位创业者学习能力的强度以及提升幅度。社会资本扩大了岗位创业者的深度和广度，增加了创业知识和信息来源的多样性和多元化。岗位创业者需要在企业中构建新的学习理念、拓宽学习渠道，通过在岗位上的实践不断积累经验性知识，从交流中学习、从分享中学习、从沟通中学习、从反馈中学习，并将学习成果结合本职工作进行创新和提升，在成员间所共有的规则、规范、价值观、共同职业经历等认知基础上，借助社会资本网络获取新的知识。

因此，与面向外部对象的创业活动相比，岗位创业更强调组织内部动态的掌握与把控，在进行岗位创业课程体系设计过程中，应更多地关注与公共管理相关专业的融合以及更多地设置组织行为学等课程，提升大学生识别组织资源、构建组织内部网络，形成资源的良性互动，在以岗位为核心、职业提升为目的的氛围中，树立创新意识，实现岗位创业。

（三）强化岗位创业者通过岗位创业活动拓展社会资本的能力

岗位创业者在工作岗位上想要具备"创业的心态、创新的思维"，必须不断增强个人创新意识，根据工作岗位的需要提升创新能力，创新能力、创新思维的具备与提升需要持续不断的学习，除了学习岗位必备的专业知识、企业内部的相关技术及知识外，还需要向外扩展，寻求外部与岗位相关的知识、信息、机会、资源等，通过与外部知识形成自觉的学习和吸收、转化机制，通过社会资本的拓展与外部相关资源建立联系，通过对外部环境变化的感知评估岗位现状与创新机会，实现更好地调配内部资源、改进现有工作方法以及提炼已有的经验，以指导自身实施有目的、有组织、有计划的创新、开拓、整合、利用岗位资源及技术，实现本职工作的提升，成为区域经济社会发展需要的既懂专业又善创业的高素质复合型应用人才。

岗位创业者通过企业内部的关系以及个人的社会关系在资源和信息获取方面能够得到尽可能多的帮助和支持，在实际工作中，他们也会逐步构建和发展组织内部的人际网络关系。从岗位创业者个人利益、网络关系、组织利益三个方面出发，社会资本从信任、尊重、真诚和规范角度实现了岗位创业者与组织内利益相关者的有效互动，社会资本则从组织内的网络规模、人与人之间的博弈以及行为异质性方面阐述了岗位创业者的网络结构特征，从观念、权威意志和态度等方面影响着岗位创业者的行为，促使岗位创业者不断学习、提升自身的知识和技能。

在针对社会资本识别、吸纳、学习以实现创新意识和创新能力的岗位创业行为过程中，高校应该将岗位创业教育与一般的创业教育对外部资源的需求和利用进行区分。一般的创业行为对外部资源需求的目的是直接产生"盈利"，无论是社会创业还是商业创业，其与外部资源进行协调的最终目的是相关群体或者自身直接的产生部分或者完全的货币价值以及社会效应。岗位创业更多的是通过外部资源的作用更好地实现岗位创新，直接为所在组织产生利润，更多的是"社会责任与企业家责任"的融合。因此，在实施岗位创业教育过程中，应相对弱化商业性、营利性的教育，而应将企业责任、企业家精神与岗位创业教育相结合，即重视过程导向性的创业教育。

第四章　大学生岗位创业教育的操作体系

对从事创业教育的高校来讲，要有效地践行岗位创业教育，就要面向全体大学生，将创业教育理念与内容融入人才培养全过程，提升全体在校大学生的创新意识、创业精神和创业能力，其核心是培养区域经济社会发展需要的既懂专业又善创业的高素质复合型应用人才。本章将从岗位创业教育的价值导向、操作逻辑、组织设计等方面入手，重点阐述大学生岗位创业教育的具体操作思路。

第一节　岗位创业教育操作的导向与逻辑

高等教育在现代工业化国家和正处在工业化进程中的国家中发挥着提供智力支撑的作用。20世纪80年代以来，发达国家为回应世界范围内日益激烈的经济竞争，迫切希望高等教育机构培养出适应时代需求的创新创业人才，以麻省理工学院、斯坦福大学等为代表的美国研究型大学也在这一背景下拓展自身的功能和领域，通过建立创业园区，加强与产业部门的合作，鼓励大学生以知识创新和技术创业等方式提升高校的创新能力，掀起了新一轮科技革命的浪潮。以上这一时代变迁，使岗位创业越来越受到关注和重视，同时也使岗位创业教育得以涌现。

一　岗位创业教育的价值导向

知识经济的出现要求高校在创新创业人才的培养方面发挥比过去更为

重要的作用。高校在知识与人力资源的输出方面的贡献日益明显，高校自身所具有的优势不仅加速了创新的推广，提升了自身的研究能力，支持并推动知识进步，更重要的是培养勇于创新、乐于创业的专业人才。高校的创业教育活动不仅关注操作层面，更重要的是培育个体的理念，培养学生的创业精神和创业能力，这一点正是高校有别于其他社会组织之处。

从传统意义上讲，创业是指创办新企业，创业者必须是企业所有者。熊彼特首次将创业与创新联系起来，创业的实质被界定为创新，或资源的重新组合，包括开始一种新的生产性经营和以一种新方式维持生产性经营。[①] 1985 年，Pinchott 首次在其著作《创新者与企业革命》中提出了在已建立的大型组织内进行创业的理论，即内创业理论（intrapreneurship）。[②]

随后，学术界和实业界开始对内创业现象表现出越来越浓厚的兴趣和关注。概括相关文献，内创业可以被界定为在一个现存企业中，个体或团队进行的新业务创造或多种创新活动的过程[③]。相应地，内创业者主要是指在现行公司体制内，发挥自己的创业精神和革新能力促成公司新事物产生，从而使公司获得利益的人。相关研究指出，相对于自主创业者，内创业者拥有独具特色的创业环境，一般具备一定的创新精神、自主工作和持续学习的能力、相关岗位的专业特长以及强烈的成就动机。[④]

这里所说的内创业，即指岗位创业。在众多研究文献中，类似概念又如"公司创业"等。基于高校创业教育视角，"岗位创业"一词更能明确体现创业教育的目标取向。以岗位创业为导向的创业教育将不仅仅以培养自主创业者为目标，更是要在高校专业人才培养过程中，通过融入创业意识、了解创业知识和体验创业过程，使大学生掌握从事未来职业所需的知识和技能，同时具备一定的创新思维、创业精神和创业能力，从而能在工作岗位上利用企业资源进行创业活动。

开展创业教育，既要培养自主创业者，又要培养岗位创业者。目前，很

---

① Sehumpeter, J. A., *The Theory of Economic Development*, Boston, M. A.：Harvard University Press, 1934.
② Pinchott, G., *Intrapreneuring*, New York, Hamper & Row, 1985.
③ 颜士梅、王重鸣：《内创业的内涵及研究进展》，《软科学》2006 年第 1 期。
④ 黄兆信等：《内创业者及其特质对我国高校创业教育的启示》，《高等教育研究》2011 年第 9 期。

多高校的创业教育项目还只是侧重于自主创业者的培养，这是创业教育的一个误区。将每一位接受创业教育的学生都培养成为未来的企业家，这不仅不切实际，还容易导致学生产生盲目的创业冲动，把创业过程理想化、简单化。事实上，自主创业者的培养和岗位创业者的培养应该是共同的目标，前者数量少、难度大，后者更具普遍性，能通过大规模的教育培养提升创新能力，形成浓厚的社会创业文化氛围，这也将更有利于自主创业者的培养。

二　岗位创业教育的操作逻辑

其一，以融入高校现有人才培养体系为出发点。培养自主创业者的创业教育在操作层面过于偏重实践领域，大多停留在鼓励大学生参与创业实践活动而忽略了课程教学本身，使得学生的创业活动显得"激情有余"而"耐力不足"。创业的过程不仅是一个体现个体发现机遇、把握机遇、敢于接受挑战的过程，更需要创业者以充满智慧的大脑，利用掌握的知识与技能去迎接这些挑战。从目前的现实情况来看，国内高校虽然开设了一些创业教育课程，但与专业领域的学习基本上是分离的。以岗位创业为导向的创业教育主要通过大规模提供创业教育课程，引导大学生关注专业领域的发展、进步和变革，优化他们的知识结构，从而培养他们的创新思维或创业意识。更为重要的是，这些课程多以纳入专业教育和文化素质教育教学计划及学分体系的形式开设，使创业教育与专业教育相互融合成为可能。

其二，以绝大多数高校在校生为培养对象。当前，各类创业学业计划，如创业证书项目、创业辅修计划、创业学位计划等的受众更倾向于特定群体或"精英"学子，受益面相对较窄。传统创业教育重在培养新企业的创办者，然而，从我国大学生就业情况的现实与未来趋势来看，这部分创业人群占毕业生的比例不会太大，选择自主创业的大学生毕竟是少数。以岗位创业为导向的创业教育不仅包含了普通创业教育的理念，更是将创业的概念加以拓展，提倡学生树立用创业的心态去工作的理念，把创业与就业看成可以兼容的，因此，会更加注重企业家精神和创新意识的培养，提升大学生了解社会、适应社会的能力，激发他们从事创新活动的潜力，这也就将创业教育的重点从关注少数人的自主创业转移到多数人的岗位创业上来，有效地扩大了创业教育的接受群体和覆盖范围。

其三，以提升大学生就业竞争力和创业能力为目标。我国高等学校开展创业教育最初是作为落实以创业带动就业，促进高校毕业生充分就业的重要措施。因此，创业教育的目标一度被定位于培养企业家和能够创造更多工作岗位的人。随着创业教育的深入发展，人们逐渐意识到：创业不应被狭隘地视为单纯的商业实践，它更是一种思维、推理和行动的独特模式，创业教育也绝不是解决高校毕业生就业问题的权宜之计，以岗位创业为导向的创业教育新模式应以培养具有创新能力和企业家思维的新一代复合型人才为目标，贯穿人才培养全过程。接受过创业教育的学生，掌握了适用于经济社会发展所需的知识和技能，其创新思维、创业意识将明显增强，择业范围可以更大，就业竞争力有所提高。当有适合的创业机会时，学生能够从传统的就业路径转向自主创业。而已经就业的学生由于接受了以岗位创业为导向的创业教育，培养的创业精神会在工作中发挥积极作用，获得实现个人价值的创业成果。

由此看来，以岗位创业为导向的创业教育的本质是将创业教育理念与内容融入高校人才培养的全过程，旨在提升全体学生的创新意识、创业精神和创业能力，培养经济社会发展需要的既懂专业又具有创业能力的高素质应用人才。

第二节　岗位创业教育的课程体系

以岗位创业为导向的创业教育体系将突破传统创业教育的模式，把当前高等教育面临的创业教育和专业人才培养两个热点问题紧密结合，紧扣大学生成长成才的特点和规律，通过创业类通识课程培育、专业类创业课程创新与渗透以及岗位创业实践教学衔接等方面进行创业教育的整体构建，推动创业教育的深入发展，提升高校专业人才培养的质量和效果。

一　创业类通识课程

与专业教育不同，通识教育的目的不是单纯向学生传授专业知识与技能，而是着力于促进学生的情感、能力、思维方式的全方位发展。通识课程面向全校学生开设，具有覆盖面大、影响力广的优势。因此，以通识课程的形式积极培育创业类课程，引导大学生选修，对于帮助他们形成创新思维、关注创业问题和培养创业能力能起到基础性的作用。

在创业教育较为成熟的欧美国家，学校都提供创业课程，培养学生的创业意识，发展学生的创业思维，鼓励学生的创业行为。有数据显示，截至2003年，美国1600多个学院开设了2200门关于创业的课程，至少有50所大学提供4门及4门以上的创业教育课程。这些课程包括创业学、新企业创建、小型企业管理、风险资本、技术创新、小型企业策略研讨、小型企业咨询、特许经营、新产品开发、创业营销、小型企业融资等，[1] 这些具有开放性、跨学科性及创造性特征的创业教育课程深受学生们的欢迎。相比之下，我国高校创业类通识课程在数量上不足，多数高校以开设《大学生KAB创业基础》等一两门公共选修课为主。当然，以自主创业者为培养目标的各类创业先锋班、创业精英班等创业教育项目正在逐步完善创业教育课程，但这些课程基本上还没能融入通识教育体系中。

课程设计过程中，还需要关注如何教的问题。创业类通识课程一般通过传授创新方法、案例研究和在课堂上引入企业家讲座等实现。清华大学开设的公共选修课《创业创新领导力》提供了一个很好的课程设计范例。[2] 该课程分两个系列：系列Ⅰ是每周一次的系列讲座，约400人的容量，邀请企业家、创业家等来清华和参与者分享智慧，在近距离的沟通中提升参与者的领导力；系列Ⅱ是系列Ⅰ的延伸课程，约100人的容量，以创业创新领域的互动碰撞形式开设，即选课学生在老师的协助下，通过组织各种创业创新相关活动，达到提升领导力、促进职业发展的目标。

当然，从更广泛的意义上说，创业类通识课程还包括在全校营造浓厚的创业文化氛围，可以根据学校的性质和特点，选择性地定期举行一些活动，如企业家讲座、创业计划大赛、创业俱乐部、创业项目援助、创业夏令营等。

---

[1] George Solomon,"An Examination of Entrepreneurship Education in the United States", *Journal of Small Business and Enterprise Development*, No.14, No.2, 2007, pp.168-182.

[2]《创业创新领导力课程》（Entrepreneurial Leadership），2012年9月2日，http://www.ujelly.cn/el.

二 专业类创业课程

创业知识的传授可以成为专业教育的有机构成。专业教育中融合创业教育能及时反映本学科领域的前沿知识、相关交叉学科领域的前沿信息、相关行业与产业发展的前沿成果，创业竞争力生成的深层根基强调创业教育与专业教育的充分融合。有鉴于此，在创业类通识课程的基础上，高校需要根据不同专业人才培养目标的定位及特点，在专业平台上不同程度推进基于岗位创业知识培养的专业类创业课程创新，利用多种方式将创业教育内容纳入专业课程体系，以强化学生适应专业岗位发展的能力。

美国的许多高校已经在其非商学专业中整合了创业课程，如工程学、农业、艺术、环境科学、护理学等专业，而这种形式也被认为是创业教育获得最佳实践的条件之一。以康奈尔大学为例，截至 2010 年 12 月，中小企业咨询、房地产、酒店/餐饮、科技类产业、设计/艺术行业、医疗保健产业、健康与护理产业、能源行业、兽医与动物产品、游戏产业等多个专业领域增设了创业新课程，开设的课程如《小型企业与法律》《创业学和化学企业》《设计者创业学》，并允许学生跨学院、跨专业选课，这些课程结合专业特色，突出不同学院教师的参与。[①] 温州大学在推进创业教育的过程中，也正在逐步鼓励专业教师开设专业类创业教育选修课，现已经在经济学、国际经济与贸易、市场营销、财务管理等专业设置了《中小企业创业实务》《温州企业家创业案例分析》等专业选修课，在汉语言文学、广告学、艺术设计、服装设计与工程、汽车服务工程、工程管理等专业分别开设《媒介经营与管理》《鞋类产品市场营销》《服装市场营销》《服装企业管理》《汽车营销学》《汽车服务经营与管理》《建筑企业管理》等专业选修课。

当然，我们必须意识到，现有的课程体系能容纳新课程的空间非常有限，因此，高校还可以通过鼓励专业教师以在专业课程教学过程中渗透创业内容的形式来融入岗位创业知识，通过在专业课程教学内容中适当地增

[①] Deborah H., Streeter, Johnp, Jaquette Jr., Kathryn Hovis, "University-wide Entrepreneurship Edueation: Alternative Models and Current Trends", *Southern Rural Sociology*, Vol. 20, 2004, pp. 44 – 71.

加创业元素和优化课程体系结构来培养学生基于专业知识的创业素养。如文史类专业可以讨论文学作品或历史进程中创业者的创业精神,心理学专业可以增加对创业者特质的关注,政治或社会学类专业可以涉及政府的创业政策问题,等等。就理工类专业而言,尤其是涉及技术创新类的专业,可以积极挖掘本专业创新性、创造性知识点,结合专业特点增加对专业创业案例的讲授,使专业课程具有创业导向并能有效引导学生对创业能力的领悟。如由谢菲尔德大学、约克大学和利兹大学三所英国知名高校合作成立的白玫瑰创业教与学优异中心(WRCE)在科学和工程学科融入创业教育方面,成功引导科学和工程系的教师在课程教学中渗透创业知识,并将创业教育作为学院教学内容的组成部分。[1] 当然,如何在课程设计上巧妙地将创业知识和技能融入具体专业教学是对专业教师很大的考验。因此,动员更多的优秀教师参与创业教育成为决定此类课程质量的一个关键要素。

三 岗位创业实践课程

在学生具备一定的创新意识、接受一定的创业知识的过程中,还必须进一步提升他们的岗位创业能力,从而培养出真正意义的工作岗位上的创新者以及创新创业的思考型实践者。岗位创业能力多是基于隐性知识,通过"干中学"的方式才能获得。以岗位创业能力培养进程为主线,将"岗位创业认知、岗位创业训练、岗位创业实习"三个阶段构成的连续性创业实践教学形式贯穿人才培养始终,是强化岗位创业能力为主的创业实践教学的路径。

岗位创业训练项目一般采取基于体验的实践教学方法,通过创造性、灵活性、多领域和过程导向的形式有目的地创设创业教育情境,激发学生去感知、领悟创业的知识和过程,通常包括问题、项目或挑战、多元化的团队、反省思考的过程等构成要素。比如,在大学生创业园等学校孵化器基础设施内围绕某一项目组建一个公司,围绕公司面临的实际困难及需要

---

[1] Robert, D., Handseombe, Elena Rodriguez-Faleon, Eann A. Patterson, "Embedding Enterprise in Science and Engineering Departments", *Education + Training*, No. 50, 2008.

展开教学，让学生通过参与职业活动获得关键体验，鼓励学生积极思考，培养学生应对创业的不可预知性的能力。比如美国伊利诺伊大学在创业教育过程中推出的多个创业体验活动，教育和引导学生"创业地思维"。

岗位创业实习环节则需要在推进专业实践教学环节改革的基础上逐步展开，即在保留原有专业实习时间的基础上，增加职业岗位或者相关行业的管理岗位实习时间。岗位创业实习主要是按照企业生产经营活动的流程进行全程参与式实习，包括产品开发、生产、管理、销售等多个运行环节，学生以总经理助理、销售主管助理、财务主管助理、人事管理助理等形式在相关企业进行实习，并接受学校专业导师和企业创业导师的双重指导。通过该环节的创业教育融入，结合专业实习、毕业设计等引导学生在择业时确立岗位意向、选择适合的岗位以及自主创业。

第三节 岗位创业教育的组织实施[①]

以岗位创业为导向的创业教育实施是一项系统工程，涉及学生、教师、学校甚至学校外部等多方面利益关系。在这一过程中，只有抓好了核心环节的组织与实施，才能顺利地实现预期目标。

一 岗位创业教育的组织设计

借鉴当前一些高校的创业教育实践经验，本书认为应重点做好以下四个方面的组织设计。

（一）满足不同类别学生需求的多样性设计

以岗位创业为导向的创业教育的主要目标，就是要让不同专业、不同学科的学生都能够主动融入创业知识的学习过程中，将创业的基本理念、基本知识与基本技能与大学的专业教学紧密结合起来。

---

① 屠霁霞、王中对、谢志远：《高校岗位创业型创新人才培养的研究》，《黑龙江高教研究》2018年第4期。

要从人才培养模式的顶层设计入手，构建以"试点班—面向全体在校生与全面课程整合—岗位创业型人才培养"为主要框架，点、线、面逐层递进，创业教育、专业教育有机融合的立体式教育模式。针对高校的每一名学生，以培养具备创业能力的专门人才为目标；针对工程类等实践性较强专业的学生，以培养具备专业知识、技术创新能力和掌握经营管理知识的岗位创业者为目标；针对选修创业学位教育的学生，以培养具有高度创新精神、创业实践能力和社会责任感的创业型人才为目标。全体在校生在大学四年的学习期间，通过各层次创业课程持续培养创业意识、学习创业知识，通过多种形式的岗位创业实践发展创业能力、提升创业技巧。

（二）使创业教育融入专业教育的持续性设计

要保证以岗位创业为导向的创业教育的持续推进，需要将创业教育的各个要素逐步纳入各学科专业教学体系中。这不仅涉及整个高校教学计划的调整，还包括教学内容更新、教材建设、教学方法变革、教学评价指标体系重构等多方面。因此，高校应当从专业人才培养模式的顶层设计开始，根据区域社会经济发展的需求和高校自身发展战略的需要，选择与自身能力相匹配的创业教育发展模式，使学生在大学期间通过核心课程或选修课程来持续培养自己对创业的兴趣、学习与创业有关的知识和技巧，最终使创业成为专业学习中的一个重要主题，内化为大学生职业发展的重要推动力，从而促进创业教育在人才培养过程中的结构性融合，保证创业教育在人才培养过程中的持续性和连贯性。

在这一探索过程中，高校创业教育应当主动适应区域经济发展与产业提升的需求，可以在借鉴国内外成功经验的基础上，将区域经济发展中的现实案例渗透到相关课程的教学中，在理论教学、培养团队合作精神的小组活动或是体验岗位创业的实践环节中加以实施，以确保创业教育元素的鲜活性，这不仅有利于增强学生对创业教育的学习兴趣，更能够提高创业教育的实效性。

（三）推动创业教育机制创新的长效性设计

运行机制是指为了实现人才培养目标，保障、监督、调控、优化培养过程中各有关要素的活动、行为及相互间作用的管理规则与行为系统，包括管理制度、合作制度、保障制度、支撑体系等。科学有效的运行机制是实现人才培养目标的重要保障，尤其是以岗位创业为导向的创业教育要面向全体在校生时，仅仅依靠教学单位的课程建设难以保证教育目标的长期有效达成。

因此，成立专门的创业学院或创业中心能达到统观全局、全面协调、统筹资源的目的，包括统筹教学需求、配置教学资源、协调教学秩序、调动教学积极性、评价教学效果等。在开展创业教育的实践中，世界上许多发达国家的大学成立了专门的创业教育中心，主要提供创业方面的学术课程、开展外延拓展活动以及进行创业领域的研究等。同时，作为一个跨学科研究性质的学术—教学中心，设立在高校的创业中心（创业学院）常常能够打破传统的组织结构、跨越人为划分的学科边界来整合有限的资源，灵活保持与外界的联系和更好地满足跨学科解决现实问题的需要。这种结构体现了知识经济时代社会弥散式的知识生产对于未来大学内部组织变革的影响，这会使得大学变得更加开放，大学内部所存在的学科结构发生改变，大学变为更加灵活的组织。

从这个意义上来讲，设立专门的创业中心甚至会影响到我国高校未来的理念与运行，大学必须从知识生产的垄断者转变为利用国内与国际环境的合作者，成为社会弥散知识系统的重要参与者，成为创新系统发展中的关键性主体。为此，大学需要对自身的形态和功能作进一步的多样化改变，放弃知识生产的垄断者地位，持开放与灵活的态度，通过大学内部的跨学科研究机构与更广阔的社会环境联系起来。这些变化都将重新构建大学与其他组织之间的关系网络，从而使大学彻底融入弥散式的知识系统中并扮演重要的角色。这一趋势已经在国内得到了部分证明，如黑龙江大学、温州大学、上海交通大学、华南师范大学等高校陆续成立了由不同学科研究人员组成的创业学院，为推进创业教育运行长效机制的构建作了有益尝试。

（四）形成专业教师内源性支持的引导性设计

师资问题向来是高校创业教育发展的"短板"。以岗位创业为导向的创业教育除了需要来自商学院或创业中心的师资，更需要强调专业教师的主动全面参与。因此，专业教师对创业教育的态度、认同感、参与度，专业教师的创业知识、经验等因素直接影响创业教育课程的具体实施及实施成效。

需要明确的是，专业教师对创业教育的支持并不是内源性的，他们能否参与专业类课程的创新或在专业授课过程中融合创业内容会受到学校政策的引导及其他外部条件的制约。面对创业教育师资匮乏的现状，我国高校需要采取一整套促进专业教育参与创业教育的引导与激励措施：通过政策鼓励、制度建设、资源配套、物质奖励、外部认可等各种方式激发专业教师在专业教育中积极主动融入创业教育；通过调整学校发展战略规划，使高校创业教育的目标与教师的专业发展任务相结合；提供配套措施，帮助教师主动参与创业知识的培训；给予一定的物质资助，支持教师参与创业教育课程教改活动；出台相关政策，形成对教师进行创业教育的规范机制；等等。

《国家中长期教育改革和发展规划纲要（2010—2020年）》把全面提高高等教育质量和提高人才培养质量作为2010—2020年的重要任务。以岗位创业为导向的创业教育正是紧密围绕人才培养的基本要义，贯穿于人才培养的体系框架中并以此为载体的一种提升人才培养质量的战略选择。作为一种旨在培养人的岗位创业素质和能力的教育理念和模式，它的实践将突破单一教育模式所带来的人才培养质量的片面性，为完善我国高校人才培养模式提供重要价值。

二 岗位创业教育的操作思路

在"大众创业、万众创新"的时代背景下，我国经济发展进入新常态，正从人力资源大国向人力资源强国转变，高校的创新创业教育被推到史无前例的高度，各高校的创新创业教育也越来越多元化。在这样的时代背景下，高校的创新创业教育如何实现育人功能最大化，已成为一个时代的新课题。岗位创业型创新人才的培养，是面向全体学生、立足社会的人才需求，重视发挥学生学习知识的主观能动性，尤其注重创新人才培养的课程教学与实践途径，倡导"产学研用"一体化的人才培养模式，它围绕

"知识"这一要素，把产业界以及相应生产活动、学校的课堂教学与实践教学活动、学术科研活动以及知识应用等方面进行有机结合。岗位创业型创新人才培养的模式，是高校创新创业教育功能的延伸，是高校专业教育与创业教育深度融合的必然人才培养模式，既着眼自主创业者的培养，也着眼岗位创业型创新人才的培养，它必将成为我国高校创新创业教育发展的新思路、新趋势。

（一）坚持需求导向，把加强岗位胜任力培养作为逻辑起点

科学完善的人才培养方案，合理系统的课程设置和专业学习，使大学生获得了必要的知识、培养了必要的技能、确立了正确的自我定位，这是高校在社会职业人才培育方面的优势。对大学生这个群体来说，接受高等教育的最终目的是让自己能够胜任以后的职业、角色或岗位，即具备胜任就业岗位的能力，称为岗位胜任力。岗位胜任力是针对特定职位表现要求组合起来的一组胜任特征，或者是指担任某一特定任务角色所需具备胜任特征的集合，体现了人们高效完成工作所必备的综合能力[①]。

高校着力培养大学生的岗位胜任力，首先要厘清区域产业的人才需求、企业发展的人才需求，明确岗位创业的人才要求，这是高校创新创业教育的题中应有之义，是岗位创业型创新人才培养模式的优势所在，更是岗位创业型创新人才培养的逻辑起点。这里所讲的需求导向至少包含三个层面的意思：一是以区域产业发展的人才需求为导向，培养的人才要主动适应区域经济转型发展、产业升级的需求，与区域经济形成良性互动，相互协调发展，实现双方利益的共赢；二是以企业发展的人才需求为导向，需求是现代经济发展最大的动力，围绕企业新产品研发、生产方法革新、新市场开辟、新材料获取等方面创造产业发展新空间，问需于企业，构建校企人才战略合作共赢的人才培养长效机制；三是以岗位创业的人才要求为导向，着力培养大学生相关岗位的专业特长、持续学习的能力、强烈的成就动机以及创新意识、创新精神、创新创业能力，培养经济社会发展需

---

① 王亚平：《高校教学改革与学生岗位胜任力模型融合研究》，《工业和信息化教育》2013年第11期。

要的既懂专业又具有创业能力的高素质应用型人才。

（二）善于激发热情，把强化岗位就业意愿作为动力源泉

学生创新创业能力的培养，即实践能力的培养。除了在企业实习以外，很大程度上取决于校内的实践教学。高校有着丰富的教学实践资源，为学生提供了良好的学习环境及创新创业平台，充满着有序竞争的活力，这也是高校人才培养的优势。每位学生都渴望成功，都有自己的就业意愿，这为高校培养岗位创业型创新人才提供了不竭的动力源泉，是仅着眼培养为数不多的自主创业者的创业教育无法媲美的。高校要借助大学生岗位就业意愿之动力源泉，从三个方面着手激发学生的主动学习热情。

一是以就业意愿为动力，帮助学生做好职业生涯规划。激发学生生涯规划的意识，引导其进行自我探索和职业社会探索，尤其是自身的职业性格、职业兴趣、职业能力和职业价值观等。二是以就业意愿为动力，为学生指明努力学习的方向。高校的每个专业都要弄清楚本专业的核心竞争力包括哪些，学生除了学好专业基础知识以外，还要培养哪些专业特长。只有明确专业的核心竞争力要素，学生才能清楚努力学习的方向，才能有紧迫感和学习动力。三是以就业意愿为动力，激发学生探索未知领域的好奇心，学以致用。问需于企业、消费者，鼓励学生参加课题研究，引领学生善于发现问题，正确分析问题，积极解决问题，从而不断提高创新意识、创业精神和创新创业能力。解决好学生的学习主动性和积极性问题，人类知识的发展才有可能，"产学研用"一体化人才培养才有生机和出路。

（三）重视知识建构，把改革课程体系作为教学基础

高校的课程结构体系比较完善、教学内容比较丰富，教学模式也多样化，这为岗位创业型创新人才培养奠定了扎实宽厚的基础。实际上，岗位创业型创新人才培养是为回应社会普遍关注的人才培养质量话题而提出的，它直接指向高校创业教育片面性和最为薄弱的教学环节，是高校深化创业教育改革的必然趋势。"产学研用"一体化培养岗位创业型创新人才，直接抓住教育教学改革中最受社会担忧的课程体系这块短板，要求设计专业教育与创业教育深度融合的课程体系。

一是在理论课程设计上,既面向全体学生开设创业类通识课程必修课,帮助他们形成创新思维、关注创业问题的习惯,培养他们必须具备的创业素质和基本能力,也根据学生的个性化需求开设专业类创业课程选修课,以提升学生适应专业岗位发展的知识和技能,还积极挖掘专业课程中的创新创业知识元素,或者让创业知识有效融入成为专业教育的有机构成,利用多种方式将创业教育内容纳入专业课程体系,激发学生创新创业的兴趣,以强化学生适应专业岗位发展的能力。

二是在实践课程设计上,注重理论与实践的有机结合,积极搭建校内外教学实践基地,特别是与创新型中小企业签订专业见习合作协议。既能让学生熟悉区域产业发展趋势以及企业对专业人才素质的要求,进一步明确提高人才培养专业核心竞争力的努力方向,也能让学生拥有更多把所学知识应用于实践的机会,培养学生强烈的成就动机,在解决问题中学习研究,在学习研究中提高解决实际问题的能力。

(四)提供人力保障,把整合优秀团队作为师资支撑

师资力量是高校人才培养的优势之一,相对于社会教育和培训,高校的师资教学、科研、创新能力等综合教育实力更强,更有利于根据人才培养目标的需要强化大学生岗位创新创业能力培养。"产学研用"一体化培养岗位创业型创新人才,需要一支结构合理、优势互补且知生产、懂教学、善科研、会应用的师资团队作为人力支持。高校现有的创业教育师资团队,已经为岗位创业型创新人才培养奠定了一定的师资基础,但还需进一步建设。在师资团队建设方面,需要组建与培养并举。

一是组建一支异质性的师资团队。一方面,异质性的师资团队具备多样化的社会资源及更强的综合能力;另一方面,异质性的师资团队的专业知识和创业实践具有更强的互补性[①]。因此,这支异质性的师资团队应该包括校内的优秀专业教师、校外的具有一定理论水平的优秀岗位创业者和企业家,特别是具有国际化视野、创业理论功底深厚、创业实践经验丰富

---

① 谢志远:《高职院校培养新技术应用创业型创新人才的研究》,《教育研究》2016年第11期。

的优秀人才。二是开辟多元化的师资培养渠道。其一，提供一些参加国际化尤其是国外创新创业教育领域交流学习的机会，培养师资的国际化视野和国际化水平；其二，组织一批骨干教师到国内具有优良创新创业教育模式的院校培训，学习先进经验；其三，选派一批优秀教师到企业生产一线兼职，学习研发、管理等经验，弥补自身岗位创业经验不足的短板。

（五）强化实践教学，把优化众创空间作为实训磨刀石

创业实践教育是创新创业教育必不可少的环节，高校在校内或者校外协同建设了众多的实训基地，作为理论教学与实践教学相结合之用，是高校人才培养的优势支撑。将"岗位创业认知、岗位创业训练、岗位创业实习"三个阶段构成的连续性创业实践教学形式贯穿于人才培养进程的始终，是强化岗位创业能力为主的创业实践教学的路径。[①]

目前，高校现有的大学生众创空间，为岗位创业型创新人才的培养提供了一个优越的实践教学平台。同时，高校要充分利用科研条件、对接区域产业的研发平台等优势，问需于企业，主动与企业合作，与地方小微（科技）企业创业园区合作，为人才培养搭建开发新产品、应用新技术、获取新材料、开辟新市场、培育新业态等实践教学的岗位实训平台。通过创造性、灵活性、多领域和需求导向的形式，有目的地让学生置身于企业产品开发、生产、销售、管理等营运环节，甚至以总经理助理、研发主管助理、生产主管助理、销售主管助理、人事主管助理等身份，尽可能地参与企业的整个生产经营活动，引导学生发现问题，并帮助他们分析问题，开创性地解决问题。使这个平台成为学生展示好点子、探索好方法、推广好作品、实践好商机的创新创业新阵地，并进一步激发他们的成就动机，完善"产学研用"一体化培养岗位创业型创新人才的教育生态链。

国家创新驱动发展战略、创新型国家建设等迫切要求高校提高人才培养质量。"产学研用"一体化培养岗位创业型创新人才正是紧密围绕高校创新创业人才培养的基本要义，贯穿于高校人才培养的框架体系中，并以

---

① 黄兆信等：《以岗位创业为导向：高校创业教育转型发展的战略选择》，《教育研究》2012年第12期。

"产学研用"一体化培养为模式的一种提升人才培养质量的新选择。作为一种旨在培养岗位创业型创新人才的教育理念和模式,它的实践将突破传统创业教育模式所带来的人才培养质量的片面性,为完善我国高校创业教育模式,尤其为完善我国高校专业教育与创业教育深度融合的人才培养模式提供新的思路。

第五章 大学生岗位胜任力的培养

在高校,大学岗位创业教育的核心是培养大学生的岗位胜任力。大学生的岗位胜任力的培养,使得高校培养出的人才都有着可雇用性,适应工作岗位、适应社会发展的要求。因此,提高就业岗位的胜任力是解决就业问题的重中之重。目前,我国大学毕业生普遍缺乏自主就业的素质和能力,其原因就在于大学生的岗位胜任力不足。基于此,本书认为有必要开展并强化大学生的岗位胜任力培养,以推动大学生的岗位创业。

第一节 大学生岗位胜任力及其培养

对于胜任力最先研究的主要是将其放在管理领域,随着胜任力研究的不断发展,关于胜任力的理论与方法开始体现出对其他职业领域的意义,尤其在教育领域,人们越来越认识到教育是教育者和受教育者的活动。那么,对于大学生这个受教育群体来说,教育的最终效果就是使他们能胜任以后的职业、角色或岗位即具备岗位胜任力。

一 胜任力与岗位胜任力

胜任力的概念出自拉丁文的 comepeter,其意义是恰当的、适宜的。20世纪60年代,在泰勒理论和智商学说越来越受到质疑和否定的背景下,1973年,哈佛大学的戴维·麦克兰德(David McClellan)教授在其发表的"Testing for Competence Rather Than for Intelligence"(《测量胜任力而非智力》）一文中首次提出了"胜任力"（competency）这一概念，他认为胜任特征是指"和参照效标（有效的绩效或优秀的绩效）有因果关联的个体潜在特征"，并从品质和能力层面论证了个体与岗位工作绩效的关系。①

目前，学者们对于胜任力的定义至今都没有一个统一的概念，在对相关专著和文献资料的分析过程中，可以看出大多数人比较支持胜任力的特征观论和行为观论。支持特征观论的学者们用英文单词"Competence"表示胜任力，他们认为胜任力可以通过教育、学习以及培训获得，比如说个体所在的岗位所要求的基本知识和技能；还有一种是很难在短时间内有大的改变，需要长期形成的，比如说个体的动机、特质、角色观、价值观等。支持行为观的学者们用英文单词"Competency"表示胜任力，在他们看来，胜任力是个体履行工作职责时的行为表现，个体在岗位上知道需要做什么工作、怎样完成工作、怎样让同事与自己一起工作等都是可以通过个体的行为观察到的。

伴随人力资源管理的相关理论和实践能力上的不断提高，学界又提出了胜任力模型（competency model），是指担任某一特定的任务角色所需要具备的胜任特征总和。建立胜任特征模型是人力资源管理与开发理论和实践研究的逻辑起点，是一系列人力资源管理与开发技术（如工作分析、招聘、选拔、培训与开发、绩效管理等）的基础。②

目前，被人们所认同的、常用的两种胜任力模型是冰山模型和洋葱模型。斯潘塞（Spencer）夫妇通过研究提出了冰山模型，这个研究将一个人的岗位胜任力分为两种，一种是可以看见摸到的显性部分，就好像一座冰山中位于水面上面的那部分；另一种则是像一座冰山中位于水面以下的那部分，是难以看到的。比如，一个人胜任岗位需要的最基本的知识和岗位技能能够被观察到或用测量的方式了解到的就是这里所说的显性胜任力；而隐性胜任力大多隐藏在个体的内心中，是存在稳定性的，一般不受外界因素的影响，例如通常所说的个体的自我定位、个体的岗位动机等。知

---

① 刘青、韩菁：《基于岗位胜任力的人才甄选多准则模糊决策——以企业领导人才选拔为例》，《技术经济与管理研究》2006 年第 3 期。
② Richard S. Williams, *Performance Management*, London: International Thomson Business Press, 1998, pp. 100 – 105.

识、技能、社会角色与价值观、自我认知、品质、动机是冰山模型包含的六种要素。

其中，胜任岗位的最直接的特质是前面两个要素的最直接的来源，是可以在一定时间中以测试、考察、交流等方法测量到的，也能在后天学习中得到，也就是前面提的显性能力；后面四大要素虽看似没有什么直接的联系，但一旦有变化会对岗位行为、岗位绩效产生影响，这就是前文所述的隐性能力。而洋葱模型是 Richard Boyatzis 在 1995 年对麦克兰德的素质理论进行了深入和广泛的研究后提出来的。岗位动机、态度、价值观、自我认知、知识、技能六种要素被包含在这一模型当中，如同洋葱般从内到外层层分布同时层层都具特色。整个模型的核心是岗位动机，态度、价值观、自我认知是中间层，知识、技能是最外层。从外层到内层，这些要素的稳定性呈正比，被测量性却呈反比，通过后天学习改变的可能性也呈反比。总的来说，在内容上，这两种模型是基本上趋于一致的，只不过各种要素被洋葱模型排了序，要素的特征以及要素间的关系也被更细致地描述出来。

如上所述，可根据不同的分类标准，将岗位胜任力划分为不同的类型，如根据岗位胜任力的显现程度划分为外显胜任力和内隐胜任力，根据岗位胜任力适用的范围不同划分为专业技术胜任力、可迁移胜任力和通用胜任力，根据岗位胜任力的具体情景不同划分为元胜任力、行业通用胜任力、组织胜任力、标准技术胜任力、技术行业胜任力和特殊技术胜任力（如表 5-1 所示）[1]。

表 5-1　　　　　　　　　　　胜任力的类型

分类标准	具体类型及释义
根据胜任力的显现程度划分	外显胜任力：也称基准胜任力，是员工最基本的素质，是完成工作需要的最低标准和要求
	内隐胜任力：也称鉴别性素质，包括动机、特质和价值观等，真正能够把表现优秀者和表现一般者区分开来，职位越高，它的作用越大

---

[1] 王震：《现代中医师岗位胜任力研究——三级综合性中医院为例》，博士学位论文，南京中医药大学，2017 年。

续表

分类标准	具体类型及释义
根据胜任力的适用范围划分	专业技术胜任力：是指某个特定角色和工作所需要的胜任力，是员工为完成特定岗位职责在专业技术方面的要求
	可迁移胜任力：是指在企业内不同角色都需要的技巧和能力，但重要程度和精确程度会有所不问
	通用胜任力：是指适用于所有工作的胜任力，它包括两个层次：第一个是指适用于一个企业所有工种的胜任力，第二个是指适用于任何企业的胜任力
根据岗位胜任力的具体情景划分	元胜任力：是一个人胜任所有工作都必须具备的，包括最起码的知识和技能、职业道德、动力，其有很强的转移性和通用性。如果与素质的冰山模型比较，元素质主要包括冰山下面的潜在的素质和冰山下面那些非专业的知识和技能
	行业通用胜任力：包括产业结构及其目前发展所需要的知识、分析竞争对手战略和运作方面的能力、网络和联盟方面的知识等
	组织胜任力：它包括企业文化、价值观和特定知识技能。企业可以通过榜样作用、文化宣传、工作轮换、培训开发、现场指导等积极的方式来形成这种组织内部的知识和技能，传播有关组织目标的核心价值和信息
	标准技术胜任力：它是一个范围更广的具有操作定向的胜任力，主要通过常规的教育体系、学徒关系和内部培训等方法获得
	技术行业胜任力：它在行业内可跨企业流动使用，并且仅仅可用来完成一个或少量有限的工作任务
	特殊技术胜任力：它仅仅解决一个企业内非常少的任务，主要指企业独特技术和日常操作相关的知识和技能，它只能在一个企业里产生，并且能够通过工作轮换、内部培训等渠道得到发展

通过对胜任力概念的掌握和胜任力模型以及分类的了解可知，岗位胜任力是指在一个特定的组织中，促使员工能够胜任本岗位工作并且在该岗位上产生优秀工作绩效的知识、技能、能力、特质的总和。岗位胜任力围绕各个具体岗位，强调作为主体的员工需要胜任的对象是岗位。[1]

这就是说，我们可以把进行某特定职位工作所应具备的能力、特征要素的总和称为岗位胜任力。有专家认为它是针对特定职位表现要求组合起来的一组胜任特征，或者是指担任某一特定的任务角色所需具备胜任特征的集合，体现了人们高效完成工作所必备的综合能力[2]。显然，大学生岗

---

[1] 王慧晶、唐建峰、郭垂江：《列车长岗位胜任力评价体系的构建》，《经营管理》2018年第8期。

[2] 黄兆信、王志强：《地方高校创业教育转型发展研究》，浙江大学出版社2013年版。

位胜任力培养也是高校在教育大学生的过程中,对于大学生胜任某一特定的岗位所应具备的硬性特征和显性、隐性素质与能力的培养,比如培养大学生对某一岗位的正确认识以及胜任某一岗位的基本知识和技能,培养岗位要求的职业素养、培养大学生在岗位上的执行力等。

二 岗位胜任力的形成与培养[①]

（一）岗位胜任力的形成

岗位胜任力是基于个体和岗位的机能系统,可以通过某种结构形式固定其组成,通常运用岗位胜任力模型对岗位胜任力的形成进行构建。关于岗位胜任力的构成主要分为两个部分,一是个人的内在特质,二是岗位的客观要求。由于岗位胜任力是人和岗位的能力要求匹配,在很多方面个人的内在特质与岗位的客观要求会具有较大的重合,并且重合度随着个人与岗位的磨合日益提升,因此本书将岗位胜任力的个人内在特质与岗位客观要求统一而论。

由于不同岗位的差异性,致使其胜任力的组成各有侧重,根据前人的研究,如专业技术人员,通常的岗位胜任力包含：自信、主动、人际洞察力、成就欲、分析思维、团队协作、服务意识、知识储备以及技术专长等等；销售人员的岗位胜任力通常包含自信、主动、人际洞察力、成就欲、信息寻求、公关、影响力、产品专业知识以及沟通能力等。

在个体内在特质方面,岗位胜任力的形成与个体生活、学习及工作的环境密切关联；在岗位客观要求方面,岗位胜任力的形成与岗位的特性密切关联,岗位胜任力的形成表现为可塑性、潜在性、整体性以及时代性等。

（二）岗位胜任力的培养

岗位胜任力的培养是以岗位和个体特性为出发点,培养方式分为正式和非正式,正式的培养方式主要以组织培养为主,包含院校培养、企业培

[①] 王震：《现代中医师岗位胜任力研究——三级综合性中医院为例》,博士学位论文,南京中医药大学,2017年。

养以及政府培养等，非正式培养以个人或家庭的自我培养为主。岗位胜任力的培养路径就是建立在正式与非正式的培养方式之上，并不断迭代发展。

以临床医生为例，医生个体的内在特质主要受到环境因素的影响，即个体与环境的交互作用（意义建构理论）。而医生所具备的岗位客观要求则主要是通过院校和医院的培养，包含医学理论基础知识的学习储备、临床专业技能的训练、岗位管理能力的培训等。岗位胜任力的提升过程是层层递进、认知升级的学习过程，学习过程又可分为儿童学习、青少年学习以及成人学习（学习理论）。

与此同时，随着个体能力的提升，其所处的岗位会逐渐发生变化，个体在原有岗位基础上对于新岗位的理解也会随之变化，即岗位的认知升级，以医生岗位系统为例，包含临床实习医生、住院医生、主治医生、副主任医生以及主任医生等，后者的岗位胜任力主要基于前者岗位胜任力的基础上。个体从临床实习医生发展到主任医生岗位，以分布式认知理论的观点，其对于自我本身、自我与其他个体间、自我与所处的环境之间的认知会不断发生改变，最终达到个体与岗位的最佳匹配。

三　大学生岗位胜任力培养的必要性

当前形势下，大学生的岗位胜任力明显不足，部分毕业生在校期间抱着混一混的态度，对自己的要求较低，只有一个要求就是能毕业，从而导致其专业基础、动手操作等能力比较低，用人单位对此也很失望；还有部分毕业生组织、管理、人际交往能力不强，用人单位对于毕业生的集体意识、责任意识、诚信、契约意识有所担心。大学毕业生就业能力低，用人单位的求职者标准和求职者自身能力素质的不匹配性，使得就业形势严峻的大背景中加强大学生岗位胜任力的培养显得尤为重要。

第一，大学生岗位胜任力的培养有利于提高整体就业率。大学生岗位胜任力的培养把培养与工作岗位结合起来，可以提高对学生培养的针对性，通过全过程、全方位的学习帮助大学生提高运用知识和实践操作的能力。这样在进入社会以后就可以在激烈的社会竞争中得到认可，才会被社会看中，才会有更多的就业机会，从而提高大学生群体的整体就业率。

第二，大学生岗位胜任力的培养有利于市场经济下高校的生存发展。市场经济的法则是优胜劣汰，在社会主义市场经济下，高校要想很好地生存与发展最主要的还是要看高校培养的大学生能不能被社会认可以及在社会上能不能有市场，也就是说高校培养的学生能不能为社会和企业创造价值。只有学生有市场，高校才会有市场，才能生存与发展，高校在市场经济的条件下，若培养不出具有岗位胜任力的学生，不但会害了学生也会使高校自身面临被淘汰的危险。只有培养的学生具备了岗位胜任力，受到用人单位的欢迎，高校的办学规模才会不断扩大。

第三，大学生岗位胜任力的培养有利于"科教兴国"战略的实施。"科教兴国"战略需要的是高素质人才，即具备岗位胜任力的人才。如果高校培养出来的学生能在自己的岗位上各尽所能、才尽其用，为社会创造出一定的财富，那么高校在"科教兴国"中也就发挥出了作用；反之，如果高校培养出来的学生不具备岗位胜任力，在社会和企业难以就业，也就无法为社会创造财富，甚至可能成为社会的包袱，也就不可能在"科教兴国"中发挥作用。

第二节 大学生岗位胜任力培养的效用

有调查表明，大学生对创业教育的需求，只有11.1%的调查对象是为了自己以后创办企业，而77.8%的调查对象则认为是为了提高综合素质、增加就业竞争力[①]。事实上，创业教育不仅是对想要创业的大学生有所帮助，对于不打算毕业后就创业甚至毕业后可能永远不会创业的大学生来说，同样可以提高他们的岗位胜任力，这是由创业教育的基本任务决定的。创业教育能够让大学生在正确认识社会、认识自己、正确把握劳务市场供求现状和发展趋势的基础上，树立科学的职业观，获得理想的就业岗

---

① 王亚平：《高校教学改革与学生岗位胜任力模型融合研究》，《工业和信息化教育》2013年第11期。

位的能力以及入职后职业发展的能力,增强岗位知识、技能和创新能力,提高岗位执行力。

一 增强大学生岗位的认识能力

个体要想很好地适应工作岗位,在进入岗位之前就需要对岗位有正确的认识力。本书这里所说的认识力主要指大学生对于岗位的选择、了解与自身是否具备胜任岗位的能力和进入岗位后能否得到持续稳定的发展等方面。首先,就目前来说,很多大学生对于未来就业岗位的选择没有明确的定位和意向,再加上对于自身的能力、特长方面了解得不深,在选择岗位的时候没有什么主见,有的选择听从父母的安排,有的选择追求稳定的、高薪的岗位,从现阶段我国大学毕业生报考公务员与事业单位的人数和录取人数的比例上很容易看出这一点。

其次,现在很多大学生对自己的岗位选择没有恰当的心理准备,缺乏对岗位持续稳定发展的认识,以至于出现高不成、低不就的现象,甚至频繁地跳槽。而创业教育对于企业家精神的培养尤其是洞察力、预见性、全局意识的培养有利于大学生对自身、对岗位有更好的认识和工作后的职业发展能力。目前,高校开展创业教育主要是想借这样的教育教学方式,让学生在日常学习和工作中,获得这种意识,在毕业后能顺利得到岗位、在岗位中为获得发展打下基础,这才是主要的目的,并不是要培养多少个企业家、多少个科学家。

二 提升大学生岗位的专业能力

在分析关于大学生的职业胜任能力的调查中,本书发现,面对工作岗位时,大学生的专业能力并不强。这主要表现在大学生的专业基础知识、技能不够扎实,岗位素养不够高,岗位创新能力不足。首先,用人单位选择员工最基本的要求是岗位所需的专业知识技能。从现实看,大学生有较系统的专业知识技能教育,但却无法熟练运用到岗位任务的执行当中[1]。其次,职业道德也是用人单位选择员工的重要标准。而有部分大学毕业生

---

[1] 孙大雁:《创业教育:就业竞争力的助推器》,《文教资料》2008 年第 25 期。

缺乏对职业岗位的深刻认识与敬业的热情，职业素质和心理素质较差，明显缺乏应有的职业发展能力。最后，大学生的创新能力也表现出不足。创新能力是各种智力因素和能力因素在新的层面上融为一体、相互促进所形成的合力，它是在多种能力发展的基础上，利用已知信息，创造新颖独特的具有社会价值的新理论、新思维、新方法、新产品的能力[1]。

创业教育对于以上这些问题的解决具有重要的作用。其一，大学生在创业知识的学习、创业实践的参与中不断总结经验，在发现中解决实际问题，在这样的状况下，学生的学习能力得到加强，进而对专业基础知识和技能学习的效率也会增加；其二，在创业教育的过程中，大学生的进取心、独立性、开拓性、坚强的意志力、心理承受能力等得到培养，一定程度上提高了大学生的职业素养；其三，创业教育的主要目标是培养创新型人才，在这样的教育熏陶中，大学生的创业能力或多或少会得到一定程度的提升。

三 提高大学生岗位的执行能力

大学生对于岗位的执行力主要是指动手操作能力。在知识经济的时代背景下，用人单位选择员工的标准越来越高，用人单位招聘来的大学毕业生一上岗就能马上胜任工作，有着较强的执行力，这当然是用人单位希望的。但从实际来看，刚毕业的大学生对于岗位的执行力还是比较欠缺的。

在创业教育中，大学生的创业活动和其他活动是不完全一样的，往往需要大学生有较高的实际操作能力和动手能力，这些能力是应该在实践中逐步锻炼出来的，是不可能简单地通过理论知识的学习就可以获取的。比如温州大学在对大学生创业教育的过程中就有创业项目的参与、创业营销大赛的实战演练、创业模拟等，显然这一系列的创业教育活动对于大学生的实际操作和动手能力有着极大的提升，尤其是大学生在仿真模拟中置身于一个公司运营的各个环节，极大地提高了大学生进入岗位后的执行力。

---

[1] 陈勇：《大学生就业能力及其开发路径研究》，博士学位论文，浙江大学，2012年。

第三节　大学生岗位胜任力培养的实施策略

在大学生面临紧张就业形势、高等教育迈向普及化阶段的大背景下，高校在大学生中开展创业教育，树立大学生正确的职业理想、岗位观念，提高大学生的综合素质和创业能力，并同时提升大学生的岗位胜任力，使他们在面临社会竞争时始终走在时代的前列，皆具有很强的现实意义。那么在此背景下，该怎样培养大学生的岗位胜任力呢？以下有关大学生岗位胜任力培养的实施策略，可供有关高校参考和借鉴。

一　以培养大学生创新精神为基础①

高校作为内创业者培养的主阵地，应以内创业者所必需的创新精神为基础，制定相应的培养目标和培养方案。在高校的传统教学过程中，往往单纯强调学生对知识和技能的被动获取，而忽略了人的主观能动性的发挥和创新精神的培养。但是，随着创业教育在我国高校不断普及与发展，以及人们对创新精神的理解进一步深化，越来越多的人认识到，在基本条件具备的情况下，创业精神往往决定着下一步发展的方向和成效。

（一）培养创新思维，养成大学生的内创业偏好

创新思维是内创业行为的先导。内创业教育最需要的就是内创业主体的创新思维和内创业的偏好。在创新思维的培养方面，高校应进一步加强学生社团组织的建设，以学生为主体进行社团日常管理，充分发挥学生的主观能动性，为他们提供更多的时间和机会进行创业交流，并集思广益策划和执行社团实践活动，为学生创新思维的发展提供良好的发展空间。同时，高校应重视创业类比赛在激发学生创新精神和创业偏好等方面的重要作用，以比赛为载体，积极引导学生参加创业竞赛。

---

① 蔡春驰：《开展内创业教育：重视内创业者的培养——高校大学生创业教育发展趋向研究》，《中国高教研究》2012 年第 1 期。

（二）开辟第二课堂，践行内创业主体的创新精神

在大学生的培养上，高校不但要重视学生的课堂教育，还要加强第二课堂建设，在实践的基础上不断强化学生的创新精神，最终将这种创新精神内化为内创业者所具备的特质。在第二课堂的建设上，有条件的高校可以加强与公司或企业的直接对话，推行"高校+企业"的互惠式办学，在高校中建设创业园，企业提供必要的资金支持，学生提供创意并负责具体的实施，这样一方面学生可以将自己的创新精神践行到创业当中；另一方面企业也可以以此为契机选拔理想的学生，毕业后进入企业工作，这样就为企业在组织内部实现内部创业提供了双重支持。

二 以锻炼大学生综合能力为重点

要提高大学生的岗位胜任力，就必须推进以提高大学生综合能力为主要目标的创业教育培养模式，培养有创新精神、社会责任等特质的大学生。基于此，可以以锻炼学生整体能力、素质提高为重点，通过创业教育的认识明确化、创业教育的实施普及化、创业教育的教学灵活化，来推进大学生的综合能力的养成。

第一，创业教育要有明确的培养目标。大学创业教育理念主要反映大学在开展创业教育时对创业教育目标、信念、价值等方面的认识，是与知识经济和经济全球化趋势相适应的教育理念，具有丰富的内涵和鲜明的时代特征[①]。创业教育并不是让所有大学生都成为创业家，而是将重点放在培养广大学生的创业精神和社会责任感上，在创业教育中提高他们的创新、开拓意识，在未来能够很好地胜任岗位，这是由创业教育的培养目标决定的。在这样的培养目标指导下，高校必须进一步明确这一认识：创业教育的对象不仅是大学生中的创业活跃分子，也是全体大学生；创业教育不仅是培养有创业能力的创业者人才，也是培养创新型的人才，为社会经济发展、科技的进步提供推动者；创业教育不仅是学校的任务，更需要全社会的广泛参与。

---

① 王军：《当前大学生就业能力统计调查与对策研究》，《当代经济》2010年第11期。

第二，创业教育实施要面向全体大学生。在美国大学中，有两种基本模式的创业教育，一种是聚焦式的创业教育（focused model），另一种是普及性的创业教育（university-wide model）。普及性创业教育又分为磁铁、辐射和混合模式。磁铁模式主要是对商学院的学生开设创业课程，同时也吸收其他院系学生参加，主要包括像由斯隆管理学院独立承担创业教育的麻省理工学院的单一型磁铁模式和有三个独立的创业教育中心承担进行创业教育任务的斯坦福大学的复合型磁铁模式。不同的院系开设面向本院系学生的创业课程被称为辐射模式，它能够提供多元化的课程主体也能分散学校的教学资源。比如，康奈尔大学就通过九个院（系）向学生提供创业课程，每个创业教育院（系）都有着自己独立的机构而且资金来源也是独立的。混合模式创业教育是目前国内采用比较多的，一部分面向全校学生，一部分集中于MBA、工程等专业的学生，在教育上实行"普及教育+专业教育"的做法。据调查，美国创业教育排名前38位的高校中，有10所实行聚焦式创业教育，占比为26%，有28所采取普及性创业教育，占比为74%[1]。而我们可以借鉴美国的普及性创业教育，使得创业教育不仅面向想要创业的大学生，更面向全体大学生，高校可以根据自己的情况和所处地域的特征来决定实施何种类型的创业教育。

第三，创业教育的教学要灵活多样。创业教育不同于其他专业的教育，主要是因为它的创新性，在教学方法上我们不能采取以往单向的、以灌输为主的教学方法而必须要改变为具有探索、启发、互动性质的灵活的教学方法。只有这样的教学方法才能在一定程度上激发大学生的创业意识、拓宽学科专业的知识面，从而促进大学生综合能力的提高。蒂蒙斯是美国的创业教育学家，他强调在实践中突出和强调探究性的教学，让受教育者成为主体，突破了传统的以"教材中心"和"教师中心"为主的教学模式。其实我们可以尝试ERP沙盘模拟的教学方法，它是基于军事战场和商业战场的某些共性，在充分掌握相关信息情况下设计的角色体验的实验平台[2]。受训人员组成相互竞争的6个模拟企业，通过5—6年的经营，经

---

[1] 柴旭东：《基于隐性知识的大学创业教育研究》，博士学位论文，华东师范大学，2010年。
[2] 曹华玲：《提升大学生创业胜任力的路径研究——以重庆市为例》，硕士学位论文，重庆工商大学，2013年。

过沙盘载体、模拟经营、讲师评析、学生感悟等一系列的实验环节，在分析市场、制定战略、营销策划等一系列的活动中，培养参训人员的团队精神，全面提升其综合能力。若在大学生创业教育中应用 ERP 沙盘模拟思想，可以通过仿真模拟让大学生置身于各个环节，经历对创业从感性到理性认识的转变。这样的创业教育教学方法能在很大程度上发挥学生的主观能动性，对于大学生的创新能力、解决实际问题能力、识别商机、市场意识、决策力和执行力、组织协调能力等都会有很好的效果。

三　构建与素质教育相契合的教育机制

大学生创业教育要想取得实质性成效，必须构建促进大学生创业教育的长效机制，尤其是与素质教育发展相符的创业教育长效机制，这是由创业型人才培养的长期性所决定的。

其一，与教育理念相契合。由《中华人民共和国教育法》规定的素质教育着眼于受教育者及社会长远发展的要求，它的根本宗旨是全面提高全体学生的基本素质，主要是培养受教育者在德智体等方面生动、活泼、主动地发展的能力。高校在创业教育中应构建素质教育中以每个人的全面发展为理念的长效机制，才能在创业教育的过程中，培养出洋葱模型和冰山模型所描述的显性、隐性素质与能力，从而培养大学生的岗位胜任力。

其二，与教育联动相契合。推进素质教育是一项复杂的社会系统工程，它并不局限于教育领域，而需要全社会的共同努力，建立学校、家庭、社会的联合行动机制，仅仅依靠学校来推进素质教育成效难以保障，创业教育也是如此，它也需要来自学校、家庭、企业、社会的联动机制。学生并不是一直都处于学校这个环境中，学生未来岗位需要的素质和能力有很多，仅仅依靠学校也是不可能做到的。

其三，与教育实践相契合。让学生主动发展是素质教育的重点，它更多地是强调学生主体性，调动学生积极性，发现学生"闪光点"，让每个学生得到自由全面的发展。允许学生在发展程度、素质结构存在差异性是这种主动发展的一大特征，它不仅是对人的尊重，也是知识经济和未来对人才素质的又一特殊要求。只有在实践中重视学生的主动性，让学生在创业教育的相关实践中充分发挥主观能动性,才能提高学生的岗位胜任力。

四 建立整体性的创业教育体系

培养用人单位和社会发展所需要的高素质复合型应用人才,是以培养岗位创业者为导向的创业教育体系的主要任务。为此,可以突破传统创业教育的框架,通过创业教育和通识课程融合,创业教育和学生专业结合,创业教育和岗位训练衔接等方面进行整体性的设计,来创立一个完整的创业教育体系。

其一,创业教育和通识课程融合。可以从公共选修课、公共必修课入手,实现全体大学生岗位创业意识的培养。首先,在全校学生的公共选修课上可以开设《创业基础》《创业教育》《创业管理》等创业类的基础课程,对此学校可以实行学分制,增加创业教育学分。其次,在公共必修课中,例如在《马克思主义基本原理概论》《思想道德修养与法律基础》等课程教学中与创业教育融合,可以增设相应的创业教育模块,带领学生参观、了解企业等。

其二,创业教育和学生专业结合。在专业的平台上融入以岗位创业为导向的创业教育。可以开设专业的创业类课程,例如《商务管理》《企业创业管理》等,同时,还可以在专业课的教学中渗透一定的创业内容,如在机电工程专业可以多去相关的企业实习、教学,帮助学生了解、感受企业氛围,学习、提升岗位工作能力。通过创业教育与学生专业的融合,引导学生在毕业后选择合适的岗位或者是岗位的意向。

其三,创业教育与岗位训练衔接。创业教育要想真正提高大学生的岗位胜任力,将创业教育与岗位训练衔接,让大学生在训练的过程中由实践到总结和反思再到实践,这对于大学生岗位胜任力的培养是很有帮助的。温州大学的创业学院与红蜻蜓、奥康等知名公司建立了合作办学关系,他们为学生提供2个月的岗位实习;同时创业园面向在校大学生提供岗位训练。据温州大学负责创业管理的老师反馈,很多参与这些岗位训练的学生即使毕业后不去自主创业也能很好地胜任工作岗位。

在当前如此紧张的就业形势下,在大学生中开展创业教育,树立大学生正确的职业理想和择业观念，提高综合素质和创新能力，对于大学生在激烈的社会竞争中获得适宜工作岗位并且能够胜任工作岗位具有很强的现实意义。创业教育是大学生岗位胜任力培养的直接、有效渠道，事实上，高校面向全体大学生开展创业教育，提高全体大学生的岗位胜任力，也是高校实现高等教育发展目标、适应当前高等教育大众化发展趋势的客观要求。

第六章 大学生岗位创业教育的院校探索

大学生岗位创业教育成功与否，还需要高校的推动。本章将以在创业教育领域开展颇具特色和成效的温州大学为例，概述该校在实施大学生岗位创业教育方面的实践和探索。

第一节 岗位创业教育的体系构建

温州的区域文化中具有深厚的创业文化积淀，开展大学生创业教育，在温州大学具有先天的优势。学校自 2001 年开始开展创业教育，并将其作为学校两个办学特色之一。2004 年开始，学校开设了 36 个学时的"大学生职业生涯设计导航"，设立创业教育学分，进行创业教育课程教学体系的改革。2008 年，学校被教育部评为国家级创业教育类人才培养模式创新实验区。温州大学以独特地域文化为基础，在人才培养目标的定位上，强调创新精神、创业能力和社会责任感三者的有机统一，形成了创业教育与通识教育、专业教育的融合，让学生在校园文化中感受浓厚的创业氛围，根据创业教育的不同定位和目标，面向不同类型学生需求，分层进行创业培养的办学特色。

一 教育理念新转型

从传统的理解和最直观的感觉来讲，人们一提到创业教育就必然会将其与如何"教会学生创办企业"联系在一起，而这也正是当下中国实施创业教育的绝大多数高校所秉持的理念。创业教育不仅被赋予了促进人的全面发展的功能，同时也被寄予了提升大学生的研究能力和勇于创新、乐于创业的人才培养使命。各个高校的创业教育指导理念几乎都是以培养"自主创业者"为主，即创业教育的目的、内容、形式等都在于鼓励大部分学生在掌握扎实的专业基础知识的同时，具备强烈的创业意愿和一定的创业能力。

关于这一点，可以从许多高校所提出的培养"科技创业型人才""创新创业人才""工程类创业人才"等口号中窥见一斑。那么高校创业教育的使命是否一定就是要培养各类"创业人才"呢？这恰恰是我国高校在推动创业教育工作时应当首先思考的问题。美籍经济学家熊彼特首次将创业与创新联系在一起，创业也被定义为资源的重新组合，包括开始一种新的生产性经营和以一种新方式维持生产性经营。① 毫无疑问，创业过程存在着巨大的不确定性和高风险性。即使在创业文化繁荣、创业促进制度完善的美国，根据相关调查，高校中愿意创业的大学生人数也不足学生总数的20%，而创业平均成功率也不到10%，我国大学毕业生的创业成功率则仅为2%—3%。②

在这样残酷的现实状态下，我国高校创业教育的指导理念必须进行转型，创业教育的重心应该从培养具有强烈创业意愿和一定创业能力的自主创业者为主转向培养具有一定创业意识和创业精神、能够利用创新思维解决问题、具备初步创业技能的岗位创业者。在这种理念指导下的创业教育，更加接近我国经济社会发展和大学生创业的现状，也更能充分发挥不同类型高校在开展创业教育中所拥有的独特优势。

构建科学合理的高校创业教育体系，对解决创业教育过程中存在的诸如创业教育的受益面过窄、创业教育与专业教育之间融合明显不足、创业教育师资专业化队伍建设滞后、创业教育管理平台不完善等问题有重要的意义，在实践中积极探索，形成了以培养岗位创业者为导向的创业教育新体系。

---

① Schumpeter, J. A., *The Theory of Economic Development*, Boston, M. A.: Harvard University Press, 1934.
② 谢志远：《构建大学生创业教育的"温州模式"》，《中国高教研究》2008 年第 5 期。

岗位创业是指在岗位工作的同时，利用自身专业技能知识以及所掌握的资源进行创新创业活动。以培养岗位创业者为导向的创业教育新体系的本质是将创业教育理念与内容融入人才培养全过程，提升全体在校生的创新意识、创业精神和创业能力；核心是培养区域经济社会发展需要的既懂专业又善创业管理的高素质复合型应用人才。

首先，随着创业教育的蓬勃开展，温州大学在总结过去经验的基础上，重新审视了创业教育的价值及其意义。创业教育是创新教育的组成部分，是促成人的创新能力从理论走向实践的重要推进器。与人的创新能力培养所强调的内容不同，高校创业教育更加重视学生"知行合一，以知促行"。创业教育的价值在于唤醒每一个个体勇于接受挑战、把握机遇、在实践中检验所知与所学，用个体每一个微小的行动去推动社会的整体变革。从这个意义上来讲，创业教育的价值绝不仅限于是解决高校毕业生就业的权宜之计，它更应该是创新人才培养的主要方式。因此，高校创业教育不仅要强调学生就业率的提升，更要以优化大学生的知识结构、培育大学生的创新创业能力、转变大学生的思维方式、提升大学生的核心竞争力为主。

其次，高校创业教育应该从偏向创业实践教育为主转向创业教育与专业教育的融合。当前我国创业教育的一个特点是各个高校纷纷建设以鼓励大学生创业实践为主的各种创业园区或创业实践基地。没有将创业教育与创业进行适当的区分，在操作层面的表现就是强调创业实践的开展，认为鼓励大学生开办企业、在创业过程中进行锻炼就是创业教育的全部内容了。诚然，创业教育的实践性特征决定了高校必须为大学生的创业提供一定的物质和环境基础。但是创业教育与创业不同，后者强调新企业的创办和在高度竞争的市场体系中存活下去，而前者毕竟是在学校这种教育机构中展开，参与主体的不同和生存环境的差异决定了创业教育必须有着自身的逻辑。如果说创业的本质在于风险和不确定性的承担，那么创业教育的本质则在于精神和意识的培育、发掘与唤醒。创业教育除了是大学生个人知识向实践转化的动力，更重要的是可以帮助大学生形成各种创新性的思维方式和方法。

再次，从培养自主创业者为主向培养岗位创业者为主转变。温州大学经过多年的创业教育实践与探索,逐步形成了独具特色的以培养岗位创业为导向的创业教育新体系,相比较于国内其他高校,温州大学第一次从指导理念的层面明确了创业教育必须要面向全体学生并以培养岗位创业者为主,即绝大多数大学生通过四年的大学教育之后,都能够对创业有一定的了解,具备基本的创业意识和创业能力,从而使自己在未来的工作岗位中也能够保持积极的创业精神,用创业态度来发展自己的事业,并在时机成熟时由岗位创业者转变为自主创业者。因此,温州大学从创业教育与专业教育融合、面向全体学生的创业教育课程体系等诸多方面进行改革,逐步实现创业教育的理念转型,将创业教育的理论教学与实践教学高度统一,实现创业教育的完整性。

二 人才培养新模式

在创业教育理论研究与实践探索过程中,温州大学开展了"点—线—面"逐层递进、"创业教育+专业教育"的创业教育实践,从创业教育通识课程体系、创业人才培养模式构建、创业教育与专业教育融合、岗位创业实践基地建设、岗位创业运行机制、创业教育专业化师资建设六个方面进行改革探索,注重顶层设计与整体推进的结合,成功地构建了以岗位创业为导向的人才培养新模式。

其一,创业教育通识课程体系。学校分别从公共选修课和公共必修课两个维度切入,构建创业教育通识课程体系,实现了以全体在校生为受益面的大学生岗位创业意识的培养与提升(见图6-1)。公共选修课以全校学生为对象增设创业教育模块,开设《创业学》《企业管理》等创业类基础课程,开设《温州模式与温州企业家精神》《中小企业创业实务》等具有温州区域特色的创业类课程和《商业音乐管理》《动漫设计与大学生创业》等专业创业类课程,并要求所有学生在校期间必须修满2个创业教育学分。

目前,该模块已经开设30多门相关创业课程。在公共必修课中融入创业教育元素。如思想政治理论课程在本科人才培养方案中有16个学分,积极寻找思想政治理论课程与创业教育在内容、方法上的契合点,在《毛泽东思想与中国特色社会主义概论》《马克思主义基本原理概论》《思想道德修养与法律基础》等课程的教学内容处理、教学方法设计、教学基地建设等方面与创业教育有效对接。

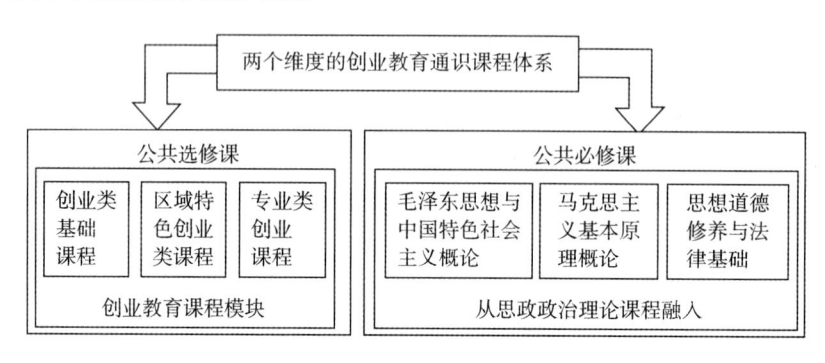

```
                两个维度的创业教育通识课程体系
        ┌───────────────────┐   ┌───────────────────────────────┐
        │     公共选修课     │   │          公共必修课            │
        │ ┌───┐┌───┐┌───┐   │   │ ┌─────┐ ┌─────┐ ┌─────┐        │
        │ │创业││区域││专业│   │   │ │毛泽东││马克思││思想道│       │
        │ │类  ││特色││类  │   │   │ │思想与││主义基││德修养│       │
        │ │基础││创业││创业│   │   │ │中国特││本原理││与法律│       │
        │ │课程││类课││课程│   │   │ │色社会││概论  ││基础  │       │
        │ │    ││程  ││    │   │   │ │主义概│└─────┘└─────┘       │
        │ └───┘└───┘└───┘   │   │ │论    │                       │
        │   创业教育课程模块  │   │ └─────┘  从思政政治理论课程融入 │
        └───────────────────┘   └───────────────────────────────┘
```

图 6 - 1　创业教育通识课程体系

其二，创业人才培养模式构建。通过创业教育试点班的改革，在实践过程中逐步形成了以培养岗位创业能力为主的创业人才培养新模式。创业教育试点班的定位非常明确，不是以培养自主创业者为目标的"尖子班"或"强化班"，而是为全校范围内的基于专业的以岗位创业为导向的人才培养模式改革进行的试点。可以从五个方面进行改革，突出岗位创业能力的培养：课程体系分理论、实务、实践三大模块，实务、实践模块占总课时的 65% 以上；教学方法以实践主导型为主，课程设计上突出实践环节，鼓励学生在课堂中发挥创造性，要求学生组建创业团队模拟创业实践；师资队伍多元化，重企业一线精英，校内师资实行学院推荐、学生评教、学生选定三重遴选标准；考核形式重过程，以答辩形式的考查为主；建立创业教育评价体系，跟踪调研延伸到学生毕业后。

同时，以岗位创业能力培养进程为主线，由"岗位创业认知、岗位创业训练、创业岗位实习"三个阶段构成的连续性创业实践教学形式贯穿始终。岗位创业认知以理论模块的课堂教学为主，岗位创业训练依托培养方案课程体系中的实务模块，以温州大学大学生创业园和 8 个二级学院创业中心的现有工作室（公司）以及面向在校大学生招租的生活区店铺为实践平台展开，与红蜻蜓、新湖、奥康等知名集团公司和温州经济技术开发区的企业等 45 家企业建立了合作办学关系，学生以总经理助理、销售主管助理、财务主管助理、人事管理助理等形式在相关企业进行为期 2 个月的岗位创业实习。

其三，创业教育与专业教育融合。根据不同专业特点及人才培养目标定位，在专业平台上不同程度地融入了以岗位创业意识、岗位创业知识、岗位创业能力为导向的创业教育。

一是在通过创业教育通识课程对岗位创业意识培养的基础上，推进专业类创业课程创新，将创业教育内容纳入专业课程体系，增加学生的岗位创业知识。鼓励专业教师开设专业类创业教育选修课。二是鼓励专业教师在专业课程教学过程中渗透创业内容，如在电子信息科学与技术专业，注重从应用的角度增选主干专业课程的教学内容，尤其是加强电器类企业实习教学环节，帮助学生了解和感受现代企业氛围，依托温州大学智能电子电器重点实验室，在专业教师指导下，学生创业团队组建的"温州明泰电器老化检测设备有限公司"获得了第七届中国挑战杯大学生创业计划竞赛金奖；结合《环境与资源保护法》的教学，在法学专业老师的指导下，七彩虹创业团队组建的"彩虹环维有限公司"荣获"全国十大优秀慈善创业项目"荣誉称号。三是推进专业实践教学环节的改革，强化学生的岗位创业能力。以汽车工程、法学、鞋靴设计三个专业的创业人才培养模式实验区为试点，在保留原有专业实习时间的基础上，新增职业岗位或者相关行业的管理岗位实习时间至少4周。通过该层次的创业教育融入，结合专业实习、毕业设计等环节，引导学生在择业时选择合适的岗位或岗位意向，或选择自主创业。

其四，岗位创业实践基地建设。创业教育的实践性特征决定了需要加强创业实践基地与平台建设。学校根据岗位创业人才培养的要求，对岗位创业实践进行了统筹规划：校内，依托温州大学国家创业人才培养创新实验区，构筑了具有转化、提升、孵化功能的"专业创业工作室、学院创业中心、学校创业园"三级联动创业项目孵化平台；校外，充分调动、有效整合社会企业资源，深入开展与各类企业的合作，尤其是加强与温州中小企业、各级商会的产学合作，创设了专门为岗位创业实践提供的岗位创业实习基地，如温州经济技术开发区基地和红蜻蜓集团基地，为学生提供各种岗位创业实习机会。

其五，岗位创业运行机制。虽然我国高校的创业教育工作已经开展了十多年并做了进一步探索，但迄今为止几乎所有高校都没有将创业教育与人才培养质量的提升联系在一起，其中一个现实性的困境就是高校创业教育管理功能的缺位与管理职责不清。目前，大部分高校的创业教育是依托团委、学生处、就业处等相关部门来管理，创业教育依旧被认为属于"学生工作"的一个组成部分，没有专门的管理机构和专职的管理人员来负责。对创业教育的支持和认同度较低、资源投入较少的现状也是目前制约我国高校创业教育发展的一个重要因素。温州大学将创业教育作为学校的办学特色，自上而下推进。

2009年6月，温州大学在总结过去十多年创业教育工作经验和成果的基础之上，为了继续推进创业教育教学改革，整合全校的创业教育资源，进一步扩大创业教育辐射面，学校成立了创业人才培养学院（实体部门），负责全面实施以岗位创业为导向的创业教育新体系建设。作为国内高校中为数不多的以负责全校创业教育、创业研究、创业人才培养等功能为一身的专门机构，创业人才培养学院成立以来，进一步明确和完善了以岗位创业为导向的人才培养模式的各个运行环节，包括教学管理、学生培养与管理、教师政策以及经费使用等工作；同时，扩大了创业教育改革试点班的规模，营造了浓郁的校园创业文化，推进了跨学科课程体系的建设，完善了大学生创业园管理制度，理顺了创业实践基地与平台的运行，搭建了创业教育的国内外交流平台，促进了创业教育教学改革研究，在实践中逐渐建立了一套自主高效的创业教育管理机制。

其六，创业教育专业化师资建设。专业教师对创业教育的支持并不是内源性的，在学校的支持下，通过创业教改研究、创业课程改革、创业实验区建设、教师奖励政策等项目形式，积极鼓励专业师资参与创业教育融入专业教育的改革，创设了一系列支持专业教师参与创业教育的激励机制。创业教育与专业教改项目相融合，助推创业教育教学改革，已累计立项建设专业类创业课程项目50余门，创业人才培养模式创新实验区8个。这些项目涉及15个学院，吸引了400多名专业教师的参与。出台了《温州大学关于深化创业教育，推进"创业教育融入专业教育"改革的实施意见》《温州大学创业教育项目组织管理及配套资助奖励实施办法》等文件，明确了学校对创业专业师资成长的政策支持和制度保障。

温州大学是一所具有独特地域优势、办学理念和办学特色的地方高校。十多年来，温州大学对于创业教育进行了卓有成效的探索，将创业教育的理念和内容贯穿到学校人才培养的总体战略中，逐步实现了创业教育在三个方向上的转型：从以提高学生就业率向提升就业层次和就业质量转型；从创业实践活动为主向创业教育与专业教育的深度融合为主转型；从培养自主创业者为主向培养岗位创业人才为主转型（见表6-1）。

表6-1　　　　　　　　　温州大学创业教育发展历程

发展阶段	推进理念	具体措施	创业实践
2001—2006年	全校范围内基于专业的创业教育改革试点	从创业理论、创业实务和创业实践三大模块开设14门课程	以创业工作室为依托，开设两年总学时256个课时的创业实践和岗位创业实习
2006—2008年	促进创业教育与专业教育的融合	从创业类基础课程和专业类创业课程两个维度进行融合	构建三级联动的创业实践平台
2008—2012年	构建以岗位创业为导向的人才培养体系	完善师资成长平台，开发一系列创业类教材	拓展多层面岗位创业实习平台

第二节　岗位创业教育的特色形成

经过多年的探索，2009年，温州大学提出并实践了"岗位创业"[①] 的新模式，将岗位创业理解为在一个现存企事业的工作岗位上，个体或团队进行的创新活动与体现企业家精神的过程，提倡创业教育主要培养学生用"创业的心态"在未来工作岗位上创建事业的能力。为此，温州大学构建了一个"院校层面—专业层面—试点班层面"逐层递进的以岗位创业为导向的创业教育，体现出鲜明的特色，从而推动学校创业教育进入一个与社会需求、学生发展更为契合的新阶段。

---

① 黄兆信等：《内创业者及其特质对我国高校创业教育的启示》，《高等教育研究》2011年第9期。

一 院校层面：培养学生的岗位创业意识

人才培养目标是学校办学的总纲领。温州大学在遵循"以人为本、质量立校、服务地方、特色取胜、追求卓越"的办学理念下，坚持"重内涵、强特色、更开放"的发展思路，主动适应国家尤其是区域经济社会发展要求，推动学校将培养具有创新精神、创业能力和社会责任感的高级应用型人才设定为人才培养的总目标，并从多个方面强化、突出创业教育特色。

（一）增设创业教育模块课程

从公共选修课和公共必修课两个维度切入，构建以培养岗位创业意识为主的创业教育通识课程体系。公共选修课层面，增设30多门创业教育模块课程。同时，对公共选修课的课程形式不断进行丰富，如通过组建优秀教学团队，进行集体备课，采取"一课多师"制、分专题授课等形式，改革授课模式，取得了较好的教学改革效果。公共必修课层面，充分利用公共必修课（如思想政治理论课）所占学分比重大的优势，将教学重点放在涉及历史文化传承、时代精神、价值观塑造、社会责任感培养、职业伦理养成等的内容的课程上，结合温州人"敢为人先"的创业精神、创业意识、创业理念，通过教学内容处理、教学方法设计、教学基地建设等来教育学生，潜移默化地传播创业的基本理念。

（二）建设创业孵化体系和岗位创业实践平台

在高校创业教育中，创业孵化体系和岗位创业实践平台是引导学生开展创业实践活动不可或缺的重要载体。校内，温州大学依托国家级创业人才培养创新实验区，构筑了具有转化、提升、孵化功能的"创业工作室—学院创业中心—学校创业园"三级联动孵化体系，学校创业园现有71支创业团队，在园中得到了很好的孵化和提升；校外，广泛开展与各类企业的合作，尤其是加强与温州中小企业、全国温州商会和政府资源间的产学合作，创设了如国家级温州经济技术开发区、红蜻蜓集团等岗位创业实践基地85家，为学生提供商会会长助理、企业经理助理、销售主管助理、店长助理等形式的岗位创业实习机会，为开展创业教育搭建了多种形式的实践平台。

(三) 完善创业教育支持体系

鉴于国内高校专门负责创业教育机构缺位的现状，一方面，学校成立了实体运作的创业人才培养学院，集教学、管理、科研职能于一体，统筹校内外资源，负责全校创业教育工作的组织与实施。自学院成立以来，进一步完善了创业教育各个运行环节，整合了学校既有的创业教育资源，同时依托温州区域优势，弘扬温州地域文化精神，从校园创业精神、创业文化环境、创业文化活动等多个方面齐头并进培育全校的创业文化。另一方面，在各部门的协同支持下，学校创设了一系列支持专业教师参与创业教育的激励机制，搭建了以创业教改项目为抓手的专业师资成长平台，极大地激发了专业教师参与创业教育教学改革的热情。学校先后出台了《温州大学关于加强大学生创业教育的实施意见》《温州大学关于深化创业教育，推进"创业教育融入专业教育"改革的实施意见》《温州大学创业教育项目组织管理及配套资助奖励实施办法》等文件，为全校性创业教育师资建设及创业教改项目提供政策保障。

二 专业层面：培养具有专业知识和创业能力的综合型人才

设立创业教育与专业教育深度融合改革实验区，根据不同学科专业的特点，结合温州产业转型升级需求，在鞋靴设计、汽车服务工程、法学3个专业平台融入了基于岗位创业意识、岗位创业知识、岗位创业能力为导向的创业教育，培养能创业的专业人才和懂专业的创业人才，将改革经验推广至服装设计、经济学、网络工程、机械工程及自动化、电气工程及自动化、服装工程、艺术设计等十多个专业。

其一，课程改革。推进了专业类创业课程的创新，将创业教育内容纳入专业课程体系，增加学生的岗位创业知识。[①] 一方面，支持专业教师开设专业类创业教育选修课。增设如创业法律指导、媒介经营与管理、鞋类产品市场营销、服装企业管理、汽车服务经营与管理等课程。另一方面，推动专业教师在教学过程中渗透创业理念和知识，注重从应用的角度增选主干专业

---

① 黄兆信、王志强：《论创业教育与专业教育的融合》，《教育研究》2013年第12期。

比重，如依托温州大学省级智能电子电器重点实验室，明泰电器学生创业团队获得了全国"挑战杯"大学生创业竞赛金奖；结合环境与资源保护法的课程建设，七彩虹学生创业团队获得了"全国十大优秀慈善创业项目"荣誉称号。

其二，教学方法。推广"一课程群一岗位"等改革措施，以任务导向进行教学，促进课程与市场需求的无缝对接。在服装设计等专业实施"一团队一课群一岗位"的创业教学模式，借助相关企业对终端展示陈列的需求，在陈列基础、服装陈列设计等课程群进行项目式教学改革和实践，同时结合创业工作室项目拓展课外学习与指导，实现了1/4课时由企业指导师直接参与，突出强调了职业岗位的针对性，促进了课程与市场需求的对接，增强了学生的岗位创业能力。

其三，实践教学。推进"专业实习+管理岗位实习"，在不削弱专业实习的同时，改革服装设计、汽车服务工程、法学、鞋靴设计、经济学等专业的实践环节，新增管理岗位实习环节1—2个月。岗位实习主要是按照企业生产经营活动的流程进行全程参与式实习，包括产品开发、生产、管理、销售等多个运作环节，并接受学校专业导师和企业创业导师的联合指导。通过这种岗位实习强化创业训练，培养了学生的岗位创新创业能力，从而引导学生选择合适的就业岗位。

其四，师资建设。推进"校内师资+实务师资+创业学生师资"的多元化师资建设。当前创业教育师资主体来源单一，大多数来自经济管理类的专业教师或学生管理中从事就业指导的教师，建设一支多元化的特色师资队伍成为创业型人才培养的当务之急。[①] 为此，学校一方面鼓励专业教师到相关行业企业挂职锻炼，丰富专业教师的管理实践经验，提高专业教师对专业创业领域基本情况与发展趋势的洞察能力。另一方面引进企业家、企业高级管理人才、投资专家或相关政府工作人员等具有丰富实战经验和讲课感染力的一线精英为兼职教授，为学生讲授行业背景、业内实务、真实案例等内容。同时，创业比较成功的在校创业学子也是创业班级的师资来源之一。

---

① 施永川：《创业教育促进大学生就业问题研究》，《江西社会科学》2013年第5期。

三 试点班层面：培养既有岗位创业能力又有自主创业能力的人才

创业教育试点班不是以培养自主创业者为目标的"尖子班"或"强化班"，而是为了全校范围内的基于专业的、以岗位创业为导向的人才培养模式改革进行的试点。在全校范围内筛选对创业有兴趣的学生，开设各类创业教育改革试点班，包括企业接班人班、经理成长班（如红蜻蜓班）、电商创业班（如奥康班）、"村官"创业班等辅修专业和创业管理双专业、双学位班级。

同时，以岗位创业能力培养进程为主线，由"岗位创业认知、岗位创业训练、创业岗位实习"三个阶段构成的连续性创业实践教学形式贯穿始终。岗位创业认知以理论模块的课堂教学为主，岗位创业训练依托培养方案课程体系中的实务模块，以温州大学大学生创业园和二级学院创业中心的现有工作室（公司）以及面向在校大学生招租的生活区店铺为实践平台展开，与全国各地的温州商会、知名集团公司企业等合作，建立岗位创业实践基地，让学生利用暑假时间开展为期 2 个月的岗位创业实习，培养学生的岗位创业实践能力。

温州大学通过多年的积极探索，在提升人才培养质量方面进行了有益探索和大胆创新，以创业教育与专业教育融合为重点，形成了"全校层面—专业层面—试点班层面"逐层递进的以岗位创业为导向的创业教育新体系。该体系从人才培养模式顶层设计开始，使大部分学生在四年的学习过程中，通过多层次创业课程的学习和多渠道创业实践的锻炼，激发了学习创业知识的积极性，提高了岗位竞争力，较好地实现了高校为区域经济社会的转型发展培养既懂专业知识又善创业管理的高素质复合型应用人才的基本目标。具体成效包括以下三个方面。

其一，提出了创业与就业兼容的岗位创业教育新理念。传统创业教育更多的是以培养自主创业者为主要目标，鼓励大学生毕业后自己创业。然而，对于刚跨出校门的大学生而言，存在资源、经验等诸多条件的限制，因而我国的大学毕业生自主创业的比例还很低，这也使得创业教育的受益面狭窄。温州大学以岗位创业为导向的创业教育理念将创业的内涵加以扩展，不仅鼓励大学生自主创业，更提倡大学生在未来的就业岗位上"用创业的心态去工作",把创业与就业看成可以兼容,从而创造性地拓宽了创业教育的受益面。

其二,探索了创业教育与专业教育深度融合的新途径。温州大学依托国家级创业人才培养模式创新实验区,在校内设立创业教育与专业教育深度融合的改革实验区,遴选了一批实践性较强的专业,从课程体系、教学内容、教学方法、师资队伍、实习实践等多个环节进行系统的改革,为创业教育的深入开展开辟了一条新途径,吸引了一大批专业教师参与其中,使这些专业的学生在四年的学习过程中,通过各种专业类创业课程的学习和多渠道创业实践的锻炼,激发了学习创业知识的积极性,提高了岗位竞争力,使学生成为既懂专业知识又善创业管理的岗位创业型人才。

其三,建立了整合校内外资源的创业教育运行新机制。针对创业教育资源相对分散、创业教育缺乏整体规划、部门职责不清等问题,温州大学逐渐形成了一套有效的创业教育运行机制。2009年,学校成立了实体运作的创业人才培养学院,整合校内外资源,统筹全校的创业教育工作。通过制定一系列规章制度和激励措施,构建了较为完善的创业教育教学管理体系;搭建了以温商资源网络为依托的校外创业实践平台,形成了具有温州地域文化特色的校园创业文化,激发了广大专业教师参与创业教育改革的积极性,提升了创业教育在学校人才培养体系中的地位,提高了学生的就业创业能力。

温州大学以岗位创业为导向的创业教育新体系的探索与实践,不仅体现了《国家中长期教育改革和发展规划纲要(2010—2020年)》提出的把加强创业教育作为今后10年提高人才培养质量的精神,也符合教育部《关于全面提高高等教育质量的若干意见》中明确提出"把创新创业教育贯穿人才培养全过程"的具体要求,即高校的创业教育不再是只针对少数有创办企业或公司潜质学生的技能性教育,而应逐渐向覆盖全体学生的全校性创业教育演进。

温州大学以岗位创业者为导向的创业教育新体系紧密围绕人才培养的基本要义,贯穿于人才培养的体系框架中并以此为载体,前瞻性强,为提升应用型人才培养质量提供了新思路。从人才培养模式顶层设计开始,针对人才培养需求将创业教育融入人才培养全过程,使学生在大学四年通过各层次创业课程持续培养创业意识,学习创业知识,通过各种形式的岗位创业实践发展创业能力,提升创业技巧,促进创业教育在人才培养过程中的结构性融合,保证创业教育在人才培养过程中的连贯性和持续性。以培养岗位创业者为导向的创业教育新体系把握住创业教育发展趋势,将是高校有效推进创业教育的主要改革方向之一,为高校应用型人才培养教育教学改革提供有效借鉴模式。

第三节 岗位创业教育的具体成效

本节将在概述温州大学岗位创业教育实践操作特征的基础上,阐述该校在这一领域所取得的系列成效。

一 岗位创业教育的实践操作特征

(一)创业教育融入

创业教育如何有效地与专业教育相融合,创业教育的各个要素如何被整合进人才培养及学科专业体系之中,向来是高校创业教育在实践过程中的一大难点。温州大学从课程与教学领域的改革出发,加强了创业教育课程体系的建设,形成了较为完整的创业类通识课程和专业类创业课程为主的课程群;教学内容和教学方式的革新则倡导教师采用案例教学、情境模拟、团队小组学习等新的学习方式,加强学生之间、学生与教师之间在课堂教学中的互动;开发专门的校本创业教材,将本土的创业文化与课程内容有机结合起来;构建动态的创业教育教学评价指标体系,将创业教育教学绩效的形成性评价与终结性评价相结合,更加重视学生在学习过程中所掌握的显性与隐性知识,有效地实现了融创新创业与应用型人才培养为一体的创业教育实践体系。温州大学将创业教育有机融入现有的人才培养体系之中,不仅重视大学生创业实践方面的锻炼,更加强调创业教育的课程教学在大学生创业意识、创业精神、创业能力培养等诸多方面所起到的作用。

首先,创业教育教学工作的核心是课程。温州大学已经明确了创业教育要面向全体学生且融入人才培养全过程的理念。因此，课程的改革首先从公共选修课和公共必修课这两个覆盖面最广的领域展开，构建了创业教育的通识课程体系，使创业教育的课程教学面向全体学生，从而引导大学生关注创业的基本知识和基本技能，培养他们最初的创业意识。如在公共选修课层面，温州大学就以全校大学生为对象，增设了《创业学》《企业管理》等创业类基础课程，极大地拓展了学生对于创业教育课程的选择范围。[①] 此外，温州大学还通过相关规定，要求所有的大学生在大学四年的学习过程中必须至少修满 2 个创业教育的学分，这也为创业教育面向全体学生奠定了制度基础。在公共必修课层面，温州大学通过各种途径将创业教育元素融入其中。以大学"两课"为例，思想政治理论课之中如何融入创业的元素，创业的一些理念和方法如何通过思想政治理论课的教学过程传递给学生，这些领域的有益尝试都体现了温州大学对于创业教育面向全体学生这一理念的坚持。在公共必修课中，温州大学鼓励教师利用研究性学习小组、案例分析、小组讨论等多种教学方式培养大学生的创业意识和创业精神，从而实现创业教育与公共必修课的有效融合。

其次，创业教育通识课程体系虽然保证了所有学生都能够接触到创业的基本知识、培养基本的创业意识，但是在将创业教育的核心知识、技能与不同学科专业的知识体系、不同类型人才培养目标的融合方面，效果并不明显。如果说创业教育通识课程体系只是打下了地基的话，那么通过专业类创业课程体系的设计与开发，温州大学就为在专业教育过程中融入创业教育建构筑了更为坚实的框架。依据不同学科、不同专业、不同学生的需求，温州大学开设了大量适合专业教学过程，同时又能够传授学生以创业内容的专业类创业课程。如在广告学、鞋靴设计、服装设计与工程、汽车服务工程等体现学校特色的专业中分别开设了《媒介经营与管理》《鞋类产品市场营销》《服装企业管理》《汽车服务经营与管理》等 18 门专业类创业选修课程。[②]

以上这些新课程具有以下明显的特征。（1）课程的目标十分明确，就

[①] 曾尔雷：《创业教育融入专业教育的发展模式及其策略研究》，《中国高教研究》2010 年第 12 期。

[②] 黄兆信：《以岗位创业为导向的人才培养体系研究与实践》，《教育研究》2013 年第 6 期。

是培养出既有扎实的专业基础又具有一定的创业精神,同时拥有一定创业管理知识和能力的创新创业型应用人才。(2)从课程内容来看,上述课程有效整合了不同专业的核心知识与创业的基本内容,使学生在学习专业知识的过程中了解并熟悉如何实现将理论知识转化为实践创新活动,鼓励学生不仅要成为一名"专业人",还要成长为一名"专业的创业人"。(3)从教学方式来看,上述课程更加强调发挥教师在教学过程中的引导性和学生在学习过程中的主动性。专业教师必须在认同并支持创业教育理念的基础上进行有效的教学,通过探究性学习、小组合作学习、任务导向学习等不同方式激发学生的学习兴趣,提升课程教学的绩效。(4)从课程设计的角度来看,专业类创业课程注重从应用的领域增选主干专业课程的教学内容,改革教学方法,增加现场教学环节和案例分析的比重,依托温州大学的省级重点实验室、重点学科、工程研发中心等机构加强专业教育与创业教育的融合。

最后,创业教育融入专业教育的目标是培养既懂专业又擅长创业的学生,因此它所面对的学生群体必然是分层分类的。除了满足大部分学生的需求之外,温州大学还特别为那些在校期间具有较强的专业知识、强烈的创业意愿、一定的创业能力的学生开设了创业教育的改革试点班,从而在全校范围内对基于专业的、以岗位创业为导向的人才培养模式改革进行试点。过去几年来,温州大学专门开设了企业接班人班、店经理成长班、大学生"村官"创业培训班等辅修专业班以及创业管理双专业班等试点班级,在大一至大三的学生中筛选出部分学生,组成跨专业、跨年级的学习团队,对这批学生进行有针对性的创业教育。[①]

与创业类通识课程和专业类创业课程相比,创业教育试点班在课程体系方面更加强调实务实践模块,注重学生创业实践能力的培养;创业教育师资方面则以多元化的方式,聘请企业专业经理人和独立创业者进行教学,注重创业实践经验在教学过程中的作用;在教学方法上以实践主导型为主,课程设计上突出实践环节;在考核方式上,创业教育试点班结合了

[①] 黄兆信:《以岗位创业为导向:高校创业教育转型发展的战略选择》,《教育研究》2012年第12期。

过程性评价与总结性评价的优点，从创业教育的全过程考察学生的参与程度以及课程内容的理解和掌握程度；在创业教育评价体系方面，建立了长效跟踪机制，将学员课程结束之后的创业表现也作为评价的一个重要指标，关注创业教育结果的持久性、稳定性和有效性。

总体来看，温州大学在专业教育融入创业教育的实践探索方面，强调了满足不同类型、不同层次学生的需求，由点到线、由线到面地建立起了创业教育与专业教育融合的完整架构，将创业教育的各个要素融入各专业的教学内容、教材建设、教学方式革新、教学评价指标体系与方式的改革等方面，从而既能够在公共课教学和专业课教学过程中潜移默化地培养学生的创业意识和创业精神，也能够满足少数具有强烈创业意愿和创业能力的学生的需求，最终保证了创业教育在人才培养过程中的连续性、多样性、主动性。

（二）外在支撑体系

温州大学一直以来都十分重视以制度建设和制度完善来推动创业教育的开展。无论是创业教育课程体系的建设、创业教育师资成长平台的发展还是创业教育实践平台的设立，都是为创业教育的发展营造良好的制度环境，促进创业教育工作有序健康稳定的发展。经过多年的努力，温州大学目前已经形成并逐步完善了创业教育的管理机制、创业教育师资成长平台、创业实践和实习基地，形成了注重利用全校资源、"自上而下"地进行创业教育顶层设计与强调激发学生创业精神、"自下而上"的创业教育成长平台。

虽然我国高校的创业教育已经开展了十多年，但是绝大多数高校的领导层并没有完全认同并接受创业教育在创业人才培养全过程之中所发挥的独特作用，创业教育在许多高校领导者看来只是为了响应党和国家一系列政策文件而不得不开展的一项工作。因此，创业教育在众多高校中也不过是为了缓解大学生就业难、解决大学生就业问题的一种手段。在这样的现实状况之下，许多高校实质上并没有形成专门的创业教育管理机构和科研机构。就现实情况而言，大部分高校创业教育的开展是依托团委、学生处、就业处等与学生事务相关的部门，缺失专门机构，现有机构影响力和决策力不足。就绝大多数高校而言，创业教育仅仅作为学生工作的一部分，还没有上升到学校发展战略、创新人才培养的高度。对创业教育的支持和认同度较低、资源投入较少的现状也是目前制约我国高校创业教育发展的一个重要因素。①

温州大学于 2009 年 6 月专门成立了实体性质的创业人才培养学院，设定专门的创业教育管理和创业教育研究岗位，成为国内高校中为数不多的以负责全校创业教育、创业研究、创业实践等多种职责于一身的专门机构。创业人才培养学院的成立使得全校范围内的创业教育有了一个统一的管理和服务机构，组织功能的明确化和垂直管理结构保障了创业教学改革的展开、创业班级的管理、创业教育专项经费管理、创业教育课程建设等基本运行环节的顺畅。以创业人才培养学院的成立为标志，温州大学创业教育管理机制逐步完善，教务处、学生处、团委等相关职能部门也承担了促进创业教育发展的部分功能。创业人才培养模式创新实验区、创业课程建设项目、大学生创业园管理制度、创业教育教学与科研机构等诸多有利于创业教育发展的基本问题得到了有效的解决。创业教育管理机制的形成也体现在学校创业教育决策与创业教育具体实践之间有了一个沟通的平台。正是在以创业人才培养学院为核心的创业教育管理机制作用之下，温州大学在微观层面的创业教育改革与创新实践，都得到了经验的总结和归纳，然后再反馈给学校领导层，从而为温州大学创业教育的进一步改革提供了丰富的思路。

创业教育的成功开展在于课程教学，而课程教学的关键则在于能否激发学生的学习兴趣和参与意识。毫无疑问，教师成为激发起学生学习兴趣的关键钥匙，而创业教育师资成长平台的发展也就成为高校创业教育工作是否具有生命力和活力的重要标准。在我国绝大多数高校中，无论是公共课教师还是专业课教师，可以说，他们对于创业教育都缺乏最基本的了解，也就更谈不上对于创业教育的认同和支持了。对于大部分教师来讲，讲好自己专业领域的知识才是课堂教学的主业，而是否需要培养学生的创业意识和创业潜力，则并不是自己所应该考虑的。在这种真实而又广泛存在的观念下，仅仅依靠高校领导者的呼吁和政策文件的相继出台难以转变

---

① 黄兆信：《以岗位创业为导向的人才培养体系研究与实践》，《教育研究》2013 年第 6 期。

教师对于创业教育的定式思维。

温州大学很早就意识到教师才是推动创业教育发展的重要力量，因此也就格外重视建立专业教师对创业教育的内源性支持。学校通过一系列政策文件，通过创业教改研究、创业课程改革、创业实验区建设、教师奖励政策、教师职称评聘等多个领域，全面创设了一系列支持专业教师参与创业教育的改革项目。透过这些扎扎实实的创业教育改革项目，专业教师对于创业教育的价值、意义、功能有了全面的理解，在后续的课程教学中，他们也会尝试通过各种方式将创业教育融入专业教育过程中。

此外，温州大学不仅强调专业教师承担各类创业教育教学改革项目，同时也鼓励专业教师亲自参与建设专业类创业课程，通过教师自己的理解和对课堂教学的把握，设计出适合自身教学风格和教学内容的专业类创业课程。截至2012年，温州大学已经累计立项建设了专业类创业课程项目50余门，这些新增设的课程涉及全校的15个学院，吸引了400余名专业教师的参与，极大地促进了创业教育的理念在专业教师群体中的传播和认同。[①]

创业教育的一大特征是实践性，这也是创业教育有别于其他教育的根本性特征。温州大学创业实践和实习基地的建设始终围绕学校创业教育的理念，即面向全体大学生以培养岗位创业人才为导向。因此，温州大学依托国家创业人才培养模式创新实验区，逐步构筑了具有转化、提升、孵化功能的"专业创业工作室、各学院独立的创业中心、学校层面的大学生创业园"三级联动创业实践和实习基地，形成了逐层递进、多元互动的创业教育实践发展平台。

在具体专业层面，学生可以单独或多人组成创业团队，开设专门的创业工作室，根据自身的特点和优势进行最基本的创业实践活动；在学院层面，每个学院都有专门的创业中心，这些创业中心由专门的创业导师负责，对进入该中心的创业项目跟踪管理；在学校层面，温州大学大学生创业园建有专门的场地和资源，为那些已经具有明确创业意识和较强创业能力的团队提供创业实践的机会。温州大学还非常重视与温州各类企业、行

[①] 黄兆信：《地方高校融合创业教育的工程人才培养模式》，《高等工程教育研究》2012年第5期。

业协会、各级商会在大学生创业实践方面的合作，建立了专门为学生岗位创业实践提供综合性服务的创业实习基地。

以上所述，可以看出温州大学在开展大学生岗位创业教育实践过程中所呈现出的一些明显特征。

其一，"自下而上"的保护与"自上而下"的推进相结合。

温州大学的创业教育起步于20世纪90年代末，从开始创办学生创业工作室、面向全校学生开设"职业生涯规划"必修课，到建设大学生创业园。为进一步整合资源，又成立创业人才培养学院（实体部门），负责全校创业教育教学管理工作，并相继开办了创业先锋班、创业管理双专业班、双学位班、店经理成长班、企业接班人班、大学生"村官"创业培训班等创业人才培养改革实验班。学校把培养具有创新精神、创业能力和社会责任感的应用型人才确定为本科人才的培养目标，突出创业能力的培养。

其二，紧密依托温州地域优势，注重创业教育的本土化。

温州大学在开展创业教育的过程中，十分注重将国内外创业教育理论与温州区域文化相结合。一是传承与引进相结合，指导大学生创业教育。学校先后引进了美国 Going Solo、国际劳工组织 KAB 等国外创业教育理论与项目，将其与"温州精神"相结合，形成了"洋为中用、古为今用"的创业教育氛围。二是借鉴温州人的创业经历，指导大学生创业实践。学校侧重于鼓励学生发挥专业优势开展创业实践，倡导学以致用、创业与专业学习紧密结合，依托专业优势创办创业工作室。三是整合温州的创业资源，支持大学生创业教育。目前，学校已聘请50余位优秀企业家作为兼职教授、客座教授充实创业教育师资，为学生带来生动、鲜活的创业案例，增强了大学生创业教育的直观性、真实性和感染性。同时，学校多渠道整合社会资源，为创业教育创造有利条件。

其三，创业教育融入专业人才培养方案，创业教育改革具有前瞻性和针对性。

2010年5月，教育部出台《关于大力推进高等学校创新创业教育和大学生自主创业工作的意见》后，温州大学是较早推进此项工作的学校之一，2010年立项建设了第一批专业类创业课程。改革公共必修课，将创业教育内容渗透到公共必修课的教学全过程，逐步实现创业类课程设置与专业课程体系有机结合,创业实践活动与专业实践教学有效衔接的目标,推进人才培养模式改革。

二 岗位创业教育的实践成效

(一)为学生自主创业和岗位创业打下基础

在当前经济与社会转型背景下提升大学生就业竞争力具有重要的实践价值,也是对我国高校人才培养模式的有效探索。以培养岗位创业者为导向的创业教育新体系贯穿了高校人才培养的全过程,因此,覆盖面更广,是"为了全体学生"的创业教育。学生在接受了岗位创业教育后掌握了经济社会发展所需的知识和技能、具有了创业意识与创业精神,增强了创业技能,特别是提升了岗位创业能力。

创业是一个复杂且充满风险的过程,面对我国高校毕业生创业成功率低的现状,大部分学生并不会在刚毕业时就选择创业,这种选择反映了当前还缺乏一个鼓励大学生创业的社会环境,尚未建立起降低大学生创业风险的保障制度。在这种状况下,岗位创业教育就更显示出了其现实意义。温州大学通过创业试点班、创业教育与专业教育深度融合、创业实践实训基地建设等全校性岗位创业教育体系的构建,培养学生既懂专业知识又善创业管理,使学生在毕业后既可以选择自主创业,也可以将创业的理想与技能运用到具体工作岗位中。

(二)学生的创业实践能力明显增强

大学生创业园作为岗位创业教育体系中的重要组成部分,可以为大学生创业实践能力的培养提供全方位的支持。温州大学岗位创业教育的理念对大学生创业园产生着影响,与其他类型的创业园区相比,温州大学创业园以面向全体在校生为主,以培养和提升大学生岗位创业能力为目标,因此,每一名大学生都有机会在创业园中得到锻炼。创业园为入驻企业提供了创业初期所需的场地、资金、政策、培训指导等多方面的支持,大学生也在创业的过程中将"学"与"用"有机结合在一起,提升了自身的实践能力。

近六年来,数十家企业在园区内成功孵化并在激烈的市场竞争中茁壮成长。岗位创业教育对学生的影响还体现在创业精神与社会责任感的高度融合。经济学家熊彼特将具有创业精神的企业家看作社会不断发展的重要因素,这些创业者对社会的贡献不仅在于就业的增长与经济的繁荣,更重要的是在崇尚公平竞争、敢于打破旧观念的束缚而追求创新、勇于接受挑战等方面对社会产生的影响。温州大学重视在岗位创业教育体系中加强学生社会责任感的培养,如利用高校"两课"中引入创业教育内容等教学方面的改革,引导大学生对自我、他人、社会的重新思考。2011年4月,学校大学生创业园内三家成功孵化的在校学生创业团队共同捐赠了在校期间的创业收入300万元,成立温州大学学生创业基金,用来资助具有发展前景的在校大学生创业团队,这在全国高校中尚属首例。

(三) 学生的岗位胜任力与岗位竞争力得到提升

温州大学岗位创业教育体系的创建使学生在平凡的工作岗位中以创业的心态积极工作,创造更大的价值。这一理念对学生的影响体现在他们职业生涯发展的每一个过程。在就业过程中,经历过创业教育与专业教育融合的学生会表现出明显的竞争优势,具备较强的就业竞争力,同时也能够在更广阔的范围中寻找适合自己的工作;在职业发展过程中,他们自身具备的创业意识、创业理念与创业能力又极大地提升了其岗位胜任力,能够更加迅速地适应工作需求,为个人和企业创造更大的价值;当有合适的创业机会时,这些已经对创业有所了解、同时又具备丰富工作经验的学生也更愿意从传统的就业路径转向自主创业,而他们创业失败的风险也会大大降低。根据毕业生的跟踪调查,温州大学接受过创业教育的学生毕业进入企业就业后,除了展现出扎实的专业素质,更体现出良好的综合素质,社会适应能力强,普遍得到用人单位的青睐与好评。

以培养岗位创业者为导向的创业教育新体系紧密围绕人才培养的基本要义,贯穿于人才培养的体系中,为提升应用型人才培养质量提供了新思路。可以这样说,温州大学以培养岗位创业者为导向的创业教育实践探索,也为我国其他高校应用型人才培养教育教学改革提供了好的借鉴。

第七章　大学生社会岗位创业的具体实践

在大学生的职业生涯中，岗位创业教育的结果就是帮助大学毕业生在社会各个岗位中建功立业，社会创业就是其中的一个具体体现。在我国经济发展已经步入新常态、社会公共服务需求迅猛增长的形势下，大学生社会创业的价值和意义日益凸显。本章将从社会创业的内涵、过程、影响因素出发，分析大学生社会创业的现状，并提出今后的发展策略和措施。

第一节　社会创业的历史与发展

李克强指出大众创业、万众创新是中国经济提质增效升级新引擎。"十三五"规划提出了"美丽中国""健康中国""平安中国"，但雾霾问题、食品安全问题、医疗卫生问题亦令人印象深刻。而社会创业（social entrepreneurship）是社会转型升级的重要手段，[①] 它同时有创业和社会责任两个层面的内涵。

一　社会创业与大学生社会创业

社会创业（social entrepreneurship）又译为公益创业，是近几年社会中

---

① Alvord, Sarah H., "Social Entrepreneurship and Societal Transformation An Exploratory Study", *The Journal of Applied Behavioral Science*, No. 40, 2004, pp. 260–282.

出现的最具影响力和最重要的思想之一，它的出现几乎对每所著名大学在教学理念和实践上都产生了强烈的影响①。如今，使用谷歌搜索这一关键词，至少能获得超过 130 万个相关主题词条，学术界对社会创业的研究文献也汗牛充栋②，实业界和学术界把这场运动称为社会运动的"未来浪潮"。美国著名经济学家迈克尔·波特（Michael Porter）则把它视为一种不断变化组织的时代精神标志，并声称将对大学抑或著名商学院的课程设置产生变革性影响③。厘清其内涵、过程及其不同层次的影响因素是准确把握当前我国高校社会创业教育问题及对策的前提。

（一）社会创业、商业创业和大学社会创业教育

詹姆斯·奥斯汀等认为社会创业是创新性的创造社会价值的活动，它能够发生在商业组织和非营利性组织、公共部门之内或者之间。④ 乔汉纳·迈尔等认为社会创业是创新性使用和组合资源来促进社会变革和满足社会需要的过程。⑤ 尼古拉·普勒斯⑥则认为社会创业为应对经济层面造血功能的不足，对外部伙伴有较强的依赖，这决定了社会创业过程中合作多于对抗。⑦ 格雷格·迪斯指出社会创业的受众多数来自被市场和政府所忽略的金字塔底层需求，这与商业创业（commercial entrepreneurship）追求突破性、创新性需求不同，表现出基础、长期、普遍、可及等特征。清华大学陈劲教授等指出社会创业是一种在各种环境下持续产生社会价值的

---

① Holden Thorp, Buck Goldstein, *Engines of Innovation: The Entrepreneurial University in the Twenty-first Century*, Chapel Hill: The University of North Carolina Press, 2010, p. 53.

② Asceline Groot, Ben Dankbaar, Does, "Social Innovation Require Social Entrepreneurship?", *Technology Innovation Management Review*, No. 2014, 2014, pp. 17 – 26.

③ Michaela Driver, "An Interview with Michael Porter: Social Entrepreneurship and the Transformation of Capitalism", *Academy of Management Learning & Education*, No. 11, 2012, pp. 421 – 431.

④ Austin James, "Social and Commercial Entrepreneurship: Same, Different, or Both?", *Entrepreneurship Theory and Practice*, No. 30, 2006, pp. 1 – 22.

⑤ Pless Nicola, M., "Social entrepreneurship in Theory and Practice-an Introduction", *Journal of Business Ethicsp*, No. 111, 2012, pp. 317 – 320.

⑥ Mair, J., "Social Entrepreneurship Research: A Source of Explanation, Prediction, and Delight", *Journal of World Business*, No. 41 (1), 2006, pp. 36 – 44.

⑦ Dees Greg, *The Meaning of Social Entrepreneurship*, Kauffman Center for Entrepreneurial Leadership, 1998.

活动①；王晶晶等通过国外创业管理专业期刊的 47 篇社会创业文献分析提出广义的社会创业就是可以创造社会价值的创新活动，可以处理社会问题的创新解决办法，社会创业不仅应该包括外部创业，即创建一个新的社会企业，也应包括内部创业，即现存组织内部能创造社会价值的活动。②

综上所述，虽然创业研究的学者对社会创业定义的角度和方法不一样，也未达成统一，但几乎都提到社会创业同样也离不开创新，本书的社会创业指注重公益性，强调实现社会价值，推动社会进步的创新性活动。而作为创业教育的重要组成部分，高校社会创业教育则始于格雷格·迪斯于1997年在哈佛大学开设的第一门社会创业课程，之后便在欧美高校迅速扩展。因此高校社会创业教育的主要目的即是培养社会创业者，并且在培养目标、师资要求、课程模块、教学模式等方面有别于一般的侧重于商业的创业教育。

（二）社会创业过程

斯科特·谢恩等认为机会探索和开发能力是创办企业最重要的能力。③李华晶等认为社会创业过程包含创业机会识别、创业机会开发以及资源获取和整合三个环节。④ 焦豪等指出社会和商业价值并重是社会创业实施的关键，它同时涵盖创业和社会责任活动，他的研究较为全面，在国外学者提出的社会创业意向过程模型，发展两阶段、三阶段模型，社会创业过程影响因素模型等各种模型基础上建构了一个新整合模型。⑤ 由于社会创业属于创业的范畴，从不同学者的"创业"这一概念所包含核心要素来看，一般指提出创意、机会识别、机会探索、机会开发、资源整合、创办企业等过程，社会创业的过程亦大同小异。因此，社会创业是创业者发现社会

---

① 陈劲、王皓白：《社会创业与社会创业者的概念界定与研究视角探讨》，《外国经济与管理》2007 年第 8 期。

② 王晶晶、王颖：《国外社会创业研究文献回顾与展望》，《管理学报》2015 年第 1 期。

③ Shane Scott, Khurana Rakesh, "Bringing Individuals Back: in the Effects of Career Experience on New Firm Founding", *Industrial and Corporate Change*, No. 12, 2003, pp. 519 – 543.

④ 李华晶、肖玮玮：《机会识别、开发与资源整合：基于壹基金的社会创业过程研究》，《科学经济社会》2010 年第 2 期。

⑤ 焦豪、邬爱其：《国外经典社会创业过程模型评介与创新》，《外国经济与管理》2008 年第 3 期。

问题或机会,并运用商业原则来组织、创造、管理一个企业,从而解决社会问题、创造社会价值的过程。

二 社会创业的历史及发展趋势

如今创新创业由精英走向大众,出现了创业"新四军"(即以大学生等"90后"创业者、大企业高管及连续创业者、科技人员创业者、留学归国创业者为代表),而且越来越多"草根"群体投身创业。[①] 而大学生又是这"新四军"中基数较大、最年轻和充满活力的群体。依托高校现有的人才培养、科学研究、社会服务功能大力开展高校社会创业教育,意义重大。

(一)发展阶段[②]

第一阶段是社会创业的萌芽期,20世纪以前,虽然还未对社会创业有真正的定义,社会对社会创业者需求也不是很强烈,企业是以经济利益为主,也未有高校开设相关的社会创业课程,但有少数高校开展过社会创业的相关活动。如1854年弗洛伦斯·南丁格尔在英国军事医院主管伊斯坦布尔斯库台区开展社会创业的相关活动。

第二阶段是社会创业的兴起期,1970—1990年,开拓者们建立起显著的社会创业群体,使企业和社会的利益融为一体。如1971年斯坦福大学推出公共管理计划,以培养有社会意识的领导人。之后不少企业家提出了价值导向(values led)、绿色环保(echoing green)等概念。1999年斯坦福大学又建立社会创新中心,发展领导者,以解决全球社会和环境问题。

第三阶段是社会创业的发展期,2000—2009年,社会创业的组织结构得到显著发展。如2001年哈佛商学院在其午度经营计划中增添了社会企业相关指标。2003年牛津大学的赛义德(SAID)商学院建立了斯科尔(Skoll)社会创业中心。2009年奥巴马政府建立了社会创新和公民参与办公室,

---

① 《国家层面部署"众创空间"平台 支持创业"新四军"》,http://scitech.people.com.cn/n/2015/0303/c1007-26626265.html.

② "Social-Entrepreneurship",http://businessresearcher.sagepub.com/sbr-1645-97806-2707772/20151207/social-entrepreneurship.

帮助解决非营利组织、社会企业，商业，宗教和其他社会组织所面临的问题。

第四阶段是社会创业的成熟期或大众期（mainstream），从2010年起到现在。如2010年英国实施社会影响债券，以建立基金来帮助社会创业。美国社会企业家设立的第一个奖学金，目标是努力改善美国黑人的生活。而美国马里兰成为第一个制定了公司法的州，强调公司社会和环境使命与利润同等重要。又如2015年众多基于网络平台的创客网站走向公益，著名众筹网站Kickstarter也宣称将改组为"公益公司"，即不追求将公司出售或上市。

（二）发展特点

由于当前我国社会创业教育还处在发展期，高校社会创业教育属于创业教育的重要部分，因而与高校创业教育存在一些共性问题。第一，创业教育受益面窄，以自主创业教育为主，侧重商业创业教育。第二，创业教育与专业教育脱节，在运行中缺乏有效深度融合。第三，创业教育相关机制不完善。创业教育组织仍较松散，合作不够紧密，缺乏顶层设计，挂靠在教学单位或行政部门，资源分散，缺乏合力；缺乏专业的社会创业教育机构。[①] 对比国外高校社会创业教育的实践经验如下。

1. 社会创业教育受众面广

在美国麻省理工学院的社会创业支持旨在帮助世界的企业家。通过各种各样的项目，如D-LAB奖学金（该奖学金通过一年的时间帮助那些扶贫的产品或服务达到一定的市场规模）、全球创业实验室（global startup labs），主要通过培养青年科技创业者来促进新兴地区的发展）、全球挑战大赛（ideas global challenge）等，麻省理工学院支持在校园和世界各地的创业者。一开始只是在宿舍或实验室里的一个想法，但后来在学院支持下发展成为面向社会公益并发展良好的创业项目，并为众多缺医少药的社区提供了低成本的技术支持。

---

① 黄兆信：《论高校创业教育转型发展过程中的几个核心问题》，《兰州大学学报》（社会科学版）2014年第6期。

在我国以自主创业为导向的传统创业教育，一方面更多地倾向于鼓励部分学生参与创业实践，而忽视普适性更高的传授学生创业知识、培养学生创业精神的课程教学主战场，社会创业受益面较窄。① 另一方面，我国的国民公益意识相对薄弱，缺乏创业型的公益性榜样，整个社会还较缺乏创业氛围，最终使得大学生从事社会创业的比例也较小。

2. 社会创业课程体系成熟

徐小洲教授在分析哈佛大学的社会创业教育时还指出其通过开发融合性社会创业教育课程，如商学院开设的《金字塔底端的商业》《教育中的创业与技术创新》、法学院开设的《社会创业导论》等以及通过基于多元体验学习平台创业实践、打造紧密协作的社会创业教育共同体等策略成为全球高校社会创业教育的标杆，为我国高校的社会创业发展提供了启示。

再如芝加哥大学的社会创业体验式学习与课程，包括：社会企业实验室（the social enterprise lab）、约翰·爱德华森的社会创业挑战（SNVC）、新的社会企业（new social ventures）、企业家发现（entrepreneurial discovery）等，并有许多配套的社会创业行动计划进一步支持。

由于我国创业教育起步晚，现有的创业课程内容大多脱胎于商学院的相关课程，或者"洋为中用"，本土化的创业课程体系仍不成熟，同时，现有的教师多数是以有着企业管理或战略管理理论背景的教师或从事思想政治、就业指导、团委等工作的教师初步转型而来的，偏重商业创业教育，且水平有限。近年来，参与创业教育的高校数量虽然在增加，但开设的创业课程数量依然有限，这就导致创业教育的受益面局限于少数参与创业实践的学生，难以满足学生的多样化需求，从而无法辐射到更多的学生，学生由于师资的匮乏，也无法获得有效的针对性的指导。

3. 社会创业教育治理结构完善

牛津大学赛义德商学院的斯科尔社会创业中心是一家为推进全球社会创业的顶尖学术单位。该机构通过世界一流的教育、尖端的研究，通过与商业、政策、学术和社会领袖之间的合作，培育创新的社会转型。该机构

---

① 黄兆信、王志强、刘婵娟：《地方高校创业教育转型发展之维》，《教育研究》2015年第2期。

的研究和服务对象是全球范围的，通过网络的力量来放大其工作，使得研究人员、学生能跨越更广泛的国家和地区。该机构的价值观有 6 点：创业（即牛津大学相信通过创业途径来改变社会，并致力于运用市场驱动的、营利或非营利的寻找解决贫困和环境恶化等问题的方法）、合作、全球关注、系统影响、知识严谨和诚实、重视团队。因此，建立如斯科尔社会创业中心类似的科学有效的治理结构是促进高校社会创业教育发展的重要保障。社会创业不仅需要政府、社会（如公益创投基金）、公益组织等利益相关者参与治理的外部结构，亦需要紧密协调合作的内部治理结构。又如，芝加哥大学的社会创业计划（social entrepreneurship initiative）办公室，就是位于芝加哥市中心的一个 5 万平方英尺的协作空间，并与波尔斯基创业与创新中心（polsky center for entrepreneurship and innovation）和阿贡国家实验室中心（argonne national laboratory）共享。

由于社会创业教育在我国还处于发展期，仅有部分高校建立了社会创业研究中心，总体缺少学校层面的顶层战略设计，具体实施策略亦不完善，进而使社会创业教育资源分散，难以形成工作合力。现行的创业教育运行体系在整合不同专业教师资源、校内外创业教育资源等方面也存在一定缺陷。[①] 同时，大多数大学生创业大赛的评价机制对社会责任指标的权重偏少。因此，社会创业教育的发展可借鉴如斯科尔社会创业中心的模式，机构有明确的定位和价值观导向，同时运用网络的力量扩大研究和服务对象。

（三）发展走向

哈佛大学 20 世纪 90 年代中期就成立了社会企业发展研究中心，格雷格·迪斯教授在商学院首开社会创业课程，并很快由传统的商学院主导模式转化为学科交融模式。2004 年，哈佛大学甚至招收了第一批社会创业博士生。其商学院与肯尼迪政府学院学生组织的社会创业大会（social enterprise conference），在全球也产生了较广泛的影响力。[②] 国外其他著名大学

[①] 黄兆信、曲小远、施永川、曾尔雷：《以岗位创业为导向的高校创业教育新模式——以温州大学为例》，《高等教育研究》2014 年第 4 期。

[②] 徐小洲：《社会创业教育：哈佛大学的经验与启示》，《教育研究》2016 年第 1 期。

如牛津大学、斯坦福大学、芝加哥大学等的社会创业亦进入成熟期。如牛津大学认为社会创业是一种融合创新机会和资源来创造社会和环境影响的方法，它挑战传统的结构，并确定了新的机会，以解决问题的根源，它产生系统性变化并提供可持续的解决方案。牛津大学提倡通过世界一流的教育、尖端的研究来培育社会创业家。

又如美国的斯坦福大学、麻省理工学院，德国的慕尼黑工业大学等的创业教育已走向大众化、尖端化。[1] 他们不仅提供全校性的创业教育，也为旨在社会创业的全世界的创业者提供一流的教育或研究支持。日本教育界则创造性地将社会创业理论引入大学社会服务的研究中，探索如何更好地实现社会服务。他们从目的、中介、时间、立场四个维度入手，厘清了社会创业的性质。

如在目的维度，日本教育界认为社会创业通常关注需求未被满足的社会群体，这同商业创业聚焦于经济利益存在着根本差异；在中介维度社会资本是社会创业过程中的重要资源，社会创业在利用社会资本的同时力求构筑社会网络；在时间维度，社会创业通常是持续的创业行为，而实现持续发展势必面临更多问题与挑战；在立场维度，社会创业过程中凸显双重特性，社会创业者必须从中寻找到平衡点。[2] 相比较而言，我国大学的社会创业教育还处于发展期，差距较大。

第二节　大学生社会创业现状

为深入了解我国大学生社会创业的现状，本书以我国温州市为例，在全面展示温州市大学生社会创业概况的同时，又以问卷形式进行了摸底调查。

---

[1] 黄扬杰、邹晓东：《慕尼黑工大创业教育实践与启示》，《高等工程教育研究》2015年第5期。
[2] 刘原兵：《社会创业视域下日本大学社会服务的考察》，《比较教育研究》2015年第6期。

一 社会创业发展概况

（一）温州社会创业的先天优势

温州社会生态系统中有着孕育和发展社会创业的土壤和环境。（1）温州企业家创业示范精神：先天不足的资源条件、交通不便的地理位置，培育了温州人"敢为人先、敢于拼搏"的"经世人文"和"主体意识"，形成了特有的"适者生存、敢想敢干、实事求是、义利并举、团队合作"的温州企业家创业精神。（2）特有的商业文化现象：温州地处"东南一隅"，长期的"边缘化"状态使温州人为了生存发展，形成了"抱团文化""商业人格"和"创业文化"。（3）温州民营经济的发展：自改革开放以来，温州创业经历了三个阶段：创业富民阶段、创新发展阶段和创新跨越阶段。依靠"商行天下"完成了财富原始积累的温州人，如今已经有了"善行天下"的实际行动。如"世界温州人微笑联盟"和荣获 2012 年中华慈善奖的"明眸工程"等。（4）温州行业商会的发展：温州市现有行业商（协）会 400 余家，在社会经济领域中发挥着重要作用。如通过行业商（协）会申报获得一批"国家级"基地、创建了一批特色产业园、制定了一系列行业发展规划等。可见，温州区域经济文化的突出特点有着培育和发展本土化的社会创业事业先天优势和条件。

（二）温州社会创业的政策支持

2012 年 3 月，国务院常务会议通过了设立温州市金融综合改革试验区；2012 年 10 月，温州市政府出台了《关于加快推进社会组织培育发展的意见》"1+7"系列文件，明确了政府对社会组织的登记管理、职能转移、备案管理、议事联席、项目购买、考核评优和平台培育等方面的信息，明确指出允许民办非企业社会组织取得合理回报。同时，第二届义工、社工论坛在洞头召开，探讨"温州公益组织机遇与挑战"。温州市即将成为省部共建的民政综合改革发展试验区；政府拟积极培育创新社会组织；全市公益组织中已有多个公益项目渐显社会企业雏形，"输血式"向"造血式"服务转型；温州还将设立公益创投基金，以项目资助方法为社会组织公益项目提供创业和发展资助等。

(三) 温州社会创业主体的形成

随着社会经济的发展，以"社会责任"为联结纽带，温州社会创业的主体主要包括政府、民间公益组织、高校和社会企业等。政府通过计划、法律和行政等多种宏观调控手段，直接和间接地为社会成员提供基本社会保障，以保证社会公平公正为履责目标；民间公益组织或高校以公益性为生存基础，以追求社会公共利益为组织使命及发展目标；社会企业以注重社会价值为主要目标，兼顾经济效益，以确保可持续性作用发挥，成为构建和谐社会的重要力量。

1. 政府

改革开放以来，温州市政府采取了一系列积极的措施，促进经济社会的发展。但是，长期以来，温州的公共服务落后于经济发展的情况仍然比较突出，主要表现为社会事业发展缓慢，社会保障体系建设滞后等。[①] 近年来，温州市政府大力推进新型社会福利体系建设，在发展社会化居家养老服务、开工建设市社会福利中心、加快发展慈善事业、实施残疾人共享小康工程等方面进行了积极的实践。同时，政府对温州医学院（2013年更名为温州医科大学）、温州大学等高校的发展，在提高人才培养、科技创新和服务发展的能力方面给予了大力支持。[②]

2. 民间公益组织

目前，温州的民间公益组织主要有182义工组织、星火义工之家、快乐之本社区义工服务中心、绿眼睛、苍南壹加壹应急救援中心、商报义工团等。这些组织的所有权性质主要是官办慈善会、社团组织、事业单位、民办非企业等。服务的主要目标是孤寡残疾老人、弱势儿童、灾民、珍稀动植物、农民工等。服务内容包括居家养老、扶残助困、康复训练、失独陪护、应急救援和环保监测等，主要提供的是输血式帮扶。发展的驱动力主要来自政府政策支持；各地公益孵化机构为专业化的公益项目提供场

[①] 吴玉宗：《温州政府形象建设的问题与对策措施》，《人力资源管理》（学术版）2009年第5期。

[②] 余晓敏、张强、赖佐夫：《国际比较视野下的中国社会企业》，《经济社会体制比较》2011年第1期。

地、设备等共享设施，提供政策咨询、小额资助、渠道拓展、项目对接、财务托管等服务；民间力量等。当前的发展之困如下。一是合法身份认定困难，资金来源有限。温州现有100多家公益组织，具有独立法人资格的不超过10家。由于处于社会信任高危期，筹款难，资金主要来源于成员内部捐款和私募，效果有限。二是组织队伍不稳定，专业人才缺乏。三是目标定位不明晰，品牌项目研发少。四是外部联动活力不足，难以吸引社会资本。五是风险管理存在缺陷，难以保证可持续发展等。

3. 社会企业

社会企业采用商业手段，达到解决社会问题的目的，它是不同于政府部门、传统非政府组织（或非营利组织）和商业企业的造血型社会协同治理形态，被称为公益领域内的"第三组织"，也就是说当政府公共服务缺位、传统公益服务及商业市场失灵时，它以专业的、独立的和可持续的方式，解决社会问题。据调查了解，目前温州社会企业的典型代表主要有温州龙湾青年创业园、温州眼视光研究院暨创业孵化基地、温州太平洋公益星雨儿童康复中心等。这些组织的所有权性质主要有民办非、国有、个体和社团组织等。服务的主要目标是大学毕业生、高新技术研发团队、农民工和弱势儿童等。服务内容主要有大学生就业、高新技术成果转化、扶残助困、康复训练等，注重社会利益，兼顾经济效益，具有"自我造血"功能。发展的驱动力主要来自：政府政策支持、民间力量和风投资本等。发展之困难主要在于资金来源渠道有限；社会信任度不够；产品或服务缺少竞争力；政策不明确，支撑体系不健全；缺少管理团队和技术团队；偏离社会使命，转型文化冲突，等等。

4. 高校

目前，温州高校主要包括温州医科大学、温州大学、温州职业技术学院、浙江工贸职业技术学院、温州科技职业学院、浙江东方职业技术学院、温州电视广播大学等。服务的主要目标是在校大学生、高校教师、科研人员、当地企业和百姓等，主要服务内容有人才培养、科学研究、技术支持和医疗卫生等。发展的驱动力主要来自财政拨款、政策支持、民间投资和企业赞助等。当前高校在支持社会创业方面的发展之困主要有：一是财政拨款有限，无直接的专项资金；二是政策不明确，缺失具体配套支持方案；三是民间投资或企业赞助面向高校的积极性不够高；四是高校自身的动力不足，还不能适应社会需求的变化，等等。

(四) 温州社会企业社会创业生态模式

温州社会企业社会创业生态模式以温州龙湾青年创业园和温州眼视光研究院暨创业孵化基地较为典型。

1. 温州龙湾青年创业园

温州龙湾青年创业园，由温州源大创业服务有限公司（社会企业）与温州市有关政府机构合作共建，以社会公益为导向，政府助推、市场化运作为模式，整合各方资源，优化创业成本，搭建互动平台，通过授人以鱼（青年创业创新基金补助）和授人以渔（公益培训、政策咨询）等，帮助创业青年逐步走向成功，初步形成了注重社会价值、兼顾经济效益的社会创业社会生态体系。该创业园包含创业苗圃区、创业孵化区、创业成长区、公共服务平台区等功能区，通过搭建人力资源、培训、金融、商务、信息、工商税务、休闲娱乐等公共服务平台，为入驻企业提供一条龙创业服务。拥有综合配套创业服务场所 2.2 万多平方米，提供网络维护、创业培训、网商管理沙龙等设施和服务，实现拎包入驻。

2012 年 7 月，该园区获全国就业创业先进集体荣誉称号，目前，已吸引入驻企业 80 多家，就业人员 1200 名。园区交通便利，周边商业氛围浓郁。园区除了提供最基本的基础服务之外，还结合创业青年实际需求，提供一系列配套服务，比如：工商代理、记账代理、人才招聘、人才培训、专业培训、项目申报、融资理财、生活服务、技术服务以及创业、管理、法律、政策等方面的咨询服务、党工团服务等。

2. 温州眼视光研究院暨创业孵化基地

主要分布在温州医科大学眼视光科教楼及温州高新技术产业园区创业园的温州眼视光创业孵化基地，总面积约 14000 平方米。基地以温州医科大学眼视光学院依托，联合温州医科大学、附属眼视光医院在基础和临床研究方面的优势，紧密结合产学研于一体，围绕现代社会视觉健康和功能需求，以现代眼视光行业、产业发展的关键共性技术与核心设备、器械、耗材等重点装备产品的开发为主要研究方向，以医疗设备与器械、生物材料与纳米技术、光学工程技术与产品为研究内容，力争取得一批对学科发展及产业经济转型升级具有重要支撑作用的创新研究成果，水平达到国际先进行列，并通过多层次的"产、学、研、用"相结合的发展模式促进科研成果产业化和市场化。基地以现代企业制度经营管理，独立核算，组织机构健全，有专职创业服务人员。拥有财务部、人事部、营销部、安全生产部、企业管理部、研发部、视光门诊部七个部门，工作人员共78名，其中拥有中高级职称的有53人，专业涵盖眼视光学、临床学、工程学、工商管理学、机械制造学、镜片设计等。基地积极鼓励和引导在温高校的在校生、毕业生入驻基地的企业、工作室和机构以及青年创业，现已入驻高新企业5个，学生研发及创业工作室5个。

(五) 温州高校社会创业生态模式

2004年10月，中共中央、国务院《关于进一步加强和改进大学生思想政治教育的意见》明确指出，要积极探索和建立社会实践与专业学习相结合、与服务社会相结合、与勤工助学相结合、与择业就业相结合、与创新创业相结合的管理体制。依靠有利环境、政策及自我创新，温州高校逐渐形成了主要以温州职业技术学院大学生创业园、温州大学创业孵化基地、温州科苑小企业创业基地和温州医科大学大学生创业园等为范式的社会创业生态模式。

1. 温州职业技术学院大学生创业园

该创业园是以"创业教育"为特色的职业素质教育体系全国示范点，包括创业教育课程体系、创业教育文化体系和创业教育实践体系。通过"大学生创业园"的建设，形成了创业精品园区、创业商贸园区和创业草根园区。实施全方位、多层次校企合作，形成了"与民营经济互动、与企业共赢——依托行业、产学结合"的人才培养模式。形成以"共育高技能人才、共建专业、共同开发课程、共建共享实训基地、共享校企人才资源、共同开展应用研究与技术开发"等为主要内容的校企合作长效机制，使学校成为温州民营企业高技能人才培养培训基地、民营企业技术开发与服务基地，以及民营企业新技术、新产品吸收转化基地。

2. 温州大学创业孵化基地

该基地成立于 2007 年，旨在为在校大学生提供创业实践平台，为大学生创业团队实现创业梦想提供孵化空间。所有进驻的在校学生以及大学毕业生（毕业一年内）创办的企业一律免交场地租金，同时免费共享创业园提供的工商税务代办、创业指导师指导、创业基础理论学习、创业基金扶持、项目资本对接、校外实践基地接洽、招商融资会等一系列孵化服务和优惠扶持政策。园区目前占地约 4700 平方米，主体园区现有工作室（公司）31 家。园区下辖 8 个二级学院创业中心，有专职管理人员 10 名，外聘兼职教师 42 人，以及校外著名创业指导师 18 人，并与八家知名企业建立创业实践基地关系。成立四年多来，园区累计提供就业岗位（含在校生实习岗位数）1745 个，大学生创业企业营业总收入超过 4000 万元。据不完全统计，截至 2011 年 10 月，毕业生离开创业园后已成功创办公司 29 家，累计解决社会人员就业岗位 300 余个。园区先后被教育部确立为"国家级创业教育人才培养模式创新实验区"，被共青团中央确立为"大学生 KAB 创业教育基地"，被全国青联评为"全国青年创业教育先进集体"，被浙江省教育厅确立为"浙江省人才培养模式创新实验区"，此外，园区还是"温州市大学生创业论坛"的授牌基地，该基地为全市大学生提供创业交流平台。

3. 温州科苑小企业创业基地（浙江省小企业孵化基地）

该基地于 2009 年 10 月经浙江中小企业局确认成立，落户于温州科技职业学院，是浙江省唯一落户高校的省级小企业创业基地。温州科技职业学院是全国目前唯一同时承担高职教育和农业科研职能的院校。温州科苑小企业创业基地以温州科技职业学院为依托，以培养精于技术、善于管理、长于经营的现代农业创新创业型人才为目标，多层次、全方位引导毕业大学生以及在校大学生开展结合农业专业的创业活动。基地的创业楼先后有 60 家小企业入驻；创业街有 11 家企业入驻；大学生农业创业园有 5 家农业小企业入驻。从 2009 年 11 月至 2019 年年底，温州科苑小企业基地共成功孵化 85 家小企业，服务小企业 110 余家；举办各类培训班 15 期共培训 2000 多人、如职业生涯培训、农业创业培训、网商创业培训、SYB 培训、来料加工创业者培训等；举办温州市大学生"村官"创业培训班六期，共800多名"村官"接受了系统的创业培训。

4. 温州医科大学大学生创业园

2009年以来，该校形成了以"倡导岗位创业，扶持自主创业，创新促进创业，创业带动就业"的大学生创业教育工作思路，以"挑战杯"为龙头的学生科技、创业竞赛体系为主体，以创业实践和促进学生科技成果转化为主导，以选拔体系、试水体系、实训体系、转化体系和反馈体系等"五个体系"为特色的创业园管理模式。大学生创业园用地1000多平方米。截至2019年年底已有41个创业实体项目入驻创业园，当前入驻创业园的创业学生为246人。学校设立创业试水区可容纳50多个创业项目，创业学生达200多人，创业园项目每年增加创业学生50多人。与此同时，各二级学院积极创设科技创新创业基地，如药学院的温莪术示范基地，信工学院的"学生创新设计实验室"，专门为学生科研创新、学科竞赛及自主创业提供实验、实践场所。

在以温州高校社会创业为范式的生态系统中，虽然各主体的社会创业实现途径有所区别，其共同特征主要是结合自身的特色和优势、健全管理与激励机制，以创新的方式——"产学研一体化"，实现校园和社会资源的全方位有效整合，形成以履行"社会责任"为共同使命的校园与社会互惠互利、共同发展的社会创业生态体系。

二　大学生社会创业现状

本书通过对温州高校进行传统问卷、微信及走访等方式，调查对象主要为大学生公益团队的组织者以及在高校从事创新创业教育的教师。因此，该调查的对象、方式较全面，调查结果也具有较强的时效性和针对性。本次调查共发放纸质问卷400份，收回有效调查问卷385份；微信发放问卷322人次，收回有效问卷300人次，总计收回有效问卷685份。本书通过对调查问卷的分析，归纳总结了大学生社会创业的现状及特征，具体如下。

其一，大多数大学生能够积极组织和参加学校的志愿者活动，但对社会创业的了解程度一般，对社会创业的概念、内涵、价值的了解非常欠缺，参与社会创业者更少。在志愿者活动的参与上，64.2%的大学生经常参加，20.24%的学生偶尔参加。在谈及志愿者活动的收获时，大学生普遍认为，参加志愿者活动有利于提升人际交往能力、社会实践能力和培养社会责任感。调查对象在回答"对社会创业的概念、特点是否了解"这一问题时，选择"非常了解"的只有3%，"基本了解"的有15%，在问及获奖的大学生社会创业的作品有哪些时，选择"都不清楚"的高达40.48%。但是笔者所在的高校，近几年在全国大学生"创青春"创业计划大赛中成绩非常优异。在2014年"挑战杯"全国大学生课外学术科技作品竞赛中，"童馨教育服务机构"获得银奖，这个项目在全国具有一定的影响力，但也只有32.14%的被调查者知道。在对社会创业的设想上，69.5%的学生没考虑过社会创业，22.05%的受访者表示考虑过，但感觉困难重重，仅有4.76%的调查者在筹划创业中。可见，大学生对参与志愿者活动有热情，并通过志愿者活动收获良多，但是对于社会创业的了解非常少。即使有想法，也由于缺乏正规的、系统的社会创业教育以及创业能力的培养，不能很好地开展社会创业。

其二，大学生选择社会创业的动因大多受个人影响，热情有余而理性不足；创业过程缺乏科学性，社会层面的支撑体系也不完善。在大学生对未来职业规划的选择中，就业、考研、公务员这三者占了87.2%，剩下12.8%的大学生选择创业，这种结果符合当前大学生就业的现状。12.8%的大学生选择创业，也显示了近几年高校创业教育和社会创业风潮在大学生中已有一定的影响力。关于推动大学生社会创业的影响因素方面：受访者中有46.43%的选择受成功人士的影响，36.9%的选择受家人的影响，11.7%认为是学校的教育和影响。在问及开展大学生社会创业存在的主要障碍时，受访者中77.38%的选择经验不够，75%的选择资金缺乏，69.05%的选择社会关系不够，72.3%选择缺乏必要的知识和能力的储备。关于对国家创业政策的了解和认识，只有3%的大学生认为自己认真了解过创业支持政策。国家创业政策似乎离大学生还很遥远，这也表明了大学生创业的知识、政策储备不足，存在一定的盲目性，需要加大信息服务、政策服务和创业引导。

其三，大学生社会创业涉及的内容和范畴过于单一，往往根据自己的专业特点选择项目，对市场需求、社会热点把握不足，导致公益项目重复率高，发展前景不够广阔。尚未形成有效的商业运作模式，可持续发展动力不足。在调查中，发现师范类专业的大学生大多关注农村留守儿童和城市外来务工人员的子女教育问题；医学院校的大学生大多关注义务献血、骨髓库建设等社会问题。由于专业特色和办学所限，目前已有的公益组织涵盖的范围比较小，项目重复率高。从大学生公益组织的项目来源看，82%的受访者认为是在大学生志愿活动中得到启发，经过市场需求调研的只有23%。大学生对社会需求的调研不足、对社会问题的敏感度反应不够积极。就现有公益组织的运行来看，大部分采用的是捐赠、筹款等非市场化方式，因此，资金来源有限，长期可持续发展难度大。

综上所述，大学生公益组织和志愿者活动密不可分，通过志愿者活动得到灵感，组建公益组织是主要模式。而已经组建的公益组织只能依靠社会捐赠来维持运行。组织稳定性较差，缺乏商业运行模式，自身盈利能力不足，难以实现项目的可持续发展。

第三节 大学生社会创业影响因素

社会创业是一个受多因素交叉影响的复杂过程。一般包括宏观的，如经济、文化等因素。Sonnino 等指出，受国际金融危机的影响，创业者们开始更多地关注社会经济部门，认为社会创业在经济不佳的状况下具有更大潜力应对亟待解决的社会问题，更能够为全球经济和社会发展做出贡献。[1]并且由于文化背景的差异性，社会创业会有不同的形式。[2] 中观层面的影响因素有社会网络、高校特征或组织能力等[3]。

有学者指出创客运动和创客空间作为公众参与创新的社会网络，前者根植于不断扩展的后者，它们以开源、大众创新为特征，并且创客运动代

---

[1] 参见焦豪、邬爱其《国外经典社会创业过程模型评介与创新》，《外国经济与管理》2008年第3期。

[2] Sonnino, R., Griggs-Trevarthen C., "A resilient social economy? Insights from the community food sector in the UK", *Entrepreneurship & Regional Development*, No. 25, 2013, pp. 272–292.

[3] Phillips, W., Lee, H., Ghobadian, A., et al., "Social Innovation and Social Entrepreneurship: A Systematic Review", *Group & Organization Management*, No. 40, 2015, pp. 428–461.

表了公众参与创新的新趋势。① 社会创业微观层面的影响因素，有社会创业者的个人特质等。有研究指出社会创业者相对于商业创业者，具有对当地社会问题关注度更高、更乐于共同行动等特质。② 友成企业家扶贫基金会创始人、理事长王平认为社会创业家具备 3A 特征，分别是：目标驱动力（Aim）、方法创新力（Approach）、行动执行力（Action）。③

社会创业作为一种新型的社会组织形式被认为是解决社会问题的一种新途径，和大学生群体有着"社会创业呼唤大学生，大学生也需要社会创业"的天然联系。一方面，社会创业的社会性和创新性，要求社会创业以解决社会问题为责任，通过创造新的服务、新的产品或者新的方法来解决社会问题。大学生富有社会责任感和社会使命感，渴望用自己的所学解决社会问题；并且随着高校在社会创业领域的积极探索，大学生在校期间，受到了良好的社会创业方面的专业教育，在参加学校组织的公益活动中也积累了较为丰富的经验。因此，大学生一直被认为是社会创业中最活跃的群体。

另一方面，大学生面临日益严峻的就业压力，对社会和谐稳定造成了不利影响。政府鼓励大学生自主创业，以创业带动就业，希望可以缓解这一社会矛盾，然而收效甚微。社会创业则开辟了一个崭新的就业领域，有利于缓解社会就业问题，因此也受到大学生的欢迎。而基于大学生和社会创业的密切关系，政府、社会以及高校自身纷纷开展了一系列的大学生社会创业活动，大学生表现出极大的热情，成为社会创业的主要群体。然而，事实上大学生社会创业并没有像媒体报道的那样欣欣向荣，其发展并不乐观，主要受到以下几个因素的影响和限制。

一　创业项目价值

社会创业与其他创业形式的最大区别在于社会创业的社会性，笔者调

---

① Martin, R. L., Osberg, S., "Social entrepreneurship: The case for definition", *Stanford Social Innovation Review*, No. 5, 2007, pp. 28 – 39.

② 徐思彦、李正风：《公众参与创新的社会网络：创客运动与创客空间》，《科学学研究》2014年第32期。

③ 转引自程楠《社会创新 + 社会企业家 + 社会资本 = 社会巨大进步》，《中国社会组织》2017年第12期。

查的大学生社会创业团队虽然也坚守社会问题和民生的公益性导向，但是，在创业目标的设定上缺乏对社会难点的聚焦和对社会热点的挖掘。大学生获取信息的途径主要是课堂与网络，信息的传递与获取途径比较单一，其视野也受到了一定的限制，进而导致大学生社会创业选择的项目往往替代性高、独特性不明显、项目形式单一等。

比如，农村留守儿童、城市小"候鸟"、自闭症儿童、特困户、公益献血等项目是大学生社会创业的热门选择，项目重复率较高。但是社会问题层出不穷，社会需求复杂多变，如二胎政策问题、失独老人问题、新能源、器官打印等都未能得到及时关注。

作为社会中坚力量的大学生群体目标更应高远，进行社会创业更应展示创新精神和国际视野，能在更高的层面上，凸显大学生群体的认识和解决社会问题的勇气和魄力。从这个角度看，目前离大学生社会创业的目标还有一定的距离。

二　创业能力及意识

大学生的创业能力是影响创业的一个重要原因。不可否认的是，当代大学生在知识领域方面的储备十分丰富，而这些知识大多源于书本，源于老师的课堂教学。这些听起来相当专业的创业知识，在运用的过程中往往会出现很多问题。观念中的创业知识是未经实践的，创业过程中难免遇到纸上谈兵的尴尬。实践经验的缺少，也展示了社会化的不足。[①]

大学生社会创业的经验主要来源于大学社团活动、志愿者服务，虽然拥有较强的社会责任感以及使命感，但是在校期间参加公益活动大多是为了增添大学生生活的丰富性，在面对就业时将个人价值与目标的实现作为择业唯一标准，忽视了自我价值与社会价值的统一。因此，很少去选择新兴的、经济效益与稳定性不太确定的社会创业。

大学中的公益活动，往往追求的是短期、显著的效果，而社会创业则并非如此，它更加注重长期而稳定的效果。因此，大学生在社会创业的过

---

① 黄兆信：《论高校创业教育转型发展过程中的几个核心问题》，《兰州大学学报》（社会科学版）2014年第6期。

程中，采取的方法未能很好地和社会实际创业相结合，从而影响了创业效果。

三 社会创业的支持系统

我国的社会创业目前正处于起步发展阶段，政府因财力有限，因而对社会创业的帮扶力度不够。同时我国对社会创业方面的法律法规还不完善，对社会创业的准入门槛的规定过于严苛。《社会团体登记管理条例》中在人员上规定"有 50 个以上的个人会员或者 30 个以上的单位会员；个人会员、单位会员混合组成的，会员总数不得少于 50 个"，在资金上规定"全国性的社会团体有 10 万元以上活动资金，地方性的社会团体和跨行政区域的社会团体有 3 万元以上活动资金"[1]。由于社会创业组织大多由民间发起，人员较为分散、规模较小，很难达到这个标准，这无疑阻碍了大部分人群创业。

四 可持续发展的动力

社会创业的可持续发展，必须兼顾经济效益和社会效益。要运用商业创新模式，实现社会目的，实现自身造血，保证创业的有效、持续发展。笔者通过调查和访谈发现，很多团队以实现社会价值和目标为己任，但忽略了兼顾社会经济价值，由此面临着可持续发展动力缺乏的挑战。如童馨教育服务机构，以企业、个人募捐为主要资金来源关爱留守儿童，其本身不能产生相应的经济价值，自身造血功能不足，这样的方式与社会创业的目标不吻合，并不是真正意义上的社会创业。此外，由于自身造血功能不足，无论是从中获得的社会认可感还是资金的回报，都无法很好地使创业成员得到满足。这一结果将会导致人员频繁更替的状况发生。

由此，从创业目标看，大学生社会创业的目标单一、层次低、缺乏高远的社会目标；从创新性看，注重社会价值的实现，经济价值难以保证，缺乏可持续发展的机制；从商业运作模式看，创新意识和能力不足，商业运作模式和手段匮乏。

---

[1] 《社会团体登记管理条例》，1998 年 9 月 25 日国务院第 8 次常务会议通过。

第四节 大学生社会创业扶持

以社会公益理念为导向，兼顾经济效益和社会效益统一的大学生社会创业是以创业带动就业、拓宽大学生就业路径的新思路。从社会创业的流程看，根据马赫（Mair）和诺波（Nobaa）的分析，社会创业的意向形成需要一个过程，创业愿望受到个人社会情感和认知态度这两个因素的影响。创业认知的可行性也需要创业者个人自我效能和社会支持的支撑。[1] 创业愿望和创业认知可行性的有机结合产生了创业的行为。为此，有必要针对大学生的认知特点，采取有针对性的鼓励、激励措施，保护其创业意向的形成，推动社会创业事业的发展。

一 加快资源整合，加大资金投入

近年来我国大学生社会创业的发展很大程度上得益于企业和慈善组织的支持和推广，包括资金和技术支持、信息服务、人员培训等。国外社会创业实践证明，企业和社会组织在资本项目对接、科研成果转化、产业链条构建、公益项目融资等方面具有不可比拟的优势。[2]

以童馨教育服务中心为例，它是通过参与学校举办的策划大赛创办，同时核心成员也获得学校相应的培训机会。项目成立之初也是由学生出资、学校扶持的方式起步的。由于资金规模很小，只能满足丽水等部分地区的留守儿童。这样的创业虽然模式十分新颖、团队建设十分完善，但是没有足够的资金大范围地推广，而在校大学生在这方面的资源又十分欠缺，所以如何吸引资金对优秀社会创业项目进行扶持，是推广大学生社会创业的一个难点。

对此，可以考虑设立大学生社会创业基金，支持创业策划大赛，对大学生进行大规模培训和持续性的资源跟踪支持，进行绩效评估，形成全方

---

[1] 严中华：《社会创业》，清华大学出版社2008年版，第10页。
[2] 潘加军、刘焕明：《基于社会创业实践基础上的大学生就业推进模式探讨》，《湖南科技大学学报》（社会科学版）2012年第3期。

位支持大学生社会创业的文化氛围。

二 制定扶持政策，强化保障机制

以温州为例，2012年10月，温州市政府出台了《关于加快推进社会组织培育发展的意见》"1+7"系列等文件。其中，公益慈善类、社会福利类、社会服务类和基层社区社会组织申请成立登记时，资金"门槛"降为零。允许民办非企业单位社会组织取得合理的回报，大大促进了社会组织的发展。但是目前社会创业的有关团体基本是以社会组织、社会团体和基金的形式存在，而社会组织的申报要求非常严格，对资金、办公地址、设备和法人的职业都有一定的要求。在校大学生想要顺利申请要花费很多精力。即使申请成功，也有定期繁复的检查和汇报。

社会创业是近几年在国内兴起的一种新兴创业模式。其解决的问题，面向的人群，需要的制度保障和形成的社会影响力决定了其模式与方法和普通创业不同。政府要完善专门针对大学生社会创业的知识产权保护制度和创业的法律、法规建设。明确大学生创业组织的社会性质、地位和作用，维护大学生创业的合法权益，保护大学生社会创业的积极性和原动力。此外还要充分利用媒体的覆盖力和影响力，发挥校园文化活动在责任感教育中潜移默化的作用。这不仅有利于社会创业的发展，也有利于对大学生自身素质的提高和对社会思想的整体改善。从根本上为社会创业铺路搭桥。

三 加强社会责任意识培养，推动社会创业教育

毋庸置疑，在经济新常态下，高校完善社会创业教育对其自身更好地发挥人才培养、科学研究和社会服务的功能具有重要意义。我国高校应更新理念，充分认识社会创业教育的作用，社会创业教育是实现高质量的"大众创业、万众创新"以及建设"美丽中国""健康中国""平安中国"的重要保障，是解决大学生就业问题、培养大学生社会责任感的重要途径。针对我国目前的实际情况，借鉴国外高校社会创业教育的实践经验，我国高校社会创业教育的开展应着重抓好以下几方面的工作。

(一) 加强大学生社会责任意识培养

社会使命是社会创业发展的不竭动力,培养社会责任意识对于大学生社会创业来说是最重要的基础。大学生作为社会新技术、新思想的前沿群体代表着最先进的文化。但是仍然存在大学生群体素质良莠不齐和对社会的认识、体会不深刻的现象,其社会责任感也需要高校和社会加强培养。目前大学生的自我意识比较强,生活优越。重视个人利益、个人价值、个人前途等,这也导致其社会主人翁意识的淡化。所以在校园文化建设中,更要注重大学生的社会责任意识的培养,拓展其择业视野,树立公民意识、社会风险意识、慈善意识和履行社会义务的自律意识,提升公益素养。

除了社会责任感的培养,社会责任感的实践也需要高校和社会的鼓励。社会实践和志愿者服务等活动的开展是大学生社会责任感实践的重要平台。学校要积极引导大学生开展各类课外实践活动,培养其践行社会责任感,让大学生深入了解社会,发现社会问题,并从中找到创业的机会。[①]对于社会创业而言,社会责任感和有效的创业机会识别是关键。因此,拓宽社会视野、扎根社会、追踪民生民意成为大学生社会创业的必经路径。创业者只有有效融入社会,夯实社会创业商机选择基础,才能有效提升创业层次。

(二) 加强高校社会创业教育课程和师资建设

从国外高校来看,社会创业教育出现了新趋势,如社会创业辅修学位与主修学位相继出现,除商学院以外的其他院系也开始提供社会创业教育课程,社会创业的跨学科教学模式初现,全校性的社会创业教育体验已成为一种追求等。[②] 我国高校的社会创业教育与之差距巨大。

首先,我国高校近年来通过建立各种大学生创业实践基地、孵化器、创业园、高科技园区、与企业合作建立创业平台等多种形式,突出了创业教育的实践性。我国高校借鉴美国的经验将创业教育的重心放在创业实践

[①] 黄兆信:《地方高校创业教育转型发展之维》,《教育研究》2015 年第 2 期。
[②] 黄兆信、赵国靖、唐闻捷:《众创时代高校创业教育的转型发展》,《教育研究》2015 年第 7 期。

教育上无可厚非，但需要注意创业教育的本土化问题、中国与欧美发达国家之间的差距和不同国情问题，因此不仅要推进专业类创业教育课程，将创业教育内容有效融入专业课程体系，更要以任务导向和学生兴趣结合起来进行教学，促进课程与市场需求尤其是本土化社会问题的有效衔接。如有学者指出，在创业教育2.0时代，创业教育除了应在学校的战略层面进行规划外，受益面还要从少数学生扩展到大众（包括校外），而创业课程则要从零星、单独课程发展为立体化、定制化的创业课程体系。① 如芝加哥大学的社会创业计划（social enterprise initiative）为学生提供量身定制的资源和课程来帮助他们脱离传统的创业项目从而进行社会创业。特别是，可以帮助学生探索他们的社会企业应该采取什么形式，如何获得资助以及如何识别和培养一个区域性顾问网络。②

其次，师资匮乏是我国高校创业教育的短板。近年来，杨晓慧、徐小洲等学者呼吁通过制度创新建设专家化师资队伍，推动和促进我国高校创业教育的专业化发展进程，并提出了建立创业教育学科、开设专业学位教育、设置专任教职、建立激励机制、打破体制性流动障碍等策略，为高校创业教育的师资建设指明了方向。高校社会创业教育的开展，需要推进"校内导师+企业兼职导师+创业学生导师"的多元化师资建设。

（三）完善高校社会创业教育治理结构

完善的治理结构是实施高校社会创业教育的重要前提。汪忠提出社会支持体系要包括：社会舆论、政策、资金、技术等，并要建设社会创业生态系统，包括动力机制、资源整合机制等。③ 本书认为完善高校社会创业教育治理结构需要同时着力于外部和内部，并系统优化动力机制和评价机制，最终建立良好的高校社会创业教育生态系统。

首先，要完善高校社会创业教育的外部治理结构。社会创业相对于商

---

① 汪忠、廖宇、吴琳：《社会创业生态系统的结构与运行机制研究》，《湖南大学学报》（社会科学版）2014年第5期。
② 郑刚：《高校创业教育向斯坦福学什么？》，2015年9月3日，http://www.mbachina.com/html/jsgd/201601/91043.html。
③ 汪忠：《以社会创业促进大学生就业、创业教育的发展》，《中国大学生就业》2011年第21期。

业创业更依赖于广泛的社会关注、政府的政策支持，因为它通常要解决的是具有复杂性、深层性、公益性的社会问题。因此，也需要社会舆论对社会创业典型的宣传，尤其是对大学生身边同学、学长创业成功案例的宣传。相关部门亦可举办更多的以社会创业为主题的创业大赛，资助社会创业者，帮助他们在获得商业成功的同时能更好地为社会创造价值。

其次，要完善高校社会创业教育的内部治理结构。学校应灵活设立专门的社会创业组织机构，或者依托专业的学院，负责统筹协调推进校内的社会创业教育课程、师资、政策、学位等各项事务，促进高校社会创业教育的蓬勃开展。

再次，系统优化高校社会创业教育的动力机制和评价机制，最终建立良好的高校社会创业教育生态系统。如传统的商业创业教育由于基数较大，发展较成熟，是高校开展社会创业教育活动的重要动力机制。有条件的高校可依托已有的商业创业教育基础或成熟的众创空间，结合自身的资源优势，不断向社会创业教育拓展。社会创业是围绕特定的关键问题，整合各类人力、物力、财力资源以满足需求、解决问题的过程，克服各种困难，完美实现社会价值和商业价值双赢是每位社会创业者的目标，这离不开政府、高校、社会、众创空间等各创业要素的紧密合作和高效运行。从事社会创业的学生和教师同样离不开科学客观的评价机制，如应在各类传统创业大赛评价中加大社会责任指标的权重，对社会创业做出贡献的教师和学生给予应有的奖励，等等。

第五节 大学生社会创业国际经验

社会创业是一种创新性的创造社会价值的活动。为此，提升创业教育的内涵和层次，丰富创业教育的形式和内容，培养兼具创新创业能力和社会责任感的高素质创新创业人才，应是社会创业教育的题中应有之义。以下将介绍国外高校的一些成功做法，以期为我国高校社会创业教育的有效开展提供有益的启示和借鉴。

一 社会创业的国外案例

(一) 依托非营利组织的社会创业活动

非营利组织的社会创业以回应社会需求为职责,所有的活动均不以营利为目的,即该组织的活动所带来的货币性支出大于收入。活动的目的在于采用某种创新型的手段和方式弥补或尝试改变相关政策及市场运行过程中的缺陷。非营利社会创业组织的持续运营,一般需要依赖外部稳定的慈善基金支持。至于其中的社会创业者,则是通过建立或者加入私人性质或者公共性质的跨部门组织,以实现社会创新行为的多重影响和效应。比如,2012 年,美国农业部提出,14.5% 的美国家庭受到饥饿的威胁,但同时美国人每年又浪费三分之一的食物。2014 年,马萨诸塞州颁布法令,只要每周产生超过一吨以上的厨余及剩余食品,都必须捐出来或是再利用。

针对这一社会问题,2015 年 MIT 斯隆管理学院的两位 MBA 学生,设计了一款名为食物到期警钟的、供相关组织免费使用的 APP,用以帮助超市将快过期的食物(临期食物)公布到网络上,安装该款 APP 的用户能够根据自己的需要并免费领取这些临期食物。2017 年 1—3 月,八家位于马萨诸塞州与食品产业相关的机构和组织,包括零售商、食品生产商、渠道商以及包括波士顿食品银行在内的非营利性机构、负责 MIT 五间学校餐厅食品供应的公司在线上注册并捐赠了近 3600 千克的临期食物供有需要的人通过 APP 认领。食物到期警钟 APP 为现有的食物供应和消费链建立了新的社区网络,从临期食物的信息发布、通知附近有需求的居民及组织,再到对方发出回应,均实时在网上实现,这既实现了社会效益又提升了效率,同时也减少了食物的浪费。

(二) 依托商业营利性组织的社会创业活动

社会创业者通过与营利性的法人机构或者企业合作,针对特定机构提供公益的或者生态性的产品或服务,但其目标并不是获得较大的利润或者商业回报,而是以增加社会财富、满足特定社会群体的基本需求为首要目的,获得的利润大部分再次投资社会项目或者支持社会创业活动。比如,虽然泰国是世界第二大大米出口国,但是当地稻农面临着产值日益降低、成本居高不下和非机械化种植带来的低效率，泰国稻农的平均日收入仅为0.4美元，农民贫困化问题对泰国的经济发展造成了巨大的影响。

针对这一问题，就读于泰国Sasin管理学院的两名学生以帮助泰国农民脱贫为创业目标，从制定可持续发展的市场方案入手，于2011年成立Siam Organic公司并与世界级的水稻研究机构——泰国中央研究院合作，将该机构研发的由泰国香米和黑米杂交而成的品种Jasberry Rice向全国稻农进行推广。从播种、磨稻到包装，整个生产流程由Siam Organic公司与稻农共同完成，同时，Siam Organic公司提供一系列的技术培训和辅导，帮助稻农降低生产成本，并以高于普通稻米两倍的价格收购。

（三）依托混合型非营利组织的社会创业活动

同样是非营利性的社会组织，混合型社会组织的创业活动与非营利社会创业组织的社会创业活动的差异之处，就在于其通过高校和企业联合解决相应问题，即通过向相应的政府机构、公共或者私人组织和企业出售一定的产品或服务以实现其收支平衡。但是，基于非营利性的目的及行为准则，这种模式的社会创业活动同样需要依靠外部稳定的慈善基金或者企业支持。比如，肯尼亚的医疗卫生条件相对落后，中低收入群体居住环境的脏乱和就医条件的落后以及巨大的贫富差距导致不同收入阶层对药品、服务和环境等医疗条件的诉求存在显著差异，同时也导致肯尼亚医疗资源分配不均，由于资源短缺加上病患数量过多，关键性的救命器材如呼吸机和保温箱都因过度使用而损坏。

针对这一问题，肯尼亚性别组织、联合国关爱世界组织、联合国儿童基金会、飞利浦基金会等营利性及非营利性机构实施孕妇、婴儿与儿童关爱的创业者行动计划，即通过促成肯亚塔国家医院与大学合作，医学和工科专业的教师及学生与医院的妇产科专家、护士、技术工程师组成研发团队，设计适合本土使用环境的、高品质的、医疗机构能够负担的医疗设备及零部件。该计划分为校外部分和校内部分，学生和老师通过进入各个医院进行实践操作、实地考察以及与医生、护士、维修工程师的深入交谈，了解设备使用的细节及运行情况，形成初步的设计方案；相关支持机构出资在学校建立专门的研发和创新中心，利用3D打印技术设计并完成零部件的研发和制作，专利权由学校和医院共享。符合要求的设备和零部件设计完成后，由参与企业生产并以接近成本的价格出售给医疗机构，利润由生产企业和学校共同分配。

二 社会创业教育实施的国外经验

以上三种类型的社会创业活动虽然依托的组织模式不同，但其活动的主体都包含高校的在校学生、毕业生或高校教师。考察国外高校的社会创业教育实践，可以从中梳理出一些共有的经验。

（一）社会创业教育需要校内不同专业及院系的协作

与商业创业教育的实施主体以商学院为主不同，社会创业教育实施的主体基本覆盖了高校的大部分专业，包括医学、社会学、管理学、工业设计等。究其原因，就在于社会创业是创业者通过与其他组织和机构合作共同解决社会问题，即满足特定社会群体的需求、针对特定社会问题提出解决方案、设计创新型的产品和服务，所以需要具备不同专业知识的创业者来共同完成。

因此，社会创业教育的外延性和覆盖面超过了商业创业教育，除了商学院开设相关课程和专业外，社会创业教育逐渐扩展至其他非商科学院，或者由多个学院进行联合设置。比如，以传播媒体与文化创意、艺术等专业和课程著称的伦敦大学金匠学院，除了凭借自身优势开设了一些特殊课程外，还联合其他学院开设了一些技能性、操作性的社会创业教育课程作为商业类创业课程的补充，包括社会企业发展沿革、合作性创新网络构建、社区关系枢纽维护、数字平台应用、政策分析与建议等课程，旨在为有意从事或者已经从事社会创业的学生和社会人士提供相应的社会学知识。

（二）社会创业教育需要校内外多方协同开发

社会创业教育经历了由商学院发起，到高校各学院开设相关课程，再到成立专门的社会发展或创新学院的发展阶段，形成了相对系统和完整的社会创业教育体系。基于目前社会创业所呈现出的包容性、开放性、多元化的特点以及其活动跨部门、跨区域的发展需求，国外一些高校开始探索使用合作模式，多方协同、共同开发社会创业教育课程或项目。比如，杜克大学福库商学院、耶鲁大学管理学院、百森学院、斯特灵学院及加州大学伯克利分校哈斯学院联合成立社会创业教育提升中心，针对在校学生、社会组织及其他第三方机构提供培训项目。

再如，来自斯坦福大学在校大学生开发的、旨在为非洲妇女提供与当地文化不冲突的、基于本地资源的"全球妇女用水行动社会创业项目"，正是得到了斯坦福大学哈斯公共服务中心等组织和机构的配合和支持，大学生才能有机会与来自东非当地的志愿者一起担任用水培训师和技术研发创业者的角色。此外，在大学生与社区志愿者、政府组织及相关企业进行合作的同时，斯坦福大学的教师全程参与项目的实施，并在各个阶段对学生进行指导、纠正学生的行动目标、缓和学生与社区志愿者以及原住民之间由于文化差异造成的矛盾，从而也使得社会创业教育的体系与实际项目更加贴合，并有助于学生社会创业技能的提升。

（三）社会创业教育需要相应的社区项目融入

与社区项目深入合作，使学生充分了解社区项目运行的情况并参与其中是社会创业教育实践的基础。学生参与地方非营利性组织开展的服务型学习项目，掌握初步的如何成功地组织并传递社会改变的理念和观点。通过设计具有较大影响力的募捐活动或其他慈善活动，学生能够进一步了解相关社会活动的辐射面及特定群体的需求，获得组织和实施社会活动的实践经验。

与此同时，学生通过任务驱动型的组织和活动增进对创造社会价值的理解，并与课本上的知识进行有机的融合，为进一步设计和创新社会产品和服务、建立正确的价值导向及今后的职业生涯规划产生重大的影响。比如，美国的春假休闲团项目利用春假招募学生志愿者，通过调查当地特殊群体，每个项目小组与当地社区合作选择相应的社会项目，并全程参与该项目的运行和实施。通过这一项目，学生能够获得相应的机会与区域性的非营利组织合作进行学习。这种经历能够促使学生深入探索区域性的问题，针对特定的群体发掘其需求以及政策实施的偏差，寻求更科学的项目运作方式。这种经历能够培养学生开阔的视野，多层次地发掘和剖析社会问题，发现特定群体的精准需求，为今后开发相应的产品和服务奠定基础。

第六节 大学生社会创业案例

大学生群体是未来中国社会创业的主力军，集聚社会资源，激发乡村活力，让更多的青年人在创新创业的浪潮中参与乡村协作治理具有现实意义。以下就以乡村环境治理为例，更具体地阐述大学生社会创业的操作方式方法。

一 乡村环境治理与社会创业

乡村治理也可称作农村治理，其概念提出始于20世纪90年代，并逐渐成为国内外的研究重点。对乡村治理的定义有众多说法。比如徐勇指出，乡村治理是指通过解决乡村面临的问题从而实现乡村的稳定和发展[①]。党国英指出，乡村治理是国家政府机构和乡村其他机构给乡村社会提供公共产品的活动。基本目标是维护乡村社会的基本公正、促进乡村社会的经济增长以及保障乡村社会的可持续发展[②]。俞可平、徐秀丽通过梳理中国农村治理的历史与现状，指出中国的乡村治理是一种政府主导的治理模式，其主要特征是治理结构的多元化和治理主体的精英化[③]。

总体来说，学者们对于乡村治理根据治理主体不同分为两种模式：一种是"威权式治理"，认为只有通过政府的公共权威才能完成；一种是"多元治理"，认为乡村治理不仅要依靠政府，还要靠包括社会组织在内的其他治理主体一起完成。

环境治理是指人们为保护或改善现有生态环境而进行规划、组织、监督、调节和评价等一系列活动之总和。从多主体角度来看，环境治理指除应用法律法规等手段外，采取经济、技术和教育等多管齐下的方式，对可能造成或已经造成生态环境质量受到不利影响的各类生产、生活活动进行

---

① 徐勇：《县政、乡派、村治：乡村治理的结构性转换》，《江苏社会科学》2002年第2期。
② 党国英：《废除农业税条件下的乡村治理》，《科学社会主义》2006年第1期。
③ 俞可平、徐秀丽：《中国农村治理的历史与现状》，《经济社会体制比较》2004年第2期。

纠正，以达到保持或改善生态环境质量的治理行为①。农村公共环境作为公共产品，地方政府对本行政区域的环境质量负责。但地方政府还普遍存在专业环境治理人、财、物不足的情况，与农村地区面源污染量大面广、居住地分散等城镇污染不同特征形成了突出矛盾。因此，仅仅依靠政府监管和治理远远不够，还需要构建"政府部门—私营部门—第三部门—公民个人"的公共行动体系②。

本书研究的乡村环境治理中的社会创业就是基于这一合作治理的分析框架。张国磊等针对政府购买环境服务的现状和问题，提出通过加强契约监控与促进部门协作相结合，确保政策落地，推动农村环境协同治理③。姚志友等提出，合作治理体现了乡村环境治理的核心逻辑，突出了合作主体的多元化和平等性特征，是应对乡村环境问题的必然选择，是维护乡村公共利益的必要举措。合作主体多元化和平等性，主要表现在治理主体不再仅限于政府和村民，还包括村集体、环保组织和NGO、企业等。

不同主体都有权利和义务参与乡村环境治理，在治理过程中充分利用各自所拥有的资金、技术、管理等优势④。冯建认为，在环境治理过程中应发挥市场作用，培育市场机制，运用市场化手段，如设置排污费、使用者付费、排污权交易等推进乡村环境治理⑤。从实践来看，不仅是社会创业，商业创业在乡村环境治理中都尚未成为主流。例如城镇常见的污水处理厂，由于农村地区基础设施建设落后，绝大部分农村地区无法截污纳管，城镇模式的污水处理无法适应农村实际。多年来农村地区成了环境保护被"遗忘的一角"，乡村环境治理面临着观念、技术、人力等诸多壁垒。在商业创业无法企及或不愿企及（无太多利润）的广大农村地区，社会创业可以成为"政府失灵"和"市场失灵"之下农村环境问题的一种解决方案。

治理理论的三种研究途径如表7-1所示。

---

① 朱寅茸：《我国农村环境治理的路径研究》，硕士学位论文，湖南大学，2011年。
② 陈振明：《公共管理学原理》，中国人民大学出版社2003年版。
③ 张国磊、张新文：《基层政府购买农村环境治理服务的对策》，《现代经济探讨》2017年第4期。
④ 姚志友、张诚：《我国乡村环境合作治理的机制与路径研究》，《理论探讨》2016年第5期。
⑤ 冯建：《农村环境治理的经济学分析》，硕士学位论文，浙江大学，2005年。

表 7-1　　　　　　　　　治理理论的三种研究途径①

	政府管理途径	公民社会途径	合作网络途径
分析角度	政府—市场关系	公民社会（非政府组织、第三部门）国家（政府）的关系	多元的主体
关系特征	掌舵者还是划桨者	公民社会自行治理与相互间的认可	各主体相依存
行为假设	理智的、自利的	不利己的、以人为本	人具有复杂性
政策方案	商业式管控手段	国家（政府）授权给公民组织，使公民组织达到内部自行管理和服务	构建服务与供给的合作网络
政策过程的特征	利用市场的自身规律来实现政府做出的政策和决定	利用公共决策实现的政策	通过互相合作达成目标
成功标准	实现决策指定的目标	自治组织的实现	相互合作网络的实现
失败原因	决策指定的目标不清晰，资源匮乏，政府监控能力不足	资源匮乏，沟通不畅，无政治地位	行动缺乏共同的目标，主体间的不协调、不一致
补救措施	加强政府—市场协调和政府对市场的监控	提高非政府组织、第三部门等组织的号召力和自治力	加强合作网络管理、优化集体行动参与者互相合作的氛围

二　社会创业的机会识别

（一）政策利好：农村环境治理市场的"蓝海"时代

国务院发布的《水污染防治行动计划》提出，到 2020 年，新增完成环境综合整治的建制村 13 万个；住房和城乡建设部等十部门联合发布的《全面推进农村垃圾治理的指导意见》提出，到 2020 年，全国 90% 以上村庄的生活垃圾得到有效治理，农作物秸秆综合利用率达到 85% 以上，农膜回收率达到 80% 以上。十九届中央全面深化改革领导小组第一次会议审议通过的《农村人居环境整治三年行动方案》提出，要推进农村生活垃圾治理，梯次推进农村生活污水治理等方案，以农村垃圾、污水治理和村容村

---

① 陈振明：《公共管理学原理》，中国人民大学出版社 2003 年版。

貌提升为主攻方向，到 2020 年，实现农村人居环境明显改善，村庄环境基本干净整洁有序，村民环境与健康意识普遍增强；2018 年中央一号文件《中共中央国务院关于实施乡村振兴战略的意见》也对相关工作进行了部署。农村环境治理领域的"政策曝光率"已仅次于大气治理和城市水环境。

根据原环保部测算，农村污染治理的总投资，仅污水治理设施一项总投资就需要 2000 亿元，如果考虑生活垃圾处理设施的投资及其运营过程与运营市场，农村环境治理市场空间更大。而现阶段我国农业农村环境治理企业普遍规模较小，资信实力较弱，第三方治理的农业农村环境治理市场还不成熟，这为社会创业企业的发展赢得了先机。农村环境综合治理和乡村振兴均属于公益性较强的项目，其投资周期长、投资额度大，随着政府引导有条件的地区将农村环境基础设施与特色产业、休闲农业、乡村旅游等有机结合，规范推广 PPP 模式，社会创业将迎来快速发展期。

（二）技术改造：社会创业引领农村技术高地

商业创业机会是"通过引入新的方法，把新产品、服务、原材料、市场和组织方式有机结合的一种状态"，如果说商业创业机会是一种新方法新组织的引入，那么社会创业机会也是以同样的方法发现机会。社会创业是一个有足够吸引力能够产生足够社会影响力的机会，并且需要社会企业家投入极大的精力、财力和物力。这个机会是引入新的方法，将商业活动和社会目标有机结合提供公共服务并产生经济和社会双重价值的潜在可能性。社会创业与商业创业的差别是社会创业需要更多地满足社会目的[①]。技术变革往往能够促进社会创业，比如互联网的发展促使网络产品和服务需求的爆炸性增长。

当前，我国农业面源污染治理、农村污水、垃圾处理领域尚未形成成熟的技术模式，亟须引导先进适用技术的开发。以温州大学承担的国家科技重大专项"分散式污水就地处理和利用技术研究与示范"项目为例，由于行业技术领先，非常适合农村地区的生活污水治理，经授权给温州市文达清源水环境公益中心（大学生举办的民办非企业）后，与楠溪江核心景

---

① 王皓白：《社会创业动机、机会识别与决策机制研究》，博士学位论文，浙江大学，2010 年。

区沿线多个农村达成了合作意向,利用这一技术抢占了温州农村社会创业制高点,并将持续引领农村环境治理领域的技术更新和技术升级。

(三) 人力基础:高校成为社会创业"蓄水池"

有调查显示,大学生开展社会创业的动机较高,认为"可以用行动带动更多人支持公益,内心很开心"的达到61.3%;选择"既可以保护公共利益又可以解决自己的实际困难"的占28.9%。而驱使大学生创办社会创业组织的最主要原因是自身的志愿服务经历(占39.4%)[①]。温州从2015年起持续开展"新青年下乡"活动,来自温州13所高校的大学生踊跃参加,活动在每年7月启动校地结对,将按"集中活动+常态服务"的模式,在寒暑假集中开展社会实践服务基层专项行动,平时利用周末或节假日深入结对村开展常态化服务,实现每学年的服务接力。除了服务基层、实践育人,不少学校还把"新青年下乡"作为搭建"校院+农村实践基地"的教学平台,利用专业知识,协助当地进行饮用水安全、垃圾处理、环境保护、新能源应用等工作[②]。

从2014年起,全国"互联网+"大学生创新创业大赛开设"青春筑梦红色之旅"赛道,要求将"青年红色筑梦之旅"活动同大学生暑期社会实践活动结合起来,同精准扶贫和乡村振兴战略结合起来。江苏省教育厅推动建立"平台+赛道"的红旅实践活动模式,打造集红色实践、商业服务、创业孵化三位一体的网络平台,助推创意、项目、资本、资金和人才等互联网创新创业要素的集聚,助推江苏大学生红旅实践活动创新创业生态体系建设[③]。厦门大学构建乡村可持续发展的"数字乡建"项目,这个社会创业项目则是脱胎于厦大乡建社会实践队,已有两年多下乡调研、古建测绘、文创设计、公益课堂、乡建沙龙等活动的成果积累[④]。而在环境保护领域,中国环境学会组织的"千村万乡环保科普行动"已经开展了十余年,每年数以万计的大学生、数千支实践团队深入农村,向广大农村干

[①] 李远煦:《社会创业:大学生创业教育的新范式》,《高等教育研究》2015年第3期。
[②] 董碧水:《三万温州"新青年"下乡》,《中国青年报》2015年8月3日第1版。
[③] http://xinwen.hyit.edu.cn/news/show.asp?id=17999。
[④] http://news.xmu.edu.cn/20/5a/c1552a335962/page.htm,2018年4月20日。

部、农民和农村青少年普及环保科普知识，改善农村的生态环境质量。经过高校多年的环保实践和发展，政策、技术、环境等外部条件已日趋成熟，很多有基础的高校项目可以向青年社会创业项目转化，高校的志愿服务转型和社会实践转型迫在眉睫。

三　社会创业环境项目

（一）找准农村环境治理"痛点"，寻找优质创业项目

现阶段，我国乡村环境治理的首要任务是妥善处理好生活垃圾和生活污水，避免农村环境污染。随着化肥、农药等产业的迅速发展，加上塑料等难以降解材料的普及，生活垃圾成分较以往复杂许多。但目前我国乡村垃圾处理设施建设落后，垃圾得不到及时妥善处理，大多采取填埋、焚烧等方式处理，严重危害环境和村民健康。农村生活污水含有大量氮、磷等化学物质，全国范围来看农村生活污水治理设施覆盖率还不高，农村水体的富营养化、地下水污染等问题日益突出，威胁村庄自然生态环境。

但由于农村环境治理项目投入资金大、技术要求高、投资回报周期长，对个人创业者来说存在市场进入的"天花板"，远不及农村淘宝等电商项目容易运作。但也正因为农村环境治理作为一个大的社会问题的天然属性，给社会创业留下了巨大的空间。相比助残助困、支教助学等传统社会创业，环境保护领域的社会创业是高层次的[①]。

（二）寻求政府政策支持，解决项目造血难题

在中国现行政治体制下，实施乡村振兴战略政府要在规划、协调、战略引导和政策等方面发挥主导作用是毋庸置疑的。但乡村发展中市场机制和要素配置市场化的动力是基础性的、决定性的，只有通过市场机制的完善，充分发挥市场在资源配置中的决定性作用，真正激发主体、激活要素，才能调动各方在乡村振兴中的积极性、主动性和创造性，凝聚起全社会支持乡村振兴的强大合力。而包括大学生在内的青年群体是最有创新创造活力的群体，社会创业又是激发青年创业主体活力的重要方式，农

---

① 汪忠：《中国青年公益创业报告》，清华大学出版社2014年版。

村更是青年社会创业的未来主战场,各级政府部门理应在政策上予以大力扶持。

政府要完善与社会创业相关的法律法规建设,以低利润有限责任公司、共益公司等多种形式,促进社会企业的合法化,明确大学生社会创业组织的性质、地位及其相应的权利与义务。机制、成本、技术和管理等是当前农村环境污染治理的四大要素,目前机制问题要远远大于技术问题。机制问题中首要的就是资金问题。政府可以通过政策优惠、税收减免、拓宽融资渠道等措施鼓励大学生投身社会创业,也可通过购买服务、构筑公私合作伙伴关系(PPP)等方式,探索治理乡村垃圾、规范垃圾分类登记监督机制,第三方机构上门回收、定点垃圾分类处理,污水设施运维等垃圾、污水处理新模式,引导大学生社会创业团队来共同解决农村环境问题[①]。

(三)坚持项目公益属性,探索高校社会创业模式

随着创业教育的普及,以及社会"双创"氛围的日益浓厚,大学生普遍具备进行社会创业的基本素质和能力。但由于社会创业是新生事物,作为创业教育的一个分支和创业领域的一种"混合制"探索,社会支持并不够有力,政府有关创业的政策也未出台,总体上社会创业在高校还处于起步阶段,没有特别成熟的社会创业模式。在农村环境治理领域,高校具备开展社会创业的巨大资源优势。首先,环保议题具有良好的社会基础,环保志愿活动在高校开展了数十年,不存在观念上的认知障碍,高校各个学科和专业都可以结合进来,参与环境社会创业项目。比如法学专业的志愿者,可以推动农村环境立法;环境专业、化学专业的志愿者,可以推动农村环境治理技术的升级迭代;建筑专业的志愿者,可以推动农村人居环保建材的使用,等等。

其次,环境社会创业具有良好的项目基础。高校的志愿者活动和寒暑假社会实践项目有许多环保类项目,浙江省自2014年起开展"五水共治"之后,大学生环保实践更是掀起了一个新高潮,一大批科技含量高、能解

---

① 徐小洲、倪好:《社会创业教育的发展趋势与策略》,《高等教育研究》2017年第2期。

决农村实际问题的项目取得了社会效益和经济效益的双赢。但普遍存在单兵作战的状态，由学生实践项目转化为青年社会创业项目的转化机制还未理顺。

最后，社会创业模式构建是高校创业教育的新亮点。随着创业教育的推进，90%的高校已经开展创业教育，85%的高校建立了各种规模的创业基地。与此同时，创业教育的同质性现象越来越明显，创业教育进入了从量到质的新发展阶段。

国内学界曾经提出了温州大学以岗位创业为导向的模式、黑龙江大学全面融入式模式等创业模式，但更多的高校还处在寻求合适自身发展模式的阶段。国内社会创业方兴未艾，但理论构建远远跟不上实践的发展，而且相比较而言，社会创业的成功率比商业创业要高很多，乡村振兴又为社会创业提供了难得的时代契机，更为社会创业研究提供了鲜活的样本，农村环境治理领域的社会创业要成为高校青年社会创业模式构建的"试验田"。

第八章　大学生"村官"岗位创业的具体实践

村官创业也是大学生岗位创业的具体体现形式之一。鼓励大学生"村官"带动村民创业，从而解决和带动农村更多的就业岗位，成为社会主义和谐社会和新农村建设的必然趋势。本章从大学生"村官"创业的现状出发，分析当前大学生"村官"任期满后的去向选择、创业影响因素等，并从政府、企业、高校以及社会舆论四个社会支持体系的主体出发，提出一些针对性的对策建议，以期为构建大学生"村官"创业的社会支持体系提供一些理论支撑和应用借鉴。

第一节　大学生"村官"创业背景与现状

自2008年起，我国政府在总结各地经验的基础上决定扩大大学生"村官"的聘用规模，2010年，针对大学生"村官"的发展状况，提出促进大学生"村官"有序流动的五条出路选择，其中将"自主创业"作为大学生"村官"的主要选择，并鼓励大学生"村官"任职期间积极带动村民创业致富。2012年11月，党的十八大再次提出"创新驱动发展战略"，鼓励"创业带动就业"，支持"青年创业"，实现"多渠道多形式就业"，使创业成为面向"全民"的行为，尤其是社会主义市场经济条件下的新兴群体。

一 大学生"村官"的演进历程

所谓大学生"村官",是指在各级党委和政府政策的指导下,到农村(含社区)担任村党支部书记、村委会主任助理或其他村"两委"职务的、具有大专以上学历的应届或者往届毕业生。① 从国家政策目标和招聘程序来看,大学生"村官"区别于"机关公务员""三支一扶""农村特岗教师""志愿服务西部计划人员"以及"村干部"等岗位,它是需要签订服务合同,由具有三年服务期限的全日制高校毕业生担任。从目前的调研状况来看,大学生"村官"作为助理,主要从事的是一些服务性、辅助性的工作,比如:材料撰写、档案管理、村民培训以及会议记录等文员类工作。

目前大学生"村官"的工作范围和社交对象主要有各级政府部门、乡镇(街道)干部、村(居)委会干部、村民、家人同学等,本书主要选取与大学生"村官"这一岗位有直接联系的角色进行分析。首先,大学生"村官"签约后,就形成了一个为期三年的"合同关系",直接由乡镇干部领导,与乡镇干部形成委托—代理关系,协助乡镇机关管理和服务于新农村建设。乡镇干部拥有大学生"村官"的调配权、监督权以及批评建议权等。其次,大学生"村官"与村干部之间既存在领导—被领导的关系,又存在合作—竞争的关系。大学生"村官"原则上担任的是助理一职,协助村干部处理和完成村里事务。但是,随着大学生"村官"的适应性及个人能力的增长,两者又存在竞争—合作的关系。再次,大学生"村官"与村民之间是服务—被服务的关系,大学生"村官"政策的目标之一就是促进人才向农村输入。农村建设的主体是村民,新农村建设就是要促进农民的全面发展,帮助农民更新落后的思想观念、传播新的科学文化知识,为农民群众提供技术服务等,培养新型农民。

2008年4月,《关于选聘高校毕业生到村任职工作的意见(试行)》提出"在全国范围内开展选聘高校毕业生到村任职",标志着大学生"村官"政策在全国范围内全面铺开,但是大学生"村官"政策的提出以及推

---

① 佘宇等:《"村官"小政策,人才大战略——大学生"村官"政策评估研究》,中国发展出版社2013年版,第3页。

广经历了多个阶段。总的来说，大学生"村官"政策的确立是一个是从地方到中央、从下到上的发展过程。

早在1995年，江苏省丰县就已经意识到村委干部"文化程度偏低""整体年龄偏大"的现状，率先选聘了13名大学生去村"两委"任职，充实村委班子，称为"雏鹰工程"。此后不久，海南省开始局部试点，辽宁省、浙江省慈溪市等地也逐渐制定鼓励引导大学生到农村任职的政策，其中，慈溪市成为全国首个公开招聘"一村一村官"的地区。这一阶段是大学生"村官"政策的萌芽期，总体而言，这一时期的大学生"村官"政策相对简单，且实施地区分布于各地不等，并没有对整个社会的政策起到较大影响，但是也开始在全社会推广鼓励知识分子回村工作的理念，初步探索出了一条短期内选拔培养年轻干部的途径，并且对周边县市的发展起到示范带动效应，成为以后政策制定的"参考模板"。从局部试点来看，这一阶段选拔大学生"村官"的主要目的是改变农村村委结构，带领村民致富，比如这一阶段的村官被称为"农村奔小康""致富奔小康"等工作队队员，从口号中可以看出当时村官政策推行的主要目的，政策目标较明确。

2002—2004年，是大学生"村官"政策的自发探索阶段。这一阶段的明显特征是越来越多的地区认识到在改革开放、经济发展的新浪潮下，思想观念落后、年龄老化的村委班子需要注入新鲜的血液，并且认识到知识的重要性，于是开始探索适合自身发展的村官政策。河南省、吉林省、上海市、陕西省以及新疆维吾尔自治区等地也开始大规模公开选拔大学生"村官"，并且推出了一系列的"本土化"的大学生"村官"政策。这一时期农村问题引起社会各界的关注，这就使得更多的人开始关注大学生"村官"计划。

2005—2007年，是大学生"村官"政策全国性试验阶段。2005年《关于引导和鼓励高校毕业生面向基层就业的意见》中提出"争取用3到5年时间基本实现全国每个村、每个社区至少有一名高校毕业生"的目标，在2007年中央1号文件中，还放宽了大学生"村官"的报考条件，鼓励有条件的地方，可以选拔大专院校和中职学校毕业生到村任职。总的来说，这一时期新农村的"惠农政策"不再仅仅是促使各地完善"两委"建设，注入年轻力量的推力，同时也是高校毕业生想要报考大学生"村官"的拉力。除此以外，高校扩招带来的毕业生资源滞留现象突出，使得这一阶段的大学生"村官"政策除了推进新农村建设之外，还具有提供高校毕业生新的就业途径、缓解就业压力的目标。

《关于选聘高校毕业生到村任职工作的意见（试行）》的推行，标志着大学生"村官"计划进入全面铺开阶段。2008年提出从当年开始，每年选聘2万名、共选聘10万名大学生到村任职，这一目标在2010年的通知中更新为5年内选聘20万名大学生"村官"，其中2010年到达了3.6万名。截至2014年年底，全国大学生"村官"共180960人，其中2014年选聘大学生"村官"25399人。① 这一阶段的大学生"村官"政策相对更加完善，选聘制度在实践中不断得到改善提高。比如，浙江省根据自身发展需要，2014年首次对报考人员的专业需求定向，解决了大学生"村官"的专业与农村工作"不合拍"的问题。除此以外，党和政府更加关注大学生"村官"的发展问题，不再仅仅是"重招聘、轻培养"，鼓励大学生"村官"任职期间带领村民创业，并积极提供优惠支持政策，将"推动新农村建设、引导大学生就业，促进人才向农村输入以及培养年轻的干部"作为大学生"村官"政策的细化目标。② 同时关注大学生"村官"届满去向问题，2010年，中共中央办公室印发《关于做好大学生"村官"有序流动工作的意见》，提出大学生"村官"任职后的五条去向选择。标志着我国大学生"村官"计划这一具有中国特色的政策在逐步完善。

二 大学生"村官"计划的社会效用

大学生"村官"计划从最开始在局部的小规模试行到全国范围内全面铺开，不管从"人"的方面还是"事"的方面，都极大地推动了我国新农村建设，是我国社会发展人才培养的新战略，对社会主义新农村建设、大学生就业以及培养年轻干部等都具有重大意义。

首先，推动新农村建设。③ 不论从我国的自然属性还是社会属性来讲，

---

① 中国村社发展促进会编：《2015年中国大学生"村官"发展报告》，中国农业出版社2015年版，第2页。

② 佘宇等：《"村官"小政策，人才大战略——大学生"村官"政策评估研究》，中国发展出版社2013年版，第18—32页。

③ 同上书，第10—16页。

我国都是一个农业大国,"三农"问题关系着我国社会的整体发展。随着社会各界对"三农"问题的关注,我国政府也从各种视角支持农村改革发展,其中,大学生"村官"就是一项推进新农村建设的主要措施,大学生"村官"充当"信息员""技术员"的角色。比如:大学生"村官"是知识文化水平较高,掌握着先进的科学专业技术,具有创业激情和创新思维的一个群体。目前城镇化的过程中,农村保守落后的思想观念与城市存在脱轨,而大学生"村官"融入农村,有助于更新农村落后的思想观念,传播科学技术,推动文化建设。同时,大学生"村官"可以利用自己掌握的专业知识,指导农民进行科学种植和养殖,培养新型农民,推动农村生产力发展。比如:河南禹州市开展"技术惠民"活动。除此以外,大学生"村官"计划促进了人才向农村的输入,改变了"两委"结构老龄化、观念保守化以及知识结构低的状况,推动了社会主义新农村建设。比如:河北唐山市的"123"志愿服务项目等。

其次,引导大学生就业。① 源于1999年开始的高校扩招,2003年开始逐年增加的高校毕业生人数使得大学生就业形势不容乐观。而新农村建设和农业现代化的不断发展,需要注入新鲜的知识力量。大学生"村官"政策恰逢这一时代发展的需求。它无疑是在高校毕业生考公务员、企事业单位以及自主创业、择业之外的又一种人生职业规划,缓解了当前城市就业岗位有限与就业人数庞大之间的矛盾。同时,我国政府鼓励大学生"村官"在职创业,并给予一系列的优惠政策,截至2014年年底,全国共有22706名大学生"村官"创业,创造就业岗位221412个。② 除此以外,2010年出台《关于做好大学生"村官"有序流动工作的意见》,合理引导大学生"村官"届满之后的去向选择,为大学生"村官"届满之后的发展做好服务。

最后,培养锻炼年轻干部。③ 截至2014年年底,进入公务员队伍的大

---

① 佘宇等:《"村官"小政策,人才大战略——大学生"村官"政策评估研究》,中国发展出版社2013年版,第10—16页。
② 中国村社发展促进会编:《2015年中国大学生"村官"发展报告》,中国农业出版社2015年版,第21页。
③ 佘宇等:《"村官"小政策,人才大战略——大学生"村官"政策评估研究》,中国发展出版社2013年版,第10—16页。

学生"村官"有 9.2 万人，占全部人数的 36.9%。① 比如：北京市自 2009 年开始，在公务员考录中预留出专门面向即将卸任的大学生"村官"的招录岗位。大学生"村官"的三年基层工作经验，有利于其形成坚韧的、吃苦耐劳的优良品质。同时在一定程度上拓宽了他们解决实际工作事务的思维方式。立足于大学生"村官"的这一岗位职责，大学生"村官"在工作中就培养了一种责任意识，在将来的政策提议或者制订工作计划过程中，更能从农民、农村、农业角度出发，客观地开展工作。大学生"村官"进入农村"两委"班子，是优化基层干部队伍结构，为祖国培养年轻的后备力量，提高党的执政能力和水平的有效途径。

三 大学生"村官"创业的发展现状

社会主义新农村是构建社会主义和谐社会的必然要求和时代发展的迫切需要。近几年国家不断加大对农村的支持力度，农民收入明显提高，但是当前农村普遍存在人才外流的现象，尤其是随着我国经济发展和城镇化建设步伐的加快，大量的年轻人进城务工，农村大学生毕业后留城工作等，都使得农村基层组织人才匮乏，人员素质有待提高，作为新农村建设的主干力量的村干部更是普遍存在年龄老化、学历低等问题，这在一定程度上阻碍了新农村的建设，对农村进行人才支持是社会主义新农村建设的必要举措。

与此同时，十几年的高校招生资源扩招以及专业未能与时俱进不断更新，大学毕业生供给与市场需求出现偏差，带来的高校毕业生资源沉积问题日益严重。1998 年开始我国逐渐取消了高校毕业生分配制度，鼓励大学生自主择业，大量的毕业生流入市场进行竞争。而随着社会主义市场经济的发展，就业岗位逐渐减少，岗位竞争压力不断增大，从 2001—2015 年高校毕业生人数逐渐增加，2015 年达到 749 万人，就业压力大。除此以外，根据马斯洛需求层次理论，自我实现的需要是最高层次的人生追求，大学生对自身价值的认识不再仅限于毕业找到一份稳定工作，而更多地希望通过自身的努力，为祖国做出贡献，实现自身的人生价值。大学生"村

---

① 中国村社发展促进会编：《2015 年中国大学生"村官"发展报告》，中国农业出版社 2015 年版，第 19 页。

官"就是在这一背景下做出的社会建设的新举措。

2006年开始,大学生"村官"作为一个新生代群体,成为我国构建社会主义新农村的生力军,为我国农村建设带来了新鲜的活力。2008年,在总结各地实践经验的基础之上,中组部出台了《关于建立选聘高校毕业生到村任职工作长效机制的意见》,计划从2008年到2012年选聘10万名大学生"村官"。

自2008年起,我国政府在总结各地经验的基础上决定扩大"大学生村官"的聘用规模,2010年,针对大学生"村官"的发展状况,提出促进大学生"村官"有序流动的五条出路,其中将"自主创业"作为大学生"村官"的主要选择,并鼓励他们任职期间积极带动村民创业致富(如图8-1所示)。2012年11月,党的十八大再次提出"创新驱动发展战略",鼓励"创业带动就业",支持"青年创业",实现"多渠道多形式就业",使创业成为面向"全民"的行为,尤其是社会主义市场经济条件下的新兴群体。鼓励大学生"村官"带动村民创业,从而解决和带动农村更多的就业岗位,成为社会主义和谐社会和新农村建设的必然趋势。

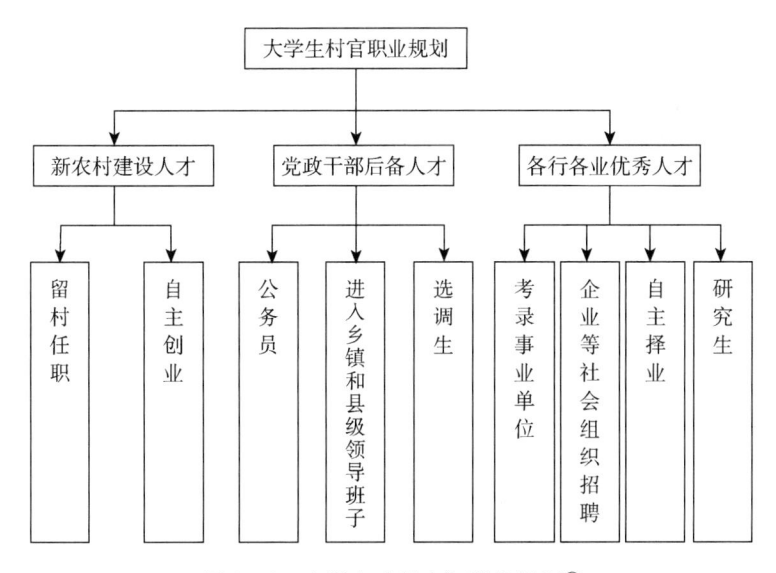

```
                    大学生村官职业规划
          ┌─────────────┼─────────────┐
      新农村建设人才   党政干部后备人才   各行各业优秀人才
      ┌────┬────┐  ┌────┬────┬────┐  ┌────┬────┬────┬────┐
     留村  自主  公务员 进入乡 选调生 考录  企业等 自主  研究生
     任职  创业         镇和县       事业  社会组 择业
                       级领导       单位  织招聘
                       班子
```

图8-1 大学生"村官"职业规划①

---

① http://baike.baidu.com/link?url=2TS85FIxztmYHzcIA_AlcAxoOeUJHeVhA5ClFI_9aymgBklPVWFlrC2h3pZLDyfeBwnCVZvu1sGcikvFQnaOeSzLAihwN3sdoTCuWzdb953.

大学生"村官"是具有中国特色的社会群体，是国家为社会主义新农村建设培养的骨干人才，也是党为新农村工作注入的新鲜血液。鼓励大学生"村官"投身农村，充分发挥大学生"村官"对新农村的建设性作用，带动社会主义新农村建设，是我国政府设立大学生"村官"一职的重要原因之一。

第二节 大学生"村官"创业整体状况调查

本节将以温州市大学生"村官"创业活动为例，调查我国在这一领域的整体发展状况。2007年温州市开始大学生"村官"选聘工作，截至2015年，累计选聘大学生"村官"3800多人。① 随着大学生"村官"工作的开展，这一新兴群体的创业热潮也引起社会各界的广泛关注，尤其是2009年中组部联合各部门出台《关于建立选聘高校毕业生到村任职工作长效机制的意见》，不仅明确提出鼓励大学生"村官""立足农村农业实际自主创业"，而且提出各地要积极支持并落实优惠政策，从而提高大学生"村官"创业的意愿和信心，取得了一定的成绩。据统计，我国"十三五"规划纲要中，"创业"一词出现29次，"支持"一词出现131次，核心内容是深入推进大众创业万众创新，核心做法是把大众创业万众创新融入发展各领域各环节，鼓励各类主体开发新技术、新产品、新业态、新模式，打造发展新引擎。

为深入了解温州市大学生"村官"创业发展状况，本书选取温州地区部分大学生"村官"作为调研对象，通过座谈会（27人）、发放调查问卷（发放调查问卷513份，回收450份，有效率87.7%）等形式，达到预期目标。样本基本信息如下：有效样本中，男生占43.33%，女生占56.67%，其中83.6%为非独生子女，16.4%为独生子女；从工作时间看，16.67%的大学生"村官"刚到任（半年以内），76.67%的大学生"村官"工作

---

① 《温州大学生"村官"选聘总数全省第一》，浙江在线，2015年7月31日，http://zwnews.zjol.com.cn/vcenter/system/2013/07/31/019505095.shtml。

一年左右，6.67%的村官工作两年；从职务上看，83.33%担任村干部助理，16.67%担任镇干部助理。以下是本书对大学生"村官"创业情况所做的调查。

一 大学生"村官"的创业观念与素质

顺应创新型社会"大众创业，万众创新"的时代潮流，全国范围内兴起了"创业热"，大学生"村官"作为大学生群体的一部分，是受过高等教育（包括创业教育）熏陶的社会群体，是存在创业意识和创业热情的，但是当前大学生"村官"农村创业成功率较低，与大学生"村官"自身素质存在较大关系。

（一）缺乏创业动力、创业意愿和创业观念

创业意愿是创业者个体或者创业组织关于要创办某一项事业的管理理念、发展方向以及经营形式等直接的意向（Bird，1988）[①]，创业意愿是影响创业行为的最直接内因。当前大学生"村官"在农村工作的心态观念不一，调查显示，只有8%的大学生"村官"选择"届满之后留在农村创业"，40%的大学生"村官"认为"创业比起其他出路，充满了未知的风险，大学生'村官'需要审时度势，谨慎行事"。在访谈中，有村官表示"创业受到多种因素的影响，不仅包括自身知识技术，还有外界观念和支持度等"。

在大学生"村官"对创业的态度调查中，大学生"村官"均表示创业信心支撑不足，尤其是女性村官，"对自己未来规划表示迷茫，希望届满之后能考到公务员等稳定岗位"。有乡镇干部认为"影响大学生'村官'创业的选择与大学生'村官'的个人意愿有较大关系"。心理学家麦克里兰认为，成就动机是创业意愿最稳定的预测特质，个人成就动机的高低与创业行为存在某种程度的关系，部分大学生"村官"安于其日常工作状态，个人成就动机较低，工作的主动性不强，缺乏责任感和工作认同感。

---

① Bird, B., "Implementing Entrepreneurial Ideas: The Case for Intention", *Academy of Management Review*, No. 13, 1988, pp. 442–453.

(二) 涉农专业比例较低，缺乏专业支撑

截至 2014 年年底，我国大学生"村官"中涉农专业（农林牧渔类）在岗的只有 55153 名，占全部人数的 6.36%。① 我国长期的城镇二元化结构使得在社会生产方面，农村和城市肩负着不同的"职责"，扮演着不同角色，农村主要以农业生产为主。在访谈中，相比经济学、农学，如中文、哲学、历史等专业的大学生"村官"表示"对于创业没有头绪，而对于农村经济发展方向也缺乏规划想法"。

对于农业生活中常出现的问题，大学生"村官"常常表现出一无所知，更像是农业发展的"弱势群体"——既缺少相关农业知识，又缺少农业生产经验。受访的村干部也表示"大学生'村官'的到来确实给农村带来了人才资源，但是大部分大学生'村官'的专业与农村生活、农业生产并没有直接关系，短时间内无法为农村建设服务"。

(三) 缺乏创业实践，社会经验、创业能力不足

大部分大学生"村官"是大学毕业之后直接进入农村工作的，本身缺少工作经历和实践经验。据调查问卷显示，在"您在农村主要从事哪项工作"一题中，55.33%的大学生"村官"主要"处理村务，担任村主任秘书"，30%的大学生"村官""没有固定工作，随意性较大"。访谈中，部分大学生"村官"和当地村干部表示"工作流动性比较大"，虽然大学生"村官"工程的目的是促进人才向农村输入，但是"经常被乡镇抽调或者大部分时间是在乡镇挂职工作"，与村民打交道的时间较少。

在"与当地村干部相比，大学生'村官'自身的缺陷"一题中，"缺少工作经验""缺乏对农村的了解"以及"解决问题的实用性办法少"三项占有较高比重。而"应变能力"和"处理问题的实用性办法"多是在日常处理事务的过程中形成和训练出来的，部分大学生"村官"表示当地多忽视对他们的培养工作，大学生"村官"任职之后，多从事打字、宣传等

---

① 中国村社发展促进会编：《2015 年中国大学生"村官"发展报告》，中国农业出版社 2015 年版。

秘书类工作，缺乏创业实践培训，创业能力较低。

二 大学生"村官"创业的政策保障

政府作为推动和倡导大学生"村官"创业的主体之一，提出"引导和支持到村任职高校毕业生在农村创业"，随着大学生"村官"创业培养计划的推广，大学生"村官"创业取得了一定成效，但是也存在大学生"村官"社会融合度低、招聘程序缺乏针对性、创业保障有待完善、发展机制不健全以及政策失灵等问题。

（一）大学生"村官"身份尴尬，社会融合度低

20世纪40年代，费孝通先生在《乡土中国》中构建了一幅"熟人社会"的文化图景。他用"差序格局"来描述人与人之间的亲疏关系。[①] 这种熟人社会潜在的排他性特征在温州文化中尤为突出，这种文化不仅包含地域差异，还存在家族文化差异。大学生"村官"低融合度则受两方面因素影响：自身排斥和他人排斥。首先，自身排斥。大学生"村官""非官非农"，且有任职期限的职位，对自身的这种社会定位和认知导致大学生"村官"社会融合度低，本书认为与大学生"村官"的高度创业热情形成强烈反差的低成功率与其低社会融合度有着密切的联系。问卷调查显示，在"届满之后的去向"一题中，67%的大学生"村官"选择届满之后"报考公务员、事业编制单位"，只有12%的大学生"村官"选择"继续留任"，8%的大学生"村官"选择"农村创业"。而在全国大学生"村官"流动去向统计中，截至2014年年底，进入公务员队伍的占36.9%，进入事业单位的占28.2%，这两大去向占有流动比例的60%以上。[②]

在访谈中，笔者了解到部分大学生"村官"存在"大学生'村官'只是一块镀金石"或者"找不到合适工作的暂时选择"等观念，而"甘心扎根基层、锻炼自己、带领农村创业致富的村官"所占比例并不大。这表明当前大学生"村官"中存在"跳板""镀金"的短视心理，把为期三年的

---

① 费孝通：《乡土中国》，中华书局2013年版。
② 中国村社发展促进会编：《2015年中国大学生"村官"发展报告》，中国农业出版社2015年版。

大学生"村官"职位看作"后大学时代"。①

其次，村民的低接受度。大学生"村官"制度是嵌入基层自治管理制度中的，这就决定了基层自治主体与大学生"村官"之间关系的多样性，比如：排斥型、协作型和融合型社会关系。大学生"村官"对于自身"非官非农"的身份，缺乏对农村社会的认同感和归属感，不利于大学生"村官"自身树立创业富民的价值理念，也不利于积极融入农村社会的治理中。

（二）大学生"村官"招聘政策缺乏科学性、针对性

截至 2014 年年底，我国大学生"村官"中涉农专业（农林牧渔类）在岗的只有 55153 名，占全部人数的 6.36%。从当前的选聘条件看，对大学生的思想素质、政治文化等做了明确要求，有地方要求是"学生党员或者优秀干部"，但是选聘条件忽略了地方需求的差异性特征。在访谈中，当地村干部表示"部分村官专业与农村不相匹配，无法较快地为新农村建设服务"。

在调查问卷中，有 46.67% 的大学生"村官"认为"与当地村民交流少"是其创业的劣势之一，而在访谈中，部分大学生"村官"表示听不懂且不会讲地方方言，阻碍了与村民的交流。由于语言不通，部分大学生"村官"并不能做到人尽其才，相反，部分返乡大学生反而能在新农村建设中发挥更大的作用。除此以外，在访谈中，有村官表示"受专业限制、区域语言文化以及思维方式差异的影响，自身对农村工作并不适应，镇政府也并不给自己发挥空间的工作"，失去了岗位支撑的大学生"村官"对农村工作的认同感则更低。

（三）地方政府对大学生"村官"政策认识片面

地方政府是推行大学生"村官"政策最直接的保障力量，关系大学生"村官"计划的目标是否得以真正实现。当前某些地方乡镇干部对大学生

---

① 佘宇等：《"村官"小政策，人才大战略——大学生"村官"政策评估研究》，中国发展出版社 2013 年版。

"村官"计划的目标定位认识不够深刻,简单地解读为缓解大学生就业压力的阶段性政策,忽略了国家对大学生"村官""下得去、待得住、干得好、流得动"的人才战略目标,更没有从人才战略的高度进行培养和谋划,突出表现为"重数量,轻培养"。在管理制度上,也没有制定与大学生"村官"相关的激励惩罚制度来调动大学生"村官"的工作积极性。在访谈中,不少乡镇干部表示"大学生'村官'一职是中央政府为缓解大学生就业压力而设置的职位,届满之后大学生'村官'会有更好的选择"。

除此以外,乡镇政府对大学生"村官"创业的行为认识不够,支持不到位。大学生"村官"能否顺利创业,关键在于当地政府是否积极引导。访谈中,大学生"村官"表示"多从事档案管理、文字整理之类的重复性工作",忽略创新创业的培养引导。

(四) 缺乏创业资金,创业政策环境有待优化

鼓励大学生"村官"创业,是当前解决大学毕业生就业压力、带动农村经济发展的有效措施。然而,大学生"村官"虽然具备较高的文化素质和知识储备,但是市场经验缺乏,创业面临着较多困难和阻碍。首先,缺乏资金。缺乏创业资金是大学生"村官"创业面临的首要难题。调查问卷显示,在"大学生'村官'创业阻碍因素"调查中(表8-1),86.67%的大学生"村官"选择"资金短缺,融资困难"。而在"大学生'村官'创业资金来源"的调查中(表8-2),86.67%的大学生"村官"选择了"个人积蓄和家庭支持"作为创业的主要资金来源。这在一定程度上反映出一旦创业失败,大学生"村官"及其家庭经济状况可能会受到较大打击,因此大学生"村官"创业选择较谨慎。

其次,创业环境有待优化。在"大学生村官创业阻碍因素"调查中,73.33%的大学生"村官"认为"村民排斥或者不支持,难以开展工作",70.00%的大学生"村官"认为"信息不畅,难以找到门路"以及43.33%的大学生"村官"选择了"创业优惠政策有待落实"。在访谈中,有村官表示"政府创业资金申请程序复杂,自己创业,承担风险较大"等。除此以外,在"您是否了解本省、本地区有关大学生'村官'创业的优惠政策"一项中,大学生"村官"26.67%选择"不了解",20%选择"没关

注过",这在一定程度上显示出当前政府要进一步加强政策宣传和创业引导,完善创业外部舆论和政策环境。

表 8-1　　　　　　　大学生"村官"创业阻碍因素

创业阻碍因素	频次	占比(%)
资金短缺,融资困难	130	86.67
村民排斥或者不支持,难以开展工作	95	73.33
信息不畅,难以找到门路	105	70.00
创业优惠政策有待落实	65	43.33
村干部的消极态度	55	36.67
社会舆论环境导向	35	23.33

表 8-2　　　　　　　大学生"村官"创业资金来源

创业资金来源	频次	占比(%)
个人积蓄和家庭支持	130	86.67
向朋友借	30	20.00
政府政策支持下的相关创业贷款	105	70.00
企业创业帮扶基金	45	30.00
个人银行借贷	50	33.33
学校的创业帮扶基金	15	10.00
其他	10	6.67

(五) 缺乏对创业的评估和审计监督

为进一步优化创业环境,我国出台了一系列鼓励创新创业的政策,尤其是在资金、技术、信息以及宣传等要素方面。提出向辐射带动广、社会效益大的大学生"村官"创业项目适当倾斜,让他们的创业路走得更顺畅。① 但是,当前对创业项目、创业风险的评估等都停留在主管部门的主观判断或者日常管理上,对于创业项目的批准缺乏一套行之有效的遴选机

---

① 《新农村:大学生"村官"创业还需要更多政策扶持》,中国新闻网,2015 年 7 月 20 日,http://cunguan.youth.cn/2015/0720/1509648.shtml。

制。根据系统论的观点，只有加强监督反馈才能不断完善制度的发展，大学生"村官"作为刚步入社会的群体，工作经验以及创业经历有待提高，其创业项目发展形势、经营状况、国家财政支持去向等，都需要主管部门加强审计监督。除此以外，当前大学生"村官"创业项目普遍存在"虎头蛇尾""人走项目丢"的现象，建立一套完善合理的评估、审计制度，有助于提高创业项目的成功率和发展长久性。

三 大学生"村官"创业教育的实践操作

目前在我国大学毕业生逐年增加、就业岗位容纳数量有限的形式下，我国大学生就业难从单纯的就业数量演变为就业质量的问题。因此，我国政府鼓励高校改变传统的教育方式，提倡创业教育。随着大学生"村官"成为高校毕业生竞争的岗位，高校应根据时代发展要求，完善自身专业和教学设置。

（一）大学生"村官"相关创业知识体系匮乏

近年来大学扩招，大学生供给与市场需求不太相符，出现部分毕业生资源滞留的现象。很多人把大学生就业难归因于高校扩招，教育部原副部长吴启迪认为"不要随便把'扩招'和'就业难'联系在一起"，"就业的事情与教学质量有关，与专业设置有关"[1]。当前大学毕业生资源滞留、就业难是结构性过剩，毕业生供给与市场需要出现偏差。大学生"村官"是国家选聘的、在农村工作的高校毕业生，需要具备农村相关知识储备。

但是，目前高校教学内容、专业设置、培养目标明显带有为城市建设和产业服务的特点。长期受这种知识结构培训的高校毕业生并不适合也不愿意选择在农村就业。[2] 当然这并不主要是源于毕业生的个人意愿，还包括目前我国农村的发展水平和现代化程度暂时还不需要或者并不能满足这

---

[1] 《大学生就业难与城乡二元有关》，新华网，2009年12月20日，http：//www.ah.xinhuanet.com/news/2009 – 12/22/content_ 18559933. htm. 2015 – 08 – 14.

[2] 周玮、吴兆基、王娇、吴玉：《高校在大学生"村官"实践中的对策研究》，《农村经济与科技》2007年第4期。

一类专业毕业生的需求。以温州大学为例，作为一所综合类本科院校，全日制本科专业共40个，① 但是缺乏涉农类专业。

在访谈中，有大学生"村官"表示"学校应根据当前社会发展趋势，适度增添与农业有关的相关专业，提高大学生知识储备"。除此以外，大学生"村官"创业知识缺乏。关于"您是否学习过高校面向大学生开设的创业教育的相关课程"一项中，23%的大学生"村官"选择"学校有开设选修课，但是自己没有选择"。54%的大学生"村官"表示"作为公选课有过接触"，只有3%的大学生"村官"选择了"系统学习过，参加过学校的创业班级培训"（见图8-2）。

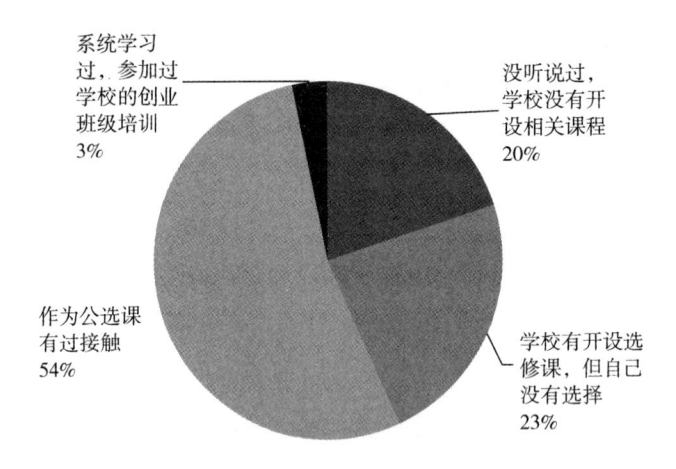

图8-2 是否学习过高校面向大学生开设的创业教育的相关课程

（二）忽略对大学生"重农""创业"文化观念引导

牛长松在对英美两国创业教育的比较过程中指出，"虽然英国创业环境的改善刺激了全民创业活动"，但是英国与美国等其他发达国家相比，创业水平仍旧很低，通过对比英美创业环境及公众对创业的态度得出："文化变革是解决问题的根本途径。"② 创业导向具有文化植根性，文化作为创业导向的环境与条件，意味着在不同国家文化和区域文化环境中可能

---

① 温州大学招生网官网，http://zs.wzu.edu.cn/Col/Col23/Index.aspx.
② 牛长松：《英国高校创业教育研究》，学林出版社2009年版，第132—147页。

产生不同的创业导向。① 中国传统的守业文化，在一定程度上影响着现代人的思维和行为方式。同时"官本位"的价值理念深入社会的方方面面。除此以外，"学而优则仕"的传统教育理念，本身就给高等教育赋予了政治性情怀，并在一定程度上影响着受教育者及其家庭成员的观念。比如，从 2012 年开始，国家公务员报名人数逐年增长，2014 年报名人数高达 152 万人。

在访谈中，有大学生表示"读大学就是为了走出农村，到大城市生活"，"任期结束后考公务员、事业编"。除此以外，很多大学生认为城市比乡村拥有更好的创业技术、条件以及环境，比如：交通、资源以及社会保障。忽视了农村实行创业的土地资源、劳动力以及农副产品等资源。

(三) 缺乏与农村接轨的社会实践项目

大学生"村官"创业需要技术支撑，他们毕业后直接进入农村工作，缺乏经验和技术支撑，与农村生活不相适应。首先，在"你是否参加过创业活动"的调查中，53.33%的大学生"村官"表示"没了解"，大学生参加创业活动的积极性不高；有 43.33%的调研对象"参加过学校的职业规划大赛、营销大赛等"，但在访谈中表示"自己并没有参加过系统的创业实践培训"，而只有 6.67%的大学生"村官"表示"自己开过工作室"。这表示大部分学校缺乏创业实践培训课程或者学生并没有参与创业实践（如图 8-3 所示）。

其次，大学生的暑期社会实践与农村建设接轨的项目较少，或者缺乏教师指导。暑期社会实践项目是锻炼大学生实践能力、组织能力的主要途径，但是很多大学社会实践项目通过率低、覆盖面小，只有部分学生干部申请参加，忽视大部分学生主体的参与性。同时社会实践项目多是与教育、文化传播有关，与农村接轨的较少。除此以外，社会实践项目缺乏教师指导与监督评估制度，往往流于形式。

---

① 转引自缪仁炳《创业导向的文化根植——基于温州与关中两地的实证分析》，上海三联书店 2006 年版，第 11 页。

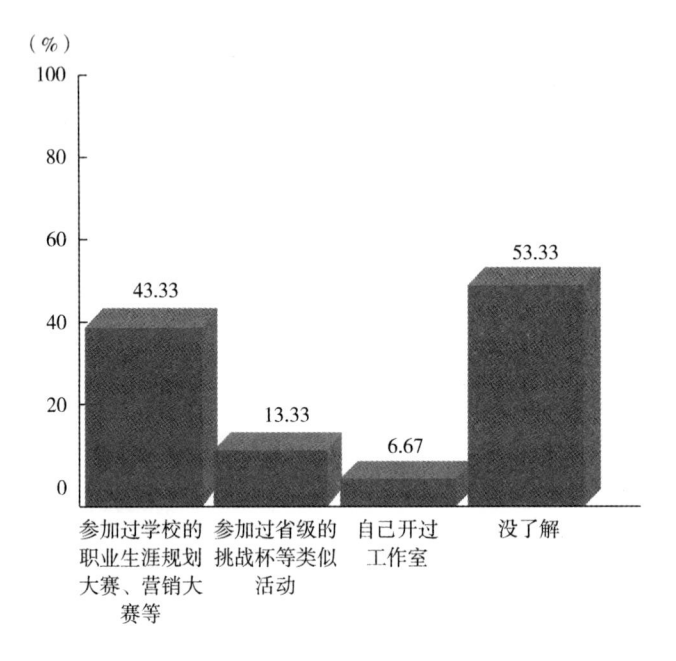

图 8-3　参与创业活动情况调查

（四）企业和社会舆论复杂性对大学生"村官"创业活动的影响

近年来，大学生"村官"创业成为舆论关注的焦点和热点，各媒体纷纷从不同角度对大学生"村官"创业进行报道，企业态度及企业支持行为、社会媒体形成的舆论导向、大学生"村官"创业政策的相关利益主体对其创业倾向、创业行为都具有重要的影响。

1. 社会舆论导向影响"村官"创业

以中国知网为平台，以"大学生村官"为关键词在"报纸"的数据库进行搜索（2015年8月18日），得出4046条记录，其中研究层次主要集中在"大学生村官政策研究""职业指导""精神文化传播"等方面。关于《着力培养创业型大学生"村官"》（《十堰日报》2014年11月1日）、《永寿村官创业项目"人走茶不凉"》（《农民日报》2014年10月24日）以及《大学生"村官"要走创新科学发展道路》（《太原日报》2014年8月14日）等创业型报道引起社会各界的关注，鼓励大学生"村官"进行社会创业。在访谈中，大部分大学生"村官"表示"希望大学生'村官'

创业得到社会的支持和鼓励,实现自己的人生价值"。实现人生价值认同的一项内容是"在工作选择前受到社会外部环境的良好引导,在工作过程中受到外部社会环境的正向激励,在取得工作业绩时受到社会外部环境的肯定和认可"。① 大学生"村官"从校园走进社会,不仅学习生活环境改变,自身角色也发生了重大转变,对工作环境的陌生感会产生排斥心理,主动或者被动地受到社会舆论导向的影响。

除此以外,大学生"村官"创业相关主体的态度也成为影响其创业的重要因素。在"大学生'村官'创业的阻碍因素"调查中,73.33%的大学生"村官"选择"村民排斥或者不支持,难以开展工作"。同时,"村干部的消极态度"也成为阻碍大学生"村官"创业的影响因素(见表8-1)。在访谈中,有乡镇干部表示"影响大学生'村官'工作积极性的因素往往是自身意愿和村干部的支持"。同时也表示"大学生'村官'虽然有创业热情,但是工作和实践经验少,但创业失败风险大"。大部分访谈村民表示希望大学生"村官"创业带动农村经济发展,但表示"自身无能为力"。

2. 新媒体成为传播舆论导向的重要载体

2015年CNNIC(中国互联网络信息中心)公布的《第36次中国互联网络发展状况统计报告》显示,截至2015年6月30日,中国网民规模达到6.68亿人,互联网普及率为48.8%,10—39岁年龄段为网民主体,其中,20—29岁在网民中占比最大。② 互联网成为传播信息的主要载体之一。

在"您主要通过哪些途经了解大学生'村官'创业发展信息"一项中,除了"电视新闻、报纸"等传统的媒体以外,63.33%的大学生"村官"选择了"QQ、微信等多用于社交的手机终端",40%选择"新闻手机终端"。表明以网络媒体、手机等为主的新媒体已逐渐成为大学生"村官"了解信息的主要途径(如图8-4所示)。

---

① 余宇等:《"村官"小政策,人才大战略——大学生"村官"政策评估研究》,中国发展出版社2013年版。
② 中国互联网络信息中心:《第36次中国互联网络发展状况统计报告》,中国经济网,2015年7月23日,http://www.ce.cn/xwzx/gnsz/gdxw/201507/23/t20150723_6022843_1.shtml。

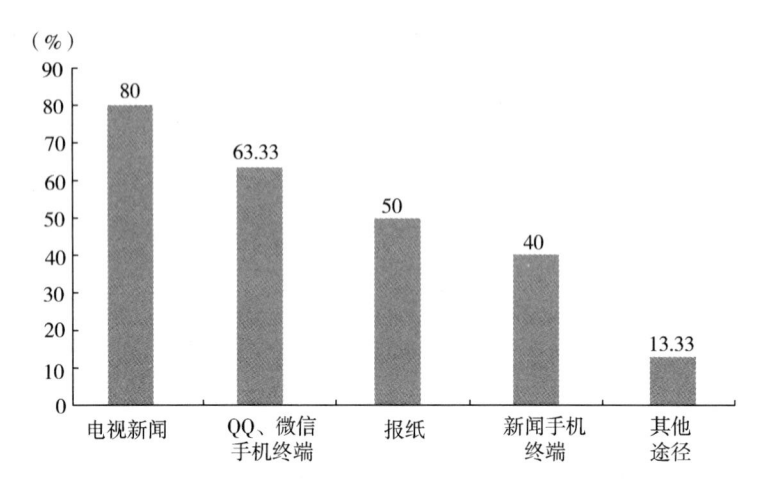

图 8-4 大学生"村官"了解创业发展信息的途径

3. 大学生"村官"创业缺乏地方企业的支持

社会主义新农村建设需要发挥各个参与主体的作用，包括政府、地方企业、村委以及村民等基层力量。企业作为市场经济的创新主体，应主动承担起企业的社会责任。大学生"村官"创业前期或者初期，会遇到资金、技术、品牌以及市场等方面的阻力，在实现滚动发展、扩大规模、有效规避风险方面缺乏经验，① 需要企业适当地引导和支持。有些地方企业认为大学生"村官"创业与企业发展无直接利害关系，忽略（自身）社会责任，企业支持成为当前大学生"村官"创业社会支持的盲点。在访谈中，大学生"村官"表示"企业不是慈善机构，它追求利益最大化，因此大部分不会在一个毫无经验的年轻人身上投资"，在调研中，一半以上的大学生"村官"希望得到企业导师的帮助，进入企业挂职，提高自身能力。

第三节　大学生"村官"创业社会支持资源状况调查

本节将以温州市大学生"村官"创业活动为例，调查我国在这一领域

---

① 《新农村：大学生"村官"创业还需更多政策扶持》，中国青年网，2015年7月20日，http：//cunguan.youth.cn/2015/0720/1509648.shtml。

的社会支持资源状况。基于温州市国民经济和社会发展统计公报显示，2014年地区生产总值4302.81亿元，比上年增长7.2%。全年财政总收入612.44亿元，比上年增长8.3%；农林牧渔业总产值192.25亿元，比上年增长2.3%。[①] 温州市作为浙江三大经济中心之一，不断提高的地区国民经济和社会发展水平主要得益于民间企业资源、政府政策、高校以及社会组织的支持。当前要充分分析和利用温州市潜在和现有的资源，支持大学生"村官"创业，建设具有温州特色的大学生"村官"创业支持网络，建设创业型农村。

一　民间企业资源支持状况

根据温州市国民经济和社会发展公报，2014年民营企业（规模以上）总产值2304.92亿元，占全市工业总产值的48.6%。民营经济作为温州模式的一大特色，成为温州经济迅速发展的产业支柱。

温州地区丰富的民间企业资源为大学生"村官"实践锻炼提供了充分支持。首先，浓郁的创业文化传统和创业精神资源。受温州"永嘉学派"事功理论以及"敢为人先"的现代精神影响，培养了这一区域群体的开拓、进取、冒险的创新创造精神。与此同时，优秀民营企业家具有的实事求是、诚实守信、功利倾向、多谋善断以及团队精神等为塑造大学生"村官"创业素质树立了榜样。家族文化是温州文化的一大特色，温州模式最早也是家族文化的展示。[②] 这个由血缘、地缘、业缘组成的社会群体，相互扶持、相互竞争，实现资源共享，降低自身交易费用。除此以外，为了发展温州创业团体，各行业建立了温州商会组织，利用自身优势，不断适应本行业企业发展需要，制定行业发展规划，引领行业发展、开发行业技术以及进行行业整合，等等。

其次，丰富的创业企业资源。温州是中国民营经济的发祥地，轻工业发达、房地产业兴盛、市场经济高度活跃，建有汽摩配、电器、鞋类和阀

---

① 《2014年温州市国民经济和社会发展统计公报》，温州市统计局网，2015年3月28日，http://www.wzstats.gov.cn/info_view.jsp?id0=z0h8lnkbkw&id1=z0h8lo51at&id=52687。

② 郑秋枫：《当代大学生创业中的社会网络解析——以温州大学生创业实践为例》，硕士学位论文，云南大学，2014年。

门等 31 个国家级生产基地，形成了温州特有的块状经济。① 温州企业成为解决大学生就业的主力军，充足的区域资源，为大学生提供创业实践平台，同时也为在校大学生以及大学生"村官"提供了充足的实习岗位。温州企业产业规模不断壮大，温州产业链的创业机会不断增多。大学生"村官"可依托温州不断扩展的产业链，发现创业机会。

最后，雄厚的民间资本资源。截至 2014 年，温州民间资本在 7500 亿—8000 亿元人民币。② 温州民间融资渠道呈多元化趋势，包括民间借贷服务中心、小额贷款公司、民间资本管理公司、社会直接借贷、其他市场主体以及农村互助会等，且民间融资具有成本低、灵活性强、方便快捷等特点。除此以外，为规范和防止民间借贷带来的风险，温州工商联牵头，成立民间借贷服务中心，为借贷双方进行登记。降低民间融资成本，引导民间借贷阳光化、规范化。大学生"村官"创业要充分关注利用民间信用资本与特殊人脉关系带来的社会资本。

二 政府政策资源支持状况

区域创业文化的培育既受价值观、信念等个体因素影响，也受政治体制文化等社会因素影响。因此，创业行为的推动不仅要重视对创业个体的培养，还要重视政府作为制度供给主体的作用。

首先，逐渐完善的政府支持政策。2009 年，温州市出台了《关于建立完善选聘高校毕业生到村和社区任职工作长效机制的实施意见》（以下简称《实施意见》），力争到 2011 年村（社区）换届时，全市有一定数量的大学生"村官"进入村（社区）领导班子，③ 并充分做好大学生"村官"激励流动机制。2011 年，温州市委组织部、市人力资源和社会保障局发布《关于转发〈关于选拔优秀大学生"村官"进入乡镇党政领导班子的通知〉》，其中威信县在 2011 年乡镇党委换届中，选拔 10 名在岗大学生"村

---

① 马德龙：《高职院校创业教育模式研究——基于温州资源的分析》，《职教论坛》2013 年第 19 卷。

② 《2014 年，温州民间资本去哪儿了》，浙江民营企业网，2014 年 1 月 9 日，http://www.zj123.com/info/detail-d255980.htm。

③ 项琦宜：《我市大学生"村官"有望进乡镇领导班子》，《温州商报》2009 年 11 月 5 日。

官"进入党委领导班子。① 为促进大学生"村官"在基层成长成才，2007年，龙湾区启动"一村一'村官'"计划，完善大学生"村官"发展机制，龙湾区实行农村指导员、驻村干部、村干部三对一帮扶制度。建立大学生"村官"联谊会，制定大学生"村官"到机关部门挂职锻炼的工作机制。② 对于自主创业的大学生"村官"，《实施意见》指出"各地各部门要大力扶持并研究制定技术支持、项目立项、资金投入、工商税收等方面的优惠政策，并结合实际，建设和完善一批投资小、见效快的大学生"村官"创业园和创业孵化基地，落实大学生"村官"创业的各项优惠、扶持政策"。支持大学生"村官"创业富民，并逐渐落实大学生"村官"流动政策。

其次，温州市及各级乡镇政府具有重商尊商的行政理念。区域的社会制度文化是区域经济文化的重要有机构成。③ 温州市政府及各级乡镇政府的行政理念、政策导向在一定程度上影响甚至决定温州经济文化发展方向。温州市委书记陈一新提出"温商是温州赶超的第一资源"，重视温商建设，2014年5月，温州市委市政发布《关于进一步加强温商回归工作的若干意见》④，提升温商回乡投资的服务质量，强化保障措施。温州市政府的重商尊商情怀，为大学生"村官"创业营造了良好的舆论氛围。

最后，资金政策支持以及金融服务。2009年，温州市出台了《关于建立完善选聘高校毕业生到村和社区任职工作长效机制的实施意见》，明确提出大力扶持大学生"村官"创业，并对立项的创业项目进行资金投入、工商税收等方面的优惠。为鼓励大学生"村官"创业，各级乡镇政府也出台创业支持政策，比如龙湾区财政每年出资100万元用于大学生"村官"创业补助、设立1000万元大学生"村官"小额创业贷款基金等。同时，温州市政府牵头进行金融改革，通过了我

---

① 《关于选拔优秀大学生"村官"进入乡镇党政领导班子公告第一号》，中共威信县委组织部，2012年2月3日，http：//www.wxdj.gov.cn/Item/Show.asp? m=1&d=1715.
② 《龙湾大学生"村官"成立联谊会》，《温州日报》2009年12月14日。
③ 辜胜阻等：《区域经济文化对创新模式影响的比较分析——以温州和硅谷为例》，《中国软科学》2006年第4期。
④ 《关于进一步加强温商回归工作的若干意见》，温州网，2014年5月28日，http：//wendu.cn/zxpd/2014/0528/357909.shtml.

国第一部民间借贷的地方性法规——《温州市民间融资管理条例》。多渠道融资为青年创业提供融资渠道,净化融资环境,降低融资风险。除此以外,各级政府纷纷建立大学生"村官"创业实践基地。如平阳大学生"村官"创业基地、瓯海大学生"村官"创业服务基地、经开区青年电商孵化器(大学生"村官"创业基地)等。温州地区在创业方面的文化、政策、资金以及实践等方面的发展经验为大学生"村官"创业提供政府资源支撑。

三 创业教育资源支持状况

高等教育大众化带来的毕业大学生普遍的就业问题以及经济的不断变化导致毕业大学生技能与就业系统需求不一致。[①] 创业教育就是在这样的大背景下引入我国高等教育中的,其中温州大学创业教育融入专业教育,形成岗位创业为导向的创业教育新模式,成为当前高校创业教育的典范。

温州地区有温州医科大学、温州大学、温州科技职业学院等十余所高等院校,为大学生"村官"创业教育的建设提供了丰富的教育资源。2001年初,温州大学开始探索创业教育,经过10多年的实践发展,学校成立了创业人才培养学院,在师资、课程以及管理等方面形成了创业培养的经验。

其一,师资资源支持。目前创业学院专职从事创业研究与创业教学的博士有5名,聘任兼职导师,形成"校内师资+实务师资+创业师资"等多元化师资建设。为此,创业学院建立校企导师互动模式,鼓励相关专业的教师到企业挂职,增加自身企业实践经验,同时聘请温州企业家、高级管理师以及政府相关工作者兼任学生创业导师。逐渐完善的师资建设为大学生"村官"创业教育的开展提供了师资支持。

其二,课程资源支持。温州大学构建"四层金字塔"课程教学模式,并实行专业教育与创业教育相融合的教学方法,开设专业类创业教育选修课,如《服装企业管理》《创业法律指导》《鞋类产品市场营销》等共25门。

---

① 牛长松:《英国高校创业教育研究》,学林出版社2009年版,第73—78页。

其三，校友资源支持。校友互动网络在一定程度上给相关大学和校友都带来更广泛的利益。① 温州大学建有专门的校友会，在一定程度上校友资源为高等院校提供资金和岗位实习途径。

其四，创业实践培训系统。温州大学成立了创业人才培养学院，专门管理创业教学与培训，成立十余年来，得到创业培训实践经验，并形成了一套"创业工作室—学院创业中心—学校创业园"三级联动的孵化体系和实践平台，8年孵化出120支创业团队。

其五，丰富的创业培训管理经验。温州大学针对不同创业需求的学生先后开办了创业管理班、跨境先锋班、网络创业实务班等，针对政府需求开办多期大学生"村官"培训班，在班级管理和创业培训等方面具有丰富的经验。

除此以外，温州科技职业学院作为专科类学校，涉农专业不断完善拓展，研究力量不断增强，联合南京农业大学开办大学生"村官"涉农"硕士班"，建立大学生"村官"实践基地，并依托温州市种子种苗科技园大力开展现代农业创客教育。不管在理论教学、师资力量还是实践训练等方面，都积累了丰富的经验。这些都为温州大学生"村官"创业教育的开展打下了坚实的基础。

四 社会媒体资源支持状况

"双创时代"背景下，创业从来不是个体行为，需要更多的人来创业，来生产和做大"蛋糕"，改变"生之者众，食之者寡"的局面。② 完善的社会宣传网络，正确的社会舆论导向，对动员青年创业，激发创业热情，树立创业信心具有重要意义。

温州地区拥有电视、广播、报纸以及网络平台等宣传媒介，为大学生"村官"创业宣传提供了资源平台。首先，多元化的宣传媒介。以媒体介质为划分标准，主流媒介有电视媒介、纸质媒介以及移动网络媒介，以喜闻乐见的方式传播创业文化。从电视媒介看，温州电视台播放了《温州一

---

① 牛长松：《英国高校创业教育研究》，学林出版社2009年版，第177—179页。
② 辜胜阻等：《区域经济文化对创新模式影响的比较分析——以温州和硅谷为例》，《中国软科学》2006年第4期。

家人》《只想今生一起走》等描述温州青年创业的电视剧；并先后推出了"创业加油站""网赢商机"等青年创业类节目，依托栏目进行创业访谈，如"创业人才培养基地助推高校学子创业""移动互联网时代，青年应如何创业"等。通过温州新闻联播宣传"经济转型与大学生创业论坛""万达创业专场"等。

从纸质媒介看，温州目前有《温州日报》《温州晚报》《温州都市报》《温州商报》《科技金融时报》等主流报纸，关注大学生"村官"这一主体的报道共370篇；以"温州、大学生村官、创业"为关键词在百度进行搜索，共得到相关页面440万个（如表8-3所示）。与此同时，温州还建设有移动电视、电子屏等宣传设施，为创业宣传提供平台。

表8-3　　　　媒体媒介创业宣传情况（截至2015年8月30日）

	表现形式	内容
电视媒介	电视剧	《温州一家人》《只想今生一起走》等温州青年创业电视剧
	栏目报道	"创业加油站"等青年创业类节目
纸质媒介	《温州日报》《温州晚报》《温州都市报》《温州商报》《科技金融时报》	370篇与大学生"村官"相关的报道
网络媒体（百度搜索）	440万个相关页面	以"温州、大学生村官、创业"为关键词进行搜索

其次，良好的重商传统和创业舆论导向。"永嘉学派"的崇实、重商思想在一定程度上塑造着温州人重视商业的思想观念。[①] 同时，家庭创业人才培育的发展模式和优良传统，自下而上的文化传播，使得创业传统文化深入人心。除此以外，关注农村发展，宣传重农创业文化。如创办"温州新农村""聚焦三农""幸福农庄"等栏目。《科技金融时报》专门进行科技创新、青年创业以及农业发展等主题报道。这些都为大学生"村官"创业提供了较好的宣传平台。

---

① 缪仁炳：《创业导向的文化根植——基于温州与关中两地的实证分析》，上海三联书店2006年版，第41—45页。

第四节　大学生"村官"创业的保障体系

为了使得大学生"村官"敢创业、会创业、创新业、创成业,就需要从政府部门、社会组织、高校以及农村基层各利益相关者等方面着手,完善相关配套措施,为大学生"村官"营造一个自由宽松的创业环境。

一　大学生"村官"创业素质培训

创业者作为三大生产要素中最活跃积极的因素,作为特殊的人力资本群体,为社会发展带来了巨大的经济增值作用,创业行为决定于创业者对创业环境的认知,① 应加强对大学生"村官"的创业培训,使其树立创业观念,提高大学生"村官"创业能力。

(一) 培养创业动力,刺激创业意识,树立创业观念

根据 Shapero 构建的创业三维模式:创业愿望、创业倾向和创业可行性,② 鼓励大学生"村官"激发创业愿望和创业倾向,提高创业可行性。

第一,要培养大学生"村官"的创业愿望和创业精神。创业愿望是影响大学生"村官"创业的动力因素,激发创业愿望是大学生"村官"创业的前提。同时,通过组织基层创新文化传播等活动,宣传创新文化,培养大学生"村官"创新精神。正如现代化专家英格尔斯所说:"那些先进的现代制度要获得成功,取得预期效果,必须充分运用他们的人的现代人格、现代品质,无论哪个国家,只有它的人民从心理、态度和行为上,都能与各种现代化式的经济发展同步前进、相互配合,这个国家的现代化才能真正得以实现。"③

第二,基层干部要加强对大学生"村官"的正确引导,提高大学生

---

① 丁明磊、刘秉镰:《创业研究:从特质观到认知观的理论溯源与研究方向》,《现代管理科学》2009 年第 8 期。

② Shapero, A., "The displaced, uncomfortable entrepreneur", Psychology Today, No. 9, 1975, pp. 83 – 88.

③ [美] 阿力克斯·英格尔斯:《人的现代化》,殷陆君译,四川人民出版社 1985 年版,第 4—7 页。

"村官"自我效能感,培养职业信心。大学生"村官"毕业进入农村,社会角色转变较慢,面对新的生活环境,存在一定心理适应期。基层要定期召开大学生"村官"职业思想规划交流会,进行适当引导,并给予大学生"村官"一个展现自我的平台,树立大学生"村官"的职业信心,同时对有创业倾向的大学生"村官"集中座谈,重点扶持。

第三,培养创业动力,刺激创业意识,提高个体创业需求。在"创业选择的影响因素"一项调查中,改善自身环境成为创业者最直接的动力。因此,强化宣传引导,宣传大学生"村官"创业的保障政策,提高其创业信心,同时注重思想引导和典型宣传,组织大学生参观成功的创业项目,并宣传大学生"村官"创业的优势及有益影响,从而提高大学生"村官"创业积极性。除此以外,建立大学生"村官"创业交流群、大学生"村官"创业宣讲团以及大学生"村官"创业联盟①,及时分享创业信息和创业经验,提高其创业积极性。

(二) 开展涉农专业知识培训班,提高大学生"村官"涉农专业知识

农村拥有广阔的农业生产资源,文史类专业的大学生"村官"在农业生产方面知识欠缺,因此要加强涉农知识培训,为大学生"村官"创业提供知识储备。第一,"一对一"结对作业,了解农业生产状况。大学生"村官"进入农村对当地农业生产比较陌生,可聘请当地的农民精英与大学生"村官"结对,向大学生"村官"介绍当地作物生长状况、作物用途、成果去向等,了解农民种植作物选择的影响因素以及作物发展的潜在用途,在实践中发现创业机会。比如,北京延庆大学生"村官"袁超平就是在与当地村民的交流中发现商机,创办农家院。②

第二,联合高校进行涉农专业知识培训。大学作为知识传播和创新的主体,拥有一套行之有效的知识教育传播体系。因此,要加强与高校的合作,能系统地提高大学生"村官"的涉农知识储备,为大学生"村官"后

---

① 《大学生"村官"创业联盟成立》,中国政府网,2015 年 7 月 5 日,http://www.gov.cn/xinwen/2015-07/05/content_2890356.htm.
② 《他们有一个共同的名字叫农庄庄主》,中国青年网,2015 年 8 月 21 日,http://cunguan.youth.cn/2015/0821/1800545.shtml.

期创业提供智力支持。温州市委组织部与南京农业大学联合创办全方位培养大学生"村官"的"村官硕士班"。专门针对农村工作设置的农业推广硕士学位，培养"农业专家"，并根据地方实际，设置了农产品品牌战略与营销、大学生"村官"创业政策研究、农产品加工技术的应用性课程。[①]除此以外，各地生产具有特殊性，根据当地生产状况，聘请相关涉农专业指导老师，为大学生"村官"提供知识技术咨询。

（三）丰富实践经验，提高创业能力

第一，明确大学生"村官"工作属性，落实"村级组织特设岗位"职能。大学生"村官"是国家选聘的服务于农村建设的高校毕业生，志愿服务农村工作三年时间。因此，要杜绝长期在乡镇政府挂职的现象，给大学生"村官"更多处理和了解村务的机会，积累社会经验。

第二，开展大学生"村官"创业实践训练，提高其实践能力，增加实践经验。加快创业平台建设，建立村官创业实践基地，引导大学生"村官"投身创业大潮。比如，温州市建立大学生"村官"网络经济（电子商务）实践基地，开展网络经济实训，提高大学生"村官"参与网络经济的能力，除此以外，平阳县建立创业实践基地、农作物种植等，为大学生"村官"提供创业实践平台，引导大学生"村官"主动参与创业过程。

第三，制订大学生"村官"创业能力培训计划。创业相关技能包括寻求创业机会的能力、资金管理能力、管理技能、销售技能以及市场知识。聘请电商人才、青年企业家进行创业经验交流，并依托当地创业实践基地，对大学生"村官"进行系统的创业能力培训。江苏省泰州市为使大学生"村官""会创业"，聘请创业导师"一对一、一对N"进行创业引导和技术帮扶。除此以外，鼓励大学生"村官"借助共生模式，吸引当地企业投资，抱团创业。

二 大学生"村官"创业政策体系

一般来讲，创业活动起源于个体，遵循个体—社会—政府自下而上的

[①] 《我市开办首个大学生"村官"硕士班》，温州网，2010年5月30日，http://wzed.66wz.com/html/2010-05/30/content_693531.htm。

发展模式，但是在现代创业型社会构建中，变成了政府政策主导、扶持的自上而下的社会行为，而政府则从这一社会活动中得到社会利益。所谓创业社会利益是指社会从创业活动中获得的利益，如经济增长、就业增加等，它是创业利益的外部表现。作为社会利益代理人的政府有支持创业活动的动机。[①] 而支持创业的政府行为就是获得社会利益的一种补偿。这种行为具体表现为完善创业政策体系，创设激励创新的制度环境。

（一）完善基层自治管理制度，推进大学生"村官"社会融合度

第一，完善基层法律法规，明确大学生"村官"身份。我国实行村民自治制度，基于农村实际进行自治。大学生"村官"进入农村担任"村主任助理"或者"支书助理"，但大学生"村官"并不属于当地村民，届满之后也无权参与村委选举的状况，使得大学生"村官"对所在农村缺乏归属感。正如费孝通所描述的"这是一个熟悉的社会，没有陌生人的社会"，熟悉度也就成为选举的标杆之一。完善基层自治制度，从法律层面消除大学生"村官"身份限制，增加村民认同感。

第二，加强大学生"村官"对自身角色认识，树立大学生"村官"的社会责任感。由于部分大学生"村官"抱有"届满之后离开农村"的想法，因此对工作并不积极。要加强大学生"村官"的自我认识，"大学生村官不是公务员，是国家有偿支付的带有志愿者性质的工作岗位"。[②] "有偿支付""志愿性"的角色性质要求大学生"村官"树立社会责任感。除此以外，建立人文关怀的导入机制。大学生初到农村，生活、工作以及心理适应要适度调整，基层政府要从各方面加强对大学生"村官"的人文关怀，落实资金保障政策，营造融洽的生活氛围。

（二）确保招聘政策的针对性、时效性和科学性

自大学生"村官"工程在我国全面推行以来，在取得不少成效的同时也暴露了一些问题，因此就要不断调整大学生"村官"招聘政策，形成一

---

① 王延荣：《创业动力及其机制分析》，《中国流通经济》2004年第3期。
② 佘宇等：《"村官"小政策，人才大战略——大学生"村官"政策评估研究》，中国发展出版社2013年版，第45页。

套科学、高效以及充满活力的招聘机制。

第一，大学生"村官"招聘时不应仅仅重视数量，应针对大学生"村官"岗位职能制定长远规划，为大学生"村官"农村创业进行知识储备。比如，知识结构、专业要求。大学生"村官"的主要生活工作场所是农村，树立自身权威性的主要途径是解决农民面临的问题。因此，大学生"村官"招聘应考虑根据当地实际进行专业限制，某些涉农专业或者与当地建设相关专业优先考虑。比如，浙江省 2015 年选聘大学生"村官"进行专业定向选聘，包括法学、理学、工学、农学、管理学、经济学六个基层一线经济社会发展所需的学科门类范围。①

第二，大学生"村官"招聘试行"本土化"。优先考虑"生源地"大学生，"村官"招聘当地的大学生回当地村工作。他们对农村较熟悉，与当地村民交流无障碍，家乡认同感高。

第三，根据地方发展需求，创新选聘机制。根据地方要求设置岗位，上级组织部门负责监督指导，提高面试环节所占比例，如推行"农村创业面谈/企业化面谈/村务管理面谈＋重点追问＋综合分析"模式，对农村工作有明确规划的大学生优先考虑，选聘适合农村发展的大学生"村官"。除此以外，根据地方实际，降低学历要求，为职业类学院的应用型人才进入"村官"队伍提供相应途径。

（三）加强地方政府部门对大学生"村官"计划的理解和认识

大学生"村官"支持政策，对于加强这一群体培养计划的持续性、重要性不言而喻。进一步完善大学生"村官"政策，不仅需要中央层面的不断创新和改革，也需要确保政策在地方的细化、分解和落地。② 大学生"村官"计划实行的目的是向农村输入人才，带动农村经济文化发展，同时锻炼和培养党的后备人才。加强基层政府对这一政策的理解，有利于提高这一政策效力。第一，端正地方政府对大学生"村官"的思想认识，转

---

① 《2015 年浙江省选调生村官招考公告》，浙江组织工作网，2014 年 12 月 26 日，http：//zzgz.zjol.com.cn/system/2014/12/25/020431505.shtml.

② 余宇等：《"村官"小政策，人才大战略——大学生"村官"政策评估研究》，中国发展出版社 2013 年版，第 45 页。

变暂时缓解"就业压力"的肤浅认识。并将大学生"村官"对地方政府的工作评价纳入政府年度考核，鼓励"村官"对政府工作进行监督。

第二，强化对大学生"村官"创业政策的执行力。有些地方政府对大学生"村官"创业存在认识偏颇，过度担心村官创业失败导致地方财政兜底以及政府权威受损。鼓励地方政府提高大学生"村官"创业支持力度，把大学生"村官"创业状况纳入地方党政工作的年度考核政策中。

第三，加强地方政府之间的交流，注重对大学生"村官"的培养工作。中央政府加强对大学生"村官"创业的宣传力度，组织地方政府部门到大学生"村官"创业成功地区进行经验学习，促进不同地方"村官"创业交流。

（四）施行积极的财税激励政策，营造良性创业环境

根据伊沃里特·S. 李（Everett S. Lee）提出的"推力—拉力"理论，构建农村强拉力—弱推力、城市弱拉力—强推力的发展模式，营造农村创业良性发展环境，对提高大学生"村官"创业积极性具有重要作用。第一，增加创业财政政策扶持力度，鼓励当地企业参与大学生"村官"创业。政府除了落实国家对大学生"村官"的财政支持以外，可根据当地经济发展状况，设立大学生"村官"创业基金，适当提高"村官贷"金额，为优秀创业项目提供资金支持，同时设立大学生"村官"创业风险担保基金，降低创业失败风险。对成功创业并带动当地农民就业的，根据就业人数给予创业补贴。

第二，建立创业资金来源多元化机制。比如，建立村官创业项目启动基金、创业补助以及优秀项目鼓励基金。同时，鼓励大学生"村官"抱团创业，对参与支持大学生"村官"创业项目的企业给予税收优惠等，并纳入优秀企业考评中。2009 年，江苏省如东县出台《关于推进大学生"村官"创业的实施意见》，协调金融部门，发放"大学生村官创业绿卡"，解决大学生"村官"创业融资难的问题。

第三，开设"村官"创业"绿色通道"，简化创业申请程序。相比较于经济发达地区的其他大学生创业者，大学生"村官"创业的选择成本相对较少，发展空间和物质回报率也相对较低，因此，需要对大学生"村

官"创业项目简化行政事业性审批程序,提高创业效率。江苏泰州抓住当前互联网发展的契机,建立2000多平方米的电商孵化基地,"村官"可以随时免费入驻,同时简化了申请批准程序,等等。

第四,加强创业政策宣传引导,营造全社会支持创业的氛围。将大学生"村官"创业政策宣讲作为其岗前培训的一个重要部分,除此以外,建立完善的创业企业网络系统,定期举办"村官"项目推介会,加强大学生创业项目的宣传,吸引风险投资和天使投资人的关注。

(五) 建立一套完善的评估、监管以及风险规避机制

当前,大学生"村官"创业发展状况受到不同利益主体的关注,同时也影响到当地政府在村民心中的形象。因此,要建立完善的项目选择评估、监管及风险规避机制,保证大学生"村官"创业顺利进行。

第一,成立大学生"村官"创业项目评估、审批机构。由不同领域、不同专业的专家组成审批机构,制定项目评估审批标准,对大学生"村官"创业项目可行性进行严格评估,在项目前期就尽量降低创业失败风险。

第二,建立严格的财政监管机制。要对大学生"村官"创业项目发展所涉及的资金去向的可行性及合理性进行监管,减少不必要的资金浪费,保证项目支持基金落到实处。

第三,实行动态考核机制,对项目实施状况进行考核。要不定期地对项目的发展状况进行考核,对发展情况好且有潜力的项目,加大支持力度;对存在问题的项目,要及时纠正发展方向,进行调整,从而减少创业失败的风险。

三 高校培养创业创新型"村官"的使命

大学生"村官"实现从学生到创业者的转变需要更多的资源支持,包括提供创业知识、孵化支持、专业化援助等。[①] 如何培养适应农村发展需要、富民惠民的大学生"村官",是高等院校亟待解决的难题。"双创时代"下,高等院校理应成为创业型社会的核心机构,要根据社会需

---

① 牛长松:《英国高校创业教育研究》,学林出版社2009年版,第38—43页。

求调整运作方式，争取在国民经济发展中发挥更大作用，担负起创业人才培养的使命。①

(一) 更新专业设置，构建大学生"村官"创业知识体系

大学要守正创新，教学才是大学的真正使命与核心竞争力。完善教学体系建设，把课程体系建设作为培养人才的重要抓手。② 第一，更新高校专业设置，增加涉农专业。各个农业类高校或者普通高校二级涉农（林、渔）学院在对农村实际状况发展需求的调研基础上，做好课程规划、设计和研究，开设相关课程，课程内容可以包括：畜牧业、种植业、法律、城镇化专业等，其中，对非涉农专业学生做出农业学分要求。

第二，设立大学生"村官"专业及农业双学位。在本科教育招生的过程中，增加对大学生"村官"专业宣传，对毕业之后有意向服务农村建设的学生重点培养，同时，鼓励在校大学生进行双学位学习，通过开办创业大学生"村官"回校交流会、专家讲座等形式，加强对农业双学位的宣传。

第三，创新创业教育形式，注重创业教育的推广。以1997年清华大学举办"创业大赛"为起点，创业教育在我国推行了20多年，但是某些高校还仅仅是将创业教育停留在"职业生涯规划"的课程层面，在调研中，80%的大学生"村官"希望"创新教学内容，优化课程结构，将创业教育渗透到专业教学中"，因此，高校要落实创业教育课程建设，将创业教育与专业教育相结合。将创业整合到专业课程中，带来大学文化的变革，在大学内形成创业文化的氛围。

除此以外，高校还应注重大学生"村官"后期培养，做好大学生"村官"创业的后盾。对于大学生"村官"，高校不仅要"扶上马"，还要"送一程"。设立大学生"村官"创业基金，同时为大学生"村官"创业提供知识技术支持。比如，温州大学定期开设"大学生村官培训课程"，对在农村工作的大学生"村官"进行培训，并根据当前互联网创业的潮流趋势，邀请互联网创业专家为大学生"村官"讲解互联网创业。

---

① 牛长松：《英国高校创业教育研究》，学林出版社2009年版，第38—43页。
② 唐景莉、刘志敏：《守正创新：回归大学的根本——访国家教育咨询委员、中山大学原校长黄达人》，《中国高等教育》2015年第7期。

(二) 加强对大学生"重农""创业"观念的引导

为贯彻落实国务院"大众创业、万众创新"的号召，2015年7月农业部实施推进农民创业创新行动计划（2015—2017年），推进农民创新创业，建设创业型新农村。大学生"村官"作为促进新农村建设的知识人才，是建设农村创新创业文化、带动农民创新创业意识的关键力量。因此，高校应加强对大学生"重农"意识的文化观念引导，让大学生认识到农村资源的重要性，对"三农"有一个全面、理性的认识。第一，定期举办创业型大学生"村官"讲座。邀请大学生"村官"回校讲座，以切身实践帮助大学生认识一个全新的建设中的新农村，让大学生认识到农村创业的优势。

第二，通过思政理论课、党团活动等宣传新农村建设，改变大学生排斥或者歧视农村的观念。树立为"新农村建设服务"的思想观念。

第三，通过就业指导等方式，鼓励大学生任职村官。Pascal 和 Athos 认为文化既影响人们对问题的看法，也影响问题的解决之道，个体的价值观在管理决策中起到一种关键性作用[1]。可通过就业咨询和职业规划指导的途径，鼓励大学生到农村任职"村官"。除此以外，应宣传创业文化，培养大学生创新精神。国家提倡大众创新，体现在高等教育上就是培养学生的创新精神和创新能力[2]。

(三) 注重大学生创业实践培训，有针对性地设置与农村接轨的实践活动

创业者作为最积极最活跃的生产要素，作为特殊的人力资源为社会生产带来巨大的经济增值作用，教育应担负起创业人才培养的时代使命。提高大学生创业实践能力，注重创业实践培训。第一，鼓励大学生开展与农村有关的社会实践项目，让大学生深入农村生活，了解农村建设。如，中南大学大学生赴湘西十八洞村调研"大学生村官如何发挥作用"、江西师

---

[1] Pascal, R. J., Athos, A. G., *The Art of Japanese Management*, Harmondsworth: Penguin Books, 1982.

[2] 唐景莉、刘志敏：《守正创新：回归大学的根本——访国家教育咨询委员、中山大学原校长黄达人》，《中国高等教育》2015年第7期。

范大学社会主义核心价值观宣讲团小分队赴赣州水岩乡进行"社会主义核心价值观宣讲"等。①

第二,高校联合地方政府建立"大学生村官助理"见习岗位。组织有意向毕业后进入农村基层工作的大学生,暑假担任"大学生村官助理"一职,提供见习证书,鼓励大学生毕业扎根农村,发现农村发展潜力,富民惠民。

第三,高校创新研究课题设立农村调研专项研究项目,鼓励大学生申请农村项目的调研。调研项目立足于农村实际,以为农村发展提供理论借鉴为目的。除此以外,高校建立大学生创新创业见习基地,成立大学生创业园、创客空间等。温州科技职业学院依托于原农校的教学优势,建立了首个由"设施农业、大宗农作物、园艺精品、特色畜牧"四部分组成的大学生农业创业园。同时设立了1个博士后流动站、1个省级实验室以及包括园艺技术、农作物技术与动物科学在内的9个研究所为大学生农业创业提供技术支撑。②

四 企业和社会舆论对大学生"村官"创业的支持

受我国传统文化的影响,当前社会存在一种反冒险和以规则为基础的社会舆论,这种导向在一定程度上影响公众的创业态度,"双创时代"下,我国需要营造一种"支持大众创业,宽容失败"的文化环境,在这样的环境里,创业作为一种主流文化得到大力扶持,国民更偏好创业,并拥有将新的想法付诸实现的机会和能力。

(一) 积极营造正向激励的创业舆论环境

第一,宣传创业典型,树立创业榜样。通过电视广播、报纸以及网站等新闻媒体,充分发挥媒体对大学生"村官"创业富民的正面报道,提高大学生"村官"自身的心理认同感,增强其职业自信心,吸引更多大学生加入大学生"村官"行列。

---

① 《高校大学生暑期社会实践,体验村官生活》,大学生"村官"之家网,2014年7月14日,http://cunguan.youth.cn/wztt/201407/t20140714_5517039.htm.

② 《温州科技职业学院成立温州首个大学生农业创业园》,温州网—温州商报,2009年11月12日,http://news.66wz.com/system/2009/11/12/101506437.shtml.

第二，加强对村干部的创业培训，促进村干部与大学生"村官"的互动。村干部是村民通过选举推出的村民事务的负责人，是长期扎根农村的重要力量，村干部的态度在农村事务中具有导向和号召作用。因此，要加强村干部的创业培训，激发村干部的创业热情，鼓励村干部以身作则带领村民创业。同时，村干部与大学生"村官"的互动，能够增强双方对彼此工作的支持和认同。

第三，乡镇政府通过政策宣讲团、乡镇干部下基层等形式，加强政策宣传，转变村民观念。当前村民对大学生"村官"创业抱有反对或者观望态度，政府要加强对大学生"村官"和创新创业政策的讲解及宣传力度，营造出国家支持大学生"村官"创业的积极氛围，使得大学生"村官"创业能够惠民富民深入人心，提高村民对大学生"村官"创业的认同，从而积极主动加入大学生"村官"创业的行列中。

（二）发挥新媒体为创业服务的作用

随着互联网时代的到来，新媒体成为大多数"80后""90后"接触信息的主渠道。要充分利用新媒体的交流、宣传载体作用。首先，建立大学生"村官"创业公众号，推广大学生"村官"创业信息。2015年我国90%以上的智能手机用户使用微信，成为国民社交的又一种主流工具，覆盖娱乐、餐饮及公共服务等领域。因此，要充分利用微信宣传、交流的便利功能，推广大学生创业信息。

其次，建立专门的网络平台进行宣传，及时更新政策信息。在调研中，大部分大学生"村官"表示"从政府网站了解政策信息"具有权威性。但是目前很多政府网站更新速度较慢，信息宣传滞后。要督促宣传部门充分利用网络宣传平台，及时更新政策信息。比如，中组部联合团中央建立了"大学生村官之家"网，[①] 专门用于宣传大学生"村官"政策、新闻、风采以及组织工作等，并成立互动社区，进行交流互动。除此以外，净化网络环境，宣传正能量。对网络环境进行监督，抵制不良、不实信息，培养网民的网络自觉性。同时，对大学生"村官"创业失败的案例，

---

① 参见 http://cunguan.youth.cn。

要进行客观剖析,切勿放大负面影响。

(三)加强地方企业的社会责任感,为大学生"村官"提供创业支持

所谓的创业型社会是一个有着广泛参与和众多机遇的系统,它能够保护人们的政治自由和经济自由。支持创业的不应只是政府,许多企业——尤其是大型企业——都必须营造一种创业文化,① 培养自身的社会责任感,支持和培育创新创造行为。第一,接纳大学生"村官"到企业挂职实习。吸收大学生"村官"参与初创项目的管理,为大学生"村官"提供创业平台,鼓励大学生"村官"对初创项目提出建议,激发大学生"村官"创业意识。同时大学生"村官"进入企业实习,能够为企业发展带来原创性思想,注入新的活力。

第二,入股大学生"村官"创业项目,共担风险。企业对审核通过的大学生"村官"创业项目进行资金、技术入股,能够降低大学生"村官"创业失败的概率。企业自身具有技术、资金以及人力资源优势,在企业业务的发展过程中积累了大量的人脉,这些都是大学生"村官"创业需要的宝贵资源。

第三,选拔企业优秀员工入驻大学生"村官"创业基地,担任创业导师,主动对创业大学生"村官"进行创业指导,避免盲目创业。除此以外,为大学生"村官"企业创办提供咨询服务,包括如何形成和发展商业意识,如何做市场调查,如何创办企业以及在何处寻求帮助,等等。比如,江苏省宿迁市发展"政企共建大学生村官培养模式",雨润集团利用自身优势与大学生"村官"共建农村养殖业、农村休闲以及农村设施建设等农业示范性创业园,带动"村官"创业及当地居民就业。

---

① [美]卡尔·J. 施拉姆:《创业力》,王莉、李英译,上海交通大学出版社2007年版,第4页。

第九章　大学生"网创"岗位创业的具体实践

大学生是使用现代互联网络的主要人群之一。在大学生的职业生涯中，通过网络、利用网络或在网络中进行创业，也可以说是岗位创业的一个具体体现。本章将在阐述网络教育与"网创人才"培养基础上，重点分析大学生的网店创业，并就大学生网创支持系统的构建展开论述。

第一节　网络教育与"网创人才"培养

大学生网络教育问题是一项社会系统工程，离不开学校、社会、家庭的合力，需要社会各界对"网瘾学生"的关注。基于人才培养的特殊性，高校教育具有系统性、组织性、专业性等优势，在对大学生进行网络教育进而将他们培养成"网创人才"方面应展现其不可替代的作用。

一　对大学生进行网络教育

（一）黑色网络警示教育

什么是黑色网络？即传播网络色情、黑客损害他人利益、沉迷网络游戏等。警示学生，黑色网络是不能碰的。黑色网络警示教育通过现状调研、心理咨询、危机预警、行为干预等方法让"网瘾学生"走出远离"网瘾"的第一步。

1. 对"网瘾学生"先兆做出预警，对于后续的危机管理至关重要

预警信号早发、处理及时，则有可能避免"网瘾学生"情况严重化。我们建立相应的网瘾学生预警制度如下：建立一支健全、专业的预警队伍；及时发现"网瘾"先兆，尽早对学生发出警告，并开始动态跟踪，及时给出新的警告；准确评估"网瘾学生"的严重性，不夸大，不缩减；发出警告信号后，学校给予足够的重现。预警制度仍处于摸索阶段，与网络发展的趋势有一定差距，例如工作流程、量化研究都要完善。

2. 对学生进行问卷调查、心理咨询与访谈

每届新生入学之际，学校便安排心理咨询中心对学生展开问卷调查和脑电信号分析相结合的研究方法，确定学生网络成瘾状态。对带电脑进寝室的学生进行登记，并签订"自律协议"。建立网瘾学生数据库，建立联络员制度，对"网瘾学生"进行动态跟踪调查。在此基础上，甄别三种不同网络状态的学生（网络成瘾、网络依赖和网络科学使用）的特征，并告诉学生处于哪个状态，对网瘾、网络依赖学生发出警示。某高校依托学校心理咨询中心开通了"帮助学生摆脱网瘾"咨询热线电话，到目前共接受并处理本校来电 1000 余次。

3. 对"网瘾学生"采用团体辅导干预方法

团体辅导是在团体情境下进行的一种心理咨询形式，通过团体内的人际交流作用，运用团体动力和适当的心理咨询技术，协助个体认识自我，探索自我，调整、改善与他人关系，学习新的态度与方式，从而促进自我发展及自我实现的过程。[①] 在各种网络成瘾的干预实践中，我们发现团体辅导是一种较好的选择，可以帮助"网瘾学生"从五个方面改变：协助"网瘾学生"认知已过度使用网络；协助"网瘾学生"认知过度上网行为的潜在心理问题；协助"网瘾学生"解决潜在的心理问题而非沉迷网络逃避问题；协助"网瘾学生"制订出改善过度使用网络行为的行动计划并加以执行；逐步减少上网时间，培养时间的敏感度与自我监控能力，为回归正常与和谐的生活提供保证。

[①] 樊富珉：《团体心理咨询》，高等教育出版社 2005 年版，第 11—15 页。

4. 对"网瘾学生"结对志愿帮扶的方法

学校成立"走出网瘾青年志愿者劝导队",与网瘾学生结成"一助一""多助一"的帮扶对子。每月组织一次志愿者座谈会,交流工作体会,研究帮扶对策。丽水电视台在"感动故事"栏目,《处州晚报》以《从网络游戏"PK"之王到"凤凰涅槃"》为题,对某高校学生杨某从"网络游戏之王"转化为"院学生会主席"的历程进行专题报道。杨同学后成为学校"走出网瘾青年志愿者劝导队"大队长,在院内外现身说法,结对帮扶大学生、中学生。

5. 邀请"戒除网瘾"专家进行讲座和宣讲

邀请"戒除网瘾"专家、公安干警进行网络安全和法律讲座。某学院党委还组织政工干部编写了《"玩"好网络,"用"好网络,做网络时代最好的自己》的宣讲资料,由班主任在每个班进行网络文明宣讲。

(二) 红色网络引导教育

红色是积极向上的颜色,红色网络主要增强引导力。用社会主义核心价值理念去引领学生,这也是大学生走出"网瘾"、提升网络素养"内化"的过程。我们通过红色网络这一载体,进行思想、道德等方面的引导教育。

1. 实行网上安全监控

在校园网上进行"环保"和"扫毒"工作,清除垃圾信息,利用各种防黄毒软件,自动识别和过滤掉网上的黄色内容。在校园网首页增加预防"网瘾"的提示。

2. 提高网络辨别力

网络道德教育的目的不仅要求学生接受几条道德规范,而必须面对复杂多变的信息环境,培养学生道德判断和选择能力,培养他们的主体性。引导学生正确认识网络,在接触网络的过程中自觉内省和领悟,增强法律意识、政治意识和安全意识,引导和培养学生在网络上明确是非的能力,自觉抵制不良信息的诱惑。

3. 拓展网络教育途径

某高校充分利用网络的特点,最大限度保证网络交流的自由、开放和民主,建立校园博客、BBS,鼓励学生把自己关心和感兴趣的话题、存在的情绪与困扰，通过网络反映，直率表达，了解学生的真实思想，把握问题的关键，制定教育对策加强学生道德修养，最终达到入心、入情、入理的德育绩效。

4. 加强网络伦理道德教育

在校园网上利用"党旗飘飘""网络思政"国情教育、集体主义教育、爱国主义教育和网上学术讲座，引导大学生树立正确的网络观，培养学生正确的伦理道德观，懂得防止计算机病毒和预防网络犯罪，遵循信息应用中应该遵循的伦理道德规范。

5. 建立红色引导网站

结合思政课教学，创建"社会—人生"网络教学平台。网络平台分设"大国崛起、社会公德、职业道德、家庭美德、校园文明、法律之窗、网络人生、创意创业、企业文化、精彩互动"等板块，把企业文化、企业成败事例放到平台上，把"网瘾学生"转型"网创人才"的典型制成视频等。通过"网络平台"专题研讨拓展教学，引导学生了解、分析网络社会，包括为人之道、成才之法、报国之路等。

6. 组织"网瘾学生"利用所掌握的知识参与社会服务

利用寒暑期，将网瘾学生安排在"三下乡"队伍中，深入农村进行考察与义教，体验现实生活中的真情实感，激发学生的荣誉感、服务意识、团队精神，帮助其摆脱"网瘾"。某高校编写了《一个"网瘾学生"的凤凰涅槃》剧本，进行宣传演出，帮助大学生从思想上认识网瘾的危害，彻底摆脱网瘾阴影。

二 大学生"网创人才"的培养

"网创"即网络创新，指以网络为对象或以网络为工具进行理论与实践的创新。"网瘾学生"摆脱网瘾后，有一个去路问题，不然容易重回"网瘾"。应善于发现网瘾学生身上的不同资源特质，帮助他们从沉溺网络消耗时光转为利用网络学习创新创业，做网络时代的绿色生态网民。

多学科视角可以帮助我们坚定"网瘾学生"转型"网创人才"的信心。从德育角度看，大学生上进心强，希望自己具有在信息社会中工作、学习和生活的责任与道德，利用网络的思维方式、价值观念和行为规范；

从教育学角度看，大学生通过多年教育学习，已经掌握一定的网络应用技术，网络创新教育是高校创新人才培养的体现，是提高大学生技能水平的必然手段；从心理学角度看，大学生自尊心、好胜心强，希望能够有机会展现自身才华；从信息学角度看，大学生应该具备网络环境中的信息素养，能有效地使用网络信息并进行信息创造；从管理学角度看，高校师资力量雄厚，具备思想引导和专业指导的能力。这些主客观条件都为高校"网瘾学生"转型"网创人才"提供了实践的可能条件。

（一）坚持协力机制，有效凝聚"网创"人才培育队伍

"网瘾学生"转型"网创人才"的关键在于专业指导，队伍要实现功能互补、联合互动，形成合力。首先，学校充分利用自身资源，成立"网络化学习指导师团队"，邀请本校计算机专业教师、图书馆信息技术人员等，定期给网瘾学生开讲座，加深计算机软硬件、网络、数据库等专业知识的理解。其次，邀请校外软件公司技术人员、知名网站建设者参加"网创专家校园行"活动，通过网创专家与网瘾学生的对话，充分培养网瘾学生的"网创"兴趣与"网创"能力。最后，前瞻部署网创教育基础前沿与实用对策研究，提升高校网络教育的原创能力、集成创新能力和引进消化吸收能力，降低对校外网络技术的依赖性，在面对网瘾挑战中赢得优势和主动权。

（二）坚持活力机制，激发网瘾学生"网创"兴趣

一方面，将专业教学与培养网瘾学生的网创能力相结合。如《电子商务》教学中，将网店经营贯彻课程的始终。在教学过程中，充分利用课程网站、QQ群等网络工具，将课堂教学与学生课后自主学习相结合，课堂实践训练与课后网店经营相结合。在课堂教学中，有意挑选网瘾学生协助任课教师设计上课时使用的PPT、Flash等课件，增强网创技术与自豪感。另一方面，开展喜闻乐见的"网创"竞赛。举办"网络学习实例、网络学习型组织的创建、博客、电脑装机、网页设计、网络征文、CS竞技、文字录入、程序设计、多媒体课件制作、网络化学习评优、网店达人"等竞赛活动，将学生的注意力吸引到学校主导的网络教育阵地中。从满足学生

"网创"的切实需求出发,指导学生申请科技创新基金,参加"大学生挑战杯"等科技竞赛时,也有意动员网络技能高的网瘾学生参加。某高校有一名信管专业网瘾学生徐某,就是通过这一机制教育,获得"浙江省首届大学生电子商务竞赛"一等奖,成功转型为"网创人才",为其他网瘾学生树立了典型。

(三)坚持张力机制,提升扩大"网创"内涵

关注网瘾学生中网络技术不高群体的培养,给予更多的关爱和支持,使他们在实践中增长才干,形成"只要努力,人人可以成功,人人可以成就事业,网创人才辈出"的局面。对于掌握计算机网络等技术不深又缺乏进一步学习欲望的网瘾学生,网络创新可能不太现实。但是人各有长处,面对不同的网瘾学生,引导他们主动探索实践、思考转型的方式,选择不同的项目来转移他们的兴趣,提升实践能力,为就业成才积累经验。如"网聊瘾"通过书写"微博"记录心情,宣泄烦恼;"网游瘾"通过"威客"帮助别人解决问题获得成就感;"网购瘾"通过开设"网店"获取利润等。

(四)坚持动力机制,为学生提供"网创"政策、资金保障

一是充分利用国家和地方关于鼓励大学生"创新创业"的政策。近几年,围绕大学生创业和科技创新,我国各级部门利好政策频频出台,学校要做好对学生的宣传。教育部出台了《关于大力推进高等学校创新创业教育和大学生自主创业工作的意见》,教育部、财政部等六部委联合开展"创业引领计划",团中央建立了"青年创业就业实习基地",我国已依托11家国家大学科技园建设了"高校学生科技创业实习基地"。浙江省杭州市还推出了创业资金政府无偿资助制度和大学生创业导师帮扶制度。二是加强校园网络资源建设。学校在生均经费支出结构中,加大对校园网络基础设施建设投资力度和对学生科技创新创业的保障供给力度。还应看到高校支持学生创新创业的实施工作还需加强,特别是突出对"网创人才"培育的关注。

(五)坚持统筹机制,以管理创新促进学生"网创"积极性

首先,学校建立科学高效的"网瘾学生"转型"网创人才"的管理系

统，明晰和调整各部门的职能定位。学校层面工作重点集中在制定工作方案、优化政策供给、建设制度环境上，是战略谋划和政策供给的主体；学校宣传部门、教学部门、学生工作部门、团组织、网络建设部门和二级学院（分院、系）、学生自发性网络社团组织是组织实施的主体。其次，加快建立完善"网瘾学生"分类管理的制度体系，对不同类型"网瘾学生"因材施教，采取不同的目标管理、导师配置、绩效评价和政策导向。最后，进一步改革教师评价奖励。强化育人导向，引导和鼓励高校教职工关心、关注大学生科学应用网络问题，将指导学生网络创业创新与科研工作、班主任工作、各类评优相融合，根本改变教学与育人"两张皮"现象，帮助网瘾学生更好、更快地成为网创人才。

第二节　大学生网店创业透析

网店是依托网络技术进行的新型商务活动，是消费和创业的新途径，也是全球经济竞争的新课题。大学生就业问题已摆在我国就业的首要位置，其创业状况还不适应扩大就业的需求。本书通过对浙江省42所高校的调研，探析大学生网店创业现状，认为鼓励大学生网店创业，应将培养创业就业能力作为职业生涯的最优准备予以考量，提出"大学生网店创业生态圈"。

一　大学生网店创业的时代背景

推进大学生就业创业对于社会稳定、经济发展、教育可持续发展的重要性显而易见。1999年中国高等教育开始迈向大众化历程，据教育部近四年的数据，高考录取率从2009年的61.7%迅速增长到2010年的69.5%、2011年的72.3%[1]、2012年的75%[2]；2013年毕业生规模从2009年的610

---

[1]《2011年高考总人数933万，录取率72.3%》，http://edu.qq.com/a/20110603/000447.htm，2011.

[2]《中国教育部公布：2012全国高考录取率为75%》，http://gaokao.eol.cn/kuai_xun_3075/20120611/t20120611_789071.shtml，2012.

万人增至 699 万人①,加上往年未就业的学生,超过 700 万名高校毕业生需要解决就业问题,被媒体戏称为"史上最难就业季"。2012 年全国高校应届毕业生初次就业率仅为 77.8% 左右,意味着 151 万名大学生毕业即失业②,这一总量接近 1999 年全国高校毕业生总数 90 万名的两倍③。

大学生就业难成为我国就业首要问题。2009 年,国务院办公厅《关于加强普通高等学校毕业生就业工作的通知》明确提出:"自主创业是大学生就业的重要增长点,鼓励和支持高校毕业生自主创业。"党的十八大报告指出:"促进创业带动就业,提升劳动者就业创业能力。"加强大学生的创新精神和创业能力培养,应是高校就业指导的重点。当前,大学生创业状况还不适应扩大就业的需求。2009 年的 3 个权威调研可以证实这一论点:教育部"高校毕业生自主创业研究"课题组数据显示,高校毕业生想创业的人数比例为 75.22%,但实现创业者只有 1.94%;共青团中央、YBC 等针对全国六省市近万名大学生的创业调查显示,79.09% 的大学生具有创业的意愿,只有 25.99% 的大学生创业意愿强烈,但实际创业比例远低于创业意愿;麦可思(MyCOS)发布的《中国大学毕业生就业报告》显示,2008 年大学毕业生自主创业比例仅为 1%,与 2007 年 1.2% 的比例接近。考夫曼基金会对美国大学生调查表明,想创业的大学生比例为 70%,与中国相近;实际创业比例高达 20%,中国与此形成巨大落差。④

网络推进社会,技术改变生活。中国网购市场潜力巨大,淘宝网数据表明,2008—2012 年网上交易额分别为 1000 亿元、2000 亿元、5000 亿元、6100 亿元和 10000 亿元。电子商务的应用范围和模式众多,按互联网商务功能区分为产品销售模式、服务销售模式和信息交付模式三大类⑤。相比而言,运用网络产品销售模式开展网络创业要求低,见效快,所以大

---

① 《教育部要求做好 2013 年普通高等学校毕业生就业工作》,http://www.gov.cn/jrzg/2012-11/25/content_2274972.htm,2012.
② 《高校毕业生初次就业率 77.8% 同比提高 1.2 百分点》,http://www.edu.cn/re_dian_12144/20120305/t20120305_748001.shtml,2012.
③ 《全国大学毕业生人数》,CNKI 数字搜索,http://number.cnki.net/shou-result.aspx?search-word,2010.
④ 吴吉义、柯丽敏:《中国大学生网络创业现状与趋势》,电子工业出版社 2010 年版,第 5 页。
⑤ 同上书,第 8 页。

学生更乐于选择网店创业。淘宝网 2200 多万名会员中，大学生近 40%[①]。易趣网上万个网店，大学生比例也高达 40%[②]，网店成为大学生就业创业的一个典型样本。也有人认为，网络销售在大学生中初见端倪，但未见流行，多数网络销售者以创业实践为目的，但其行为带有明显的尝试性。[③]

网店创业是当前热点话题，理论探索却滞后于实践进展。根据文献计量学原理，通过清华同方网检索，对"教育与社会科学"总库收录的关于"网店创业"研究的文献进行统计分析。计算机网上检索项为"题目、关键词"，以"大学生/网店/创业"为检索词进行联合检索。分类统计如下。

1. 按出版时间分阶段和年份检索统计。截至 2011 年文献总量 73 篇，分析显示研究文献数量与网络发展、电子商务出现、高校开始重视创业教育密切相关。其中，1990—1994 年 2 篇，1995—1999 年 0 篇，2000—2004 年 1 篇，2005 年 1 篇，2006 年 4 篇，2007 年 7 篇，2008 年 0 篇，2009 年 14 篇，2010 年 19 篇，2011 年 25 篇。

（1）20 世纪 90 年代末国内开始出现网创成功人物，如马云、李彦宏、丁磊等，成为大学生崇拜的偶像。这一阶段，网店创业还没引起学界关注，1990 年之前没有文献记载，1990—1999 年仅有 2 篇文章。1999 年 6 月，中共中央、国务院《关于深化教育改革全面推进素质教育的决定》提出："高等教育要重视培养大学生的创新能力、实践能力和创业精神"，拉开政府推动大学生创业教育的序幕，创业活动在全国高校铺开。

（2）21 世纪初，是开创中国电子商务的时期。2003 年以来，海内外资本频频介入电子商务领域，如阿里巴巴布局淘宝、eBay 并购易趣、腾讯进军电子商务（拍拍）、Amazon 购买卓越等。此间，大学生网店创业文献数量依然没有大的增加。

（3）2008 年爆发国际金融危机，网店创业获得新契机。一是金融危机造成企业劳动力需求减少，高校毕业生就业压力加大。2008 年 11 月，教育部下发《关于当前形势下做好普通高等学校毕业生就业工作的通知》，

---

① 邱阳、宋兵：《浅析大学生电子商务网店创业》，《中小企业管理与科技》2010 年第 11 期。
② 贾少华等：《成为淘宝创业的超级毕业生》，电子工业出版社 2010 年版，第 26 页。
③ 许俊卿：《大学生网络商业行为调查及其成因和引导》，《青年探索》2010 年第 3 期。

对高校广泛开展创业教育和大力支持毕业生自主创业提出了指导性意见。二是金融危机未对中国互联网产生过大影响，2008—2011年，中国网民规模持续稳步增长，电子商务发展迅猛。大学生网店创业研究，在2009年出现了一个增长节点，之后研究成果数量显著提升，表明大学生网店创业已成为网络创业研究的热点之一。

2. 对大学生网店创业文献的研究方向进行二次检索统计，发现研究重点主要呈现在八个方向：前景研究2篇，人才需求3篇，网店教学5篇，现状研究5篇，模式5篇，问题原因10篇，对策12篇，案例描述27篇。

第一，"大学生网店创业的案例描述"是最热门的研究方向，在文献研究数量上遥遥领先，表明学界对此关注极大；持续增长的趋势，显示这一领域研究方兴未艾的发展势头。第二，提高大学生网店创业热情、有效性和对策是重要的研究领域。第三，对大学生网络创业的问题、原因及模式的正确把握，是促进网店创业科学发展的重要前提。第四，对网店创业前景及人才需求等分析，尚处于起步阶段，是薄弱环节。

二 大学生网店创业的现状分析

本调查采取定性与定量研究相结合的方法。在2011年4月至10月，对浙江省42所高校进行了问卷调查。调查涉及本科生、高职生和电大生，未将研究生列入调研范围。发放问卷2950份，回收问卷2922份，有效问卷2882份，回收有效率为97.69%。本次调查，从学校类别比例看，本科高校占48.3%、高职高专占41.1%、电大占10.6%；从性别比例说，男生占47.8%、女生占52.2%；从年级比例看，一年级学生占27.4%、二年级学生占28.7%、三年级学生占22.4%、四年级学生占21.5%。此间，还问卷调研了69位浙江省高校就业创业部门负责人，深度访谈了浙江省高校网络创业导师、电子商务专家（商家）和政府相关部门负责人等。

（一）人员分析：大学生对网店创业发展的影响

从性别看，男生网店创业热情与行动力均略高于女生。被调查学生中，男生开网店比例为13.74%，女生为12.87%；开网店意愿男生为37.76%，女生为36.73%；支持网店创业男生为48.16%，女生为40.44%。从高校类型看，高职院校学生网店创业比例高于本科高校和电大，大学生开网店总比例为11.07%，本科生、高职生、电大生分别为8.5%、16.0%、9.09%。从年级看，毕业班比例最高。本科高校一至四年级分别为2.54%、8.01%、12.74%和17.65%；高职院校一至三年级分别为4.18%、10.9%和11.55%；电大一至三年级分别为2.09%、5.45%和9.99%。从需求因素看，首要制约因素是时间，为37.17%，其后为诚信，为27.32%，资金为26.35%、服务质量为19.25%、交际能力为17.14%、恒心为15.72%、经验为12.61%、业务培训为12%、吃苦精神为9%等。从专业看，认为需要电子商务（29.35%）、营销（28.25%）、网络（26.6%）、管理（26.07%）、商务谈判（23.5%）、物流（22.25%）、国际贸易（15.75%）等专业知识的综合支撑。从选择原因看，有创业门槛低（39.75%）、启动资金少（25.57%）、经营风险小（24.96%）、展示自我能力（13.64%）、多种类创业（13.28%）、时尚（11.57%）、网络运用能力强（10.57%）、一时兴起体验刺激（5.67%）等，表明大学生选择网店创业基本理性。从创业目的看，尝试新型创业途径，为27.35%，其次是丰富课余生活，为26.42%，紧随其后的是锻炼自我（24.32%）、谋生手段（23.46%）、实现自我价值（23%）等。从户籍因素看，外地大学生比本地大学生网店创业热情高，对创业岗位要求不高，这是由于外地生在就业支持社会网络上劣于本地生，就业危机感更强。

在网店创业与学业冲突方面，56.32%的同学认为会有冲突；13.82%的同学认为完全冲突，"鱼与熊掌"不可兼得；24.46%的同学认为基本不冲突，只要协调好时间就不会冲突；还有2.7%的同学认为完全不冲突，开网店对学业还有促进作用。

（二）经营分析：经营状况对大学生网店创业发展的影响

1. 网店经营准备

选择电子商务平台方面，淘宝网以61.53%的比例"独占鳌头"，当当网为18.21%、拍拍网为13.17%，等等，还有3.53%学生选择高校自建电子商务网站等其他平台。

大学生萌发开网店的想法，一般来自如下渠道的影响：同学介绍占

31.14%，网络宣传占 22.42%，专业学习占 10.75%，政府宣传等其他渠道仅为 6.64%。表明政府、学校在这方面的宣传不够。同时，多数同学开网店前会进行前期调研策划，有充分准备的占 57.39%，稍做了解的占 21.35%，没有准备的占 12.03%，不知道如何准备的占 5.75%。

2. 网店经营情况

经营产品类型中，服饰为 48.85%、配饰为 12.96%、虚拟充值（话费）为 12.64%，分列前三位。紧随其后的是图书为 6.5%、数码产品为 3.57%、家居为 1.96%、美容为 1.28%、母婴为 0.82% 等。接受调研大学生网店高级别的不多，其中金冠卖家占 2.85%，皇冠卖家占 12.53%，钻石卖家占 31.41%，红心卖家占 15.96%。网店宣传途径上，通过 QQ 群的占 58.75%、论坛占 32.14%、微博占 20.17%，传单占 18.67%、网页和网站占 16.53%、朋友介绍占 13.89%，说明大学生喜欢选择免费的网络通信工具进行宣传。大学生对网店商品最看重方面如下：质量占 54.60%、价格占 53.92%、售后服务占 32.21%、实用性占 24.25%、资源占 19.71%、管理方式和方法占 9.07%、店面布局占 4.46%、其他占 1.64%。大学生认为网店创业会遇到如下问题：货物配送占 36.89%、时间精力占 32.78%、良好资源占 22.35%、创业资金占 19.53%、顾客品行占 15.1%、网店宣传占 11.89%、其他占 1.74%。

3. 网创资金与收益

大学生网店创业启动资金来源方面，来自生活费的占 32.99%、家庭支持的占 34.07%、银行贷款的占 9.53%、向同学借款的占 9.82%、合伙人出资等形式的占 3.92%。网店创业属于微型创业，启动资金要求不高，500 元以下占 24.57%，500—1500 元占 31.14%，1501—3000 元占 14.28%，3001—5000 元占 6.78%，5001—10000 元占 3.17%，10000 元以上占 0.96%。68% 的大学生在开网店 1 个月内获得第一笔业务，月均销售额情况如下：1000 元以下的为 41.46%，1000—5000 元的为 28.17%，5001—10000 元的为 5.71%，1 万（含）—5 万元的为 1.17%，5 万（含）—10 万元的为 1.5%，10 万元以上的为 3%。此外，月均销售额在 1 万元以上的占 5.67%。还有 4.85% 的同学 1 个月内没有订单。大学生网店创业月均净收入方面，1000 元以内的占 81.21%，1000—5000 元的占 22.71%，5001—

10000元的占3.90%,1万元以上的占2.38%,还有3.6%的同学处于亏本状态。访谈表明,一半以上的大学生对网店收入不满意,说明需要积累更多的经验和技能,也说明大学生积极进取、永不满足的创业热情和理想。

4. 网店创业优劣势等

大学生认为开网店创业优于实体店方面如下:成本低利润高(35.14%)、投入资金少(30.0%)、时尚和吸引年轻人(20.6%)、工作有弹性(20.53%)、客源地域广(20.03%)、营业时间长(17.28%),其他(1.92%)。大学生也存有诸多顾虑,主要有:缺乏阅历容易陷入纠纷(44.96%),想得过于容易和心中没底(27.96%),耽误学习时间(29.53%),还有创业资金缺乏(21.01%)、知识技能缺乏(13.46%)等问题。在网店创业成败因素上,大学生认为最重要的是:信用度(35.03%)、货物质量(29.11%)和服务质量(22.82%),还有网页吸引人(24%)、价格(21.35%)、好的经营理念(19.07%)、推广与宣传(14.89%)等因素。对当前影响大学生网店创业的原因,主要为:资金不够(36.42%)、缺乏经验(31.92%)、没有好货源(25.35%)、精力不够(20%)、毅力不够(16.85%)、得不到家长支持(10.46%)等。

访谈表明大学生网店创业遇到"十难":一是信用等级偏低,处于竞争劣势;二是缺乏稳定、拿量少的货源,判断"爆款"水平弱;三是扩大经营融资困难;四是缺乏网店创业知识、技能培训特别是实战经验;五是经营定位困难;六是缺乏吃苦耐劳精神;七是时间与学校管理、学业安排有冲突;八是复合型人才缺乏,稳定团队组织困难;九是遭遇品行不端顾客和职业买家;十是学校、父母、朋友等并不完全支持。尽管困难诸多,44.53%的大学生表示毕业后无适合工作还会继续开网店,表示不一定的占45%、一定不会的仅占9.61%。

(三)环境分析:政府、学校、家庭对大学生网店创业发展的影响

1. 政府支持分析

在政府推动大学生网店创业发展上,被调研大学生在政策支持、资金资助、税收优惠、培训服务方面:表示非常满意的分别为12%、7.8%、7.7%、7.7%,比较不满意率分别为16.85%、18.8%、18.2%、16.6%,说不清分别

为17.14%、39.5%、40.82%、40.35%，比较满意率分别为11.75%、9.57%、10.60%、10.60%，非常不满意率分别为1.5%、1.25%、1.64%、1.75%，一些大学生也表示不太清楚相关政策。

2. 学校支持分析

大学生认为学校在支持网店创业力度上还可提升，高校已为大学生网店创业提供支持有：业务培训为27%，资金扶持为22.71%，作息时间不受约束为15.71%；上课可以机动选择为15.43%；考试灵活为15%；提供工作场所为19.85%；其他（如可以住在校外、老师补课等）为15.6%。

大学生认为高校还需要给予如下支持：培训（45.11%）、时间（24.78%）、资金（17.46%）、政策（9.14%）、场地（3.35%）和其他（0.21%）。当前，国内网店创业教育培训起步时间不长，直接指导大学生获取相关知识、技能并运用实践，帮助他们选择创业方式的有效途径不多。大学生最渴望得到教育培训、实战指导，这应成为政府、高校推动网创的重要内容。

3. 家庭支持分析

超过一半的家长并不支持孩子网店创业，认为影响学习，实在找不到工作再尝试也不迟。最支持大学生网店创业人群中，朋友（35.57%）最支持，家长仅为10.14%。

第三节 大学生"网创"支持系统的构建

随着电子商务的不断发展，网店成为大学生就业创业重要的新兴来源。工信部信息化推进司副司长董宝青表示："电子商务的未来一定属于当代大学生。"① 可以认为，大学生的生理资本、创新意识、尝试精神和动手能力等优势，更容易获得"淘客"青睐。但是，这并不意味着鼓励所有大学生去开网店，甚至以放弃高等教育为代价过早进入社会。胡鞍钢等认为，教育尤其是高等教育不仅在青年时期是一个促进就业机会获得的重要

---

① 陈樱之等：《电子商务迎"最好的时代"》，《浙江日报》2011年9月1日。

支持,而且贯穿整个职业生涯这一因素都是就业机会获得的有力保障[①]。因此,鼓励大学生进行网店创业,不管成功与否,应将培养就业创业能力作为职业生涯准备的一个最优予以考量。

以上分析让我们得出如下结论:电子商务应用水平的持续提高,必将成为互联网应用的主流;大学生具备良好的创新理念和信息素养,既是网店创业的主力军、生力军,更是网络经济发展的推动者、受益者。从受教育程度而言,大学生相比接受中等、初等教育程度的劳动力,在学识、视野上更有优势;但在高等教育阵营里,动手能力强的优势使高职生网店创业参与率、成功率明显大于电大生、本科生。在学生时期,受过高等教育的大学生获得网络知识的机会多于只接受中等和初等教育者。因此,将大学生创业就业的观察期延伸至人的一生发展,在校期间网店创业将是大学生提高创业能力的积极因素。现阶段,大学生依然是我国经济社会发展的重要人才,就业问题表现为"选择性失业",并没有出现真正意义上的"知识性失业"。摆在面前的问题,一方面是电子商务急需复合型人才,形成自主创业与岗位创业相结合的团队;另一方面是大学生如何选择合适的创业岗位,更好地将知识转化为能力。

综上,本书提出"大学生网店创业生态圈",本着"开发、协作、共赢、发展"的理念,以大学生为主体,将促进网店创业的生态因素协同起来,构建一个三圈联动的支持系统:一是生态核心内圈,指高校背景下的人员、机构和时间;二是生态扩展中圈,包括平台、货源和物流;三是生态环境外圈,包括政策、舆论和家庭环境。

一 生态环境外圈建设

(一)政策环境

当前,浙江省关于促进大学生创业的政策不少,特别是在全国率先认定大学生开网店也属于就业。但是,并未明确大学生网店创业管理主体,应尽快将大学生网店创业工作纳入某一部门统一管理,利于政策搜索和利

---

① 参见吴晓东、李馨《这不是一场秀,而是商业和教育的完美结合》,《中国青年报》2011年8月20日。

用，降低大学生成为政策"边缘人群"的概率。对政策环境来说，除了资金优惠，更需完善网创的道德环境、法律环境、平台环境、创业园区及培训指导环境等扶助体系。

（二）舆论环境

调整网店创业的观念。我国传统文化"学而优则仕"的本位、"轻商贱利"的思想，加上网络的虚拟性，影响人们对网店创业的理性认识。创业的成功率低，社会对创业宽容度不高，形成创业市场以"成败论英雄"的气氛。这需要社会各界对大学生有个合理的创业预期，对大学生创业要理性看待，不应纯粹认为网店创业是大学生未找到工作的一种过渡形式。

（三）家庭环境

许多家长希望孩子从事"旱涝保收"的安稳工作，创业是迫不得已的选择。实际上，网络经济已成为社会主义市场经济的重要组成部分，它带给大学生不仅有经济上的收益，还有知识上的积累、技能上的磨炼和创业机会的体验。大学生在网店创业过程中，不一定能掘到"第一桶金"，却能增加自身含金量，更好进行创业搜寻和就业调整。

二 生态扩展中圈建设

（一）平台

完善网店交易平台、支付平台、社交平台、搜索平台和团购平台。正如淘宝网2011年提出的建设宗旨：促进"开放、协同、繁荣"的理念，致力于在淘宝网所提供的基础服务之上协调各类生态伙伴，为海量消费者和商家创造出丰富多样的应用，为整个网络购物市场打造一个透明、诚信、公正、公开的商业环境，以便利和丰富社会大众的消费，提升生活品质，进而带动线下市场乃至生产流通环节的透明、诚信[1]。

---

[1] 胡鞍钢、盛欣：《高等教育对中国青年城镇就业和机会影响的实证分析》，《高等教育研究》2010年第12期。

(二) 货源

货源选择上，可以在共同利益基础上多方联动。大学生网店创业可以依托浙江省块状经济优势，与地方主导产业形成紧密衔接。当然，大学生根据户籍、创业规模、网店定位等，要主动与厂家、批发商、外贸公司等建立良好的供求关系，力争货源的特色、优质、新颖和低成本。所以，网店货源渠道要多样，如自有货源、少量进货、批量进货、特色货源等。

(三) 物流

物流的安全、高效和低成本，需要物流行业的成熟发展，也需要大学生了解地方物流系统，熟悉物流业务，与物流公司建立良好伙伴关系。在货源与物流问题上，各地或高校可以建立"网店创业联盟"，保障大学生小量拿货、换货、互通有无，共享货源，面向物流公司招投标，减少物流搜索与使用成本，并减少纠纷概率。

三　生态核心内圈建设

(一) 人员上，建立双向选拔激励机制

一方面，高校要出台激励机制。培养、引进优秀的"网创"导师，鼓励导师带团，提供电子商务产业相关政策指引和技能辅导。建立"网创"导师跨班级、跨专业、跨系、跨院的共享机制，将教师指导创业成效纳入教育教学业绩考核体系。另一方面，高校需加强电子商务人才培养。加大电子商务、物流等专业建设，建立网店创业分类筛选教育培训体系：面向全校学生开展大众化教育，选拔适合或有兴趣的学生进行精英化教育。

(二) 机构上，建立实战教育培训机制

浙江高校基本设立了创业指导机构，但实战理念不强，学生信任度不高。所以，高校要建立教育培训实战基地，除了学校老师、专家的理论知识讲解，也需要企业家导师、"网创"成功的大学生传授创业经验，更需要与电子商务企业合作。也就是说在教授学生电子商务等专业知识的基础上，配以通识教育，并予以专题培训，设计方案参加竞赛，最重要的是在实训实践中检验，有效提升创业知识、风险意识、实战能力，降低失败率。

（三）时间上，建立弹性学习机制

开店容易守店难，学校可以组织专业互补的团队，分工协作轮流看店。学校加大教学体系改革力度，在专业建设、课程设置和教学改革方面，树立新的人才价值观，建立弹性学习机制。对于网店创业方面有潜能的学生，网店经营达到一定等级的情况下，可以采用提前就业方式，免修、补修专业课程，将网店创业成效纳入课程考核指标等方法帮助学生灵活完成学业。

第十章 研究结论与启示

本书在我国众创时代背景下,从创业教育的主体——大学生这一视角切入,围绕"为何开展岗位创业教育""什么是岗位创业教育""高校如何开展岗位创业教育""大学生如何进行岗位创业"等问题,运用多种研究方法,分析和探讨了诸多理论和实践难题,提出了许多重要研究观点和结论,同时也为当前高校推进创新创业教育的有效实施提供了诸多有益的启示和借鉴。

第一节 研究结论和发现

一 岗位创业教育的性质与宗旨

岗位创业教育是一种新的创业教育理念和操作模式。它主张面向全体学生开展创业教育,把创新创业教育的开展提升到创建事业的高度,即主张培养大学生在结合所修专业的基础上具有用"创业的心态、创新的思维"对待未来工作的能力。对高校来讲,就是面向全体大学生,将创业教育理念与内容融入人才培养的全过程,提升全体在校大学生的创新意识、创业精神和创业能力,其核心就是培养区域经济社会发展需要的既懂专业又善创业的高素质复合型应用人才;对大学生来讲,毕业后不一定开公司、办企业,但却可选择在工作岗位上创建事业,即在岗位工作的同时,还能利用自身专业技能知识以及所掌握的资源进行岗位创新创业活动。

二 我国高校创业教育发展存在的主要"瓶颈"与现实困惑

一方面,当前我国高校创业教育发展存在诸多"瓶颈",如创业教育体现强劲后发优势,但创业新理念仍需进一步革新;优秀创业教育师资不断涌现,但师资仍然短缺;创业教育成果增长显著,但本土化研究成果及教材建设仍不足;创业教育飞跃式发展,尚缺多样、多维、与专业融合的质量评估体系;创业如火如荼开展,但创业教育生态系统有待完善。另一方面,创业教育在经过一个快速的发展阶段后,却面临着一些无法回避的问题和困惑。如创业教育与现实中的创业真正密切相关吗?创业教育如何才能照顾到来自不同种族、民族、家庭背景、性别以及学科专业的学生?不断增设的创业教育课程是否挤占了专业教育的发展空间?等等。

三 大学生创业教育突围发展的核心问题

基于对中国高校创业教育发展的现状及转型判断,创业教育面临着五个核心的问题:(1)创业教育与专业教育的融合;(2)高校创业文化的培育;(3)创业教育课程体系的构建;(4)创业教育体系的保障机制;(5)创业教育师资队伍的培养。可以说,它们构成了高校创业教育转型过程中理论研究与实践发展无法回避的核心问题。

四 新时代大学生创业教育的突围路径

(1)理念观念路径:变革大学生创业教育的理念,鼓励大学生成为创业型公民;(2)系统体系路径:围绕"人"这个关键要素,促进大学生创业教育系统良性循环;构建分层的创业教育新体系,扩大创业教育的受益面;构建分类的创业教育新体系,根据创业教育的不同学习需求,实现创业教育的个性化与精细化;(3)管理治理路径:政府应鼓励不同类型的高校,如研究型大学和地方高校创业教育的侧重点应有所不同;大力引进和培养创业教育师资;(4)机制保障路径:构建递进、立体式大学生创业教育管理机制,构建"众创空间+创业文化"的双保障机制,创设创业教育与专业教育深度融合机制,建立基于专业能力的高校创业教育质量评估体系。

五 岗位创业人才培养的战略意义

岗位创业型创新人才可以从以下三个方面来理解。第一，岗位创业型创新人才属于创业型的创新人才。第二，岗位创业型创新人才，具备一定的创新意识、创业精神、创新创业能力和岗位相关的专业特长、持续学习的能力以及强烈的成就动机。第三，岗位创业型创新人才主要是在现存企业中发挥自己的创新创业能力，促成企业新事物产生，从而使企业获得利益的人才。创新型国家的建设、社会经济文化的发展需要一大批岗位创业人才，岗位创业人才培养是高校创业教育的基本要义。高校创业教育不仅要培养为数不多的自主创业者，还要培养一大批立足就业岗位创业的创新者。

六 内创业者及其培养要义

但凡内创业者，都不愿墨守成规，对待事物具有批判精神，并在批判的基础上进行创新活动。即使当前从事的是简单的、机械式重复的劳动，他们也会想尽办法进行创新，将其变成富有挑战性的高效率工作，并把攻克难关当成一种乐趣。另外，内创业者还有自主工作和持续学习的能力，拥有鲜明的个性，相应的专业特长以及强烈的成就动机。内创业者的培养为高校的创业教育提供了一条新思路：高校应着重培养学生的创业意识和创新精神，让学生先尝试以"就业者"的身份融入企业，凭借自身过硬的专业技能和创新意识，在几年的时间内逐渐进入企业的管理层，进而在企业内部率领团队进行创新改革，成为企业不可或缺的一部分。这样的人员，往往是企业内部创业意识和创新精神的最佳体现者，将来还可能是企业重要部门的领导者，成为企业可持续发展的重要力量。

七 岗位创业教育操作的导向与逻辑

开展创业教育，既要培养自主创业者，又要培养岗位创业者。目前，很多高校的创业教育项目还只是侧重于自主创业者的培养，这是创业教育的一个误区。将每一位接受创业教育的学生培养成未来的企业家，这不仅不切实际，还容易导致学生产生盲目的创业冲动，把创业过程理想化、简单化。事实上，自主创业者的培养和岗位创业者的培养应该是共同的目标，前者数量少、难度大，后者更具普遍性，能通过大规模的教育培养提升创新能力，形成浓厚的社会创业文化氛围，这也将更有利于自主创业者的培养。为此，要开展岗位创业教育，就要融入高校现有人才培养体系并做为出发点，以绝大多数高校在校生为培养对象，以提升大学生就业竞争力和创业能力为目标。

八　岗位创业教育的组织设计

在岗位创业教育的组织设计上，一是需要满足不同类别学生需求的多样性设计。要从人才培养模式的顶层设计入手，构建以"试点班—面向全体在校生与全面课程整合—岗位创业型人才培养"为主要框架，点、线、面逐层递进，创业教育、专业教育有机融合的立体式教育模式。二是需要使创业教育融入专业教育的持续性设计。高校应根据区域社会经济发展的需求和高校自身发展战略的需要，选择与自身能力相匹配的创业教育发展模式，使学生在大学期间通过核心课程或选修课程来持续培养自己对创业的兴趣、学习与创业有关的知识和技巧，最终内化为大学生职业生涯发展的重要推动力。三是需要推动创业教育机制创新的长效性设计。为此高校要成立专门的创业学院或创业中心，以达到统观全局、全面协调、统筹资源的目的，包括统筹教学需求、配置教学资源、协调教学秩序、调动教学积极性、评价教学效果等。四是需要形成专业教师内源性支持的引导性设计。为此需要高校通过政策鼓励、制度建设、资源配套、物质奖励、外部认可等各种方式激发专业教师在专业教育中积极主动融入创业教育，通过调整学校发展战略规划，使高校创业教育的目标与教师的专业发展任务相结合，通过提供配套措施，帮助教师主动参与创业知识的培训，通过相关政策，形成对教师进行创业教育的规范机制，等等。

九　大学生岗位胜任力及其必要性

岗位胜任力是大学生岗位创业教育需要培养的最核心的素质和能力。它是指在一个特定的组织中，促使员工能够胜任本岗位工作并且在该岗位上产生优秀工作绩效的知识、技能、能力、特质的总和。岗位胜任力围绕各个具体岗位，强调作为主体的员工需要胜任的对象是岗位。当前形势下,大学生的岗位胜任力明显不足,部分毕业生在校期间抱着混日子的态度,对自己只有一个要求,就是能毕业,从而导致其专业基础差、动手操作能力比较低,用人单位对此也很失望;还有部分毕业生组织、管理、人际交往能力不强,用人单位对于毕业生的集体意识、责任意识、诚信、契约意识有所担心。大学毕业生就业能力低,用人单位的求职者标准和求职者自身能力素质的不匹配性,使得就业形势严峻的大背景中加强大学生岗位胜任力的培养显得尤为重要。第一,大学生岗位胜任力的培养有利于提高整体就业率。第二,大学生岗位胜任力的培养有利于市场经济下高校的生存发展。第三,大学生岗位胜任力的培养有利于"科教兴国"战略的实施。对大学生本人来讲,岗位胜任力培养可以增强其岗位的认识能力,提升大学生岗位的专业能力,提高大学生岗位的执行能力。

十 大学生岗位胜任力培养的实施策略

在就业形势严峻、高等教育大众化进程加快的大背景下,高校在大学生中开展创业教育,树立大学生正确的职业理想、岗位观念,提高大学生的综合素质和创业能力,从而提高大学生的岗位胜任力对于大学生不被社会竞争所淘汰,具有很强的现实意义。为此,需要以培养大学生综合能力为重点(要有明确的培养目标、要面向全体大学生、教学要灵活多样),构建与素质教育相契合的教育机制(与教育理念相契合、与教育联动相契合、与教育实践相契合),建立整体性的创业教育体系(创业教育和通识课程融合、创业教育和学生专业结合、创业教育与岗位训练衔接)。

十一 岗位创业教育模式的院校实践探索

将岗位创业理解为在一个现存企事业的工作岗位上,个体或团队进行的创新活动与体现企业家精神的过程,提倡创业教育主要培养学生用"创业的心态"在未来工作岗位上创建事业的能力。为此,构建了一个"院校层面—专业层面—试点班层面"逐层递进的以岗位创业为导向的创业教育,体现出鲜明的特色,从而推动学校创业教育进入一个与社会需求、学生发展更为契合的新阶段。一是在院校层面,培养学生的岗位创业意识。即增设创业教育模块课程,建设创业孵化体系和岗位创业实践平台,完善创业教育支持体系。二是在专业层面,培养具有专业知识和创业能力的综合型人才。推进专业类创业课程的创新,将创业教育内容纳入专业课程体系,增加学生的岗位创业知识。推广"一课程群一岗位"等改革措施,以任务导向进行教学,促进课程与市场需求的无缝对接。推进"专业实习+管理岗位实习"。推进"校内师资+实务师资+创业学生师资"的多元化师资建设。三是在试点班层面,培养既有岗位创业能力又有自主创业能力的人才。以岗位创业能力培养进程为主线,由"岗位创业认知、岗位创业训练、创业岗位实习"三个阶段构成的连续性创业实践教学形式贯穿始终。

十二 社会创业及其对大学生的效用价值

以社会公益理念为导向,兼顾经济效益和社会效益统一的大学生社会创业是以创业带动就业、拓宽大学生就业路径的新思路。一方面,社会创业的社会性和创新性,要求社会创业以解决社会问题为责任,通过创造新的服务、新的产品或者新的方法来解决社会问题。大学生富有社会责任感和社会使命感,渴望用自己的所学解决社会问题;并且随着高校在社会创业领域的积极探索,大学生在校期间,受到了良好的社会创业方面的专业教育,在参加学校组织的公益活动中也积累了较为丰富的经验。因此,大学生一直被认为是社会创业中最活跃的群体。另一方面,大学生面临日益严峻的就业压力,对社会和谐稳定造成了不利影响。政府鼓励大学生自主创业,以创业带动就业,希望可以缓解这一社会矛盾,然而收效甚微。社会创业则开辟了一个崭新的就业领域,有利于缓解社会就业问题,因此也受到大学生的欢迎。

第二节 启示与政策建议

一 内创业理论对岗位创业教育的开展具有重要启示意义

高校的创业教育是培养创新型人才的重要途径,对社会发展起着不可估量的作用。然而,如果高校创业教育的人才培养目标是以经济管理领域的创业者为指向,旨在培养出能够创造更多工作岗位的企业家,使他们成为自谋职业、创业致富的社会成员，这就过于狭隘，也是不切实际的。内创业者的培养为高校的创业教育提供了一条新思路：高校应着重培养学生的创业意识和创新精神，让学生先尝试以"就业者"的身份融入企业，凭借自身过硬的专业技能和创新意识，在几年的时间内逐渐进入企业的管理层，进而在企业内部率领团队进行创新改革，成为企业不可或缺的一部分。这样的人员，往往是企业内部创业意识和创新精神的最佳体现者，将来还可能是企业重要部门的领导者甚至是 CEO 的最佳人选，成为企业可持续发展的重要力量。

二 社会资本理论对岗位创业教育的启示意义

一是加强对岗位创业者进行自我定位方面的专业教育与实践。岗位创业者需要能够剖析自己的创业能力和技能，增强以创业意识提升本职工作的信心。因此，岗位创业者面对复杂的环境以及工作时，需要具备领导特质和决断力，尤其是团队管理能力，增强工作中的决策效能。另外，岗位创业者因为要对本职工作进行创新，因此，需要具备一定的风险承担能力，培养在环境变化、岗位压力中有效工作的能力并能够面对工作中的错误和挫折。因此岗位创业者必须具有清晰的自我定位，将自己与企业内部资源进行匹配，以达到充分利用资源实现创业愿景。高校在实施岗位创业教育的过程中，应强化对学生的管理专业知识和心理学知识的教育力度，将管理学以及心理学自我认知模块与当前岗位创业实践有机结合，使学生在创业实践、创业竞赛项目中，将自我分析与自我认知与创业项目相结合，使其在未来的岗位创业过程中能够更快地与岗位资源进行匹配进而实现创新与创业。

二是增强对岗位创业者创业治理以及相关要素判定方面的教育与实践。岗位创业与非岗位创业最大的区别在于创业资源的来源，岗位创业所依托的资源主要来自企业或者组织内部。更进一步细化，是与创业者所在岗位相关的资源，因此相对于非岗位创业的外扩性和开放性而言，岗位创业更具内敛性和保护性。对于岗位创业者来说，在利用岗位资源以及技术进行创新的过程中，需要有宏观的创业治理理念，即对企业组织内部的利益相关者的关系以及其对创业影响进行设计和构建，形成岗位创业的内部组织关系网，利用内部网络关系判断资源的可利用性、稀缺性、可输入性、内部转换等，这需要岗位创业者能够迅速建立起与组织内部各个相关团体或个人的信任机制或者合作秩序，具备整合企业内部相关资源的能力，在整合资源的过程中判断创业的机会和前景。因此，与面向外部对象的创业活动相比，岗位创业更强调组织内部动态的掌握与把控，在进行岗位创业课程体系设计过程中，应更多地关注将组织行为学等课程融入公共管理相关专业，提升大学生识别组织资源、构建组织内部网络，形成资源的良性互动，在以岗位为核心、职业提升为目的的氛围中，树立创新意识，实现岗位创业。

三是强化对岗位创业者通过岗位创业活动拓展社会资本的能力。岗位创业者在工作岗位上想要具备"创业的心态、创新的思维"，必须不断增强个人创新意识，根据工作岗位的需要提升创新能力。创新能力、创新思维的具备与提升需要持续不断的学习，除了学习岗位必备的专业知识、企业内部的相关技术及知识外，还需要向外扩展，寻求外部与岗位相关的知识、信息、机会、资源等，通过与外部知识形成自觉的学习和吸收、转化机制，通过社会资本的拓展与外部相关资源建立联系，通过对外部环境变化的感知评估岗位现状与创新机会，实现更好地调配内部资源、改进现有工作方法以及提炼已有的经验，以指导自身实施有目的、有组织、有计划的创新、开拓、整合，利用岗位资源及技术实现本职工作的提升，成为区域经济社会发展需要的既懂专业又善创业的高素质复合型应用人才。高校在实施岗位创业教育过程中，应相对弱化商业性、营利性的教育，将企业责任与企业家精神与岗位创业教育相结合，即重视过程导向性的创业教育。

三　将创业教育融入专业教育是岗位创业教育成功与否的关键一环

创业教育如何有效地与专业教育相融合，创业教育的各个要素如何被整合进岗位人才培养及学科专业体系之中，向来是高校岗位创业教育在实践过程中的一大难点，也是关键一环。一是需要加强创业教育课程体系的建设，形成较为完整的创业类通识课程和专业创业课程为主的课程群；二是教学内容和教学方式的革新倡导教师采用案例教学、情境模拟、团队小组学习等新的学习方式，加强学生之间、学生与教师之间在课堂教学中的互动；三是开发专门的校本创业教材，将本土的创业文化与课程内容有机结合起来；四是构建动态的创业教育教学评价指标体系，将创业教育教学绩效的过程性评价与总结性评价相结合，更加重视学生在学习过程中所掌握的显性与隐性知识，有效地实现融创新创业与应用型人才培养为一体的创业教育实践体系。

岗位创业教育融入专业教育的目标就是培养既懂专业又擅长岗位创业的学生，因此它所面对的学生群体必然是分层分类的。除了满足大部分学生的需求之外，高校还需为那些在校期间具有较强的专业知识、强烈的创业意愿、一定的创业能力的学生开设创业教育的改革试点班，从而在全校范围内对基于专业的、以岗位创业为导向的人才培养模式改革进行试点。比如，温州大学专门开设了企业接班人班、店经理成长班、"村官"创业班等辅修专业班以及创业管理双专业班等试点班级，在大一至大三的学生中筛选出一部分学生，组成跨专业、跨年级的学习团队，对这批学生进行有针对性的创业教育。

岗位创业教育课程体系方面需要更加注重学生创业实践能力的培养。在师资上，则以多元化的方式聘请企业专业经理人和独立创业者进行教学；在教学方法上，以实践主导型为主，课程设计上突出实践环节；在考核方式上，创业教育试点班结合了过程性评价与总结性评价的优点，从创业教育的全过程考察学生的参与程度以及课程内容的理解和掌握程度；在创业教育评价体系方面，建立了长效跟踪机制，将学员课程结束之后的创业表现也作为评价的一个重要指标，关注创业教育结果的持久性、稳定性和有效性。

四 高校培养岗位创业人才具有十分重要的意义和价值

其一，创新型国家建设需要一大批岗位创业人才。党的十八大以来，我国实施创新驱动发展战略，并于2015年3月颁布《中共中央国务院关于深化体制机制改革加快实施创新驱动发展战略的若干意见》，创新人才培养已经成为国家对高等教育改革发展的迫切期待，这种期待包含国家急切改变"高等教育培养拔尖创新人才能力不足，高等教育与经济社会文化发展结合不够紧密,学生创新精神、创业意识和创新创业能力薄弱"的强烈愿望。我国对高等教育的需要比以往任何时候都更加迫切,对科学知识和卓越人才的渴望比以往任何时候都更加强烈。我国高校如何落实国家创新驱动发展战略,服务创新型国家建设,进一步深化创业教育,走出创业教育的片面认识误区,实现创业教育功能最大化,是必然要做出回应的时代命题。

其二,社会经济文化的发展需要一大批岗位创业人才。创新人才被看作社会经济发展最富活力和创造性的因素,是先进生产力和先进文化的代表,能否培养和造就出一大批创新人才,特别是高科技创新人才,事关国家的发展和民族的前途。人力资本理论产生以后,人们认识到物力资本与人力资本的高度互补性,许多国家把创新人才培养纳入国家经济、社会发展战略目标,以及经济发展规划或计划。综观当今世界,国家综合国力的竞争,不管是经济、科技、军事等硬实力的竞争,还是文化软实力的竞争,实际上就是创新人才的竞争。中国走过的历程,中国人民和中华民族走过的历程,是中国共产党和中国人民用鲜血、汗水、泪水写就的,我们不会忘记落后挨打的教训。我国在全面建成小康社会、实现中华民族伟大复兴中国梦的历史进程中,比以往任何时候都更需要一大批创新人才,特别是立足就业岗位的高科技创新人才,高校创新人才培养任重而道远。

其三,岗位创业人才培养是高校创业教育的基本要义。高等教育不仅要传播知识、保存知识,还要发现知识、创造知识,营造一种氛围和环境,让每位学生的创造潜能和创造欲望发挥得淋漓尽致。高校创业教育不仅要培养为数不多的自主创业者,还要培养一大批立足就业岗位创业的创新者。2012 年,欧洲各国从创业意向、创业能力、个人就业能力、对经济社会的影响四个维度对创业教育所进行的调查结果表明,与没有接受过创业教育的被调查对象相比,接受过创业教育的学生完成学业后更容易找到称心的工作。另有调查表明,大学生对创业教育的需求,只有 11.1% 的调查对象是为了自己以后创办企业,而 77.8% 的调查对象是为了提高综合素质,增强就业竞争力。所以,高校要把创业教育深度融入专业教育,面向全体学生,围绕素质教育主题,创新人才培养模式,着力培养岗位创业人才。

五　岗位创业教育的课程及教学设计

岗位创业教育课程建设应该是根据大学生学习阶段的变化而不断调整、进阶的过程。创新创业意识的养成应从大学一年级就开始进行引导，一些发掘学生创业意识和创新精神的课程（如《大学生 KAB 创业基础》），是此阶段较为合适的选择。这个时期的创业教育基础课程应该在面上铺开，让全校学生都能接触。在高年级的创业教育课程中，要减少讲授型课程，增加学生自身主导的探索性课程，注重对其自主学习能力、全局化视野的培养和提升。可以考虑从专业领域内的企业生命周期视角出发，讨论企业在成长和成熟过程中的创新需求，使学生从企业的内部识别创新机会。课程可结合案例分析、分组模拟、专题讲座、企业考察等多种形式。值得注意的是，这些课程的设置，不应过多地站在成功企业家、创业者的角度，以免让学生产生疏远感，要更多地站在企业中层管理人员的立场，以中层人员如何在企业中从事创新活动为切入点，辅以务实的操作经验介绍，让学生有更加深刻的理解和共鸣。

至于岗位创业教育的教学，高校也可以借鉴创业教育发展较为成熟的欧美名校的做法，聘请一些既有实际管理工作经验，又有一定管理理论修养的企业家、中层管理者、风险投资家或政府工作人员等，与本校教师合作开设专业创业课程，并形成长期的合作关系。这种形式可以让学生得到深入指导，其教学方式也比单一的"一课一师"教学更为有效和全面，能对创业教育教学水平起到明显提升作用；更有意义的是，高校能够通过这种资源整合方式，有效缓解创业师资不足的问题。

六　大学生岗位创业教育的操作思路

其一，坚持需求导向，把加强岗位胜任力培养作为逻辑起点。高校着力培养大学生的岗位胜任力，首先要厘清区域产业的人才需求、企业发展的人才需求，明确岗位创业的人才要求，这是高校创新创业教育的题中应有之义，是岗位创业型创新人才培养模式的优势所在，更是岗位创业型创新人才培养的逻辑起点。这里所讲的需求导向至少包含三个层面的意思：一是以区域产业发展的人才需求为导向，培养的人才要主动适应区域经济转型发展、产业升级的需求,与区域经济形成良性互动,相互协调发展,实现双方利益的共赢;二是以企业发展的人才需求为导向,需求是现代经济发展最大的动力,围绕企业新产品研发、生产方法革新、新市场开辟、新材料获取等方面创造产业发展新空间,问需于企业,构建校企人才战略合作共赢的人才培养长效机制;三是以岗位创业的人才要求为导向,着力培养大学生相关岗位的专业特长、持续学习的能力、强烈的成就动机以及创新意识、创新精神、创新创业能力,培养经济社会发展需要的既懂专业又具有创业能力的高素质应用型人才。

其二,善于激发热情,把强化岗位就业意愿作为动力源泉。一是以就业意愿为动力,帮助学生做好职业生涯规划。激发学生职业生涯规划的意识,引导其进行自我探索和职业社会探索,尤其是自身的职业性格、职业兴趣、职业能力和职业价值观等。二是以就业意愿为动力,为学生指明努力的方向。高校的每个专业都要弄清楚本专业的核心竞争力,学生除了学好专业基础知识以外,还要培养哪些专业特长。只有明确专业的核心竞争力,学生才能清楚努力的方向,才能有紧迫感和学习动力。三是以就业意愿为动力,激发学生探索未知领域的好奇心,学以致用。问需于企业、消费者,鼓励学生参加课题研究,引领学生善于发现问题,正确分析问题,积极解决问题,从而不断提高创新意识、创业精神和创新创业能力。解决好学生的学习主动性和积极性问题,人类知识的发展才有可能,"产学研用"一体化人才培养才有生机和出路。

其三,重视知识建构,把改革课程体系作为教学基础。一是在理论课程设计上,既面向全体学生开设创业类通识课程必修课,帮助他们形成创新思维、关注创业问题的习惯,培养他们必须具备的创业素质和基本能力,也根据学生的个性化需求开设专业类创业课程选修课,以提升学生适应专业岗位发展的知识和技能,还应积极挖掘专业课程中的创新创业知识元素,或者让创业知识有效融入成为专业教育的有机构成,利用多种方式将创业教育内容纳入专业课程体系,激发学生创新创业的兴趣,以强化学生适应专业岗位发展的能力。二是在实践课程设计上,注重理论与实践的有机结合,积极搭建校内外教学实践基地,特别是与创新型中小企业签订专业见习合作协议。既能让学生熟悉区域产业发展趋势以及企业对专业人才素质的要求，进一步明确提高人才培养专业核心竞争力的努力方向，也能让学生拥有更多的把所学知识应用于实践的机会，培养学生强烈的成就动机，在解决问题中学习研究，在学习研究中提高解决实际问题的能力。

其四，提供人力保障，把整合优秀团队作为师资支撑。一方面，异质性的师资团队具备多样化的社会资源及更强的综合能力；另一方面，异质性的师资团队的专业知识和创业实践具有更强的互补性。因此，这支异质性的师资团队应该包括校内的优秀专业教师、校外的具有一定理论水平的优秀岗位创业者和企业家，特别是具有国际化视野、创业理论功底深厚、创业实践经验丰富的优秀人才。此外，开辟多元化的师资培养渠道。一是提供一些参加国际化尤其是国外创新创业教育领域交流学习的机会，培养师资的国际化视野和国际化水平；二是组织一批骨干教师到国内具有优良创新创业教育模式的院校培训，学习先进经验；三是选派一批优秀教师到企业生产第一线兼职，学习研发、管理等经验，弥补自身岗位创业经验的不足。

其五，强化实践教学，把优化众创空间作为实训磨刀石。创业实践教育是创新创业教育必不可少的环节，高校在校内或者校外协同建设了众多的实训基地，作为理论教学与实践教学相结合之用，是高校人才培养的优势支撑。将"岗位创业认知、岗位创业训练、岗位创业实习"三个阶段构成的连续性创业实践教学形式贯穿于人才培养进程的始终，是强化岗位创业能力为主的创业实践教学的路径。要通过创造性、灵活性、多领域和需求导向的形式，有目的地让学生置身于企业产品开发、生产、销售、管理等营运环节，甚至以总经理助理、研发主管助理、生产主管助理、销售主管助理、人事主管助理等身份，尽可能地参与企业的整个生产经营活动，引导学生发现问题，并帮助他们分析问题、开创性地解决问题。

七 社会创业教育在高校的有效开展需要综合发力

一是需要校内不同专业及院系的协作。与商业创业教育的实施主体以商学院为主不同，社会创业教育实施的主体基本覆盖了高校的大部分专业，包括医学、社会学、管理学、工业设计等相关学科和专业。究其原因，就在于社会创业是创业者通过与其他组织和机构合作共同解决社会问题这一本质属性，即满足特定社会群体的需求、针对特定社会问题提出解决方案、设计创新型的产品和服务，从而需要具备不同专业知识的创业者来共同完成。因此，社会创业教育的外延性和覆盖面超过了商业创业教育，除了商学院开设相关课程和专业外，社会创业教育逐渐扩展至其他非商科学院，或者由多个学院进行联合设置。比如，以传播媒体与文化创意、艺术课程等专业和课程著称的伦敦大学金匠学院开设国际硕士项目，除了凭借自身优势开设了一些特殊课程外，还联合其他学院开设了一些技能性、操作性的社会创业教育课程作为商业类创业课程的补充，包括社会企业发展沿革、合作性创新网络构建、社区关系枢纽维护、数字平台应用、政策分析与建议等课程，旨在为有意从事或者已经从事社会创业的学生和社会人士提供相应的社会学知识。

二是需要校内外多方协同开发。社会创业教育经历了由商学院发起，到高校各个学院开设相关课程，再到成立专门的社会发展或创新学院的发展阶段，形成了相对系统和完整的社会创业教育体系。基于目前社会创业所呈现出的包容性、开放性、多元化的特点以及其活动跨部门、跨区域的发展需求，国外一些高校开始探索使用合作模式，多方协同、共同开发社会创业教育课程或项目。比如，杜克大学福库商学院、耶鲁大学管理学院、百森学院、斯特灵学院及加州大学伯克利分校哈斯学院联合成立社会创业教育提升中心，针对在校学生、社会组织及其他第三方机构提供培训项目。再如，由来自斯坦福大学在校学生开发的、旨在为非洲妇女提供与当地文化不冲突的、基于本地资源的"全球妇女用水行动社会创业项目"，正是得到了斯坦福大学哈斯中心等组织和机构的配合和支持，大学生才能有机会与来自东非当地的志愿者一起担任用水培训师和技术研发创业者的角色。此外，在大学生与社区志愿者、政府组织及其相关企业进行合作的同时，斯坦福大学的教师全程参与项目的实施，并在各个阶段对学生进行指导、纠正学生的行动目标、缓和学生与社区志愿者以及原住民之间由于文化差异造成的矛盾，从而也使得社会创业教育的体系与实际项目更加贴合，并有助于学生社会创业技能的提升。

三是需要相应的社区项目融入。与社区项目深入合作，使学生充分了解社区项目运行的情况并参与其中是社会创业教育实践的基础。学生参与地方非营利性组织开展的服务型学习项目，掌握初步的如何成功地组织并传递社会改变的理念和观点。通过设计具有较大影响力的募捐活动或其他慈善活动，学生能够进一步了解相关社会活动的辐射面及特定群体的需求，获得组织和实施社会活动的实践经验。同时，学生通过任务驱动型的组织和活动树立较强的社会价值和文化，与课本上的知识进行有机的融合，为今后进一步设计和创新社会产品和服务建立正确的价值导向并对今后的职业生涯规划产生重大的影响。比如，美国的春假休闲团项目利用春假招募学生志愿者，通过调查当地特殊群体，每个项目小组与当地社区合作选择相应的社会项目，并全程参与该项目的运行和实施。通过这一项目，学生能够获得相应的机会与区域性的非营利组织合作从事服务性学习。这种经历能够促使学生深入探索区域性的问题，针对特定的群体发掘其需求以及政策实施的偏差，寻求更科学的项目运作方式。这种经历能够培养学生开阔的视野，多层次地发掘和剖析相应的社会问题，发现特定群体的精准需求，为今后开发相应的产品和服务奠定基础。

八　高校培养创业创新型"村官"的具体实践路径

一是更新专业设置，构建大学生"村官"创业知识体系。首先，更新高校专业设置，增加涉农专业。课程内容可以包括畜牧业、种植业、法律、城镇化专业等，其中，对非涉农专业学生规定农业学分要求。其次，设立双学位。在本科教育招生的过程中，增加对大学生"村官"专业宣传，对毕业之后有意向服务农村建设的学生重点培养，同时，鼓励在校大学生进行双学位学习，通过开办创业大学生"村官"回校交流会、专家讲座等形式，加强对农业双学位的宣传。除此以外，还应注重大学生"村官"后期培养，做好大学生"村官"创业的后盾。对于大学生"村官"，高校不仅要"扶上马"，还要"送一程"。设立大学生"村官"创业基金，同时为大学生"村官"创业提供知识技术支持。

二是加强对大学生"重农""创业"观念的引导。首先，定期举办创业型大学生"村官"讲座。邀请大学生"村官"回校讲座，以亲身实践帮助大学生认识一个全新的建设中的新农村，让大学生认识到农村创业的优势。其次，通过思政理论课、党团活动等宣传新农村建设，改变大学生排斥或者歧视农村的观念，树立为"新农村建设服务"的思想观念。再次，通过就业指导等方式，鼓励大学生到农村任职"村官"。

三是注重大学生创业实践培训，有针对性地设置与农村接轨的实践活动。首先，鼓励大学生开展与农村有关的社会实践项目，让大学生深入农村生活，了解农村建设。其次，高校联合地方政府建立"大学生村官助理"见习岗位。组织毕业后有意向进入农村基层工作的大学生，暑假担任"大学生村官助理"一职，提供见习证书，鼓励大学生毕业后扎根农村，发现农村发展潜力，富民惠民。再次，高校创新研究课题设立农村调研专项研究项目，鼓励大学生申请农村项目的调研。调研项目立足于农村实际，以为农村发展提供理论借鉴为目的。

参考文献

［美］阿力克斯·英格尔斯：《人的现代化》，殷陆君译，四川人民出版社 1985 年版。

［印度］阿莎·古达：《建立创业型大学：印度的回应》，《教育发展研究》2007 年第 11 期。

［美］安德森：《创客：新工业革命》，萧潇译，中信出版社 2012 年版。

［英］保罗·F. 怀特利：《社会资本的起源》，李惠斌、杨雪冬译，社会科学文献出版社 2000 年版。

［美］彼得·德鲁克：《创新与企业家精神》，张炜译，上海人民出版社 2002 年版。

毕佳洁、李海波：《高校创新创业教育的内涵分析》，《文教资料》2011 年第 2 期。

边燕杰：《网络脱生：创业过程的社会学分析》，《社会学研究》2006 年第 6 期。

别敦荣：《论高等教育内涵式发展》，《中国高教研究》2018 年第 6 期。

［美］伯顿·克拉克：《大学的持续变革——创业型大学新案例和新概念》，王承绪译，人民教育出版社 2008 年版。

［美］伯顿·克拉克：《建立创业型大学：组织上转型的途径》，王承绪译，人民教育出版社 2000 年版。

蔡春驰：《开展内创业教育：重视内创业者的培养——高校大学生创业教育发展趋向研究》，《中国高教研究》2012 年第 1 期。

蔡克勇：《加强创业教育——21 世纪的一个重要课题》，《清华大学教育研究》2000 年第 1 期。

蔡宁、潘松挺:《网络关系强度与企业技术创新模式的耦合性及其协同演化——以海正药业技术创新网络为例》,《中国工业经济》2008 年第 4 期。

曹华玲:《提升大学生创业胜任力的路径研究——以重庆市为例》,硕士学位论文,重庆工商大学,2013 年。

曹胜利、雷家骕:《中国大学创新创业教育发展报告》,万卷出版公司 2009 年版。

曹文宏:《"双创"背景下当前青年创业问题探析》,《中国青年研究》2016 年第 4 期。

柴旭东:《基于隐性知识的大学创业教育研究》,博士学位论文,华东师范大学,2010 年。

柴旭东:《中国、美国和印度三国大学创业教育比较》,《高校教育管理》2009 年第 1 期。

陈晨:《基于我国创业教育的大学生成功创业教育问题研究》,硕士学位论文,中国地质大学,2010 年。

陈逢文、张宗益:《论创业活动研究的三个层次及其作用机制》,《科技进步与对策》2009 年第 8 期。

陈浩凯、徐平磊:《印度与美国创业教育模式对比与中国的创业教育对策》,《中国高教研究》2006 年第 9 期。

陈劲、王皓白:《社会创业与社会创业者的概念界定与研究视角探讨》,《外国经济与管理》2007 年第 8 期。

陈俐帆:《公益创业:公共服务提供的新思路》,《福建论坛》(人文社会科学版)2011 年第 8 期。

陈龙、梁锷:《企业内创业的内涵及其机制》,《企业改革与管理》2010 年第 9 期。

陈其广:《创新是经济发展的重要推动力——论熊彼特创新理论的合理性》,《中国社会科学院研究生院学报》1987 年第 4 期。

陈太福:《从"理性经济人"到人的全面发展——马克思主义理论中的一个根本观点》,《改革与战略》2000 年第 2 期。

陈霞玲、马陆亭:《MIT 与沃里克大学:创业型大学运行模式的比较与启示》,《高等工程教育研究》2012年第2期。

陈湘瑶、韦小双:《高职院校学生公益创业的心理动机、价值取向与目标选择》,《教育与职业》2014年第30期。

陈勇:《大学生就业能力及其开发路径研究》,博士学位论文,浙江大学,2012年。

陈振明:《公共管理学原理》,中国人民大学出版社2003年版。

陈震红、董俊武、刘国新:《创业理论的研究框架与成果综述》,《理论探索》2004年第9期。

陈周见:《大学创新教育评价研究》,硕士学位论文,中南大学,2003年。

戴维奇:《美国高校社会创业教育发展轨迹与经验》,《比较教育研究》2016年第7期。

党国英:《废除农业税条件下的乡村治理》,《科学社会主义》2006年第1期。

邓汉慧:《美国创业教育的兴起发展与挑战》,《中国青年研究》2007年第9期。

邓汉慧:《美国的高校创业教育课程设置》,《大学生就业》2008年第4期。

邓蕊、赵泽铭:《欧洲高校创业教育对中国高校的启迪》,《价值工程》2014年第10期。

丁明磊、刘秉镰:《创业研究:从特质观到认知观的理论溯源与研究方向》,《现代管理科学》2009年第8期。

丁三青:《中国需要真正的创业教育——基于"挑战杯"全国大学生创业计划竞赛的分析》,《高等教育研究》2007年第3期。

董世洪:《社会参与:构建开放性的大学创新创业教育模式》,《中国高教研究》2010年第2期。

董晓红:《高校创业教育管理模式与质量评价研究》,博士学位论文,天津大学,2009年。

杜辉、何勤等:《内创业概念、内涵演变及内创业者研究综述》,《管理现代化》2017年第3期。

杜银伟:《我国大学生公益创业研究》,硕士学位论文,北京交通大学,2011年。

范新民:《创业与创新教育——新加坡高校教育成功的启示》,《河北师范大学学报》2014 年第 3 期。

房国忠、刘宏妍：《美国大学生创业教育模式及其启示》，《外国教育研究》2006 年第 12 期。

费孝通：《乡土中国》，中华书局 2013 年版。

冯承金：《高校公益创业教育研究》，《教育与职业》2015 年第 6 期。

冯建：《农村环境治理的经济学分析》，硕士学位论文，浙江大学，2005 年。

冯艳飞、童晓玲：《研究型大学创新创业教育质量评价模型与方法》，《华中农业大学学报》（社会科学版）2013 年第 1 期。

［美］弗兰克·罗德斯：《创造未来：美国大学的作用》，王晓阳等译，清华大学出版社 2007 年版。

［美］弗朗西斯·福山：《信任》，彭志华译，海南出版社 2001 年版。

傅颖、斯晓夫、陈卉：《基于中国情境的社会创业：前沿理论与问题思考》，《外国经济与管理》2017 年第 3 期。

高恒天：《道德与人的幸福》，中国社会科学出版社 2004 年版。

高明：《斯坦福大学——美国研究型大学向创业型大学转型的典范》，《当代教育科学》2011 年第 19 期。

高树昱、邹晓东、陈汉聪：《工程创业能力：概念框架、影响因素及提升策略》，《高等工程教育研究》2013 年第 4 期。

高远、张德琴：《"大众创业，万众创新"视阈下大学生公益创业研究》，《现代教育管理》2017 年第 7 期。

葛宝山、王一、马鸿佳：《基于动态能力视角的并购式内创业机理研究》，《科研管理》2017 年第 5 期。

葛红军：《大学生创业教育评价指标体系建构研究》，《江苏高教》2015 年第 5 期。

辜胜阻等：《区域经济文化对创新模式影响的比较分析——以温州和硅谷为例》，《中国软科学》2006 年第 4 期。

顾秉林：《创新：研究型大学的成功之道》，《清华大学教育研究》2008 年第 1 期。

顾明远：《终身学习与人的全面发展》，《北京师范大学学报》2008 年第 6 期。

郭洪、毛雨、白璇等：《大学创业教育对学生创业意愿的影响研究》，《软科学》2009年第9期。

郭美兰、汤勇、孙倩：《内创业员工与独立创业者创业特质比较》，《城市问题》2015年第4期。

郭宇明：《崇尚"实用教育"的斯坦福大学》，《中关村》2007年第4期。

韩雪、严中华、姜雪、韩行敏：《浅析科技公益创业之影响因素——以福利科技公司为例》，《科技管理研究》2009年第8期。

[美]亨利·埃兹科维茨：《麻省理工学院与创业科学的兴起》，王孙禺、袁本涛等译，清华大学出版社2007年版。

侯慧君、林光彬：《中国大学创业教育蓝皮书——大学生创业教育实践研究》，经济科学出版社2011年版。

胡馨：《什么是"Social Entrepreneurship"（公益创业）》，《经济社会体制比较》2006年第2期。

黄敏：《基于协同创新的大学学科创新生态系统模型构建的研究》，博士学位论文，第三军医大学，2011年。

黄淑颖：《企业内创业者的素质结构和能力体系探讨》，《金华职业技术学院学报》2010年第5期。

黄扬杰：《国外学术创业研究现状的知识图谱分析》，《高教探索》2013年第6期。

黄扬杰、黄蕾蕾、李立国：《高校创业教育教师的创业能力：内涵、特征与提升机制》，《教育研究》2017年第2期。

黄扬杰、邹晓东：《"新美国大学"框架下的ASU创业实践》，《高等工程教育研究》2011年第6期。

黄扬杰、邹晓东：《慕尼黑工大创业教育实践与启示》，《高等工程教育研究》2015年第5期。

黄扬杰、邹晓东：《学科组织学术创业力与组织绩效关系研究》，《教育研究》2015年第11期。

黄扬杰、邹晓东：《学术创业研究新趋势：概念、特征和影响因素》，《自然辩证法研究》2013年第1期。

黄耀华等：《高校创业教育的新视角》，《南昌大学学报》2003年第11期。

黄兆信：《地方高校创业教育的转型发展——基于两所院校的比较分析》，

《高等工程教育研究》2014年第6期。

黄兆信：《论高校创业教育转型发展过程中的几个核心问题》，《兰州大学学报》（社会科学版）2014年第6期。

黄兆信：《推动我国高校创新创业教育转型发展》，《中国高等教育》2017年第7期。

黄兆信：《以岗位创业为导向的人才培养体系研究与实践》，《教育研究》2013年第6期。

黄兆信、陈赞安、曾尔雷、施永川：《内创业者及其特质对我国高校创业教育的启示》，《高等教育研究》2011年第9期。

黄兆信、黄扬杰：《社会创业教育：内涵、历史与发展》，《高等教育研究》2016年第8期。

黄兆信、李炎炎、刘明阳：《中国创业教育研究20年：热点、趋势与演化路径》，《教育研究》2018年第1期。

黄兆信、刘丝雨、张中秋：《新加坡大学生创业教育的成功经验及启示》，《高等工程教育研究》2016年第4期。

黄兆信、刘燕楠：《众创时代高校如何革新创业教育》，《教育发展研究》2015年第23期。

黄兆信、罗志敏：《多元理论视角下高校创业教育的发展策略研究》，《教育研究》2016年第11期。

黄兆信、曲小远、施永川、曾尔雷：《以岗位创业为导向的高校创业教育新模式》，《高等教育研究》2014年第8期。

黄兆信、施永川：《浙江省大学生创业教育现状研究》，《高等工程教育研究》2010年第3期。

黄兆信、宋兆辉：《高校创业教育面临三大转向》，《教育发展研究》2011年第9期。

黄兆信、王志强：《地方高校创业教育转型发展研究》，浙江大学出版社2013年版。

黄兆信、王志强：《高校创业教育生态系统构建路径研究》，《教育研究》2017年第4期。

黄兆信、王志强：《论高校创业教育与专业教育的融合》，《教育研究》2013

年第 12 期。

黄兆信、王志强、刘婵娟：《地方高校创业教育转型发展之维》，《教育研究》2015 年第 2 期。

黄兆信、曾尔雷：《以岗位创业为导向：高校创业教育转型发展的战略选择》，《教育研究》2012 年第 12 期。

黄兆信、曾尔雷、施永川：《地方高校融合创业教育的工程人才培养模式》，《高等工程教育研究》2012 年第 5 期。

黄兆信、曾尔雷、施永川：《高校创业教育的重心转变》，《教育研究》2011 年第 10 期。

黄兆信、曾尔雷、施永川：《美国创业教育中的合作：理念、模式及其启示》，《高等教育研究》2010 年第 4 期。

黄兆信、张中秋、谈丹：《创业教育：大学生岗位胜任力培养的有效路径》，《高等工程教育研究》2016 年第 1 期。

黄兆信、张中秋、王志强、刘婵娟：《欧盟创业教育发展战略的演进、特征与关键领域》，《高等工程教育研究》2015 年第 1 期。

黄兆信、张中秋、赵国靖、王志强：《英国高校创业教育的现状、特色及启示》，《华东师范大学学报》（教育科学版）2016 年第 2 期。

黄兆信、赵国靖：《中美高校创业教育课程体系比较研究》，《中国高教研究》2015 年第 1 期。

黄兆信、赵国靖、洪玉管：《高校创客教育发展模式探析》，《高等工程教育研究》2015 年第 4 期。

黄兆信、赵国靖、唐闻婕：《众创时代高校创业教育的转型发展》，《教育研究》2015 年第 7 期。

黄兆信、朱雪波、王志强：《欧盟创业教育的实施路径与变革趋势》，《全球教育展望》2015 年第 2 期。

纪淑军：《创业富民战略视野下的高职院校创业教育》，《中国成人教育》2009 年第 10 期。

季学军：《美国高校创业教育的动因及特点探析》，《外国教育研究》2007 年第 3 期。

［美］加里·S. 贝克尔：《人力资本》，陈耿宣等译，北京大学出版社 1987

年版。

贾少华等：《成为淘宝创业的超级毕业生》，北京电子工业出版社 2010 年版。

［美］简·弗泰恩、罗伯特·阿特金森：《创新、社会资本和新经济——美国联邦政府出台新政策，支持合作研究》，李惠斌、杨雪冬译，社会科学文献出版社 2000 年版。

姜雪、严中华：《社会创业组织价值创造模式研究的意义与思路》，《技术经济与管理研究》2009 年第 6 期。

姜彦福、张筛：《创业管理学》，清华大学出版社 2005 年版。

焦豪、邬爱其：《国外经典社会创业过程模型评介与创新》，《外国经济与管理》2008 年第 3 期。

金津、赵文华：《美国研究型大学顶级创业大赛的比较与借鉴》，《清华大学教育研究》2011 年第 5 期。

金丽：《英国高校创业教育探究》，硕士学位论文，东北师范大学，2009 年。

靳希斌：《教育经济学》，人民教育出版社 2008 年版。

［美］卡尔·J. 施拉姆：《创业力》，王莉、李英译，上海交通大学出版社 2007 年版。

阚兴辉：《从"自主创业"到"内创业"：创业教育理念的嬗变》，《黑龙江教育学院学报》2014 年第 8 期。

阚阅：《美国创业教育发展的主要特征及若干启示》，《华东师范大学学报》（教育科学版）2016 年第 2 期。

雷家骕：《国内外创新创业教育发展分析》，《中国青年科技》2007 年第 2 期。

李东、张忠臣、纪玉超：《体验式创业教育模式科研体系建设研究》，《中国冶金教育》2011 年第 3 期。

李光：《创业导论》，武汉大学出版社 2003 年版。

李国平、郑孝庭、李平等：《大学生创新创业教育质量的模糊综合评判与控制方法研究》，《特区经济》2004 年第 9 期。

李华晶、王睿：《知识创新系统对我国大学衍生企业的影响——基于三螺旋模型的解释性案例研究》，《科学管理研究》2011 年第 1 期。

李华晶、肖玮玮：《机会识别、开发与资源整合：基于壹基金的社会创业过程研究》，《科学经济社会》2010 年第 2 期。

李华晶、张玉利:《创业研究绿色化趋势探析与可持续创业整合框架构建》,《外国经济与管理》2012年第9期。

李会峰:《我国大学生创业教育研究——以教育部创业教育试点院校及兰州大学为例》,硕士学位论文,兰州大学,2010年。

李家华:《我国创业教育发展状况》,《中国大学生就业》2008年第2期。

李晶:《组织创业气氛及其对创业绩效影响机制研究》,博士学位论文,浙江大学,2008年。

李良智、查伟晨、钟运动:《创业管理学》,中国社会科学出版社2007年版。

李世超、苏俊:《大学变革的趋势——从研究型大学到创业型大学》,《科学研究》2006年第4期。

李威:《企业内创业过程实施路径与激励机制——基于海尔集团的案例研究》,硕士学位论文,山东大学经管系,2012年。

李先军:《供给侧结构性改革背景下中小企业内创业研究:模式选择与路径设计》,《商业研究》2017年第10期。

李晓华、徐凌霄、丁萌琪:《构建我国高校创新创业教育体系初探》,《中国高等医学教育》2006年第11期。

李育球:《论大学教师学术创新力的基础:知识谱系能力》,《比较教育研究》2011年第7期。

李远煦:《社会创业:大学生创业教育的新范式》,《高等教育研究》2015年第3期。

李远煦、黄兆信:《从"融入"到"融合":高校创业教育的社会融合模式研究》,《高等工程教育研究》2014年第1期。

李志永:《日本高校创业教育》,浙江教育出版社2010年版。

李忠云、邓秀新:《高校协同创新的困境——路径及政策建议》,《中国高等教育》2011年第17期。

厉杰、吕辰、于晓宇:《社会创业合法性形成机制研究述评》,《研究与发展管理》2018年第2期。

廉永杰:《创业教育及比较研究》,科学出版社2006年版。

林爱菊、唐华:《大学生公益创业的困境及对策探讨》,《大学教育科学》2016年第4期。

林爱菊、朱秀微、王占仁：《大学生公益创业的现状、影响因素及培养途径》，《高等工程教育研究》2016年第4期。

林海、严中华、何巧云：《社会创业组织双重价值实现的博弈分析》，《技术经济与管理研究》2011年第9期。

林海、严中华、袁晓斌、彭劲松：《社会创业组织商业模式研究综述及展望》，《科技管理研究》2011年第20期。

林海、张燕、严中华：《社会创业机会识别与开发框架模型研究》，《技术经济与管理研究》2009年第1期。

林海、张燕、严中华、姜雪：《基于系统基模的我国社会创业发展分析》，《技术经济与管理研究》2009年第3期。

林娟娟、施永川：《地方大学创业型人才培养的困境与发展策略》，《中国高教研究》2010年第9期。

林嵩：《创业生态系统：概念发展与运行机制》，《中央财经大学学报》2011年第4期。

林文伟：《大学创业教育价值研究》，博士学位论文，华东师范大学，2011年。

刘保存：《确立创新创业教育理念培养创新精神和实践能力》，《中国高等教育》2010年第12期。

刘帆、陆跃祥：《中美两国高校创业教育发展比较研究》，《中国青年研究》2008年第5期。

刘峰：《论高校"社会创业教育"的内涵与实施模式》，《继续教育研究》2017年第10期。

刘军仪：《创业型大学：美国研究型大学发展的新动向》，《全球教育展望》2008年第12期。

刘蕾：《基于大学生公益创业能力提升的教育支持体系研究》，《江苏高教》2017年第11期。

刘丽君：《美国一流大学理工创业教育与我国创业教育人才的培养》，《中国高教研究》2009年第5期。

刘林青、夏清华、周潞：《创业型大学的创业生态系统初探——以麻省理工学院为例》，《高等教育研究》2009年第3期。

刘霖芳：《公益创业：高师院校创业教育的新视角》，《黑龙江高教研究》

2012年第12期。

刘敏：《法国创业教育研究及启示》，《比较教育研究》2010年第10期。

刘沭：《理工科大学生创新教育的理论研究与实践》，硕士学位论文，南京工业大学，2005年。

刘青、韩菁：《基于岗位胜任力的人才甄选多准则模糊决策——以企业领导人才选拔为例》，《技术经济与管理研究》2006年第3期。

刘文富：《人力资本对大学生创业的影响研究》，硕士学位论文，湖南师范大学，2010年。

刘献君：《大学校长与战略——我国大学战略管理中需要研究的几个问题》，《高等教育研究》2006年第6期。

刘艳华：《高校学科组织结构及创新行为与学科创新能力的相关性和实证研究》，博士学位论文，河北工业大学，2009年。

刘瑛、何云景：《创业支持系统复杂适应性的结构维度分析》，《经济问题》2012年第1期。

刘原兵：《社会创业视域下日本大学社会服务的考察》，《比较教育研究》2015年第6期。

刘振、李志刚、高艳：《社会创业的本质：基于创业过程的结构性创新》，《山东社会科学》2017年第9期。

刘振、杨俊、张玉利：《社会创业研究——现状述评与未来趋势》，《科学学与科学技术管理》2015年第6期。

刘志军、郝杰：《美国创新创业教育体系的建设与实施》，《中国大学教学》2016年第10期。

刘志阳、庄欣荷：《社会创业定量研究：文献述评与研究框架》，《研究与发展管理》2018年第2期。

卢立珏、林娟娟：《地方本科高校创业教育体系的构建》，《大学教育科学》2010年第2期。

卢小珠：《创业教育的国际比较及启示》，《教育与职业》2004年第4期。

吕静：《社会创业：大学生创业教育的新形式》，《继续教育研究》2017年第2期。

[美]罗伯特·赫里斯、迈克尔·彼得斯：《创业学》，王玉译，清华大学

出版社 2014 年版。

罗天虎：《创业学教程》，西北工业大学出版社 2004 年版。

罗贤甲、杨树明：《论高校创业教育的有效性》，《思想教育研究》2010 年第 9 期。

骆四铭：《学科制度与创新型人才培养》，《教育研究》2009 年第 9 期。

马德龙：《高职院校创业教育模式研究——基于温州资源的分析》，《职教论坛》2013 年第 19 期。

[德] 马克斯·韦伯：《马克斯·韦伯社会学文集》，阎克文译，人民出版社 2010 年版。

马陆亭：《高等教育支撑国家技术创新需有整体架构》，《高等工程教育研究》2016 年第 1 期。

马廷奇：《交叉学科建设与拔尖创新人才培养》，《高等教育研究》2011 年第 6 期。

马志强：《创业型大学崛起的归因分析》，《江西教育科研》2006 年第 7 期。

冒澄：《创业型大学研究文献综述》，《理工高教研究》2008 年第 27 期。

梅伟惠：《美国高校创业教育》，浙江教育出版社 2010 年版。

梅伟惠：《美国高校创业教育模式研究》，《比较教育研究》2008 年第 5 期。

梅伟惠：《我国高校创业教育组织模式：趋同成因与现实消解》，《教育发展研究》2016 年第 1 期。

梅伟惠、徐小洲：《中国高校创业教育的发展难题与策略》，《教育研究》2009 年第 4 期。

梅盈盈、夏斐：《构建大学生创新创业能力培养新模式——公益创业的视角》，《江苏高教》2016 年第 3 期。

缪仁炳：《创业导向的文化根植——基于温州与关中两地的实证分析》，上海三联书店 2006 年版。

木志荣：《创业困境及胜任力研究——基于大学生创业群体的考察》，《厦门大学学报》（哲学社会科学版）2008 年第 1 期。

木志荣：《我国大学生创业教育模式探讨》，《高等教育研究》2006 年第 11 期。

倪好：《高校社会创业教育的基本内涵与实施模式》，《高等工程教育研究》2015 年第 1 期。

倪好、蔡娟:《近二十年国际创业教育研究的进展、热点与走向》,《比较教育研究》2018年第2期。

牛长松:《英国高校创业教育研究》,学林出版社2009年版。

牛盼强、谢富纪:《创新三重螺旋模型研究新进展》,《研究与发展管理》2009年第5期。

潘加军:《基于公益创业实践基础上的高校社会工作人才培养探析》,《黑龙江高教研究》2013年第7期。

潘加军、刘焕明:《基于公益创业实践基础上的大学生就业推进模式探讨》,《湖南科技大学学报》(社会科学版)2012年第2期。

彭钢:《创业教育学》,江苏教育出版社2000年版。

彭绪梅:《创业型大学的兴起与发展研究》,硕士学位论文,大连理工大学,2008年。

戚振江、赵映振:《公司创业的要素、形式、策略及研究趋势》,《科学学研究》2003年第12期。

齐鹏:《大学生创业教育研究》,硕士学位论文,江苏大学,2010年。

钱贵晴、刘文利:《创新教育概论》,北京师范大学出版社2009年版。

任世强:《中美大学创业教育比较研究》,硕士学位论文,西南大学,2009年。

任玥:《创业文化体系视角下的大学社会服务创新》,《比较教育研究》2008年第9期。

荣军、李岩:《澳大利亚创业型大学的建立及对我国的启示》,《现代教育管理》2011年第5期。

商光美:《高等院校创业教育体系的构建策略》,《福州大学学报》(哲学社会科学版)2011年第6期。

佘宇等:《"村官"小政策,人才大战略——大学生"村官"政策评估研究》,中国发展出版社2013年版。

沈陆娟:《美国社区学院创业教育研究》,知识产权出版社2014年版。

沈培芳:《大学生创业素质调查研究》,硕士学位论文,华东师范大学,2010年。

施冠群、刘林青、陈晓霞:《创新创业教育与创业型大学的创业网络构建:以斯坦福大学为例》,《外国教育研究》2009年第6期。

施永川:《创业教育促进大学生就业问题研究》,《江西社会科学》2015年第5期。

施永川:《大学生创业教育应为与何为》,《高等工程教育研究》2013年第3期。

施永川、黄兆信、李远煦:《大学生创业教育面临的困境与对策》,《教育发展研究》2010年第21期。

施永川:《我国高校创业教育十年发展历程研究》,《中国高教研究》2013年第4期。

石丹林、湛虹:《大学生创业理论与实务》,清华大学出版社2012年版。

宋斌、王磊:《高校创业教育的现状、问题及对策》,《教育发展研究》2011年第11期。

宋东林、付丙海等:《创业型大学的创业能力评价指标体系构建》,《科技进步与对策》2011年第9期。

苏跃增、徐剑波:《高校科技创新平台建设的几个问题》,《教育发展研究》2006年第23期。

孙大雁:《创业教育:就业竞争力的助推器》,《文教资料》2008年第25期。

孙珂:《21世纪英国大学的创业教育》,《比较教育研究》2010年第10期。

谭建光:《中国青年公益创业与社会创新》,《青年探索》2014年第3期。

谭立章、钱津津:《以创业实践为载体提高创业教育实效性研究》,《高等工程教育研究》2015年第1期。

谭蔚沁、林德福、吕萍:《大学生创业教育概论》,云南大学出版社2011年版。

唐景莉、刘志敏:《守正创新:回归大学的根本——访国家教育咨询委员、中山大学原校长黄达人》,《中国高等教育》2015年第7期。

唐靖、姜彦福:《创业能力概念的理论构建及实证检验》,《科学学与科学技术管理》2008年第8期。

唐若、杨平宇:《社会创业教育的内涵特征、发展趋势及行动策略》,《继续教育研究》2018年第3期。

唐亚阳:《公益创业学概论》,湖南大学出版社2009年版。

唐亚阳、邓英文、汪忠:《高校公益创业教育:概念、现实意义与体系构建》,《大学教育科学》2011年第5期。

唐作斌、付健、甘迎:《我国公益创业经济法律制度若干问题的探讨》,《广西社会科学》2011年第9期。

陶行知:《陶行知全集》第5卷,四川教育出版社2005年版。

仝东峰:《高校公益创业与志愿服务价值观教育并重的教育范式》,《黑龙江高教研究》2017年第1期。

涂秀珍:《美国创业型大学的文化生态系统及其有益启示——Mit和斯坦福大学案例研究》,《福州大学学报》(哲学社会科学版)2011年第4期。

屠霁霞:《大学生公益创业影响因素分析及建议》,《教育发展研究》2018年第1期。

屠霁霞、王中对、谢志远:《高校岗位创业型创新人才培养的研究》,《黑龙江高教研究》2018年第4期。

汪忠:《中国青年公益创业报告》,清华大学出版社2014年版。

汪忠、黄圆、肖敏:《公益创业实践促进湖南"两型"社会建设研究》,《湖南大学学报》(社会科学版)2011年第2期。

汪忠、廖宇、吴琳:《社会创业生态系统的结构与运行机制研究》,《湖南大学学报》(社会科学版)2014年第5期。

汪忠、袁丹、郑晓芳:《青年公益创业动机特征实证研究》,《青年探索》2015年第5期。

王彩华:《我国创业教育运行机制与体系的构建研究》,《煤炭高等教育》2008年第5期。

王彩华:《我国高校创业教育研究》,硕士学位论文,华东师范大学,2007年。

王国颖:《公司内创业:激励中层管理者的新思路》,《中国人力资源开发》2011年第12期。

王皓白:《社会创业动机、机会识别与决策机制研究》,博士学位论文,浙江大学,2010年。

王贺元、胡赤弟:《学科—专业—产业链:协同创新视域下的基层学术组织创新》,《中国高教研究》2012年第12期。

王慧晶、唐建峰、郭垂江:《列车长岗位胜任力评价体系的构建》,《经营管理》2018年第8期。

王晶晶、王颖：《国外社会创业研究文献回顾与展望》，《管理学报》2015 年第 1 期。

王晶晶、王颖：《基于个体视角的社会创业领域选择差异研究》，《财贸研究》2015 年第 6 期。

王军：《当前大学生就业能力统计调查与对策研究》，《当代经济》2010 年第 11 期。

王漫天、任荣明：《公益创业及其在中国的发展》，《安徽师范大学学报》（人文社会科学版）2008 年第 2 期。

王杏芬：《后金融危机时代的研究生创新创业教育研究》，《高等教育研究》2010 年第 12 期。

王亚平：《高校教学改革与学生岗位胜任力模型融合研究》，《工业和信息化教育》2013 年第 11 期。

王延荣：《创业动力及其机制分析》，《中国流通经济》2004 年第 3 期。

王雁：《创业型大学：美国研究型大学模式变革的研究》，博士学位论文，浙江大学，2005 年。

王燕霞：《拓展公益创业形式的思想政治教育新途径》，《中国青年研究》2011 年第 5 期。

王义明：《青年公益创业的困境与突破——以珠江三角洲为例》，《青年探索》2014 年第 3 期。

王瑛：《高校创业教育改革的方式与路径研究》，《高等工程教育研究》2018 年第 4 期。

王宇涵：《基于新媒体视角的大学生公益创业模式与路径探析》，《继续教育研究》2018 年第 3 期。

王占仁：《"广谱式"创新创业教育导论》，人民出版社 2012 年版。

王占仁：《"经由就业走向创业"教育体系建设研究》，《东北师大学报》（哲学社会科学版）2013 年第 5 期。

王占仁：《英国高校职业生涯教育之启示——以英国里丁大学为个案》，《教育研究》2012 年第 7 期。

王占仁：《中国创业教育的演进历程与发展趋势研究》，《华东师范大学学报》（教育科学版）2016 年第 2 期。

王震:《现代中医师岗位胜任力研究——三级综合性中医院为例》,博士学位论文,南京中医药大学,2017年。

王志强、杨庆梅:《我国创业教育研究的知识图谱——2000—2016年教育学CSSCI期刊的文献计量学分析》,《教育研究》2017年第6期。

文丰安:《地方高校大学生创新创业教育浅谈》,《教育理论与实践》2011年第5期。

文建龙:《试论对大学生进行创业教育》,《当代教育论坛》2003年第12期。

文少保:《美国大学"有组织的"跨学科研究创新的战略保障》,《中国高教研究》2011年第10期。

邬爱其、焦豪:《国外社会创业研究及其对构建和谐社会的启示》,《外国经济与管理》2008年第1期。

吴道友:《创业研究新视角:内创业及其关键维度分析》,《商业研究》2006年第11期。

吴峰:《本科专业的创业教育——以环境科学与工程专业为例》,《高等理科教育》2007年第1期。

吴吉义、柯丽敏:《中国大学生网络创业现状与趋势》,电子工业出版社2010年版。

吴金秋:《创业教育的目标与功能》,《黑龙江高教研究》2004年第11期。

吴伟、邹晓东:《德国研究型大学向创业型大学转型的改革——基于慕尼黑工业大学的分析》,《教育发展研究》2010年第13—14期。

吴玉宗:《温州政府形象建设的问题与对策措施》,《人力资源管理》(学术版)2009年第5期。

[美]西奥多·W. 舒尔茨:《论人力资本投资》,吴珠华等译,北京经济学院出版社1990年版。

[美]希拉·斯劳特、拉里·莱斯利:《学术资本主义:政治、政策和创业型大学》,梁骁、黎丽译,北京大学出版社2008年版。

席升阳:《我国大学创业教育的观念、理念与实践》,科学出版社2008年版。

夏清华、宋慧:《基于内容分析法的国内外学者创业动机研究》,《管理学报》2011年第8期。

向春:《创业型大学的理论与实践》,《高等工程教育研究》2008年第4期。

肖薇薇、陈文海：《大学生公益创新创业的发展困境与行动逻辑》，《教育与职业》2018年第3期。

谢志远：《高职院校培养新技术应用创业型创新人才的研究》，《教育研究》2016年第11期。

谢志远：《构建大学生创业教育的"温州模式"》，《中国高教研究》2008年第5期。

[美]熊彼特：《经济发展理论：对于利润、资本、信贷、利息和经济周期的考察》，何畏译，商务印书馆1990年版。

熊华军、岳芩：《斯坦福大学创业教育的内涵及启示》，《比较教育研究》2011年第11期。

熊礼杭：《大学生创业教育体系的探索与实践》，《教育探索》2007年第11期。

徐菊芬：《创业教育——大学生社会实践新功能》，《高等理科教育》2002年第4期。

徐思彦、李正风：《公众参与创新的社会网络：创客运动与创客空间》，《科学学研究》2014年第32期。

徐小洲：《社会创业教育哈佛大学的经验与启示》，《教育研究》2016年第1期。

徐小洲：《英国高校创业教育新政策述评》，《比较教育研究》2010年第7期。

徐小洲、李志永：《我国高校创业教育的制度与政策选择》，《教育发展研究》2010年第11期。

徐小洲、梅伟惠：《高校创业教育的战略选择：美国模式与欧盟模式》，《高等教育研究》2010年第6期。

徐小洲、梅伟惠：《高校创业教育体系建设战略研究》，浙江教育出版社2015年版。

徐小洲、倪好：《社会创业教育：哈佛大学的经验与启示》，《教育研究》2016年第1期。

徐小洲、倪好：《社会创业教育的发展趋势与策略》，《高等教育研究》2017年第2期。

徐小洲、倪好、吴静超：《创业教育国际发展趋势与我国创业教育观念转型》，《中国高教研究》2017年第4期。

徐小洲、叶映华：《大学生创业认知影响因素与调整策略》，《教育研究》2010

年第 6 期。

徐小洲、张敏：《创业教育的观念变革与战略选择》，《教育研究》2012 年第 5 期。

徐勇：《县政、乡派、村治：乡村治理的结构性转换》，《江苏社会科学》2002 年第 2 期。

许俊卿：《大学生网络商业行为调查及其成因和引导》，《青年探索》2010 年第 3 期。

宣勇：《激活学术心脏地带——创业型大学学术系统的运行与管理》，高等教育出版社 2013 年版。

宣勇：《论创业型大学的价值取向》，《教育研究》2012 年第 4 期。

宣勇、张鹏：《论创业型大学的价值取向》，《教育研究》2012 年第 4 期。

薛成龙、卢彩晨、李端淼：《"十二五"期间高校创新创业教育的回顾与思考——基于〈高等教育第三方评估报告〉的分析》，《中国高教研究》2016 年第 2 期。

薛杨、张玉利：《社会创业研究的理论模型构建及关键问题建议》，《天津大学学报》（社会科学版）2016 年第 5 期。

严中华：《社会创业》，清华大学出版社 2008 年版。

严中华、林海、王颖娜：《科技公益创业研究的现状与思考》，《技术经济与管理研究》2008 年第 5 期。

颜士梅：《并购式内创业维度及其特征的实证分析》，《科学学研究》2007 年第 3 期。

颜士梅、王重鸣：《内创业的内涵及研究进展》，《软科学》2006 年第 1 期。

杨安、夏伟、刘玉：《创业管理——大学生创新创业基础》，清华大学出版社 2012 年版。

杨连生：《大学学术团队创新能力提升的 SWOT 分析及其策略选择》，《学位与研究生教育》2009 年第 5 期。

杨体荣：《高校深化创业教育改革的问题与路径探索——基于全校性创业教育视角的分析》，《教育发展研究》2018 年第 11 期。

杨志春、任泽中：《大学生创业动机的二元共生现象及其理念引导》，《高校教育管理》2016 年第 5 期。

姚志友、张诚：《我国乡村环境合作治理的机制与路径研究》，《理论探讨》2016 年第 5 期。

叶南客、戴彬彬：《时势造英雄：现代化大业呼唤一代创业新人》，《南京社会科学》2004 年增刊第 2 期。

叶映华、徐小洲：《高校的新使命：以社会创业促进弱势群体能力发展》，《中国高教研究》2014 年第 10 期。

叶映华、徐小洲：《中国高校创业教育》，浙江教育出版社 2010 年版。

殷朝晖、龚娅玲：《美国加州大学洛杉矶分校构建创业生态系统的探索》，《高教探索》2012 年第 8 期。

游振声：《美国高等学校创业教育研究》，四川大学出版社 2012 年版。

余晓敏、张强、赖佐夫：《国际比较视野下的中国社会企业》，《经济社会体制比较》2011 年第 1 期。

余新丽：《中国研究型大学创业能力研究——基于多元统计分析》，《复旦教育论坛》2011 年第 3 期。

余远富、陈景春：《试论创新人才培养与研究生教育体系改革》，《研究生教育研究》2013 年第 1 期。

俞可平、徐秀丽：《中国农村治理的历史与现状》，《经济社会体制比较》2004 年第 2 期。

袁登华：《内创业者及其培育》，《商业研究》2003 年第 12 期。

曾尔雷：《创业教育融入专业教育的发展模式及其策略研究》，《中国高教研究》2010 年第 12 期。

曾尔雷：《高校创业型人才培养的路径选择》，《中国大学教学》2011 年第 6 期。

曾尔雷、黄新敏：《创业教育融入专业教育的发展模式及其策略研究》，《中国高教研究》2010 年第 12 期。

曾建国：《大学生社会创业动机结构研究》，《技术经济与管理研究》2014 年第 12 期。

曾骊：《"网瘾学生"转型"网创人才"的教育导引》，《当代青年研究》2011 年第 2 期。

曾淑文：《以公益创业为平台促进大学生成长成才研究》，《中国成人教育》2017 年第 2 期。

湛军：《全球公益创业现状分析及我国公益创业发展对策研究》，《上海大学学报》（社会科学版）2012 年第 4 期。

张国磊、张新文：《基层政府购买农村环境治理服务的对策》，《现代经济探讨》2017 年第 4 期。

张昊民、马君：《高校创业教育研究——全球视角与本土实践》，中国人民大学出版社 2012 年版。

张会亮：《牛津大学赛德商学院创业教育探析》，《外国教育研究》2008 年第 11 期。

张健、姜彦福、林强：《创业理论研究与发展动态》，《经济学动态》2003 年第 5 期。

张金华：《地方高校全面推进大学生创业教育的思考》，《中国成人教育》2010 年第 15 期。

张京、杜娜、杜鹤丽：《科技企业创业主体及其创业意愿影响因素分析》，《科技进步与对策》2016 年第 2 期。

张力：《产学研协同创新的战略意义和政策走向》，《教育研究》2011 年第 7 期。

张立昌：《创新·教育创新·创新教育》，《华东师范大学学报》1999 年第 2 期。

张玲玲：《高校科研团队创新能力提升研究》，博士学位论文，大连理工大学，2010 年。

张民生：《陶行知的教育思想与实践》，上海音乐出版社 2000 年版。

张平：《创业教育：高等教育改革的价值取向》，《中国高教研究》2002 年第 12 期。

张其仔：《社会资本论：社会资本与经济增长》，社会科学文献出版社 1997 年版。

张睿、潘迪：《大学生公益创业的现状及发展对策》，《当代青年研究》2015 年第 6 期。

张涛、熊晓云：《创业管理》，清华大学出版社 2007 年版。

张帏、高建：《斯坦福大学创业教育体系和特点的研究》，《科学学与科学技术管理》2006 年第 9 期。

张炜:《我国大学跨学科学术组织发展的演进特征与创新策略》,《浙江大学学报》(人文社会科学版)2011年第6期。

张秀萍:《基于三螺旋理论的创业型大学管理模式创新》,《大学教育科学》2010年第5期。

张学军:《关于福建青年创业现状的调查报告》,《福州大学学报》2005年第3期。

张玉利、李新春:《创业管理》,清华大学出版社2007年版。

赵红路:《对高校创新创业教育的若干思考》,《现代教育科学》2009年第7期。

赵宏伟:《大学生公益创业的探索与思考》,《继续教育研究》2011年第10期。

赵丽缦、Brad Brown:《社会创业国际化:基于Schwab Foundation的实证研究》,《华东经济管理》2014年第7期。

赵丽缦、Shaker Zahra、顾庆良:《国际社会创业研究前沿探析:基于情境分析视角》,《外国经济与管理》2014年第5期。

郑家茂:《适应与发展:建构多维视角下的当代本科人才培养质量观》,《中国大学教学》2008年第6期。

郑秋枫:《当代大学生创业中的社会网络解析——以温州大学生创业实践为例》,硕士学位论文,云南大学,2014年。

郑晓芳、汪忠、袁丹:《青年社会创业现状及影响因素研究》,《青年探索》2015年第5期。

中国村社发展促进会编:《2015年中国大学生"村官"发展报告》,中国农业出版社2015年版。

中华人民共和国教育部高等教育司:《高等学校创业教育经验汇编》,高等教育出版社2011年版。

中华人民共和国教育部高等教育司:《世界主要国家创业教育情况》,高等教育出版社2012年版。

中华人民共和国教育部高等教育司组编:《创业教育在中国——试点与实践》,高等教育出版社2006年版。

钟秉林:《强化办学特色推进教育创新——组建北京师范大学教育学部的若干思考》,《中国高教研究》2009年第12期。

钟一彪：《青年公益创业：为何而生与如何更好》，《中国青年研究》2016 年第 4 期。

周玮、吴兆基、王娇、吴玉：《高校在大学生"村官"实践中的对策研究》，《农村经济与科技》2007 年第 4 期。

周小虎：《企业社会资本与战略管理——基于网络结构观点的研究》，人民出版社 2005 年版。

周兆农：《美国创业教育对我国高等教育的启示》，《科研管理》2008 年第 12 期。

朱寅茸：《我国农村环境治理的路径研究》，硕士学位论文，湖南大学，2011 年。

卓高生、曾纪瑞：《创业大学生社会融合现状及社会支持体系的构建》，《广州大学学报》（社会科学版）2013 年第 2 期。

卓泽林：《美国高校全校性创业教育的经验研究》，博士学位论文，华东师范大学，2017 年。

卓泽林：《美国高校社会创业教育刍议》，《深圳大学学报》（人文社会科学版）2018 年第 3 期。

卓泽林、王志强：《构建全球化知识企业：新加坡国立大学创新创业策略研究及启示》，《比较教育研究》2016 年第 1 期。

卓泽林、赵中建：《高校全校性创业教育：美国经验与启示》，《教育发展研究》2017 年第 17 期。

邹晓东：《创业型大学：概念内涵、组织特征与实践路径》，《高等工程教育研究》2011 年第 3 期。

邹晓东：《研究型大学学科组织创新研究》，博士学位论文，浙江大学，2003 年。

邹晓东、陈汉聪：《创业型大学：概念内涵、组织特征与实践路径》，《高等工程教育研究》2011 年第 3 期。

Aldich, H. & Zimmer, C., "Entrepreneurship Through Social Network", In D. L. Sexton and R. W. Smilor, eds, "The Art and Science of Entrepreneurship", Cambridge, MA: Ballinger, 1986.

Alford, S. H., Brown, L. D., Letts, C. W., *Social Entrepreneurship: Lead-*

ership that Facilitates Societal Transformation, Working paper, Center for Public Leadership, In John F. Kennedy School of Government, 2004.

Almond, Gabriel & Verba, Sidney, *The Civic Culture*, London: SAGE Publications, 1989.

Alter, S. K., *Social Enterprise: A Typology of the Field Contextualized in Latin America*, Working Paper, 2003.

Alvord Sarah, H., Social Entrepreneurship and Societal Transformation an Exploratory Study, *The Journal of Applied Behavioral Science*, No. 40, 2004.

Anders Lundström & Lois Stevenson, Entrepreneurship Policy: Theory and Practice, *International Studies in Entrepreneurship*, No. 1, 2005.

Antoncic, B., Hisrich, R. D., "Intrapreneurship: Construct refinement and cross-cultural validation", *Journal of Business Venturing*, No. 16, 2001.

Asceline Groot, Ben Dankbaar, "Does Social Innovation Require Social Entrepreneurship?", *Technology Innovation Management Review*, No. 2014, 2014.

Ashoka, U. & Brock, D. D., *Social Entrepreneurship Education Resource Handbook*, Wanshington, D. C.: Ashoka U, 2011.

Austin James, "Social and Commercial Entrepreneurship: Same, Different, or Both?", *Entrepreneurship Theory and Practice*, No. 30, 2006.

Bacq, S. & Janssen, F., "The Multiple Faces of Social Entrepreneurship: A Review of Definitional Issues Based on Geographical and Thematic criteria", *Entrepreneurship & Regional Development*, Vol. 23, 2011.

Banuri, T., Najam, A., "Civic Entrepreneurship: A Civil Society Perspective on Sustainable Development", *Ecological Economics*, Vol. 48, 2002.

Barna, Ed., "'Old Stone Mill' Bought by Middlebury College for Student Art Studios", *Rutland Business Journal*, Vol. 25, 2008.

Bate & Robert H., "Contractarianism: Some Reflections on the New Institutionalism", *Politics & Society*, No. 16, 1988.

Baumol, W. J., "Entrepreneurship and Small Business: toward a Program of Research", *Foundations and Trends in Entrepreneurship*, No. 3, 2009.

Bornstein, R. F., "Might the Rorschach be a Projective Test After All? Social

Projection of an Undesired Trait Alters Rorschach Oral Dependency Scores", *Pers Assess*, Vol. 88, 2007.

Boschee, J., "Eight Basic Principles for Non-profit Entrepreneurs", *Non-profit World*, Vol. 19, 2001.

Bourdieu, P., *The Forms of Capital*, New York: Greenwood, 1985.

Bowers, C. M., Bowers, C., Ivan, G., "Academically based Entrepreneurship Centers: an Exploration of Structure and Function", *Journal of Entrepreneurship Education*, Vol. 9, 2006.

Brazeal, D. V., "Managing an Entrepreneurial Organization Environment", *Journal of Business Research*, No. 35, 1996.

Brinckerhoff, P., *Social Entrepreneurship: The Art of Mission-based Venture Development*, New York: Wiley, 2000.

Brock, D. D. & Kim, M., *Social Entrepreneurship Education Resource Handbook*, Social Science Electronic Publishing, 2011.

Brock, D. D. & Steiner, S., Social Entrepreneurship Education: Is It Achieving the Desired aims?, Ssrn Electronic Journal, 2009.

Brock, D. D., *Social Entrepreneurship Teaching Resources Handbook*, Byrum School of Business, Wingate University, 2009.

Brockhaus, R. H., "Entrepreneurship Education and Research Outside North America", *Entrepreneurship Theory & Practice*, No. 15. 1991.

Brooks, C., Arthur, *Social Entrepreneurship: A Modern Approach to Social Value Creation*, Pearson Prentice Hall; 1st International Edition, Vol. 4, 2008.

Burt, R. S., "Structural Holes: The Social Structure of Competition", *Economic Journal*, No. 42, 1995.

Camolling, J., *Entrepreneurial Economics*, Palgrave Macmillan Uk, 2000.

Campbell, S., "Social Entrepreneurship: How to Develop New Social-purpose Business Ventures", *Health Care Strategic Management*, Vol. 16, 1997.

Carrier, C., "Intrapreneurship in Lager Firms and SMEs: A Comparative Study", *International Small Business Journal*, No. 12, 1994.

Carrington, P. J., Scott, J. & Wasserman, S., "Models and Methods in Social Network Analysis", *Models and Methods in Social Network Analysis*, Cambridge University Press, 2005.

Carson, D., Gilmore, A., "Entrepreneurship Centers in Universities: What is their Purpose and Function?", *European Journal of Marketing*, Vol. 34, 2000.

Cartnert, W. B., "What are We Talking about when We Talk about Entrepreneurship?", *Entrepreneurship Theory & Practice*, No. 18, 1990.

Charney Alberta & Libecap Gary D., "Impact of Entrepreneurship Education", *Kauffman Center for Entrepreneurial Learning*, 2000.

Charney, Alberta & Gary D., Libecap, *The Impact of Entrepreneurship Education*, Missouri: Kauffman Foundation Center for Entrepreneurial Leadership, 2000.

Chaturvedi, S. & Mishra, P., "Entrepreneurship Education: an Innovation Whosetime Has Come", *Gyanodaya*, Vol. 12, 2009.

Chell, E., "Social Enterprise and Entrepreneurship towards a Convergent Theory of the Entrepreneurial Process", *International Small Business Journal*, Vol. 25, 2006.

Chen, C., *CiteSpace II: Detecting and Visualizing Emerging Trends and Transient Patterns in Scientific Literature*, John Wiley & Sons, Inc., 2006.

Chen, S., "Creating Sustainable International Social Ventures", *Thunderbird International Business Review*, Vol. 54, 2012.

Chen, S., *Mexperience*, Washington, D. C.: Counterpart International, 2002.

Christensen, C., Horn, M., "Colleges in Crisis: Disruptive Change Comes to American Higher Education", *Harvard Magazine*, July – August, 2011.

Cohen, B., "Sustainable Valley Entrepreneurial Ecosystems", *Business Strategy and the Environment*, No. 15, 2006.

Cornelius, N., Todres, M., Janjuha-Jivraj, S., Woods, A. & Wallace, J., "Corporate Social Responsibility and the Social Enterprise", *Journal of Business Ethics*, Vol. 81, 2008.

Dacin, M. T., Dacin, P. A. & Tracey, P., "Social Entrepreneurship: A Critique and Future Directions", *Organization Science*, Vol. 22, 2011.

Dacin, P. A., Dacin, M. T., Matear, M., "Social Entrepreneurship: Why We Don't Need a New Theory and How We Move Forward From Here", *Academy of Management Perspectives*, Vol. 24, 2010.

Dahlstedt, M., Fejes, A., "Shaping Entrepreneurial Citizens: a Genealogy of Entrepreneurship Education in Sweden", *Critical Studies in Education*, No. 2017, 2017.

Deborah H., Streeter, Johnp, Jaquette Jr., "Kathryn Hovis, University-wide Entrepreneurship Education: Alternative Models and Current Trends", *Southern Rural Sociology*, Vol. 20, 2004.

Dees, J. G. & Elias, J., "The Challenges of Combining Social and Commercial Enterprise", *Business Ethics Quarterly*, Vol. 8, No. 1, 1998.

Dees, J. G., "A Tale of Two Cultures: Charity, Problem Solving, and the Future of Social Entrepreneurship", *Journal of Business Ethics*, Vol. 111, 2012.

Dees, J. G. & Anderson, B. B., "Framing a Theory of Social Entrepreneurship: Building on Two Schools of Practice and Thought", (ed.) Mosher Williams R., "Research on Social Entrepreneurship: Understanding and Contributing to an Emerging Field", *ARNOVA Occasional Paper Series*, Vol. 1, 2006.

Dees, J. G., Emerson, J. P., "Economy, Enterprising Nonprofits: a toolkit for social entrepreneurs", *Academy of Management Learning & Education*, Vol. 11, 2001.

Dees, J. G., "Social enterprise: Private Initiatives for the Common Good", *Harvard Business School Note*, Cambridge, M. A.: Harvard Business School Press, 1994.

Dees, J. G., "Taking Social Entrepreneurship Seriously", *Society*, Vol. 44, 2007.

Dees, J. G., "The Challenges of Combining Social and Commercial Enterprise", *Business Ethics Quarterly*, Vol. 8, 1998.

Dees, J. G., *The Meaning of Social Entrepreneurship*, Kauffman Center for Entrepreneurial Leadership, 1998.

Dees, J. G., "*The Meaning of* Social Entrepreneurship, Social Entrepreneurship Funders Working Group, 1998.

Defourny, J. & Nyssens, M., "Conceptions of Social Enterprise and Social Entrepreneurship in Europe and the United States: Convergences and Divergences", *Journal of Social Entrepreneurship*, Vol. 1, 2010.

Desa, G. & Basu, S., "Optimization or bricolage? Overcoming Resource Constraints in Global Social Entrepreneurship", *Strategic Entrepreneurship Journal*, Vol. 7, 2013.

Desa, G., "Resource Mobilization in International Social Entrepreneurship: Bricolage as a Mechanism of Institutional Transformation", *Entrepreneurship Theory and Practice*, Vol. 36, 2012.

Di Domenico, M., Haugh, H. & Tracey, P., "Social Bricolage: Theorizing Social Vaiuc Creation in Social Enterprises", *Entrepreneurship Theory and Practice*, Vol. 34, 2010.

Diego Gambetta, *Trust: Making and Breaking Cooperative Relation*, New York: B., Blackwell, 1988.

Dorado, S., "Social Entrepreneurial Ventures: Different Values so Different Process of Creations", *Journal of Developmental Entrepreneurship*, Vol. 11, 2006.

Drucker, P. F., *Innovation and Entrepreneurship*, New York: Harper & Row, 1985.

Durkheim, E., *The Role of General Sociology*, London: Palgrave, 1982.

Entrepreneurship in American Higher Education, A Report from the Kauffman-Panel on Entrepreneurship Curriculum in Higher Education, 2010.

Eugene Luczkiw, "Entrepreneurship Education in an Age of Chaos, Complexity and Disruptive Change", *Local Economic & Employment Development*, Vol. 1, 2008.

European Commission Directorate-General for Enterprise and Industry, Best Procedure Project, "Entrepreneurship in Higher Education Especiallyin Non-Business Studies", *Final Report of The Expert Group*, European Commission, 2008.

Finkle, T. A., Kuratko, D. F., Goldsby, M. G., "An Examination of Entrepreneurship Centers in the United States: A National Survey", *Journal of Small Business Management*, Vol. 44, 2006.

Finkle, T. A., Kuratko, D. F., Goldsby, M. G., "An Examination of the Financial Challenges of Entrepreneurship Centers Throughout the World", *Journal of Small Business & Entrepreneurship*, Vol. 26, 2013.

Finkle, T. A., Menzies, T. V., Kuratko, D. F., Goldsby, M. G., "Financial Activities of Entrepreneurship Centers in the United States", *Journal of Business & Entrepreneurship*, Vol. 23, 2012.

Fontenot, O. A., *Adaption, Continuity and Change: How Three Public Liberal Arts Colleges are Responding to the Changing Landscape of American Higher Education*, Pennsylvania: the University of Pennsylvania, 2016.

Forrester, J. W., "Industrial Dynamics: a Major Breakthrough for Decision Makers", *Harvard Business Review*, Vol. 36, 1958.

Fowler, A., "NGOs as a Moment in History: Beyond Aid to Social Entrepreneurship or Civic Innovation", *Third World Quarter*, Vol. 21, 2000.

Frumkin, P., "Between Nonprofit Management and Social Entrepreneurship", *Public Administration Review*, Vol. 73, 2013.

Frumkin, P., *On being Nonprofit: A Conceptual and Policy Primer*, Cambridge, M. A.: Harvard university Press, 2002.

Galvão, A., Ferreira, J. J., Marques, C., "Entrepreneurship Education and Training as Facilitators of Regional Development: A Systematic Literature Review", *Journal of Small Business & Enterprise Development*, No. 2, 2017.

Garavan, T. N., O'Cinneid, B., "Entrepreneurship Education and Training Programmes: A Review and Evaluation", *Journal of European Industrial Training*, Vol. 18, 1994.

Gatewood, E. J. & West III, G. P., "Responding to Opportunity and Need",

Peer Review, Vol. 7, 2005.

George Solomon, "An Examination of Entrepreneurship Education in the United States", *Journal of Small Business and Enterprise Development*, No. 14, No. 2, 2007.

Gibb, A. A., "Enterprise Culture and Education: Understanding Enterprise Education and its Links with Small Business Entrepreneurships and Wider Educational Goals", *International Small Business Management Journal*, Vol. 11, 1993.

Groen, A. J., "Knowledge Intensive Entrepreneurship in Networks: towards a Multi-level, Multi-dimensional Approach", *Journal of Enterprising Culture*, No. 13, 2005.

Gruber, M. & Fauchart, E., "Darwinians, communitarians, and missionaries: the role of founder identity in entrepreneurship", *Academy of Management Journal*, Vol. 54, 2011.

Hak, T., Janouskova, S., Moldan, B., *Sustainable Development Goals: a Need for Relevant Indicator*, Ecol. Indic, 2016.

Haugh, H., "Community-led Social Venture Creation", *Entrepreneurship Theory and Practice*, Vol. 31, 2007.

Haugh, H., "The Role of Social Enterprise in Regional Development", *International Journal of Entrepreneurship and Small Business*, Vol. 2, 2005.

Heinonen, J. & Poikkijoki, S., "An Entrepreneurial-directed Approach to Entrepreneurship Education: Mission Impossible?", *Journal of Management Development*, No. 25, 2006.

Herriot, P., Manning, W. E. G., KIDD, J. M., "The Content of the Psychological Contract", *British Journal of Management*, No. 8, 1997.

Hmieleski, K. M., AridBaron, R. A., "Entrepreneurs' optimism and new venture performance: A Social Cognitive Perspective", *Academy of Management Journal*, Vol. 52, 2009.

Hockerts Kai, *Chapter submitted for Publication in Handbook of Research in Social Entrepreneurship*, 2006.

Holden Thorp, Buck Goldstein, *Engines of Innovation: The Entrepreneurial University in the Twenty-first Century*, Chapel Hill: The University of North Carolina Press, 2010.

Hopkins, D., *Social Entrepreneurship: "Real World" Activations of the Liberal Arts Education*, Middlebury College, 2007.

Howorth Carole, Susan, S. M. & Parkinson Caroline, "Social learning and social entrepreneurship education", *Academy of Management Learning & Education*, No. 11. 2012.

Huq, Afreen Gilbert, David, "All the World's a Stage: Transforming Entrepreneurship Education through Design Thinking", *Education & Training*, No. 59, 2017.

HüseyinAkar & Dogan, Y., Burcu, "The Role of Personal Values in Social Entrepreneurship", *Universal Journal of Educational Research*, Vol. 6, 2018.

Inés Alegre, Kislenko Susanna & Berbegal-Mirabent Jasmina, "Organized Chaos: Mapping the Definitions of Social Entrepreneurship", *Journal of Social Entrepreneurship*, Vol. 8, 2017.

James Austin, Stevenson Howard & Wei-Skillern Jane, "Social and Commercial Entrepreneurship: Same, Different, or Both?", *Entrepreneurship Theory and Practice*, Vol. 30, 2006.

Jamse, S., Coleman & J. M. Whitmeyer, *Foundation of Social Theory*, Cambridge: Harvard University Press, 1992.

Jensen, T. L., "A Holistic Person Perspective in Measuring Entrepreneurship Education Impact-Social Entrepreneurship Education at the Humanities", *The International Journal of Management Education*, Vol. 12, 2014.

Karl Popper, *The Open Society and Its Enemies*, London: Routledge, 1945.

Katz, J. A., "Fully Mature but not Fully Legitimate: A Different Perspective on the State of Entrepreneurship Education", *Journal of Small Business Management*, Vol. 46, 2008.

Katz, J. A., Roberts, J., Strom, R., Freilich, A., "Perspectives on the Development of Cross Campus Entrepreneurship Education", *Entrepreneurship*

Research Journal, Vol. 4, 2014.

Katz, J. A., "The chronology and intellectual trajectory of American Entrepreneurship Education 1879—1999", Journal of Business Venturing, Vol. 18, 2003.

Kickul, J. R. & Bacq, S., Patterns in Social Entrepreneurship Research, Edward Elgar Publishing, 2012.

Kim, M. & Leu, J., "The Field of Social Entrepreneurship Education: From the Second Wave of Growth to a Third Wave of Innovation", (eds.) Ashoka U. & Brock D., "Social Entrepreneurship Education Resource Handbook", Washington D. C.: Ashoka, 2011.

Kostetska, I. & Berezyak, I., "Social Entrepreneurship as an Innovative Solution Mechanism of Social Problems of Society", Management Theory, Studies for Rural Business and Infrastructure, Vol. 362, 2014.

Kuratko, D. F., "A tribute to 50 Years of Excellence in Entrepreneurship and Small Business", Journal of Small business Management, Vol. 44, 2006.

Kuratko, D. F., Ireland, R. D., Covin, J. G. & Hornsby, J. S., "A Model-level Managers' Entrepreneurial Behavior", Entrepreneurship Theory and Practic, Vol. 29, 2015.

Kwong, C. C. Y., Thompson, P., Cheung, C. W., "The Effectiveness of Social Business Plan Competition in Developing Social and Civic Awareness and Participation", Academy of Management Learning & Education, Vol. 11, 2012.

Lee, M. & Battilana, J., Uncovering the Antecedents of Hybrid Organizations: The Role of Entrepreneurs' Socialization, 9th NYU-Stern Conference on Social Entrepreneurship, New York, NY, USA, 2012.

Lepoutre, J., Justo, R., Terjesen, S. & Bosma, N., "Designing a Global Standardized Methodology for Measuring Social Entrepreneurship Activity: the Global Entrepreneurship Monitor Social Entrepreneurship Study", Small Business Economics, Vol. 40, 2013.

Lester, S. W. & Kickul, J., "Does Service-learning Add Value? Examining the

Perspectives of Multiple Stakeholders", *Academy of Management Learning & Education*, Vol. 4, 2005.

Light, P., "Reshaping Social Entrepreneurship", *Standford Social Innovation Review*, Vol. (a), 04, 2006.

Lin, N., "Building a Network Theory of Social Capital", *Connections*, No. 22, 1999.

Lin, N., *Social Capital: A Theory of Social Structure and Action*, London: Cambridge University Press, 2001.

Lomas Laurie, "Does the Development of Mass Education Necessarily Mean the End of Quality", *Quality in Higher Education*, No. 9, 2002.

London, M., "Social Workers as Social Change Agents: Social Innovation, Social Intrapreneurship, and Social Entrepreneurship", *Human Service Organizations Management Leadership and Governance*, Vol. 39, 2015.

Lopez Cozar, Priede, Rodríguez Lopez, "Evaluating: The Legal Environment For Social Entrepreneurship In America And Europe", *Revista Galega de Economía*, Vol. 24, 2015.

Luke, Belinda & Vien Chu, "Social Enterprise versus Social Entrepreneurship: An Examination of the 'Why' and 'How' in Pursuing Social Change, International", *Small Business Journal*, Vol. 31, 2013.

Lumpkin, G. T., Dess, G. G., "Clarifying the Entrepreneurial Orientation Construct and Linking it to Performance", *Academy of Management Review*, No. 21, 1996.

Lyda Judson Hanifan, *The Community Center*, Boston: Silver, Burdette, and Co, 1920.

Maier, V., Zenovia, C. P., "Entrepreneurship versus Intrapreneurship", *Review of International Comparative Management*, No. 12, 2011.

Mair, J., Robinson, J., Kai, H., *Social Entrepreneurship*, New York: Palgrave Macmillan, 2006.

Mair, J. Marti, I., "Social Entrepreneurship Research: A Source of Explanation, Prediction, and Delight", *Journal of World Business*, Vol. 41, 2006.

Mancur Olson, *The Logic of Collective Action: Public Goods and The Theory of Groups*, Cambridge, Massachusetts: Harvard University Press, 1965.

Manfredi, F. , "Social Responsibility in the Concept of the Social Enterprise as a Cognitive System", *International Journal of Public Administration*, Vol. 28, 2005.

Marshall, R. S. , "Conceptualizing the International For-profit Social Entrepreneur", *Journal of Business Ethics*, Vol. 98, 2011.

Martin Albrow, *Sociology: The Basics*, London: Routledge, 1999.

Martin Roger L. , Osberg Sally, "Social entrepreneurship: The Case for Definition", *Stanford Social Innovation Review*, Vol. 5, 2007.

Matthew, M. M. , "The Diverse Agendas of Faculty within an Institutionalized Model of Entrepreneurship Education", *Journal of Entrepreneurship Education*, Vol. 10, 2007.

McCuddy, M. K. , et al. , "The Challenges of Educating People to Lead in a Challenging World", *Educational Innovation in Economics & Business*, Vol. 10, 2007.

Mcintos, M. , *Thinking the Twenty-first Century: Ideas for New Political Economy*, UK: Greenleaf Publishing, 2015.

Meache Alexander, *Ontology Learning for the Semantic Web*, Norwell: Kluwer Academic Publishers, 2012.

Merrifield, D. B. , "Intrapreneurial Corporate Renewal", *Journal of Business Venturing*, No. 8, 1993.

Michael Shattock, *Entrepreneurialism in Universities and the Knowledge Economy: Diversification and Organizational Change in European Higher Education*, Maidenhead, UK: Open University Press, 2009.

Michaela Driver, "An Interview with Michael Porter: Social Entrepreneurship and the Transformation of Capitalism", *Academy of Management Learning & Education*, No. 11, 2012.

Miller, T. L. , Grimes, M. G. , McMullen, J. S. & Vogus, T. J. , "Venturing for others with Heart and Head: How Compassion Encourages Social Entrepreneurship", *Academy of Management Review*, Vol. 37, 2012.

Moizer, J., & Tracey, P., "Strategy Making in Social Enterprise: The Role of Resource Allocation and its Effects on Organizational Sustainability", *Systems Research and Behavioral Science*, Vol. 27, 2010.

Monroy, F., Reichert, T. G., et al., *The Art and Science of Entrepreneurship Education*, The Project for Excellence in Entrepreneurship Education, 2004.

Mort, G. S., Weerawardena, J. & Carnegie, K., "Social Entrepreneurship: Towards Conceptualization", *International Journal of Nonprofit and Voluntary Sector Marketing*, Vol. 8, 2003.

Moss, T. W., Short, J. C., Payne, G. T. & Lumpkin, G. T., "Dual identities in social ventures: An exploratory study", *Entrepreneurship Theory and Practice*, Vol. 35, 2011.

Munoz, J. M., *International Social Entrepreneurship: Pathways to Personal and Corporate Impact*, New York: Business Expert Press, 2010.

Nabi, G., Linan, F., Krueger, N., et al., "The impact of entrepreneurship education in higher education: A systematic review and research agenda", *Academy of Management Learning & Education*, No. 16, 2016.

Neck, H. M., Greene, P. G., "Entrepreneurship education: known worlds and new frontiers", *Journal of Small Business Management*, No. 40, 2011.

Nga, J. K. H. & Shamuganathan, G., "The influence of Personality Traits and Demographic Factors on Social Entrepreneurship Start up Intentions", *Journal of Business Ethics*, Vol. 95, 2010.

Pache, A. C., Chowdhury, I., "Social Entrepreneurs as Institutionally Embedded Entrepreneurs: Toward a New Model of Social Entrepreneurship Education", *Academy of Management Learning & Education*, Vol. 11, 2012.

Pascal Dey & Chris Steyaert, "Social Entrepreneurship: Critique and the Radical Enactment of the social", *Social Enterprise Journal*, Vol. 8, 2012.

Peredo, A. M. & Chrisman, J. J., "Toward a Theory of Community-based Enterprise", *Academy of Management Review*, Vol. 31, 2006.

Peredor, A. M. & McLean, M. , "Social Entrepreneurship: ACritical Review of the Concept", *Journal of World Business*, Vol. 41, 2006.

Peter Hall, "Social Capital in Britain", *British Journal of Political Science*, No. 29, 1999.

Peter S. , Sherman, et al. , "Experiential Entrepreneurship in the Classroom: Effects of Teaching Methods on Entrepreneurial Career Choice Intention", *Journal of Entrepreneurship Education*, No. 2008, 2008.

Phillips Wendy, Lee Hazel, et al. , "Social Innovation and Social Entrepreneurship: A Systematic Review", *Group & Organization Management*, Vol. 40, 2015.

Pinchott, G. , *Intrapreneuring*, New York Hamper & Row, 1985.

Pless, N. M. , "Social entrepreneurship in theory and practice—an introduction", *Journal of Business Ethics*, Vol. 111, 2012.

Pomerantz, M. , "The Business of Social Entrepreneurship in a 'Down Economy' ", *Business*, Vol. 25, 2003.

Powell, W. & Owen-Smith, J. , "Universities and the Market for Intellectual Property in the Life Sciences", *Journal of Policy Analysis and Management*, Vol. 17, 1998.

Renko, M. , "Early Challenges of Nascent Social Entrepreneurs", *Entrepreneurship Theory and Practice*, Vol. 37, 2012.

Richard S. Williams, *Performance Management*, London: International Thomson Business Press, 1998.

Robert D. , Handseombe, Elena Rodriguez-Faleon, Eann A. , "Patterson, Embedding Enterprise in Science and Engineering Departments", *Education + Training*, No. 50, 2008.

Salehi, S. , "Entrepreneurship Education in the 21st Century From Legitimization to Leadership", *A Coleman Foundation White Paper USASBE National Conference*, 2004.

Sarıkaya, M. & Coşkun, E. , "A New Approach in Preschool Education: Social entrepreneurship education", *Procedia-Social and Behavioral Sciences*,

Vol. 195, 2015.

Schumpeter, J. A., *The Theory of Economic Development*, Boston, M. A. : Harvard University Press, 1934.

Serinkan, C., Kaymakçi, K., Arat, G., et al., "An Empirical Study on Intrapreneurship: In A Service Sector in Turkey", *Procedia-Social and Behavioral Sciences*, No. 89, 2013.

Seth, S. & Kumar, S., "Social Entrepreneurship: A Growing Trend in Indian Business", *Entrepreneurial Practice Review*, Vol. 1, 2011.

Shane Scott, Khurana Rakesh, "Bringing individuals back in: the effects of career experience on new firm founding", *Industrial and Corporate Change*, No. 12, 2003.

Shane, S., "Why Encouraging More People to Become Entrepreneurs is Bad Public Policy", *Small Business Economics*, No. 33, 2010

Shapero, A., "The Displaced, Uncomfortable Entrepreneur", *Psychology Today*, No. 9, 1975.

Sharir, M. & Lerner, M., "Gauging the Success of Social Ventures Initiated by Individual Social Entreprereurs", *Journal of World Business*, Vol. 41, 2006.

Simatupang, T. M., Schwab, A. & Lantu, D. C., "Building Sustainable Entrepreneurship Ecosystems", *International Journal of Entrepreneurship and Small Business*, No. 26, 2015.

Smith, A. F., Webster, *The Postmodern University Contest Visions of Higher Education in Society*, Buckingham University Press, 1997.

Sonnino Roberta, "A Resilient Social Economy? Insights from the Community Food Sector in the UK", *Entrepreneurship & Regional Development*, Vol. 25, 2013.

Sonnino R., Griggs-Trevarthen C., "A Resilient Social Economy? Insights from the Community Food Sector in the UK", *Entrepreneurship & Regional Development*, No. 25, 2013.

Spear, R., Cornforth, C. & Aiken, M., "The Governance Challenges of Social Enterprises: Evidence from a UK Empirical Study", *Annals of Public and Cooperative Economics*, Vol. 80, 2009.

Spear, R. H., "Social Entrepreneurship: a Different Model", *International Journal of Social Economics*, Vol. 33, 2006.

Stevenson, H. H., Jarillo, J. C., "A Paradigm of Entrepreneurship: Entrepreneurial Management", *Strategy Management Journal*, No. 11, 1990.

Studer Rudi, Benjamins, V. R. & Fensel, D., "Knowledge Engineering: Principles and Methods", *Data and Knowledge Engineering*, Vol. 25, 1998.

Sullivan Mort, G., Weerawarden, J. & Carnegie, K., "Social Entrepreneurship: towards Conceptualization", *International Journal of Nonprofit and Voluntary Sector Marketing*, Vol. 8, 2003.

Thake, S., Zadek, S., "Practical People, Noble Causes: How to Support Community based Social Entrepreneurs", *New Economic Foundation*, 1997.

Theobald Robert, "The Rapids of Change: Social Entrepreneurship in Turbulent Times", *Knowledge Systems*, Vol. 1, 1987.

Thomas, F. L., *The World is Flat: A Brief History of the 21 Century*, New York: Farrar, Straus and Giroux Publishers, 2005.

Thompson, J., Alvy, G. & Lee, A., "Social Entrepreneurship: A New Look at The People and the Potential", *Management Decision*, Vol. 38, 2000.

Thorp Holden & Goldstein Buck, *Engines of Innovation: The Entrepreneurial University in the Twenty-first Century*, Chapel Hill: The University of North Carolina Press, 2010.

Tracey, P., Phillips, N., "The distinctive challenge of educating social entrepreneurs: A Postscript and Rejoinder to the Special Issue on Entrepreneurship Education", *Academy of Management Learning & Education*, Vol. 6, 2007.

Uslu, T., Eryiğit, N., Çubuk, D., "Individual and Organizational Effects of the Corporate Practices with the Mediating Role of Lean Intrapreneurship: Differences between Public and Private Sector in Turkey", *Procedia-Social and Behavioral Sciences*, No. 210, 2015.

Van Ryzin, G. G., Grossman, S., DiPadova-Stocks, L. & Bergrud, E., "Portrait of the social entrepreneur: Statistical evidence from a US Panel, Voluntas", *International Journal of Voluntary and Nonprofit Organizations*, Vol. 20, 2009.

Van Sandt, C. V., Sud, M. & Marme, C., "Enabling the original intent: Catalysts for social entrepreneurship", *Journal of Business Ethics*, Vol. 90, 2009.

Veen, M. van der, Wakkee, I., "Understanding the entrepreneurial process, Arpent, Brussels", *European Foundation for Management Development*, Vol. 2, 2004.

Visser, W., "The Age of Responsibility: CSR 2.0 and the New DNA of Business", *Journal of Business System and Government Ethics*, Vol. 5, 2014.

Wasserman, S. & Faust, K., *Social Network Analysis: Methods and Application*, New York: Cambridge University Press, 1994.

Wenger, E., McDermott, R. A. & Snyder, W., *Cultivating Communities of Practice: A Guide to Managing Knowledge*, Harvard Business Press, 2002.

Williams, C. C. & Nadin, S. J., "Beyond the Entrepreneur as a Heroic Figurehead of Capitalism: Re-representing the Lived Practices of Entrepreneurs", *Entrepreneurship & Regional Development*, Vol. 25, 2013.

Worsham, E. L., Dees, J. G., "Reflections and Insights on Teaching Social Entrepreneurship: An Interview with Greg Dees", *Academy of Management Learning & Education*, Vol. 11, 2012.

Young, D. R., "Entrepreneurship and the Behavior of Nonprofit Organizations: Elements of a Theory", (ed.) Rose Ackerman S., "The Economics of Nonprofit Institutions: Studies in Structure and Policy", New York: Oxford University Press, 1986.

Zadek, S. & Thake, S., *Send in the Social Entrepreneurs*, New Statesman, 1997.

Zahra, S. & Nambisan, S., "Entrepreneurship in Global Innovation Ecosystems", *AMS Review*, No. 1, 2011.

Zahra, S. , Rawhouser, H. , Bhawe, N. , Neubaum, D. & Hayton, J. , "Globalization of Social Entrepreneurship", *Strategic Entrepreneurship Journal*, Vol. 2, 2005.

Zahra, S. A. , et al. , "A Typology of social entrepreneurs: Motives Search Processes and Ethical Challenges", *Journal of Business Venturing*, Vol. 24, 2009.

Zahra, S. A. , Newey, L. & Li, Y. , "On the frontiers: The Implications of Social Entrepreneurship for International Entrepreneurship", *Entrepreneurship Theory and Practice*, Vol. 38, 2014.

Zahra, S. A. , Rawhouser, H. N. , Bhawe, N. , Neubaum, D. O. & Hayto, J. C. , "Globalization of Social Entrepreneurship Opportunities", *Strategic Entrepreneurship Journal*, Vol. 2, 2008.

Zhao, M. , "The Social Enterprise Emerges in China", *Stanford Social Innovation Review*, February, 2012.

附　　录

调查问卷（一）
《高校创新创业教育的评价体系研究》（学生卷）

亲爱的同学：

　　您好！非常感谢您参与此次问卷调查。调查采取匿名方式，所有数据仅作为学术研究之用，并将严格保密。请您按照自己的真实情况作答。衷心感谢您的支持！

国家社会科学基金重大招标项目课题组

　　填写说明：本问卷没有特殊备注多选的均为单选题。

1. 您的性别：①男_____；②女_____
2. 您的民族：①汉族_____；②少数民族_____
3. 您是否是独生子女：①是_____；②否_____
4. 您的年级：

　　在校本科生：①二年级_____；②三年级_____；③四年级_____；④五年级_____

　　在校专科生：①二年级_____；②三年级_____

　　已毕业：①1年及以内_____；②2—3年_____；③4—5年_____；④6年及以上_____

5. 您所学专业属于什么学科门类：_____

  A. 哲学　　　　B. 经济学　　　C. 法学　　　　D. 教育学
  E. 文学　　　　F. 历史学　　　G. 理学　　　　H. 工学
  I. 农学　　　　J. 医学　　　　K. 军事学　　　L. 管理学
  M. 艺术学

6. 您在校期间有无过创业实践：①有_____；②没有_____

7. 您毕业后的打算是：_____

  ①就业　　　②升学　　　③自主创业　　　④其他（请填写）_____

8. 您的父母（或其他直系亲属）是否有创办企业的经历？

  ①有_____；　　　　②没有_____

9. 您高考前的户口为：①城镇户口_____；②农村户口_____

10. 您高考时的家庭所在地为：

  ①省会城市或直辖市_____；②地级市_____；③县级市或县城_____；④乡镇_____；⑤农村_____

11. 您所就读的高校所在省份：_____

  您所就读的高校全称（如是独立学院，请写明学校及学院名称）：_____

  您所就读的学校类型：

  ①"双一流"高校_____；②普通本科院校_____；③独立学院_____；④高职大专院校_____；⑤民办院校_____

12. 您在校期间的学习成绩在班级属于：

  ①前25%　　②中上25%　　③中下25%　　④后25%

13. 以下描述是否符合您的个人情况，请按照符合程度选择您认为合适的表述

	非常同意	比较同意	一般	比较不同意	非常不同意
您家庭具有广泛的创业的社会资源	5	4	3	2	1
您认识的同学或朋友在过去一年内开始创业	5	4	3	2	1

续表

	非常同意	比较同意	一般	比较不同意	非常不同意
您省的创业机会总体良好	5	4	3	2	1
您认为自身拥有足够的知识、技能和经历去创业	5	4	3	2	1

14. 请对贵校的创业教育进行评价，并选择您认为合适的表述

	非常同意	比较同意	一般	比较不同意	非常不同意
创业教育课程类型多样	5	4	3	2	1
教师授课方式多样	5	4	3	2	1
教师具有创业经历	5	4	3	2	1
教师具有丰富的创业教育教学经验	5	4	3	2	1
创业课程内容与自己所学专业知识结合紧密	5	4	3	2	1
创业课程内容与时代前沿趋势结合紧密	5	4	3	2	1
创业竞赛种类多样	5	4	3	2	1
参加的创业竞赛项目较容易落地	5	4	3	2	1
创业竞赛项目与专业结合度较高	5	4	3	2	1
创业竞赛提升了创业能力	5	4	3	2	1
创业竞赛提升了创业自信心	5	4	3	2	1
创业竞赛拓展了人际关系网络	5	4	3	2	1
创业竞赛提升了团队合作能力	5	4	3	2	1
创业竞赛对于真实创业有较大帮助	5	4	3	2	1
创业实践有校内外指导教师	5	4	3	2	1
创业实践有专项创业基金支持	5	4	3	2	1
学校提供一体化的创业实践服务	5	4	3	2	1
创业实践有独立的大学生创业园	5	4	3	2	1
创业实践有专门的校外实践基地	5	4	3	2	1
创业实践项目与专业学习结合度高	5	4	3	2	1

续表

	非常同意	比较同意	一般	比较不同意	非常不同意
国家减免大学生自主创业企业税	5	4	3	2	1
地方政府简化大学生企业注册申请流程	5	4	3	2	1
学校提供创业的启动基金（无息贷款）	5	4	3	2	1
社会提供指导创业的免费培训	5	4	3	2	1
创业政策有助于提升个人创业意愿	5	4	3	2	1
创业政策对开展创业有切实的帮助	5	4	3	2	1
创业教育有助于丰富创业知识	5	4	3	2	1
创业教育有助于培养创新精神	5	4	3	2	1
创业教育有助于提升创业技能	5	4	3	2	1
创业教育有助于激发创业意愿	5	4	3	2	1
对学校创业教育质量总体满意	5	4	3	2	1

15. 您如何评价与教师共同开展创业项目对学生的帮助：

	非常同意	比较同意	一般	比较不同意	非常不同意
有助于提升专业知识和应用能力	5	4	3	2	1
有助于了解学科知识的前沿动态	5	4	3	2	1
有助于提升科学研究能力	5	4	3	2	1
有助于提升创新创业能力	5	4	3	2	1
有助于创业项目落地	5	4	3	2	1

16. 您所读学校是否开设创业课程：_____

    A. 是　　　　B. 否　　　　C. 不知道

17. 您上过几门创业课程：_____

    A. 0　　　　B. 1—2　　　　C. 3 及以上

18. 您是否上过《创业基础》课程：_____

    A. 否　　　　B. 是，必修课　　C. 是，选修课

19. 您所读学校是否设立大学生创业园（科技园）：_____
    A. 是　　　　B. 否　　　　C. 不知道

20. 您认为对您创业能力提升帮助最大的是：_____
    A. 创业课程　　　　　　　B. 创业教师（指导教师）
    C. 创业实践　　　　　　　D. 创业竞赛
    E. 其他（请填写）_____

21. 您认为对您创业能力提升帮助最大的指导师是：_____
    A. 辅导员等学生工作教师　　B. 本专业教师
    C. 创业课程教师　　　　　　D. 企业家等校外创业教师
    E. 创业成功的学长　　　　　F. 其他（请填写）_____

22. 您从大学几年级开始加入老师的科研团队（课题组）：_____
    A. 没有　　B. 一年级　　C. 二年级　　D. 三年级
    E. 四年级及以上

23. 您认为在与教师共同完成创业项目的过程中，老师扮演的角色是：_____
    A. 主导者　　　　　　　　B. 参与者
    C. 协助者　　　　　　　　D. 其他（请填写）_____

24. 您认为有效的创业课程授课方式是：_____【选择1—3项，并按重要性排序】
    A. 课堂讲授　　B. 案例教学　　C. 小组讨论　　D. 模拟实践
    E. 网络课程　　F. 专题讲座　　G. 其他（请填写）_____

25. 您认为有效的创业课程考核办法是：_____【选择1—3项，并按重要性排序】
    A. 理论考试　　　　　　　B. 创业计划书撰写
    C. 创业项目展示　　　　　D. 创业模拟实战
    E. 创业竞赛获奖　　　　　F. 创办公司
    G. 其他（请填写）_____

26. 您认为哪些途径对学生创业项目落地最有帮助：_____【选择1—3项，并按重要性排序】
    A. 创业课堂教学　　　　　B. 各类创业竞赛

C. 大学生创业园实践 　　　　D. 教师/学生科研项目

E. 资本对接会 　　　　　　　F. 其他（请填写）_____

27. 您在校期间参与过的创业实践活动中，哪些对您的帮助较大：_____
【选择1—3项，并按重要性排序】

A. 创业竞赛 　　　　　　　　B. 校内创业园实践

C. 校外创办公司 　　　　　　D. 企业管理岗位实习

E. 创业模拟训练营 　　　　　F. 没有

28. 您在校期间参加过的公益（社会）创业有：_____【选择1—3项，并按重要性排序】

A. 公益创业讲座 　　　　　　B. 公益创业活动

C. 公益创业竞赛 　　　　　　D. 公益创业课程

E. 创办公益创业工作室 　　　F. 未参加过

29. 您认为学校扶持大学生创业的政策措施主要有：_____【选择1—3项，并按重要性排序】

A. 无息贷款　　B. 创业奖学金　　C. 推免研究生　　D. 入驻创业园

E. 学分互认　　F. 其他（请填写）_____

30. 您所在的创业团队中师生合作方式是：_____【选择1—3项】

A. 老师指导，学生创业 　　　B. 老师注资，学生创业

C. 老师研发，学生运营 　　　D. 老师运营，学生参与

E. 师生共同研发，学生运营 　F. 师生共同研发，共同运营

G. 创业团队中没有师生合作 　H. 其他（请填写）_____

31. 您与老师共同开展创业项目的主要障碍是：_____【选择1—3项】

A. 没参与

B. 科研产出困难

C. 无法获得教师创业项目的信息

D. 学校没有相应的政策导向

E. 课程太多，精力不足

F. 利益分配不均

G. 其他（请填写）_____

调查问卷（二）
《高校创新创业教育的评价体系研究》（老师卷）

尊敬的老师：

您好！非常感谢您在百忙之中参与问卷调查。本次调研采取匿名的方式，所有数据仅作为学术研究之用，并将严格保密。请您按照自己的真实情况回答。衷心感谢您的支持！

国家社会科学基金重大招标项目课题组

填写说明：本问卷没有特殊备注多选的均为单选题。

一　基本情况

1. 您的性别（　　）

    A. 男　　　　　　　　　　B. 女

2. 您的年龄是（　　）

    A. 30 周岁及以下　　　　　B. 31—35 周岁

    C. 36—40 周岁　　　　　　D. 41 周岁及以上

3. 您的最高学位（　　）

    A. 学士　　　　　　　　　B. 硕士

    C. 博士（含博士后）　　　 D. 其他（请填写）＿＿＿＿

4. 您所学的专业属于什么学科门类：＿＿＿＿

    A. 哲学　　　B. 经济学　　C. 法学　　　D. 教育学

    E. 文学　　　F. 历史学　　G. 理学　　　H. 工学

    I. 农学　　　J. 医学　　　K. 军事学　　L. 管理学

    M. 艺术学

5. 您的职称（　　）

    A. 正高级　　B. 副高级　　C. 中级　　　D. 初级

    E. 未定级

6. 您从事创业教育相关工作的年限是（　　）

　　A. 2 年及以内　　B. 3—5 年　　C. 6—9 年　　D. 10 年及以上

7. 您校所在省份是：_____

　　您校全称是（如是独立学院，请写明学校及学院名称）：_____

　　您校的类型是（　　）

　　A. "双一流"高校_____　　B. 普通本科院校_____

　　C. 独立学院_____　　　　D. 高职大专院校_____

　　E. 民办院校_____

8. 您现在属于创新创业课教师中的哪种类型（　　）

　　A. 辅导员等学生工作的教师　　B. 创业领域的专业教师

　　C. 非创业领域的专业教师　　　D. 校外创业教师

　　E. 未上过创业课　　　　　　　F. 其他（请填写）_____

9. 您从事过哪些创新创业教育活动（可多选）（　　）

　　A. 创新创业课专业教师　　　　B. 创新创业教育指导师

　　C. 创新创业教育研究者　　　　D. 创新创业教育的组织管理者

　　E. 自身创办过企业　　　　　　F. 其他（请填写）_____

10. 您从事创新创业教育的动机有哪些（可多选）（　　）

　　A. 自身兴趣爱好　　　　　　　B. 物质奖励

　　C. 个人价值实现　　　　　　　D. 学校政策导向的激励

　　E. 学校行政行为的安排　　　　F. 自身所从事专业的要求

11. 您认为本专科学生几年级加入您的科研创业团队最合适（可同时加到教师访谈卷里）：_____

　　A. 一年级　　B. 二年级　　C. 三年级　　D. 四年级

12. 您与学生共同开展科研创业项目的主要障碍是（可多选）：_____

　　A. 学生科研水平有限

　　B. 学生参与兴趣不高

　　C. 学生课程太多，难以保证参与时间

　　D. 学校没有相应的政策导向

　　E. 师生利益难以分配

F. 其他（请填写）：_____

13. 以下描述是否符合您的个人情况，请按照符合程度选择您认为合适的表述

	非常同意	比较同意	一般	比较不同意	非常不同意
您的家庭具有广泛的创业社会资源	5	4	3	2	1
您认识的同事或朋友在过去一年内开始创业	5	4	3	2	1
您省创业政策和环境良好	5	4	3	2	1
您认为自身拥有足够的知识、技能和经历去创业	5	4	3	2	1

二 结合您实际经历，对创业教育教师的能力构成量表做出评价

	非常重要	比较重要	一般	比较不重要	非常不重要
教师对创业教育总体上较为认同	5	4	3	2	1
教师个人坚韧的创业意志	5	4	3	2	1
教师具备较强的创业精神	5	4	3	2	1
教师具备丰富的教育学相关知识	5	4	3	2	1
教师具备丰富的创业相关知识	5	4	3	2	1
教师具备丰富的学科专业知识	5	4	3	2	1
教师具备丰富的风险投资知识	5	4	3	2	1
教师具备较强的教学组织技能	5	4	3	2	1
教师具备较强的创业实践指导技能	5	4	3	2	1
教师具备较强的创业机会识别技能	5	4	3	2	1
教师具备较强的创业机会开发技能	5	4	3	2	1
教师具备较强的管理、运营和协调创业项目技能	5	4	3	2	1
鼓励教师参与各类创客空间，师生合作	5	4	3	2	1
鼓励教师参加创业师资培训	5	4	3	2	1
鼓励教师参加创业学专业的硕士和博士学习	5	4	3	2	1

续表

	非常重要	比较重要	一般	比较不重要	非常不重要
鼓励教师把专业课程和创业教育深度融合	5	4	3	2	1
在职前教师教育中重视创业教育	5	4	3	2	1
鼓励教师到中小企业进行挂职锻炼	5	4	3	2	1
注重采用主动学习和体验式学习的教学方法	5	4	3	2	1
学校完善创业教育教师评聘和绩效考核标准	5	4	3	2	1
学校完善科技成果创业收益分配机制	5	4	3	2	1
明确教师在创业教育中的角色	5	4	3	2	1
挖掘并树立教师成功创新创业典型	5	4	3	2	1
营造氛围浓厚的创新创业文化	5	4	3	2	1
教师原有的创业经验	5	4	3	2	1
创建全省或全国的创业教师关系网络交流群	5	4	3	2	1
为离岗创业教师重返岗位提供政策保障	5	4	3	2	1
为离岗创业教师的职称晋升提供政策支持	5	4	3	2	1
为创业教师专业发展做科学的职业生涯规划	5	4	3	2	1
重视教师的创新创业教育理论与实践研究	5	4	3	2	1
设计政策为教师指导学生创业或实践提供时间保障	5	4	3	2	1

三 您觉得贵校的创新创业教育质量目前在多大程度上具备以下情况

	非常同意	比较同意	一般	比较不同意	非常不同意
贵校的创新创业教育质量总体满意	5	4	3	2	1
贵校创新创业教育社会声誉较高	5	4	3	2	1
贵校创新创业教育氛围浓厚	5	4	3	2	1
贵校师生的创新创业意识强烈	5	4	3	2	1
贵校创新创业教育获得较多的省级以上荣誉和奖项	5	4	3	2	1
贵校创新创业教育产生了较多教学科研成果	5	4	3	2	1
贵校创新创业教育培养了较多创业人才	5	4	3	2	1

续表

	非常同意	比较同意	一般	比较不同意	非常不同意
贵校创新创业教育衍生了较多初创企业	5	4	3	2	1

四 您觉得贵校的创新创业教育在具体运作过程中，在多大程度上具备以下情况

	非常同意	比较同意	一般	比较不同意	非常不同意
学校很重视创新创业教育，成立相关工作领导小组	5	4	3	2	1
有系统的创新创业教育发展专项规划	5	4	3	2	1
成立专门的创业管理部门（如创业学院）	5	4	3	2	1
配备创业教育师资和专职管理人员	5	4	3	2	1
创业学院有专门（办公、实践、场地及软环境）配备	5	4	3	2	1
二级学院的考核包含创业教育业绩指标	5	4	3	2	1
有政府部门推动高校创业教育的激励机制	5	4	3	2	1
有行业企业推动高校创业教育的激励机制	5	4	3	2	1
强调跨学院或跨学科的创业教育合作机制	5	4	3	2	1
鼓励基于创新的创业或高端技术的创业	5	4	3	2	1
学校积极落实各级政府出台的创业支持政策	5	4	3	2	1
设有充足的创业教育工作经费	5	4	3	2	1
大学生创业园或众创空间有良好运行机制	5	4	3	2	1
有专业教师参与创业教育教学的激励机制	5	4	3	2	1
有相对独立的针对创业教师的职称晋升机制	5	4	3	2	1
创业教育面向全体学生	5	4	3	2	1
建立校企协同的创业教育机制	5	4	3	2	1
结合学校的专业学科特色开展创业教育	5	4	3	2	1
鼓励师生合作开展创新实验、发表论文、获得专利和自主创业等活动	5	4	3	2	1

续表

	非常同意	比较同意	一般	比较不同意	非常不同意
学校有鼓励师生共同开展科研创业项目的政策	5	4	3	2	1
学校有合理的师生共创的考核评价机制	5	4	3	2	1
有先进的支撑创新创业教育的实验室、实训中心等载体	5	4	3	2	1
有灵活的创业学分互认机制	5	4	3	2	1
建立了分层分类的创新创业教育课程体系	5	4	3	2	1
将创新创业教育与专业教育相融合	5	4	3	2	1
面向全体学生开设创新创业教育课程	5	4	3	2	1
建有结合专业的创业教育专门课程群	5	4	3	2	1
建有创业类慕课、案例库等在线开放课程	5	4	3	2	1
编写满足学生多样化学习需求的创业教材	5	4	3	2	1
师资的数量充足、专兼结合	5	4	3	2	1
有合理的校内外师资聘任管理办法	5	4	3	2	1
有相关教师到企业挂职锻炼制度	5	4	3	2	1
鼓励教师带领学生进行创新创业	5	4	3	2	1
组织教师参加校外各类创业导师培育工程	5	4	3	2	1
加强教师创业教育教学能力建设	5	4	3	2	1
将个人创业教育业绩纳入教师绩效考核标准	5	4	3	2	1
将个人创业教育业绩纳入教师职称评聘条件	5	4	3	2	1
设有创新创业教育教学研究项目	5	4	3	2	1

五 您如何评价与学生共同开展科研创业项目

	非常同意	比较同意	一般	比较不同意	非常不同意
有助于更快地完成创业项目	5	4	3	2	1
有助于专业课和创业教育相结合	5	4	3	2	1
有助于更好地产出科研成果	5	4	3	2	1

续表

	非常同意	比较同意	一般	比较不同意	非常不同意
有助于提升学生的创新创业能力	5	4	3	2	1
有助于提升教师自身的创新创业教育能力	5	4	3	2	1

调查问卷（三）
《高校创新创业教育组织机构建设》

各高校创业学院：

为深入了解和掌握各高校创业学院建设方面的一些基本情况，现开展高校创业学院建设研究调查工作。问卷结果只用于基础科研与学术论文的撰写，不涉及任何评价或商业用途。我们保证对您所提供的一切信息保密，衷心感谢您的支持与配合！

国家社会科学基金重大招标项目课题组

填写说明：请根据实际情况直接勾选答案，将答案或所选的序号填在对应的_____或（　　）内，如无特殊说明的情况下，每题只选一项。答题时如选项为"其他"，请详细说明原因。

第一部分　创业学院基本建设情况

1. 学校名称：_____
2. 创业学院成立时间：_____
3. 是否独立设置（□是/□否）
   在创业学院学生人数（人）：_____；在校学生人数（人）：_____
4. 若非独立，牵头职能部门（部门名称）：_____
5. 创业学院建设理念（宗旨）：_____

第二部分　创业学院的组织领导建设

1. 贵校是否把创新创业教育工作列入学校重要工作地位，纳入学校整体发展规划（　　）

  A. 是　　　　　　　　　　B. 否

2. 贵校是否有较为系统的创新创业教育发展规划（　　）

　　A. 是　　　　　　　　　　B. 否

3. 若贵校有较为系统的创新创业教育发展规划，请填写：

_____

_____

_____

4. 贵校是否已成立创新创业教育工作组织机构（　　）

　　A. 是　　　　　　　　　　B. 否

5. 若贵校设有完善的创新创业教育工作组织机构，请填下表

岗位	人数	职责

6. 若贵校已有创新创业教育工作组织机构，是否有专门的办公场所（　　），若"是"，请填写创业学院办公场所面积_____

　　A. 是　　　　　　　　　　B. 否

7. 贵校参与创新创业工作的协同、监督部门包括（　　）

　　A. 教务处　　　　　　　　B. 学生工作部（处）教务处

　　C. 团委　　　　　　　　　D. 财务处

　　E. 组织部　　　　　　　　F. 人事处

　　G. 校友办　　　　　　　　H. 学校办公室

　　I. 其他（请填写）_____

8. 有多少政府部门参与贵校的创业学院建设（　　），如有，请列举

_____

9. 有多少家企业参与贵校的创业学院建设（　　）

10. 贵校在创业学院建设过程中的宣传媒介包括（　　）

　　A. 创业学院网站　　　　　B. 创业学院微信平台

　　C. 创业学院微博　　　　　D. 其他（请填写）_____

第三部分　创业人才培养实施情况

1. 请描述贵校创新创业教育人才培养理念（结合贵校是如何促进专业教育与创新创业教育有机融合，培养学生创新精神、创业意识和创新创业能力：

_____

_____

_____

2. 是否开展"3+1""2+1"等多种形式的创新创业教育改革模式（　　）

　　A. 是　　　　　　　　　B. 否

3. 是否有创业教育必修课或模块选修课（　　）

　　A. 是　　　　　　　　　B. 否

4. 创业教育必修课或模块选修课的学生人数：_____

5. 在线学习创业教育学生人数：_____

6. 创业教育必修课和相应选修课科目，请填下表

课程名称	必修课/选修课	学分/学时

7. 开发创新创业教育优质课堂教学课程数：_____

8. 开发创新创业教育优质视频教学课程数：_____

9. 编写创新创业教育教材数：_____

10. 正在使用哪些创新创业教育教材：

_____

_____

_____

11. 描述贵校创新创业学分管理制度：

_____

_____

_____

12. 描述贵校创新创业学分管理实行情况：

_____

_____

_____

13. 贵校创业教育师资队伍组成情况（请填下表）

师资队伍		总人数（人）	专业背景	是否有创业经验	平均任职年限（年）
创业教育专职教师					
兼职教师	本校其他专业教师				
	就业指导教师				
	企业家				
	成功创业的校友				
	其他_____				
其他_____					

14. 贵校是否建设创业导师数据库（　　）

  A. 是　　　　　　　　　　B. 否

15. 贵校是否开展创业导师与创业学生对接活动（　　）

  A. 是　　　　　　　　　　B. 否

16. 贵校是否将教师指导学生创业实践和创业项目等纳入教师业绩考核（　　）

  A. 是　　　　　　　　　　B. 否

17. 贵校对创业教育教师授课提出明确要求（　　）

  A. 是（请具体列举：□参加人社部组织的创业导师培训并取得资质

       □参加全省创业导师培训工程并取得证书

       □参加校内创业教师师资培训并获得合格）

　　　　　　□其他（请填写）_____）

　　B. 否

18. 贵校参加浙江省创业导师培养工程人数：_____

19. 贵校是否为浙江省创业导师培养工程教学点：_____

20. 贵校是否将创业教育专职教师纳入教师编制队伍（　　）

　　A. 是　　　　　　　　　B. 否

21. 贵校创业实践平台数量（　　　）

22. 请描述贵校实践平台建设情况：

_____

_____

_____

23. 学校是否建立了较为完善的创新创业指导服务体系（　　）

　　A. 是　　　　　　　　　B. 否

24. 学校对参与创新创业的学生是否能够实行持续帮扶、全程指导和一站式服务（　　）

　　A. 是　　　　　　　　　B. 否

25. 贵校建立的创业指导服务体系包括（可多选）（　　）

　　A. 提供项目论证　　　　B. 提供创业场地支持

　　C. 定期开展创业指导　　D. 提供创业扶持经费

　　E. 提供公司注册服务　　F. 提供财务管理服务

　　G. 提供法律咨询服务　　H. 提供专利代理服务

　　I. 提供物业管理服务　　J. 特色项目培训

　　K. 其他（请填写）_____

26. 请描述贵校举办各类创新创业实践活动及组织情况，是否制度化、常态化，成效如何？

_____

_____

_____

27. 贵校近三年来学生参与省级、国家级各类创业大赛获奖的数量（　　），获奖率为_____

28. 贵校2016年度举办大学生创新创业宣传活动量：_____
29. 贵校是否设有创业教育和创业教学专项研究项目（   ）
    A. 是　　　　　　　　　　B. 否
30. 贵校公开发表创新创业教育相关论文、著作等研究成果数量情况：_____

31. 简要描述创业学院承接面向校外各类社会培训及服务：
_____
_____
_____

32. 贵校是否制订创新创业能力培养计划，建立创新创业档案和成绩记载系统（   ）
    A. 是　　　　　　　　　　B. 否

第四部分　创业学院建设保障机制

1. 贵校是否设有创新创业教育专项工作经费，并纳入学校年度预算（   ）
    A. 是　　　　　　　　　　B. 否
2. 贵校创新创业教育专项工作经费年度预算为：_____
3. 贵校创新创业教育专项工作经费用于（可多选）（   ）
    A. 创业教育理论课程　　　　B. 学生创业教育活动
    C. 创业导师培训　　　　　　D. 举办创业教育讲座
    E. 建立创业园　　　　　　　F. 宣传普及政策知识
    G. 建立校企联合创业基地　　H. 设立创业基金
    I. 其他（请填写）_____
4. 贵校创新创业教育专项工作经费支出（请填下表）

创业教育专项工作经费	支出金额（万元）
创业教育理论课程	
学生创业教育活动	
创业导师培训	

续表

创业教育专项工作经费	支出金额（万元）
举办创业教育讲座	
建立创业园	
宣传普及政策知识	
建立校企联合创业基地	
设立创业基金	
其他	

5. 贵校是否设立创业基金（　　），若"是"，则创业基金个数为：_____

  A. 是　　　　　　　　　　B. 否

6. 若贵校设立创业基金，则基金额度为：_____

7. 贵校创业基金来源包括（可多选）（　　）

  A. 高校内部经费分配　　　　B. 产学研合作的收入

  C. 创业学院自筹　　　　　　D. 社会捐赠

  E. 招收海外留学生　　　　　F. 国际教育资助

  G. 部分学生服务项目社会化　H. 其他（请填写）_____

8. 贵校创业基金主要用于（可多选）（　　）

  A. 资助大学生创业　　　　　B. 孵化师生初创企业

  C. 扶持产学研项目转化落地　D. 设立大学生创新创业奖助学金

  E. 其他（请填写）_____

9. 贵校创业基金支出（请填下表）

创业基金支出	支出金额（万元）
资助大学生创业	
孵化师生初创企业	
扶持产学研项目转化落地	
设立大学生创新创业奖助学金	
其他	

10. 近三年，贵校用于大学生创业的扶持资金：_____万元

11. 贵校是否已建立完善的促进创新创业教育的教学管理制度，包括（可多选）（　　）

　　A. 学分转换制　　　　　　B. 弹性学制
　　C. 保留学籍休学创业制度　　D. 其他（请填写）_____

12. 请描述贵校创新创业教育的教学管理制度：
_____
_____

13. 贵校是否建立完善的、切实可行的大学生的创业扶持措施和办法，若有，请填写：
_____
_____

14. 贵校是否设有大学生创业专项奖学金（　　）

　　A. 是　　　　　　　　　　B. 否

15. 近三年来，贵校大学生创新创业训练项目立项数量：_____

16. 贵校是否制定相关制度，促进实验示范中心、实训中心及专业实验室、实验设备等各类实验教学平台面向创业学生开放使用（　　）

　　A. 是　　　　　　　　　　B. 否

17. 贵校是否和各级政府共同出台各类帮助大学生创业的优惠政策（　　）

　　A. 是　　　　　　　　　　B. 否

18. 贵校用于大学生创业教育与实践的场地面积：_____

第五部分　创业学院建设阶段性工作成效

1. 学生对于贵校创新创业人才培养质量和创业指导服务水平的满意度：_____

2. 贵校近三年初次就业率_____；学生自主创业比例_____；大学生创业企业成活三年及以上的数量_____以及比例_____

3. 描述贵校相对稳定且能够在高校间推广的有特色、具有示范效应的

机制或做法：

_____

_____

4. 贵校创新创业教育媒体专题报道数量_____，高层次相关会议经验分享次数_____，自主举办高层次的创新创业教育相关会议或论坛次数_____，创新创业经验和做法受到上级部门的奖励或荣誉数量_____

5. 贵校目前创业教育开展过程中遇到的障碍是（多选请排序）（   ）

  A. 缺乏专业的创业教育师资 B. 缺乏完善的创业教学计划

  C. 缺少创业教育教材 D. 学生参与创业教育的积极性不高

  E. 缺乏创业氛围 F. 缺少学校领导的支持

  G. 创业教育经费紧张 H. 创业实践场地、条件不足

  I. 缺乏相关政策支持 J. 其他（请填写）_____

6. 请贵校描述学校在创新创业工作理念、工作模式和方法、体制机制建设等方面，提出的新思路、新方法和新举措等，以及由此形成的特色工作体系、运行机制及保障措施；该模式的开展对创新创业人才培养、创业指导服务、高质量创业就业工作产生的显著进展和突出成效。

_____

_____

_____

调查问卷（四）
《大学生创业现状调查研究》

亲爱的同学：

  为深入了解高校大学生的创业状况，为政府及学校进一步做好创业工作提供决策参考，以更好地促进毕业生创业，特开展此次专项调查活动。问卷结果只用于基础科研与学术论文的撰写，不涉及任何评价或商业用途。我们保证对您所提供的一切信息保密，衷心感谢您的支持与配合！

国家社会科学基金重大招标项目课题组

  填写说明：请根据实际情况直接将答案或所选的序号填在对应的_____或（　　）内，在无特殊说明的情况下，每题只选一项。答题时如选项为"其他"，请注明原因。

第一部分　基本信息

1. 您的性别是_____　　民族是_____
2. 您的政治面貌是（　　）
   A. 中共党员　　　　　　B. 共青团员
   C. 民主党派　　　　　　D. 群众
3. 您就读高校所在的省份是_____
4. 您所就读的学校是（　　）
   A. "985"高校　　　　　B. "211"高校
   C. 普通本科　　　　　　D. 独立学院
   E. 高职高专
5. 您所就读的学校名称是_____
6. 您在读的学历为（　　）
   A. 专科（高职高专）　　B. 本科
   C. 硕士研究生　　　　　D. 博士研究生

7. 您的学制是_____年

8. 您的主修专业是属于哪个学科门类？（   ）

   A. 哲学　　　　　B. 经济学　　　　C. 法学　　　　　D. 教育学

   E. 文学　　　　　F. 历史学　　　　G. 理学　　　　　H. 工学

   I. 农学　　　　　G. 医学　　　　　K. 管理学　　　　L. 军事学

   M. 艺术学　　　　N. 其他（请填写）_____

9. 您的生源地所在省份是_____

   入学前您的家庭户籍所在地位于（   ）

   A. 直辖市　　　　　　　　　　B. 省会城市

   C. 地级市城区　　　　　　　　D. 县级市城区或县城

   E. 乡镇　　　　　　　　　　　F. 农村

10. 您父母目前的工作单位是：父亲（   ），母亲（   ）

    A. 党政机关　　　　　　　　　B. 国有企业

    C. 外资企业　　　　　　　　　D. 民营企业

    E. 科研单位　　　　　　　　　F. 高等教育单位

    G. 中初级教育单位　　　　　　H. 医疗卫生单位

    I. 部队　　　　　　　　　　　J. 其他事业单位

    K. 农（林、牧、渔）民　　　　L. 离退休

    M. 无业、失业、半失业　　　　N. 其他（请填写）_____

11. 职位是：父亲（   ），母亲（   ）

    A. 高层管理人员　　　　　　　B. 普通管理人员

    C. 技术人员　　　　　　　　　D. 普通工人

    E. 其他（请填写）_____

12. 父母的最高学历：父亲（   ），母亲（   ）

    A. 研究生　　　B. 本科生　　　C. 专科　　　D. 高中或中专

    E. 初中　　　　F. 小学及以下

13. 创业前，您的家庭人均年收入大约为_____元，您觉得您的家庭经济状况与学校其他学生相比（   ）

    A. 很好　　　　B. 比较好　　　C. 一般　　　D. 比较差

    E. 很差

14. 您的学业成绩一般排在班级的前百分之_____

15. 您在校期间是否担任过学生干部（   ）

　　A. 是　　　　　　　　　B. 否

16. 您在校期间是否从事过勤工助学（   ）

　　A. 是　　　　　　　　　B. 否

第二部分　创业状况

1. 您的企业（公司）的创办地是_____省（市）_____区（县）。

2. 您是企业的（   ）

　　A. 第一发起人　　　　　B. 创办的参与人

3. 您的企业是_____年_____月成立的，企业的人数是_____人（其中，大学生_____人，合伙人_____人，其他员工_____人），固定资产_____元，年利润_____元，员工平均年收入约_____元。

4. 您的企业目前的盈利状况是（   ）

　　A. 利润丰厚　　　　　　B. 稍有盈余

　　C. 收支平衡　　　　　　D. 略有亏损

　　E. 亏损严重

5. 您估计，5年后，您企业的人数可能达到_____人，年利润可能达到_____元。

6. 您的企业属于哪个行业（   ）

　　A. 农、林、牧、渔业

　　B. 采矿业

　　C. 制造业

　　D. 电力、燃气及水的生产和供应业

　　E. 建筑业

　　F. 批发和零售业

　　G. 交通运输、仓储和邮政业

　　H. 住宿和餐饮业

I. 信息传输、计算机服务和软件业

J. 金融业

K. 房地产业

L. 租赁和商务服务业

M. 科学研究和技术服务业

N. 水利、环境和公共设施管理业

O. 居民服务、修理和其他服务业

P. 教育

Q. 卫生和社会工作

R. 文化、体育和娱乐业

S. 公共管理、社会保障和社会组织

T. 国际组织

7. 您创业的领域属于（　　　）

   A. 与自身专业相结合的领域

   B. 自己感兴趣的领域

   C. 往当今热门的方向发展（如软件、网络等高科技行业）

   D. 启动资金少、容易开业且风险相对较低的行业

   E. 其他（请填写）_____

8. 您的创业属于下面哪种形式？（可多选）（　　　）

   A. 合伙投资经营，采取自我雇佣式管理

   B. 加盟直营、区域代理或购买特许经营权

   C. 将自身专长或技术发明通过技术入股创办企业

   D. 争取创业基金投资支持进行创业项目孵化

   E. 以具有创新性的设想或创意进行创业活动

   F. 借助网络平台、电子商务等进行商贸交易

   G. 个体独立投资经营或利用自身专长自谋职业

   H. 其他（请填写）_____

9. 您的企业提供的产品、技术或服务对于顾客而言是（　　　）

   A. 全新的　　　B. 比较新颖　　　C. 一般　　　D. 不太新颖

   E. 完全不新颖

10. 您对创业的兴趣是从什么时候开始的（　　）

  A. 一年级　　　　B. 二年级　　　C. 三年级　　　D. 四年级

  E. 五年级

11. 您的创业想法主要来源于（　　）

  A. 家庭影响　　　　　　　　　B. 朋友影响

  C. 传媒影响　　　　　　　　　D. 学校创业教育影响

  E. 个人自发产生　　　　　　　F. 其他（请填写）_____

12. 促使您做出创业决策最直接的原因是（　　）

  A. 未找到合适的工作　　　　　B. 准备创业的朋友的带动

  C. 家庭或学校的支持　　　　　D. 有好的创业项目

  E. 想抓住好商机　　　　　　　F. 个人理想就是成为创业者

  G. 可以获得更高收入　　　　　H. 其他（请填写）_____

13. 您创业资金的主要来源有（可多选）（　　）

  A. 家人或亲友支持　　　　　　B. 个人积累

  C. 风险投资　　　　　　　　　D. 政府创业基金等

  E. 银行贷款　　　　　　　　　F. 与朋友或他人合资

  G. 政策性贷款　　　　　　　　H. 私人借款

  I. 其他（请填写）_____

14. 您认为您的创业伙伴应当具备何种素质（限选三项）（　　）

  A. 能够给予自己创业信心　　　B. 在资金上能够给予自己帮助

  C. 与自己的性格互补　　　　　D. 熟悉法律法规

  E. 具备较强的管理、领导能力　F. 具有良好的人际资源

  G. 具有较强的创新能力　　　　H. 专业知识技术较好

  I. 具有较强的沟通和交际能力　J. 具有较强的挑战精神

  K. 具有较强的团队合作能力　　L. 其他（请填写）_____

15. 您认为最佳创业时机是（　　）

  A. 在校期间（不包括毕业当年）　B. 毕业当年

  C. 工作1—3年后　　　　　　　D. 自由职业1—3年后

  E. 其他（请填写）_____

16. 您认为影响创业的客观因素最重要的3项是（　　）

　　A. 资金　　　　B. 政策　　　　C. 市场环境　　D. 人脉关系

　　E. 就业压力　　F. 社会阅历　　G. 亲朋好友的意见

17. 您认为影响创业的主观因素最重要的3项是（　　）

　　A. 责任感　　　B. 知行统一　　C. 合作意识　　D. 创新精神

　　E. 市场意识　　F. 兴趣爱好　　G. 个人性格

18. 您认为大学生创业相对于社会其他阶层的优势在哪里（限选三项）（　　）

　　A. 年轻有活力　　　　　　　B. 专业素质高

　　C. 学习能力强　　　　　　　D. 创新能力强

　　E. 家庭负担轻　　　　　　　F. 政策支持等多

　　G. 其他（请填写）_____

19. 您认为造成当前大学生很少选择自主创业最重要的原因有（限选三项）（　　）

　　A. 害怕承担创业风险

　　B. 创业与学业的矛盾

　　C. 缺乏好的项目或创意

　　D. 追求稳定就业传统观念的影响

　　E. 大学生普遍缺乏创业意识和创业素质

　　F. 创业支持环境不够好，大学生创业缺乏各个层面的有效支持

　　G. 缺乏社会关系

　　H. 缺乏足够的资金

　　I. 社会舆论压力影响

　　J. 亲友不支持创业

　　K. 对创业没兴趣

　　L. 看不到创业的美好前景

　　M. 其他（请填写）_____

20. 您在校学习期间获取创业知识的来源是（可多选）（　　）

　　A. 教师授课　　　　　　　　B. 活动加训练

　　C. 亲身实践　　　　　　　　D. 家庭环境

E. 同学或朋友　　　　　　　F. 媒体和社会宣传

G. 阅读有关书籍　　　　　　H. 其他（请填写）_____

21. 您在大学的创业教育经历是（　　）

A. 从未接受过创业教育　　　B. 听过一些创业课程或讲座

C. 听过很多创业课程或讲座　D. 接受过较为系统的创业教育

E. 接受过非常系统的创业教育

22. 您对高校创业教育的以下方面最满意的有（可多选）（　　）

A. 创业课程　　　　　　　　B. 创业教育师资

C. 创业项目　　　　　　　　D. 创业竞赛

E. 创业讲座　　　　　　　　F. 创业辅导

G. 创业社团　　　　　　　　H. 创业基金

I. 创业氛围　　　　　　　　J. 创业科技园或孵化器

K. 创业实践　　　　　　　　L. 其他（请填写）_____

23. 您对高校创业教育的以下方面最不满意的有（可多选）（　　）

A. 创业课程　　　　　　　　B. 创业教育师资

C. 创业项目　　　　　　　　D. 创业竞赛

E. 创业讲座　　　　　　　　F. 创业辅导

G. 创业社团　　　　　　　　H. 创业基金

I. 创业氛围　　　　　　　　J. 创业科技园或孵化器

K. 创业实践　　　　　　　　L. 其他（请填写）_____

24. 认为高校采取何种创业教育形式最好？（限选三项）（　　）

A. 创业园实训　　　　　　　B. 到企业实习实践

C. KAB 教学或 ERP 沙盘　　　D. 创业指导课程

E. 企业家创业讲座　　　　　F. 专家或创业者创业讲座

G. 创业计划大赛　　　　　　H. 创业社团会俱乐部

I. 其他（请填写）_____

25. 您认为下列大学生创业支持政策哪些需要进一步加强和落实（　　）

A. 放宽市场准入条件　　　　B. 资金扶持政策

C. 培训指导服务政策　　　　D. 税费减免优惠政策

E. 在创业地办理落户手续　　F. 提供科技创业实习基地

G. 其他（请填写）_____

26. 您在创业过程中遇到的最大的困难（最多选三项）（　　）

    A. 个人创业能力经验不足　　B. 缺乏亲友的支持

    C. 团队合作的不好　　　　　D. 缺乏充足的创业信息服务

    E. 难以找到合格、稳定的员工　F. 政策变动影响大

    G. 市场进入门槛高　　　　　H. 难以找到合适的经营场所

    I. 找不到合适的项目　　　　J. 资金短缺

    K. 用工成本高　　　　　　　L. 市场竞争激烈

    M. 缺乏社会关系　　　　　　N. 其他（请填写）_____

27. 就大学生创业遇到的困难，您认为哪些方面需要加强（　　）

    A. 大学生创业基金支持

    B. 社会专业机构的服务

    C. 小额贷款及税收减免等政策扶持

    D. 建立大学生创业孵化基地

    E. 开设创业指导课程

    F. 开展创业能力与实务培训

    G. 营造鼓励创业的氛围

    H. 学校对学生创业提供更多指导和帮助

    I. 获得更多创业成功人士的经验

    J. 其他（请填写）_____

28. 您觉得大学生创业过程中最大的阻碍是什么？（　　）

    A. 资金不足

    B. 经验技术不足

    C. 缺乏社会关系

    D. 没有好的创业方向

    E. 合作伙伴难找，不了解政策法规

    F. 对市场的认识水平不足

    G. 家人反对

    H. 其他（请填写）_____

29. 对于以下观点,您的态度是(请在相应框内打"√")

	5	4	3	2	1
	完全赞同	比较赞同	说不清楚	比较不赞同	完全不赞同
对于大学生而言,有相当多创办新公司的好机会					
对于大学生而言,创办新公司的好机会比能把握这些机会的人要多					
对于大学生而言,个人可以很容易地把握创业机会					
对于大学生而言,创办公司的好机会在过去5年内大量增长					
大学生创业所需的资金有充足的来源					
政府对大学生创业有许多优惠政策支持					
科技园或企业孵化器等给大学生创业提供了有效支持					
大学里设置了足够的关于创业的课程和项目					
大学创业者在需要时能获得足够的关于创业的培训和指导					
政府和学校能够有力支持大学生研究成果的商业化					
大学生创业能够得到足够好的法律、会计等咨询服务和帮助					
大学生创业能够得到良好的场地等基础设施的支持					
大学生创业能够很容易地进入新市场					
大学生创业者很受学校、亲朋好友的理解和支持					
学校的校园文化鼓励创造、创新和创业					
我对创业很感兴趣					
我自身的创业能力很好					
大多数大学生相信创办新的企业是容易的					
许多大学生知道如何管理一家小公司					
许多大学生有创办新公司的经验					
许多大学生能对创办新公司的好机会迅速作出反应					

续表

	5	4	3	2	1
	完全赞同	比较赞同	说不清楚	比较不赞同	完全不赞同
许多大学生有能力组织创办新公司所需的资源					
当前大学生创业的社会环境很好					
鼓励大学生创业的政策对大学生创业很有作用					
当前学校的创业教育对大学生创业帮助很大					

30. 以下能力素质中：您认为对于大学生创业最重要的三个是（   ）；您在这些素质方面的现实状况是（请在相应框内打"√"）

		很擅长	比较擅长	一般	不擅长	很不擅长
A	领导能力					
B	创新能力					
C	机遇把握能力					
D	资源整合能力					
E	实践能力					
F	学习能力					
G	逻辑分析能力					
H	人际交往能力					
I	团队合作能力					
G	抗压能力					
K	踏实执着					
L	责任担当					
M	勇气胆识					
N	自信乐观					

31. 如果您对大学生创业、创业教育问题有更好的意见和建议，请写在下面。

调查问卷（五）
《大学生"村官"创业的社会支持体系研究》

亲爱的大学生"村官"：

您好！本问卷旨在了解大学生"村官"对于创业活动的认识、态度和参与度，以此关注大学生"村官"创业的现状和动向。请您在仔细阅读材料之后，填写本问卷。本问卷结果将只用于学术研究，不涉及任何评价或商业用途，我们保证对您所提供的一切信息保密。衷心感谢您的支持与配合！

国家社会科学基金重大招标项目课题组

填写说明：请根据实际情况直接将你的答案或所选的序号填在对应的_____或（ ）内，如无特殊说明的情况下，每题只选一项。答题时如选项为"其他"，请注明原因。

1. 您的性别（ ）

    A. 男　　　　　　　　　B. 女

2. 您做大学生"村官"的时间（ ）

    A. 刚到任　　B. 一年　　C. 一年半　　D. 两年

    E. 两年多

3. 您担任的职务是（ ）

    A. 村干部助理　B. 镇政府干部助理

    C. 其他（请填写）_____

4. 目前您主要负责哪项工作？（ ）

    A. 内勤内务值班

    B. 处理村务，村支部书记、主任秘书

    C. 独当一面负责某项工作

    D. 远程教育管理员

    E. 没有固定工作，随意性大

5. 您认为对创业这一活动描述最为贴近的一项是（　　）

   A. 开办、经营和管理属于自己的企业或公司

   B. 开发一项前沿的科技或商业项目

   C. 开创任何一项事业

   D. 致力于发展和完善特定岗位或行业

6. 您是否有过创业的经历或打算？（　　）

   A. 没有创业的经历和准备

   B. 曾经创业

   C. 准备创业

   D. 正在创业

7. 对于大学生"村官"创业活动的总体评价，您认为最准确的一项是？（　　）

   A. 创业非常好，能够提升"村官"的综合素质，实现他们的个人价值和社会价值，带领当地村民致富

   B. 创业比起其他出路充满了未知的风险，大学生"村官"需要审时度势，谨慎行事

   C. 创业只是培养小老板，大学生"村官"应该去做更有价值的事情，这项活动不值得提倡

   D. 没有看法

8. 如果选择创业，您认为影响您做出创业选择的因素有哪些？（　　）

   A. 改善经济状况，获取物质财富

   B. 提升个人素质，实现人生价值

   C. 应对就业压力，获取更多更广阔的个人发展机会和平台

   D. 获得他人和社会的尊重、肯定

   E. 改善当地农村生活，带领村民致富

9. 您认为大学生"村官"创业的阻碍因素有哪些？（　　）

   A. 资金短缺，集资困难

   B. 实用技术欠缺，难以引进项目

   C. 村民排斥或者不支持，难以开展工作

   D. 行业知识和经验的问题

E. 信息不畅通，难以找到门路

F. 创业优惠政策问题

G. 社会舆论环境问题

H. 对村里情况掌握欠缺

I. 村干部的态度

10. 您认为在农村创业的主要难点在哪里？（　　）

   A. 没有合适的项目　　　　B. 缺乏创业资金

   C. 缺乏技术支持　　　　　D. 人员素质差，难管理

   E. 市场风险波动大，难以控制　F. 其他（请填写）_____

11. 与当地村干部相比，您认为大学生"村官"的优势在于（可多选）（　　）

   A. 文化程度高，知识面比较广，能够帮助农民解决较多的科学、法律等问题

   B. 年轻有活力，能够比较好地带动工作的气氛

   C. 头脑灵活，获取有用信息能力强

   D. 具有开拓创新精神

   E. 有良好的组织能力

   F. 有先进的管理理念

   G. 能够传播先进科技、文化知识与新思想

   H. 与村民无利益关系，更易获取信任与支持

   I. 没什么优势

   J. 其他（请填写）_____

12. 与当地"村官"相比，您认为自己的劣势在于（可多选）（　　）

   A. 缺乏工作经验

   B. 缺乏对农村尤其是所在村的了解

   C. 解决问题的实用办法少

   D. 与村民的沟通太少

   E. 语言表达能力差

   F. 应变能力较差

   G. 组织协调能力较差

H. 其他（请填写）_____

13. 如果选择创业，您的创业资金主要来源于（　　）

   A. 个人积蓄和家庭支持

   B. 向朋友借

   C. 政府政策支持下的相关创业贷款

   D. 企业的创业帮扶基金

   E. 个人的银行借贷

   F. 学校的创业基金

   G. 其他（请填写）_____

14. 您是否了解国家、本省、本地区有关大学生"村官"的优惠扶持政策？（　　）

   A. 没听说过　　B. 基本了解　　C. 不了解　　D. 很了解

15. 您了解相关创业政策及信息的渠道主要包括哪些？（可多选）（　　）

   A. 政府门户网站

   B. 政府相关部门的宣传材料

   C. 手机终端（短信、微博、微信等）

   D. 学校的创业就业管理机构

   E. 他人的口头传播

   F. 创业信息网站

   G. 其他（请填写）_____

16. 您希望政府在帮扶大学生"村官"创业方面做出哪些举措？（可多选）（　　）

   A. 放宽贷款限制

   B. 引导舆论支持

   C. 提供税收优惠

   D. 放宽小微企业审批及简化程序

   E. 拓宽融资渠道

   F. 创业导师帮扶政策，鼓励当地企业帮扶指导大学生"村官"创业

   G. 其他（请填写）_____

17. 您是否学习过高校开设的面向大学生的相关创业教育课程？（　　）

A. 没有听说过，学校没有开设

B. 学校没有开设，没有学习过

C. 作为公选课有过接触

D. 系统学习过，参加过学校的创业班培训

18. 您认为高校创业教育应该注重哪方面知识的学习？（　　）

A. 经济和商业法律法规　　　B. 创业心理和创业精神

C. 市场营销　　　　　　　　D. 人际交流与沟通技巧

E. 个性化辅导　　　　　　　F. 财务税收

G. 其他（请填写）_____

19. 您觉得当前高校创业教育课程的改革趋势是什么？（可多选）（　　）

A. 创新教育内容，优化课程结构，渗透到专业教学中

B. 根据我国高校实际，重组教学体系

C. 鼓励实践教学，丰富教学手段

D. 转变教学理念

E. 组成专业教师团队，专兼结合，提升师资水平

F. 其他（请填写）_____

20. 大学期间是否曾经参与创业活动（　　）

A. 参加过学校的职业生涯规划大赛、营销大赛等

B. 参加过省级的挑战杯等类似活动

C. 自己开过工作室

D. 没了解

21. 您是否了解面向大学生设立的创业园、科技园、企业孵化基地等场所？（　　）

A. 完全了解，自己就在相关场所创业

B. 有所了解

C. 基本不了解，学校没有设立相关场所

D. 完全不了解

22. 您希望高校在帮扶大学生"村官"创业方面做出哪些举措？（可多选）（　　）

A. 设立相关创业基金，鼓励大学生到村创业

B. 建立健全面向大学生的创业实践基地

C. 协助政府按时对大学生"村官"普及创业教育

D. 解读支持政策

E. 开展培育创业精神，做好创业心理辅导活动

F. 邀请成功企业家进行交流，传递经验

G. 其他（请填写）_____

23. 您认为社会企业在帮扶大学生"村官"创业方面所起到的作用是什么？（可多选）（　　）

A. 为大学生"村官"创业提供企业导师的指导

B. 为大学生"村官"提供创业实践基地

C. 设立当地企业创业支持基金

D. 帮助政府开展对创业大学生"村官"的技能培训

E. 其他（请填写）_____

24. 当前您多是从哪儿了解大学生"村官"的发展信息？（　　）

A. 电视新闻　　　　　　　　B. 报纸

C. 微信手机终端　　　　　　D. 腾讯手机终端

E. 其他（请填写）_____

25. 社会舆论报道多是关于大学生"村官"哪些方面的消息？（　　）

A. 宣传"村官"政绩，鼓励"村官"创业

B. 宣传各地"村官"政策，吸引企业给"村官"创业投资

C. 描述"村官"日常生活

D. 吐槽"村官"一职

26. 您觉得当前社会舆论对于大学生"村官"的创业活动的大多数看法是什么？（　　）

A. 鼓励和支持：缓解就业压力，实现"村官"更大价值

B. 批评和反对：大学生"村官"不应该做小老板，大材小用，荒废自身的高学历

C. 中立：一种合理的自我选择途径

D. 没有关注过，不了解当前的舆论动向

《岗位创业教育论》
课题组成员

组　长：黄兆信
副组长：罗志敏　李炎炎
成　员：黄扬杰　严从根　赵　立　陈　凡　王志强　黄　翔
　　　　赵国靖　吕一军　卓泽林　王占仁　严毛新　付八军
　　　　李远煦　杜金宸　黄蕾蕾　李雨蕙　韩冠爽　屠霁霞
　　　　叶正飞　蔡春驰　曲小远　谈　丹　刘丝雨　曾　骊
　　　　向　敏

专家评价：

该书率先提出"岗位创业教育"新理念，并围绕产业指向性构建差异化的岗位创业技能，面向全体学生"用创业的心态、创新的思维对待未来"，应对职业变化的不确定性，这对当前创新创业教育的理论创新和实践拓展具有重要理论与现实价值。

东北师范大学党委书记　杨晓慧教授

教育学生在未来的工作岗位上创业，是高等教育的使命，也是创业教育的本质所在，本书给我国高校展现了一个崭新的时代命题和绚丽图景，即高校需要且应当以自身的作为在大学生的心灵和头脑里种下他们未来职业征程中建功立业的种子。

教育部教育发展研究中心副主任　马陆亭教授

岗位创业是创业体系的重要形式。该书从多个维度入手，对岗位创业教育的历史沿革、理论体系、发展现状等开展系统梳理与深入分析，提出较为全面的岗位创业教育认识观，对实现由保就业、稳就业向高质量就业创业转变具有理论价值和现实指导意义。

浙江大学教育学院长江学者特聘教授　徐小洲教授

该书从创新创业教育的主体——大学生切入，围绕岗位创业教育是什么以及如何有效开展等核心问题，运用定量定性等研究方法，分析探讨了岗位创业教育领域中的系列理论和实践难题，也为当前我国高校推进创新创业教育的有效实施提供了诸多有益启示和借鉴。

中国教育科学研究院原副院长　高宝立教授